最新 手相入門

手相で丸見え、あなたの運勢

チエ・エレナ◎著

法研

はじめに

手相は過去や現状を分析し、未来を切り拓《ひら》くもの

人間の手のひらのシワは百人が百人とも違う相をしています。まして、手のひらに現れる線は同じ一本の線でも意味はひとつだけではありません。性格、人生、金運、健康、恋愛、結婚、適職など、いろいろなことが読み取れます。しかし、それらをすべて網羅し解説していくと、「今、知りたいこと」がわかりにくくなります。覚えるのもたいへんで、ほとんどの人は途中で投げ出したくなるでしょう。そこで本書では、線の意味を個々に分析・分解して、項目別に解説してみました。同じ線が何度も出てきますが、それだけ「回答」がわかりやすくなっています。

幸いなことに前回の「新・手相入門」は発刊以来、読者のみなさまをはじめ、プロとして活躍を目指している方にもたいへんご好評をいただきました。今回は、左手右手でみるという新しい考え方なども多少加味し、イメージを変えて、「最新・手相入門」として再び刊行することになりました。

運勢は自分で切り拓くもの。気になる線は良い線に変えることができます。本書がみなさまに生きる元気を与え、楽しい人生をつくるためのお役にたてれば幸せです。

著者

もくじ

2章 あなたの適性と仕事運を占う

3章　あなたの恋愛・結婚運を占う

4章　あなたの健康運を占う

5章　あなたの金運を占う

【金運、あなたはどんなタイプ？】

■カバーデザイン／ロコ・モーリス組
■カバー・章扉イラスト／長野美穂
■本文デザイン／藤原龍太郎
シンシマシゲユキ
■本文イラスト／永吉カヨ

序章

手相を占う前に

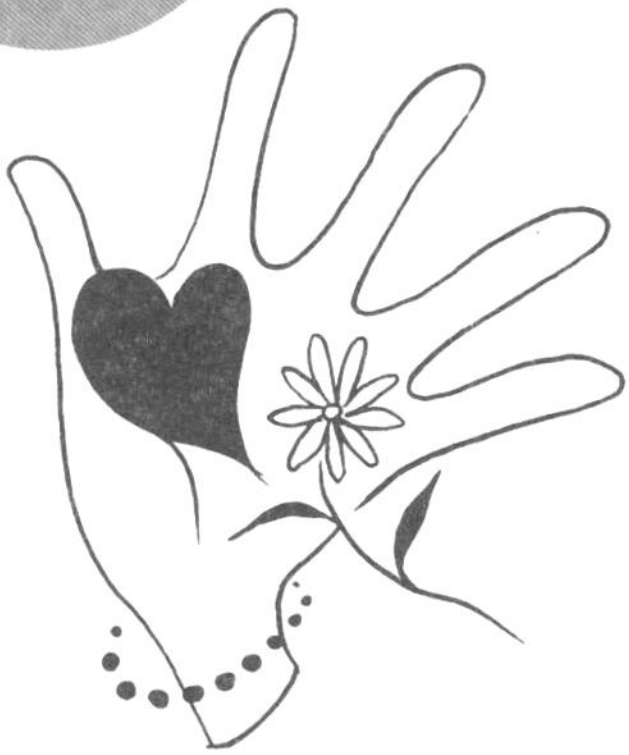

あなたは、自分がどんな性格だと思っていますか。
どんなことに適性があると思いますか。金運、健康運、恋愛運、
そして結婚運は？恋人にはどんなタイプの人がいいですか？
手相からは、あなたの運勢や自分でも気づかない行動パターンを
知ることもできます。そこで、まず基本的なことから
覚えていきましょう。手のひらの丘の名称とその意味、
基本的な線と主要な線、次に細かい線、線の形状など。
いっぺんには覚えられませんから、
自分の興味のあるところから、楽しみながら見ていくとよいでしょう。

手相は左手、右手、どちらの手で占う？

●いろいろな説がありますが

手相は、右手、左手、同じ人もいれば、まったく違う人もいます。では手相はどちらの手でみたほうがいいのか、これにはいろいろな説があります。

昔、西洋では、左手のほうが心臓に近いという理由から男女ともに左手を主として見ていたようです。日本では、男性は左手、女性は右手を見るとか、また、左手は過去をあらわし、右手は現在から将来をあらわすという見方がされてきたようです。近代に至り、西洋でも東洋でも男女を問わず、先天的才能は左手に、後天的才能は右手にあらわれているという見方が大部分を支配していました。

しかし手相は、右手であれ、左手であれ、新しい線が出てきたり、消えたり、枝線が出てきたりと環境の変化等で変わってきます。こうして考えると、後天的、先天的という考え方には無理があるように思います。

ということから、私自身は数年前までは私が手相を学んだ

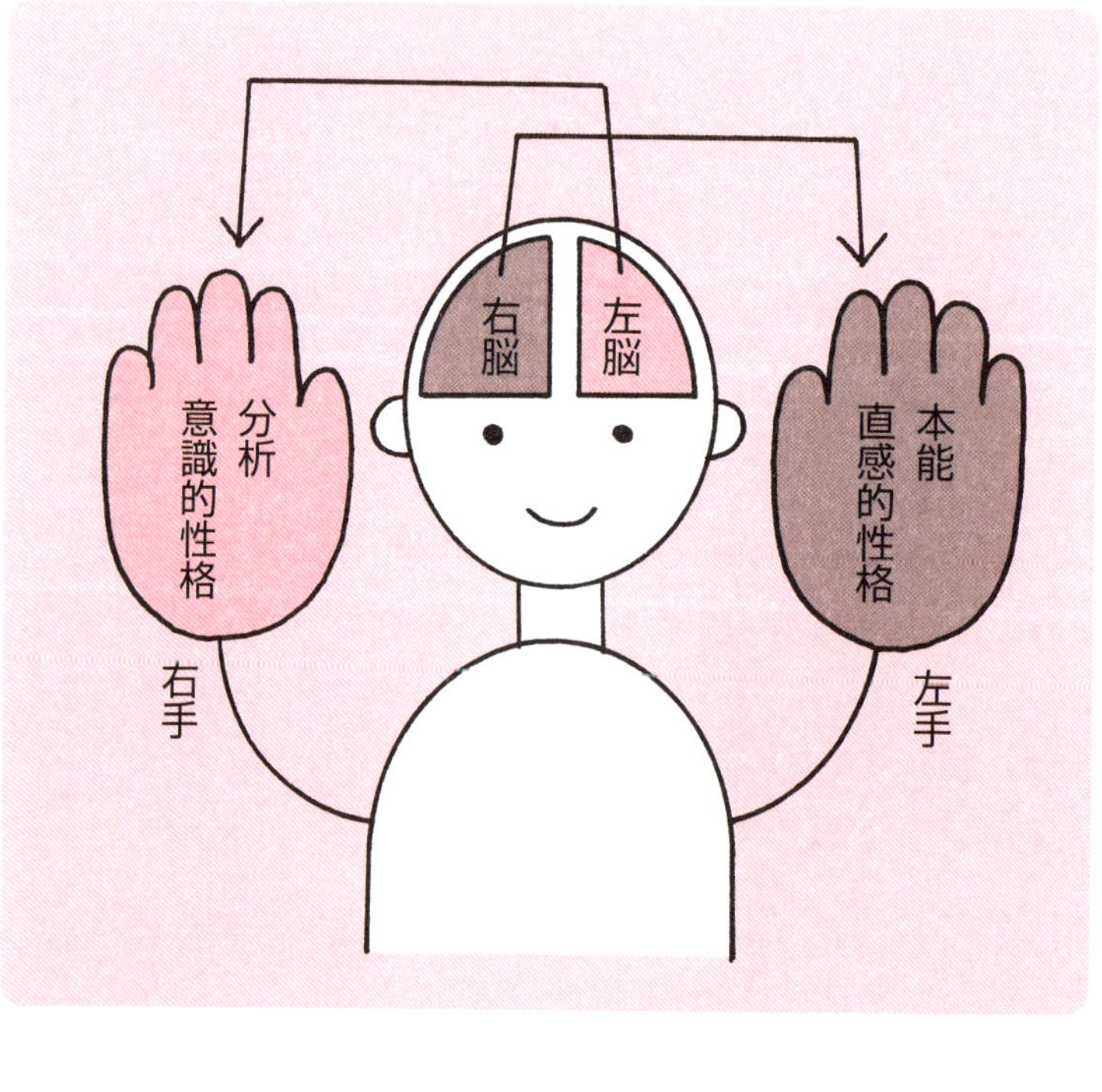

先生の、「人間には積極的な手と消極的な手とがあり、積極的な手を中心に見ていく」、という説にしたがって鑑定してきました。手の組み方と大脳とは深く関係していることから、両手を自然に組み合わせて、親指が下のほうになっている手が積極的な手、親指が上になっている手が消極的な手とする見方です。

しかし、数年前、「からだの構造」を勉強する機会があり、手と脳との関係を詳しく知ることができました。それ以来左手、右手の判断の仕方を私なりに考え、その方法で実践してきています。実際に多くの人たちを鑑定し、この方法がいちばん理にかなっているように思っています。

●右脳、左脳の原理でみる

脳と手に関する詳しい説明は避けますが、大事なポイントは脳の左右両半球を分断した場合、脳の左半球（左脳）は右手を支配し、脳の右半球（右脳）は左手を支配しているという事実です。このことは、たとえば左脳が障害を受けると右半身がマヒし、右脳が障害を受けると左半身にマヒがおこることからもおわかりいただけると思います。

そして、これもよく言われるように、左脳は、分析したり、計算したり、意識したり、集中したり、また、書いたり、読んだり、話したり、順序だてたりする脳。一方、右脳は、見たり、聞いたり、感じたり、想像したり、知覚したり、本能的、直感的に反応する脳なのです。

つまり、左右の脳が持っている役割が、左手、右手に微妙に反映され、その性格、形態が、手相として現われているという見方です。すなわち、左脳の「分析・意識的性格」は右手に現われ、右脳の「本能・直感的性格」は左手に現われるということです。

●左右の手相が変わらない人は

わかりやすく言えば、左手にはふだん周囲の人に見せている外向きの性格（顕在的）が現われ、右手には人にあまり見せていない内向きの性格（潜在的）が現われているとみます。したがって、左手と右手の手相が極端に違う場合は二面性がある人、つまり外で見せている姿と、家にいるときの姿は違うということです。両手ともあまり変わらない人は裏表のない人、と言えます。

●基本的には手相は両手でみる

手相は基本的には両手をみます。右手、左手の見方、考え方は前述したとおりですが、ただ、大事なことは両方合わせた手相が、現在のその人の運勢をあらわしているということです。右手、左手の手相が極端に違っていても、両方ともが現在の姿だということです。

たとえば、一方は行動的、一方は消極的だという異なった性格を持っている場合、これは二つの性格が引き合っているとみます。つまり強すぎる性格が出たときに、弱い性格のもうひとりの自分がブレーキをかける役割をしてくれるというようにプラス志向でみていきます。

両手とも同じような手相の場合は、良いにつけ悪いにつけ、その相の性格がより強く現れていると判断します。逆に同じ箇所の一方の手に悪い相が出ていても、もう一方の手が良相の場合は、プラスマイナスで悪い面が多少やわらぐと見ていきます。

●手相は変わります

鑑定の折りに、「手相は変わりますから、また見せにきてください」と言いますと、「えっ、手相は変わるんですか」と驚かれることが多々あります。

その人の環境が変われば手相も変わります。毎日見ているとあまり変化はみられないように感じますが、だいたい3カ月ぐらいたって見てみると手相の変化に気づくことが多いものです。ショックな出来事があったりすると、一夜にして手相が変わっていることもあります。

もし、自分の手相に関心がある人は、折々に自分の手相を記録しておくとよいでしょう。今はコピー機で簡単に手の細かい線まで取れますので、日にちを付記して保管しておくと、過去の自分の変遷がわかります。

手相をみるときのチェックポイント

手相をみるときのチェックポイントをいくつかあげてみましょう。細かいことはすぐには覚えられないという人でも、ポイントを知っておくだけで、大筋のことはつかめます。

❶線は深くはっきりしているものがベストです。

線が細かったり、切れているものはよい相とはいえません。

❷手のひらをパッとみたとき、全体的に上に昇っている線が多いものは、おおむね強運の相です。

横線が多いもの（感情線の場合は縦線）は、運勢が遮断していることを意味しており、また、くもの巣をはったように雑線がたくさん現れているものは苦労性の相です。

❸よい線であっても本数は2本くらいが理想的です。

よい線でも2本以上だと逆に悪く作用します。たとえば、財運線が2本以上もあると、お金は入るが出ていくのも多いという浪費家タイプになります。結婚線も2本以上あると、多情ということになります。

❹悪い相の場合、他の要素も併せてみてみます。

たとえば、生命線や運命線などが弱々しい線の場合は、手の色つや、肉づき、弾力性、また、手のひらの丘がほどよく盛り上がっているかどうかなども確認してください。これらがよければ悪い意味をカバーしてくれます。

逆に、良相でも手のひらがくすんだ白っぽい色で、力のない手の場合はマイナス要素になります。

また、運命線が弱い場合は、生命線はどうか、太陽線はどうかなど、他の線も併せてみてみましょう。1本の線だけで一喜一憂しないようにしましょう。

それに手相は変わりますので悲観しないことです。

❺手のひらの細かい線がどこから出ているか、どの線と交わっているかわからないときは？

手をぐっと押し出すように開いてみてみましょう。それでもわからない場合、確実なのは拡大鏡の使用です。一つ持っておくとよいでしょう。

手のひらの「丘」と「平原」が意味するもの

手のひらの「丘」には、それぞれ意味が込められています。手のひらの線がどの丘に向かっているかで、その人の性格をつかむこともできます。

また、丘のふくらみは適度に発達しているのがよく、発達しすぎている人はエネルギーがありすぎて過信からの失敗が多く、扁平な人はエネルギーに乏しく、丘の意味するよい面がマイナスとして現れます。

❶木星丘　人さし指つけ根のふくらみ。権力、独立、向上心の丘。人生に対する積極的な情熱、意欲、努力を示しています。リーダータイプの人です。

❷土星丘　中指つけ根のふくらみ。思慮、分別の丘。慎重でまじめな性格。思慮分別をわきまえた人です。孤独の丘ともいわれます。

❸太陽丘　薬指つけ根のふくらみ。芸術、人気、名声の丘。人望があり、金運にも恵まれることを示しています。芸術方面の才能に恵まれた人です。

❹水星丘　小指つけ根のふくらみ。商才と経済の丘。アイデアに富み、財運があることを示しています。社交性があり、お金儲けも上手です。

❺金星丘　親指つけ根の部分のふくらみ。愛情と体力の丘。愛情深く健康であることを示しています。

❻月丘　小指側下方のふくらみ。神秘と想像の丘。芸術的センスがあり、想像力にあふれていることを示しています。芸術方面での活躍が期待できる人です。

❼第1火星丘　金星丘と木星丘の間のふくらみ。積極果敢の丘。決断力と行動力にあふれていることを示しています。

❽第2火星丘　水星丘と月丘の間のふくらみ。忍耐と自制心の丘。誘惑に負けない強い心と冷静さがあることを示しています。冷静で忍耐強い人です。

❾火星平原　手のひら中央のくぼみ。ゆるやかなくぼみになっているものがよく、温和な性格を示しています。

これらの丘が適度にふくらんでいる人は？

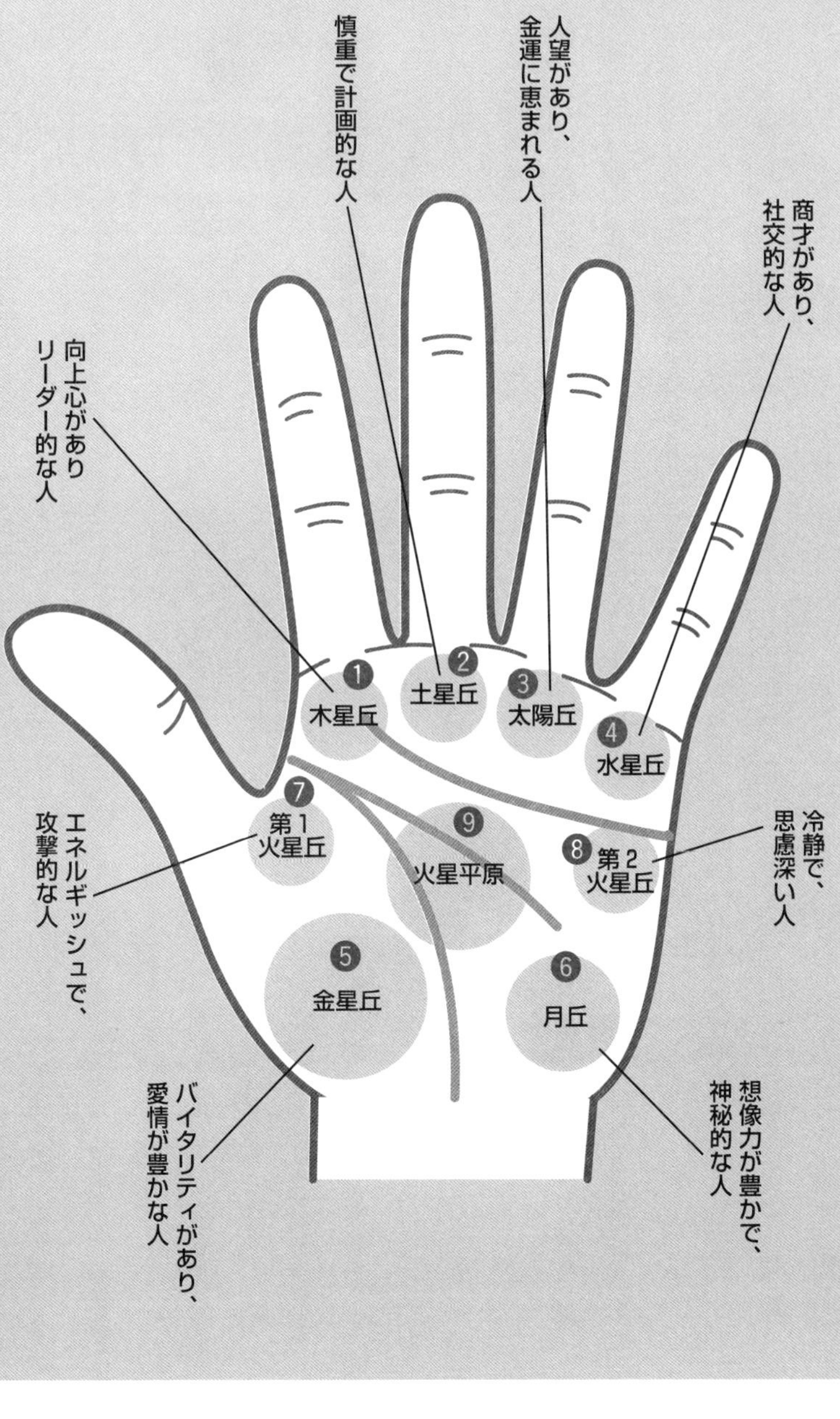

主要線「8本」だけでも十分占える！

手のひらには無数の線が出ていますが、全部一度に覚えるのはたいへんです。まず、生命線、頭脳線、感情線の基本線3本と、運命線をしっかり把握してから、次に興味深い線を加えて、主要な線、8本を覚えることからはじめましょう。

❶**生命線**　親指と人さし指の真中あたりから手首に向かって、カーブを描きながら伸びている線。健康状態や、バイタリティなど、その人の活力の有無をみます。さらに病気や事故などの障害も現れています。短いから短命ということはありません。

❷**頭脳線**　親指と人さし指の真中あたりから手のひらを横に走る線。個性や性格、また、どんな才能があるかなどその適性をみます。頭脳線の長短と頭の優秀度とは関係ありません。

❸**感情線**　小指の下側から人さし指や中指に向かって伸びている線。愛情の抱きかた、感性、対人関係、また、目に見えない心の動きなどをみます。

❹**運命線**　中指に向かって立ちあがる線。職業運や結婚運、やる気など、人生における環境の変化や、運の強さをみます。運命線が現れていない人もいます。

❺**太陽線**　薬指に向かって伸びる線。人気や名声、才能、金運をみます。太陽線はとくに運命線と関連しており、太陽線が出ていれば、努力の「成果」があったとみます。

❻**財運線**　小指の下に現れる線。財運、金運をみます。商才の有無もわかります。1本か2本出ているものがよく、何本も出ているものは、お金が入っても出ていくことを示しています。

❼**結婚線**　小指のつけ根と感情線の間に現れる短い線。異性との縁、恋愛や結婚、離婚など、愛情関係のありかたがわかります。

❽**向上線**　生命線の上部あたりから、人さし指のつけ根の方向に伸びている短い線。自分の夢や希望に向かって努力し、それが実現することを示しています。希望線、努力線ともいいます。

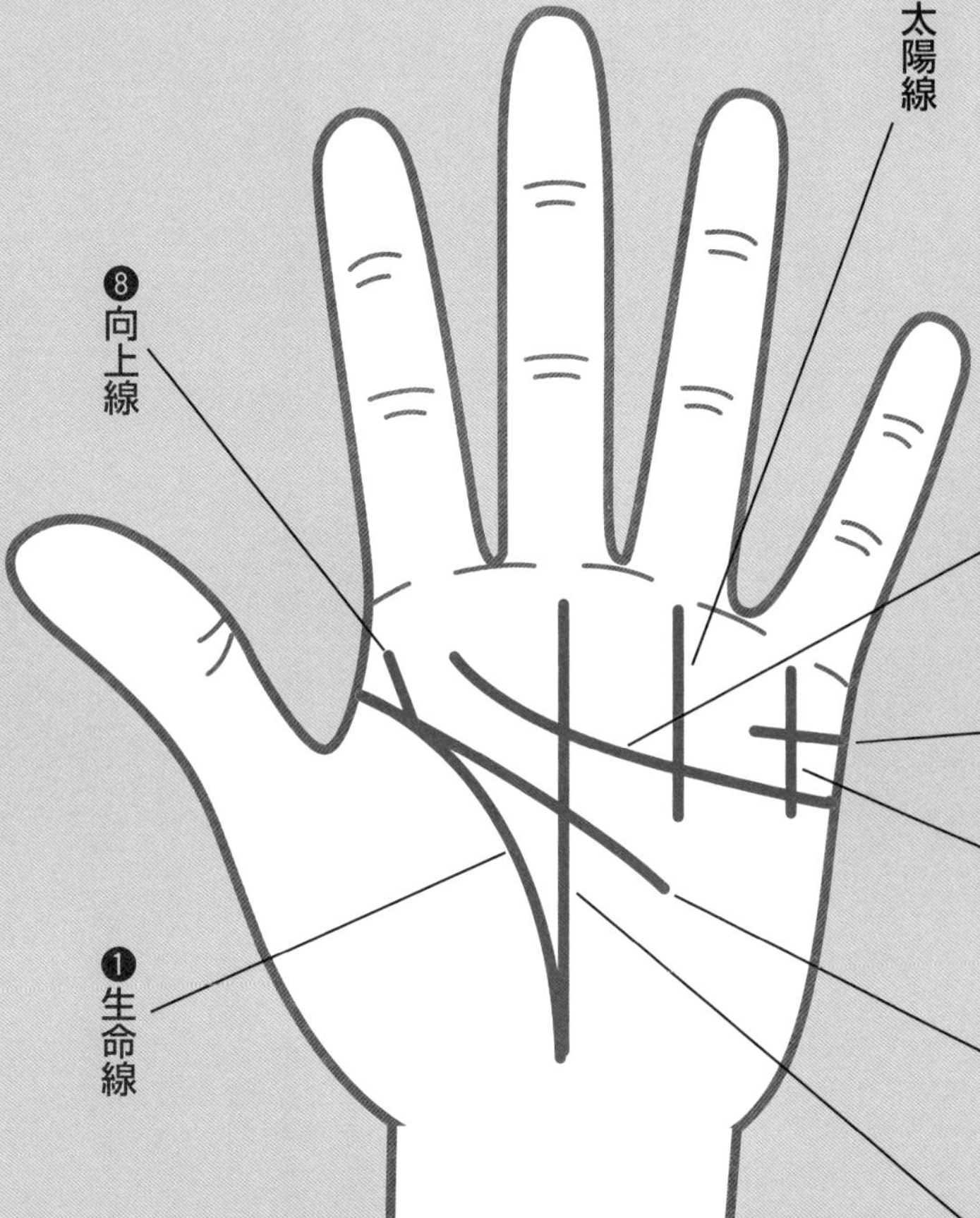
❺太陽線
❽向上線
❸感情線
❼結婚線
❻財運線
❶生命線
❷頭脳線
❹運命線

その他の線も覚えると、もっと楽しくなる

主要な8本の線を把握したら、次にあげる線を覚えておきましょう。

❶**健康線**　手のひらの下部から水星丘の方向に伸びている線。病気の有無や健康状態がわかります。健康線は出ていないのがよく、出ている場合は、はっきりしたきれいな線が望ましいのです。

❷**影響線**　月丘、あるいは金星丘から手のひらの中央、運命線に向かって伸びている線。影響をもたらせてくれる人の存在を示しています。影響線から結婚の時期もわかります。

❸**障害線**　他の線を横切る線。短くても長くても、マイナスの意味を持ちます。くよくよ悩む人や細かいことが気になる人に現れます。楽天家の人には現れません。

❹**二重生命線**　生命線の内側に走る細い線。精力旺盛で仕事もバリバリこなしますが、異性にも大いに関心があるという人です。愛情線ともいいます。

❺**主張線**　第1火星丘のあたりに手の外側から内側に向かって現れる小さな横スジ。反抗線とも呼ばれますが、自己主張の強い人に出ます。

❻**自由線**　月丘の下部に現れる横スジ。束縛を嫌い、自由に行動したい人に現れます。放縦線ともいいます。何本も出ている人は、遊び過ぎでからだをこわさないようにというサインです。

❼**旅行線**　生命線の下方が大きく枝分かれしている線。旅行が好きとか、住所が変わるなど、変化が多いことを示しています。行動力のある人です。

❽**直感線**　月丘から小指のつけ根にかけて現れるタテ線。芸術的な感性や直感力のある人に出ます。

❾**開運線**　生命線から出る上向きの線。努力が実り、運が開いていくことを示しています。

❿**手首線**　手首に現れる線。3本ともはっきり出ている人は健康なことを示しています。鎖型をしている人は、健康に恵まれず、何となく疲れやすい人です。

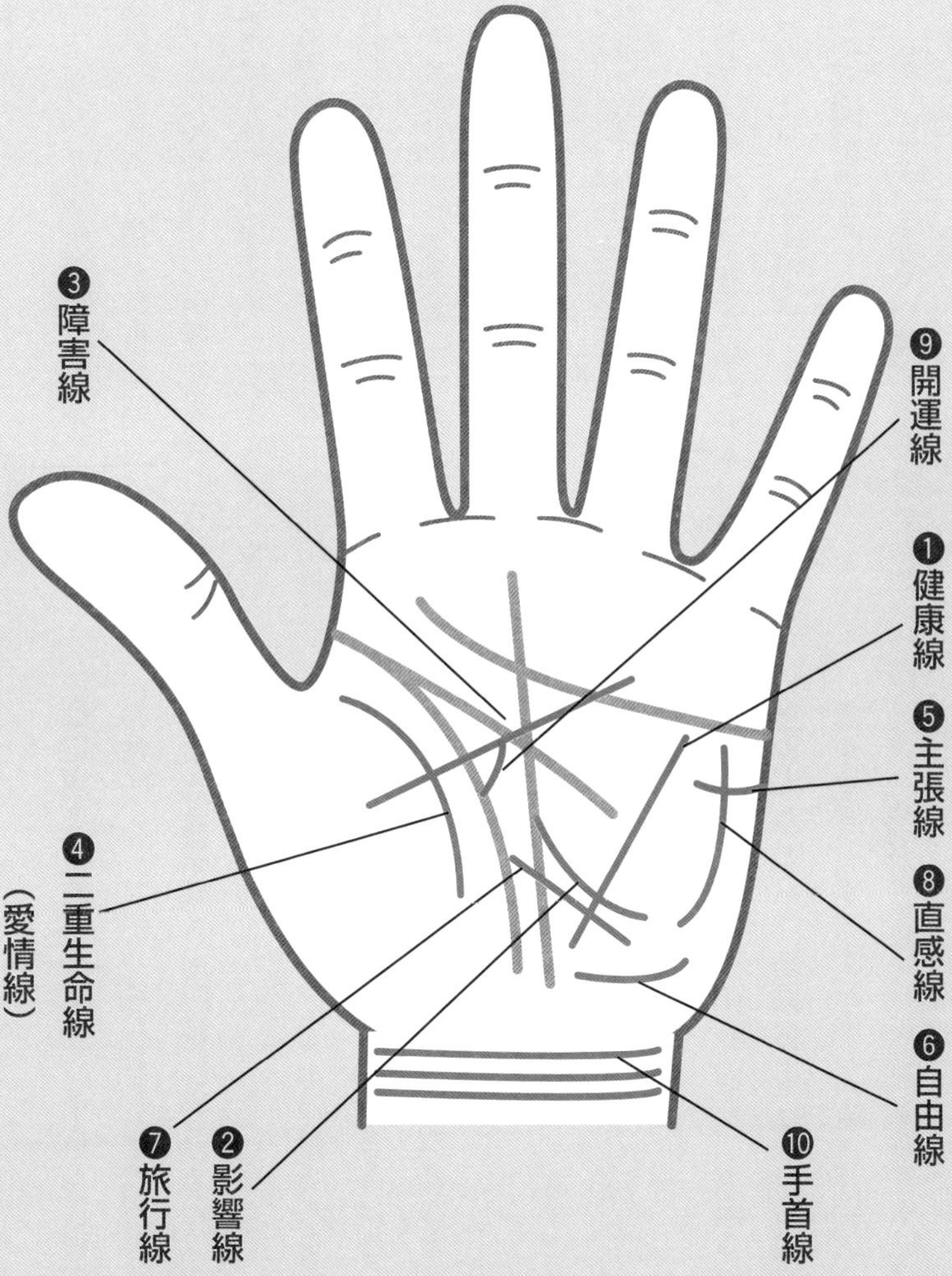
❸障害線
❾開運線
❶健康線
❺主張線
❹二重生命線（愛情線）
❽直感線
❻自由線
❼旅行線
❷影響線
❿手首線

手のひらの「幸運のサイン」と「不運のサイン」

❶十字紋（クロス）　短い2本の線が交わってできる小さな×印。木星丘（人さし指つけ根部分）に出ているものは、幸福な結婚や願望、成就を意味し吉相ですが、それ以外はすべて凶相です。たとえば、頭脳線上に出ている場合は、事故によるケガ、とくに頭部の障害をあらわしています。

❷三角紋（トライアングル）　3本の線が三角形をつくっている紋。手のひらの丘に単独で出ているものは、その丘のよい意味を強めることになり吉相ですが、線上に出ているものは、その線のよい意味を弱めることになり凶相です。

❸島紋（アイランド）　線上にできる島の形をした紋。2ミリから5ミリぐらいのものまであり、これはどの部分に出ていても凶相です。

❹星紋（スター）　短い3本、あるいは4本の線が交差してできる星型の紋。これはショックの現れとしてみられ、出る場所によって吉凶が分かれます。

丘に出る星紋—土星丘（中指つけ根部分）に出るものは凶。それ以外はおおむね吉相。

線に出る星紋—太陽線に出るものは吉。それ以外はおおむね凶相。

❺四角紋（スクエア）　4本の線で四角形をつくっている紋。これは「保護の紋」あるいは「お助け紋」とも呼ばれ、災難から逃れられることを意味しています。幸運の印です。

❻格子紋（グリル）　線が縦横に交わった紋。これは太陽丘（薬指つけ根部分）に出るものは大吉相ですが、それ以外は凶相です。

❼環紋（サークル）　円形の紋。太陽丘に出るものは金運をあらわし、結婚線上に出るものは身内による幸運を意味しますが、それ以外は凶相です。

❽斑点（スポット）　一時的な障害や反対を意味し、どこに出ていてもよい意味にはとりません。小さなキズやシミ、イボなども同じです。

1
2
3
4
5
6
7
8

線の形状から気になる線、うれしい線を読み取ろう

❶鎖状線 鎖状にからんでいる線。感情線に現れる場合は感情が豊かであることを示し、よい意味にとりますが、それ以外は、不安定とか、病弱なことを意味し、よい意味にはとりません。たとえば、生命線が鎖状線の場合は、体力に自信がなく、気力に乏しい人です。

❷二重ライン 主要線に平行して現れる長い線。その線の意味を強化し、補足します。たとえば、生命線が二重ラインの場合は、より活力が絶大なことを示しています。感情線が2本ある人は、快活で明朗、意志が強く、逆境に強いことを示します。

❸姉妹線 主要線に平行して現れる短い線。二重ラインほどではありませんが、その線の意味を強化し、補足します。たとえば、運命線に「姉妹線」が現れている場合は、思いもかけない人に助けられたり、協力者が現れたりして運が上昇することを意味します。

❹中断線 線が途中で切れているもの。運勢が遮断されたことを意味します。たとえば、失業、破綻、障害、病気など、マイナス面での変化を意味します。中断が大きいほど重要な変化を示します。

ただし、線が中断していても、また線が上昇しているものは再起可能ですし、線が重なって出ている場合は、悪い意味を補います。

❺波線 意思が弱いとか、安定していないという意味になり、よい線とはいえません。たとえば、頭脳線が波線の場合は、すぐ気が変わる、根気がないなど、一貫性がないことを示しています。結婚線が波線の場合は、結婚相手に恵まれないことを意味しています。

❻切れ切れの線 虚弱なことを示しています。忍耐力に欠けるとか、気まぐれとか、よい意味にはとりません。

運命線の場合は、切れ切れであっても、線が上昇していれば良相とみます。

❼ギザギザ線 生活が安定していなかったり、愛情関係にトラブルがおこるなど、よくないことが続き、神経がイライラしていることを示しています。

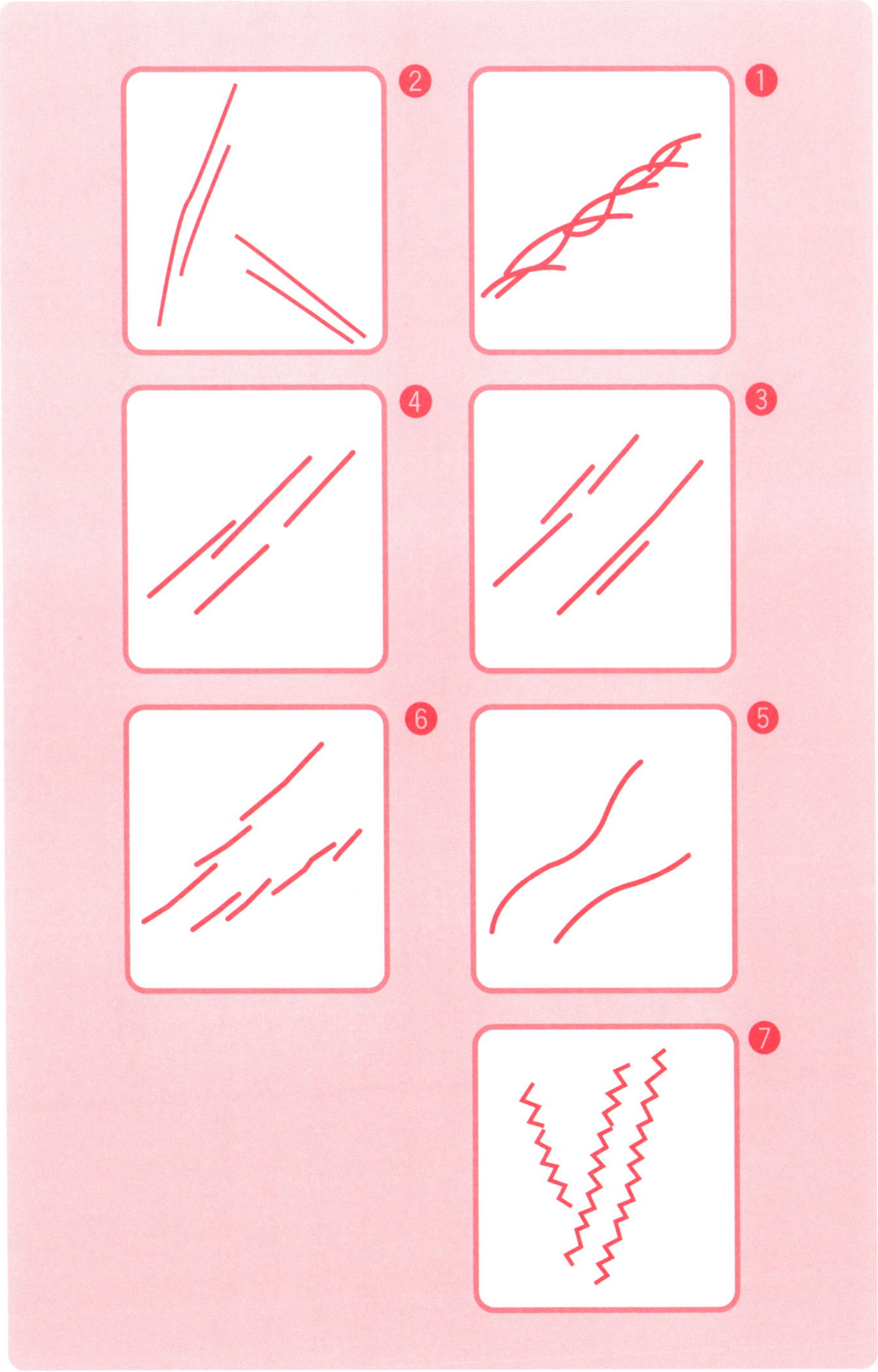
1
2
3
4
5
6
7

特殊な紋を知っておくと面白い

幸運のチャンスをつかむ人

●木星環（ソロモンの環）

人さし指の下に刻まれる半円形の環。木星丘のよい意味を強調し、あきらめていたことが急展開し、幸運のチャンスをつかむことができます。神秘を好む人、ひとつのことに夢中になって、うち込める人に現れます。不思議に物事が好転するという意味合いもあります。

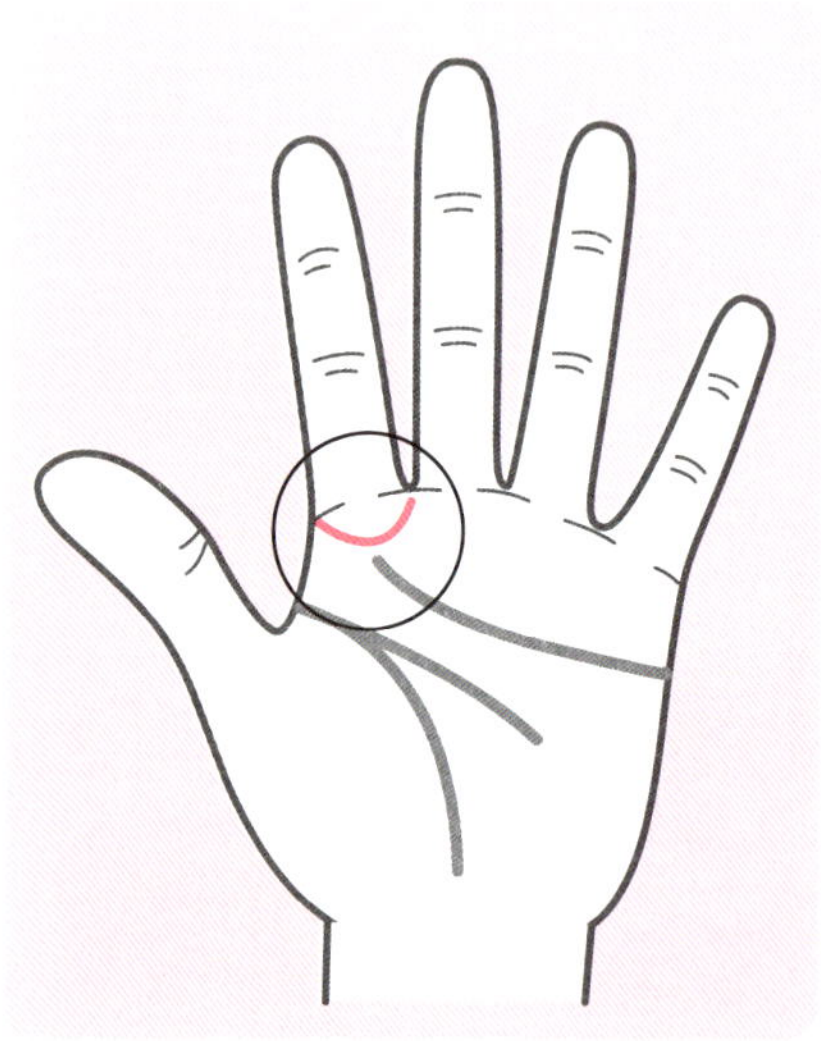

孤独を好む芸術家肌の人

●土星環

中指のつけ根を囲むようにして刻まれる半円形の環。感受性が強く、どちらかというと心が満たされていない人に現れます。作家、詩人など芸術的な才能があり、型破りな生きかたをする人によくみられます。孤独癖があり、恋愛も不倫に走る傾向があります。

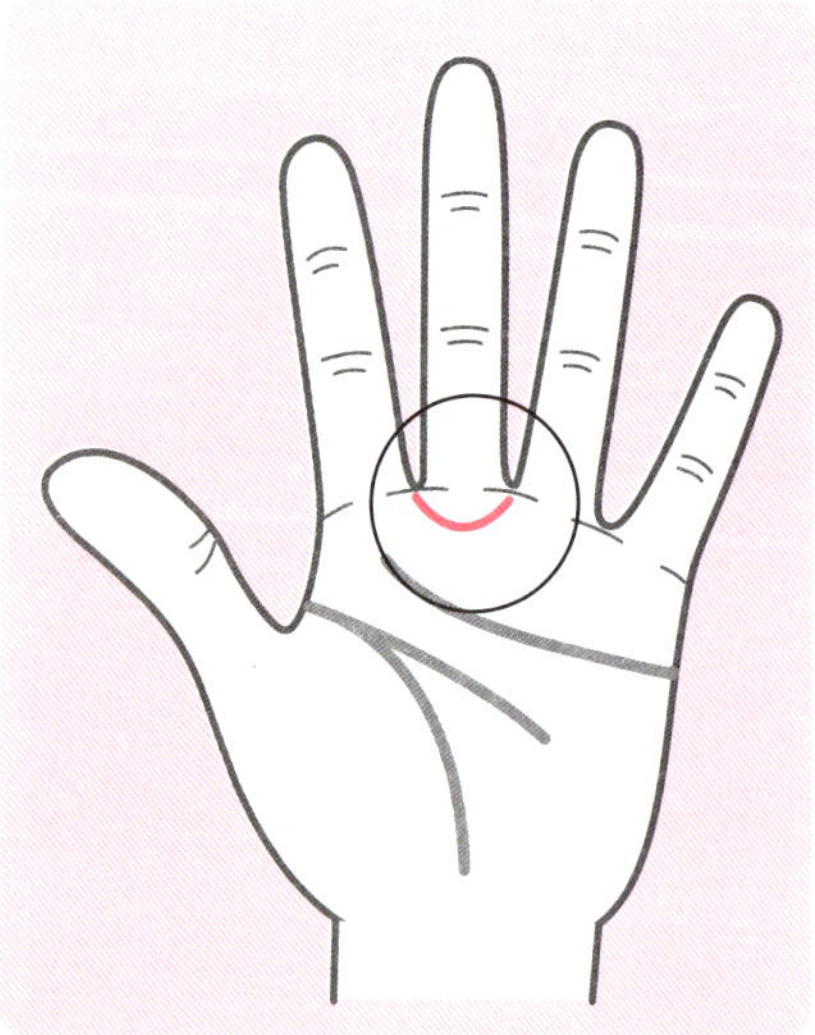

感情豊かな浮気性の人

●金星帯

中指と薬指の下を囲むように現れる環。1本きれいに出ていることは稀《まれ》で、大体は切れ切れの線か、細い線が何本か出ていることが多いものです。これは感情が細やかで、美的感覚が豊かなことを示しています。

頭脳線がしっかりしていれば、詩人や俳優に打ってつけです。一般的には異性にもてる浮気の相ともいわれます。

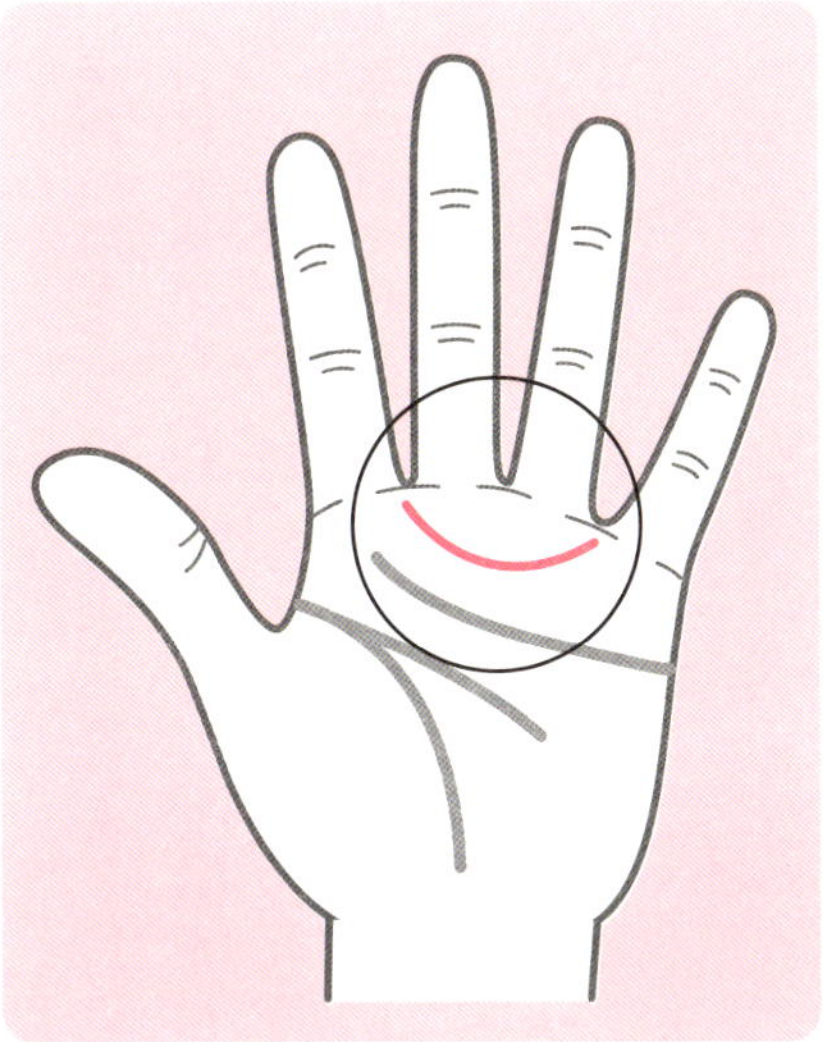

家族の絆が強い人

●ファミリーリング

親指のつけ根を囲むようにしてできる鎖線。鎖状にはっきり出ているものがよく、乱れがない人ほど親子関係がしっかりしていることを意味しています。長寿の相ともいわれます。両手とも、はっきり現れている人は、なおラッキーな相です。

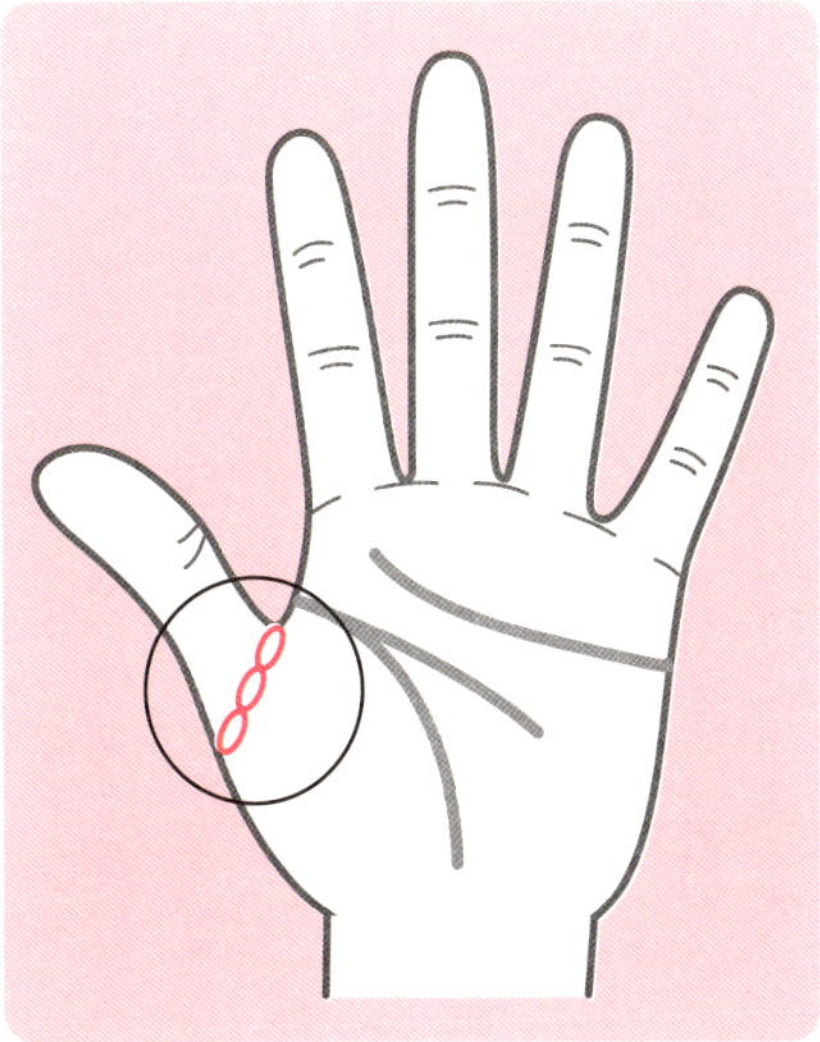

ご先祖様に守られているラッキーな人

●仏心紋

親指の第一指節に出る、人の目のような形をした紋。これは仏様が目を細めている様子を示し、この紋が出ているときは、ご先祖に守られ、ラッキーなツキを持っていることを示しています。信心深く、悪いことをしない人に現れる紋といわれています。出たり消えたりしますので、よく気をつけておきましょう。

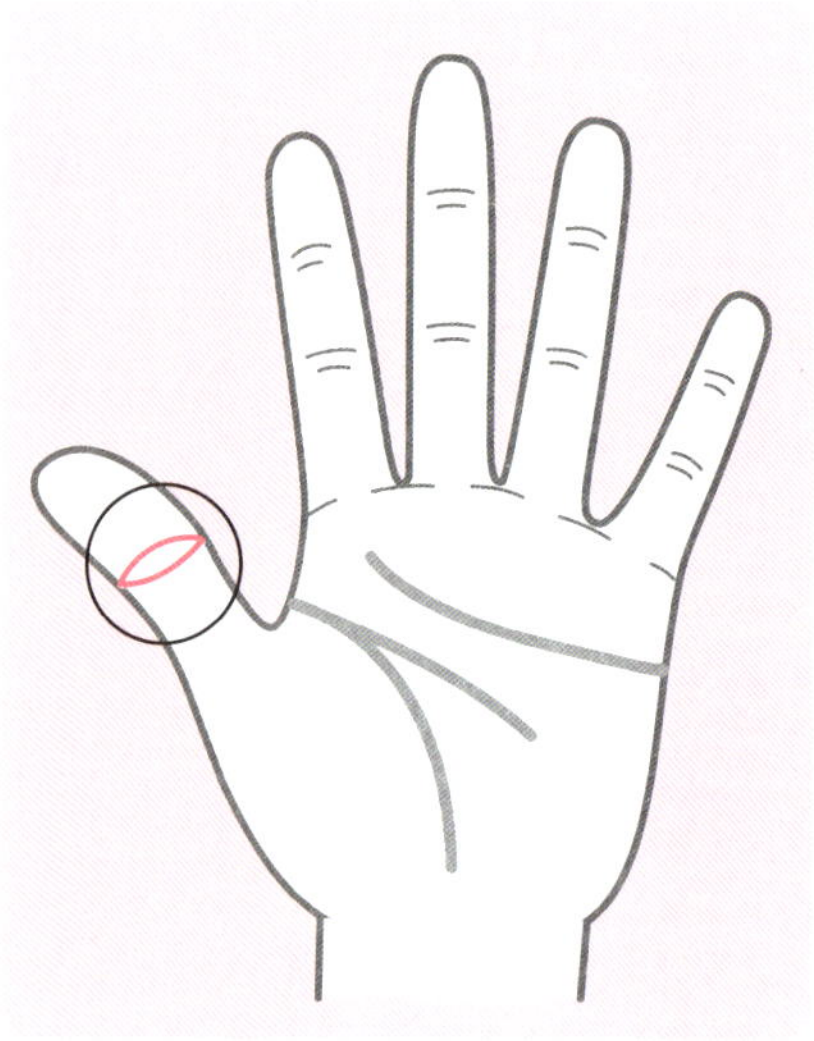

またとない幸運が訪れる人

●フィッシュ

魚の形をした紋。これはまたとない幸運を意味する線です。たとえば、この紋が頭脳線の先に出ている場合は、頭脳的なことで幸運が得られることを示し、旅行線にあれば、旅先でよいことがあり、感情線の先にあれば、誰かステキな人に一目惚れされ、幸せな結婚ができるというたいへんラッキーな印です。

★この他、手のひらに現れる特殊な紋は「2章、仕事運を占う」の96ページに出ています。

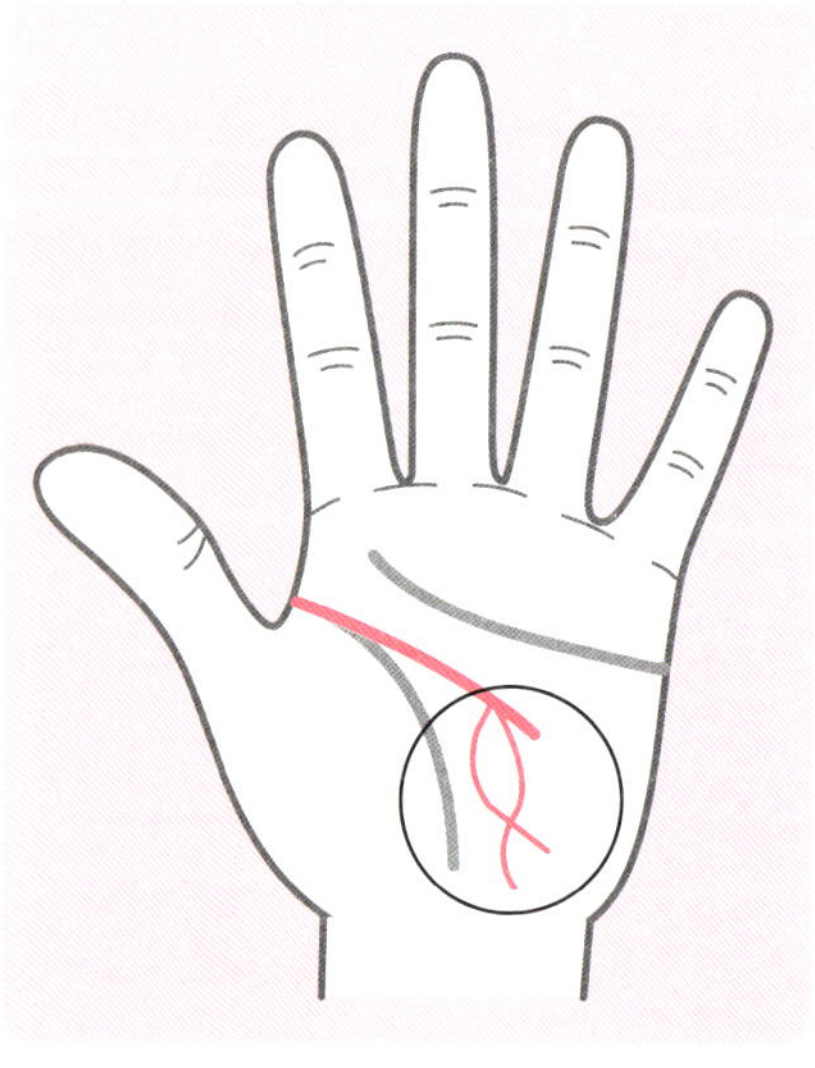

1章

あなたの性格と人生運を占う

性格を知るには、生命線、頭脳線、感情線、運命線の４本を
読み取ることです。ただ一度にたくさん覚えるのは大変です。
それぞれの特徴をひとつずつ覚えてください。
それだけでも大筋のところはつかめます。
人生運は、運命線を基本に、太陽線、頭脳線、影響線、自由線、障害線、
それに金星丘に現れた細かい線などをみていきます。
この項は、仕事運、金運とも重なりますので併せてみてください。

手のひらでみる

あなたは大らかな人?繊細な人?

手のひらをパッとみたときに、雑線があまりなくて、主要な線4本(生命線、頭脳線、感情線、運命線)のみがはっきり出ている人がいます。逆に雑線ばかりが目立つ人がいます。それだけでも、おおよその性格をつかむことができます。

❶主要な線4線のみがはっきり出ている人

手のひらをみたときに、主要な線のみがはっきり出ている人というのは、一般には手の厚みもあり、手のひら全体も硬い人に多くみられます。

この手の相は、神経の太い人、大胆な行動ができる人で、性格は大らかでさっぱりした人。悪くいえば大ざっぱな人ともいえます。

あまり落ち込まないタイプですが、たとえ落ち込んでも翌日にはケロリとしているような人で、いつまでも悩みをひきずるようなことはありません。

からだも頑健で、政治家、会社の社長、スポーツ選手などに多くみられます。

女性でこのような相の人は、間違いなく「姉御タイプ」です。相手の気持ちに関係なく、自分が思ったことはすぐに言わないと気がすまないタイプです。

❷雑線ばかりが目立つ人

手のひらをみたときに雑線が無数に出ている人。この手の相は、繊細でデリケート。感受性が強く、傷つきやすい人です。悪くいえば神経質でクヨクヨ悩むタイプ。細かいことが気になる取り越し苦労型です。

決断力や行動力を必要とするような、大胆な仕事をするには力不足といえます。どちらかというと、芸術家や細やかな仕事をする人にはよくみられる相です。

1

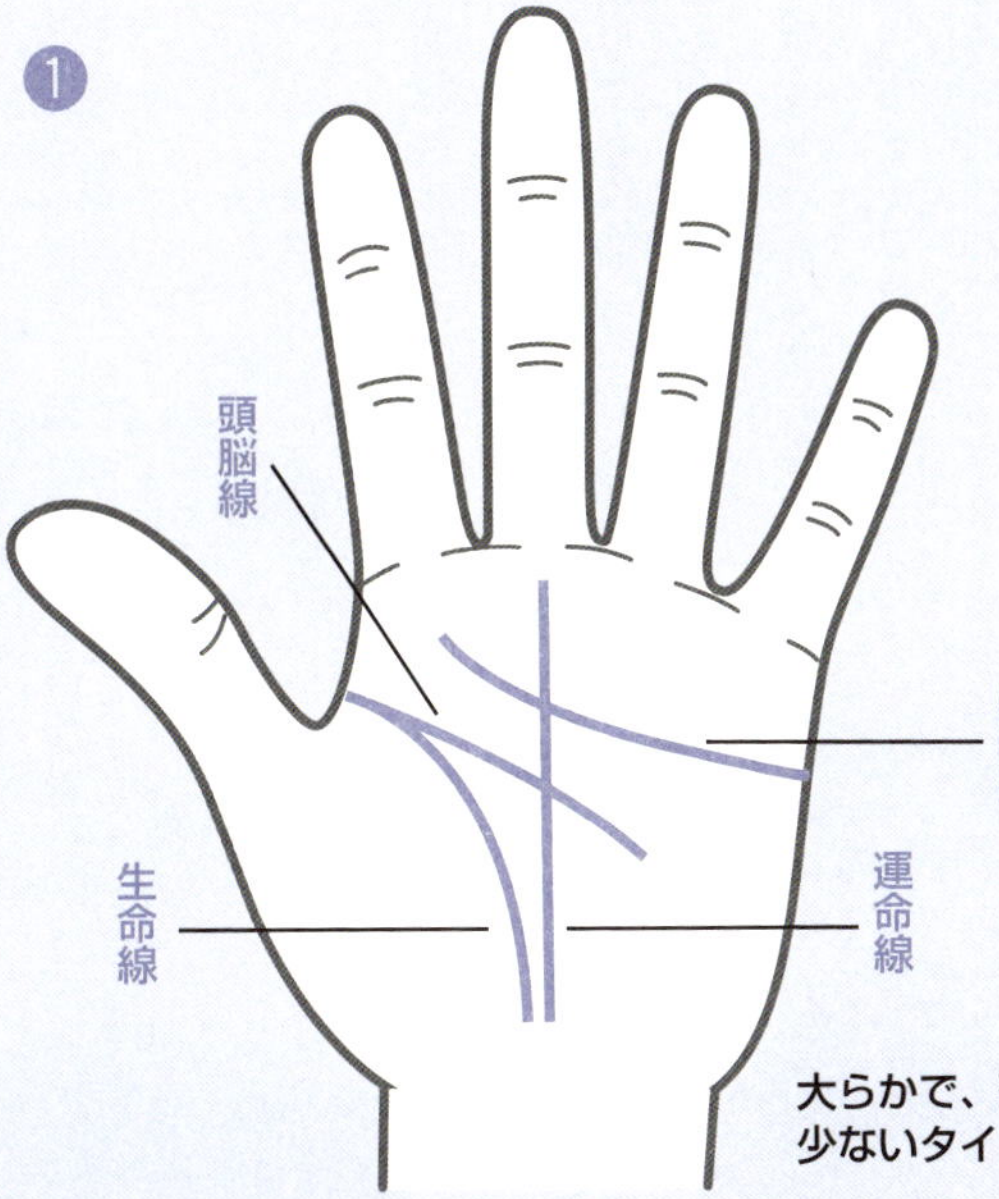

大らかで、落ち込みの
少ないタイプ

2

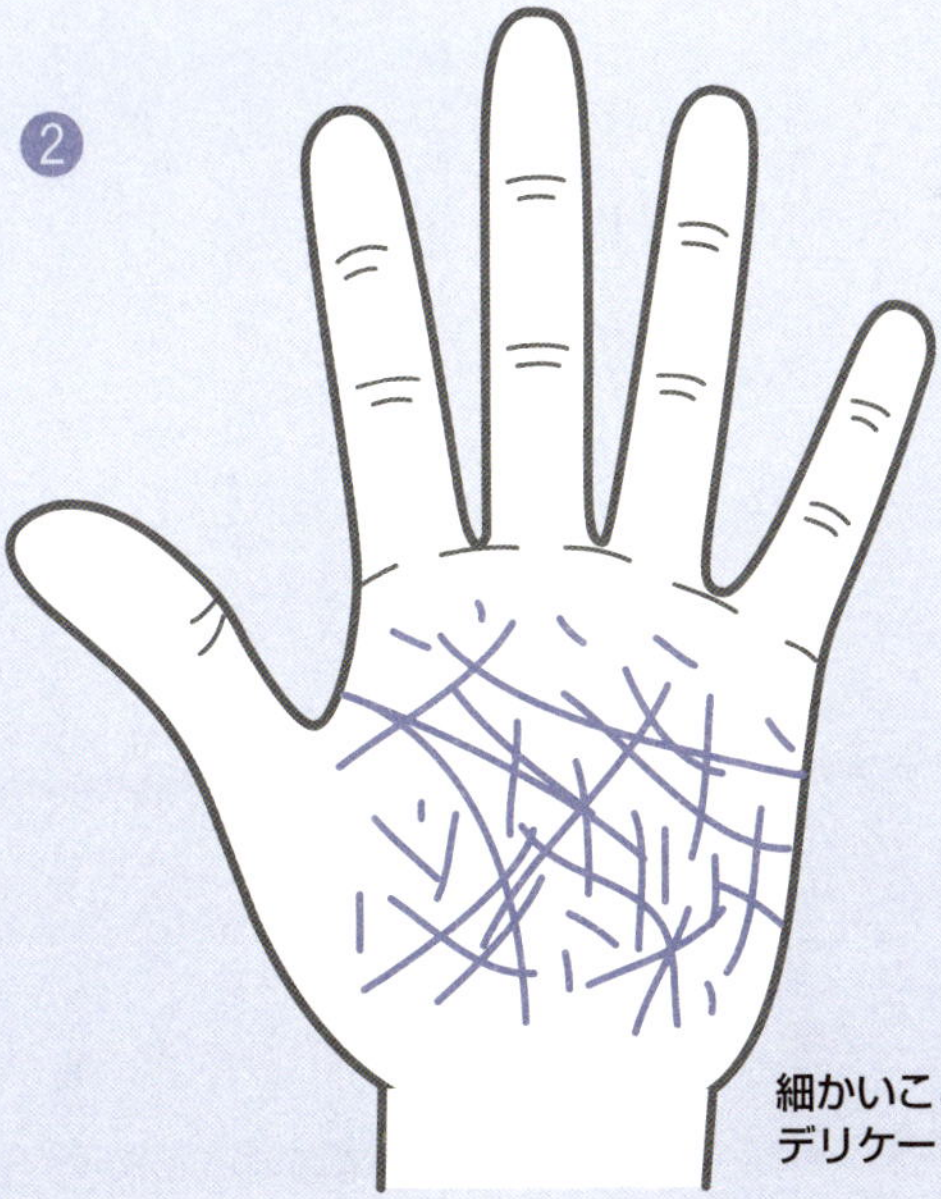

細かいことが気になる
デリケートタイプ

生命線と頭脳線でみる

あなたは慎重派?行動派?

生命線と頭脳線のスタート地点が離れているか、重なっているかで、あなたが慎重な人か、大胆な行動に走る人かがわかります。

❶生命線と頭脳線のスタート地点が同じで、すぐに線が分かれている

慎重さと行動力と、ほどよくバランス感覚のとれている人です。どんな環境にも適応する賢さを備えており、想像力や管理能力にもすぐれています。女性では良妻賢母タイプです。

❷生命線と頭脳線のスタート地点が離れており、そのまま交わらない

決断が早く、もたもたしているのが嫌い。考える前に走っているような人です。行動力があり、独立心旺盛。仕事も大きく延ばしますが、ワンマンすぎると、人に敬遠されることもあります。とにかくマイペース型で、思いつきから方向性を突然に変えるなど、突飛な行動にも出がちな人です。生命線と頭脳線の間があいているほど、このような性格は強く出ます。20人に1人ぐらいにみられる相です。

❸生命線と頭脳線が途中まで重なっている

たいへん慎重な人で、「石橋を叩いて渡る」ような人です。大きな失敗はしませんが、ただ、慎重すぎてチャンスを逃すこともあります。ここぞ、というときには発奮したほうがいい人です。生命線と頭脳線が重なっている部分が多いほど、その性格は強く出ます。日本人にいちばん多くみられる相です。

❹生命線の下から頭脳線が出ている

頭は優秀ですが、警戒心が強くて、取り越し苦労をするタイプです。物の見かたや批判能力はすぐれているのですが、シャイなために引っ込み思案となり、目立たない人です。

①

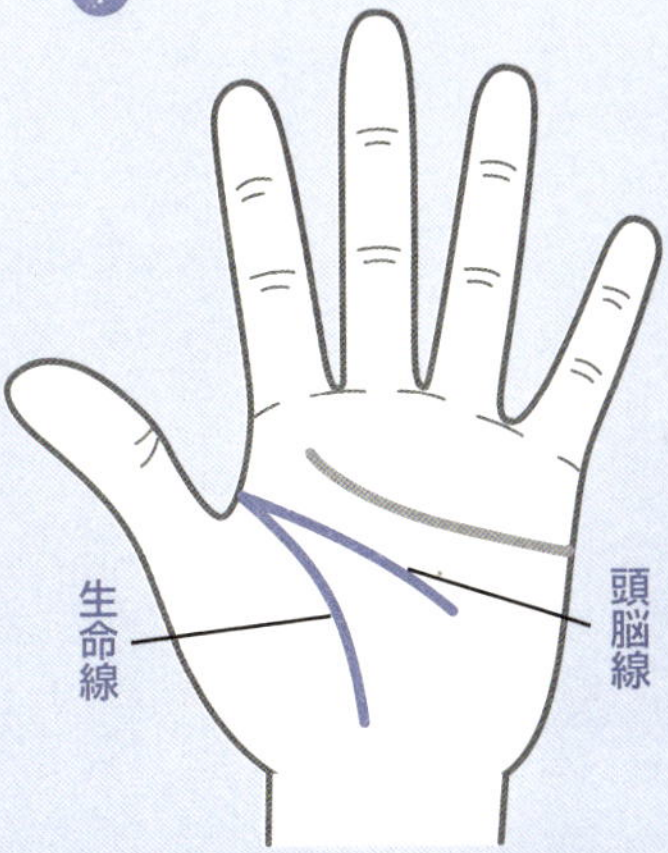

バランス感覚がとれている
堅実派

②

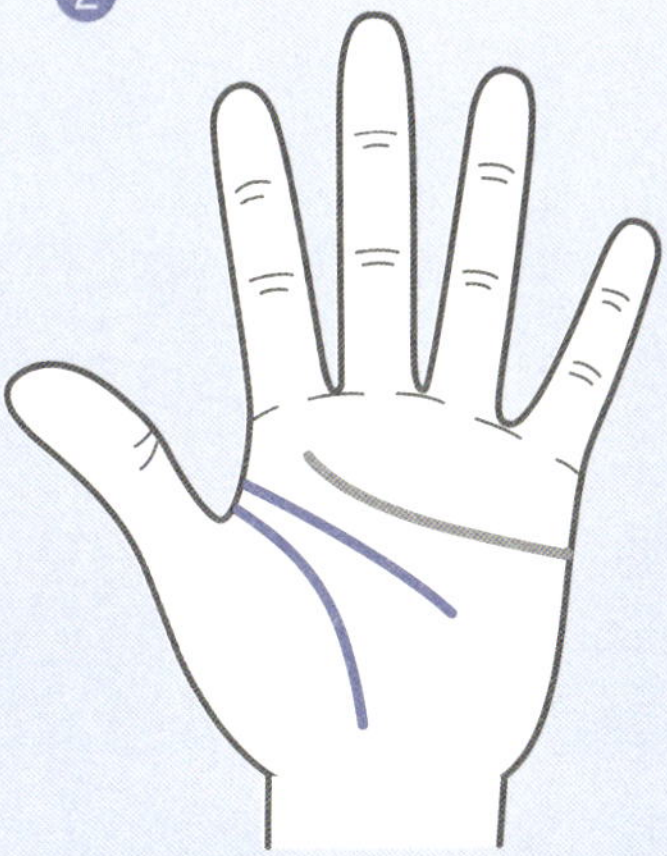

独立心旺盛の行動派

③

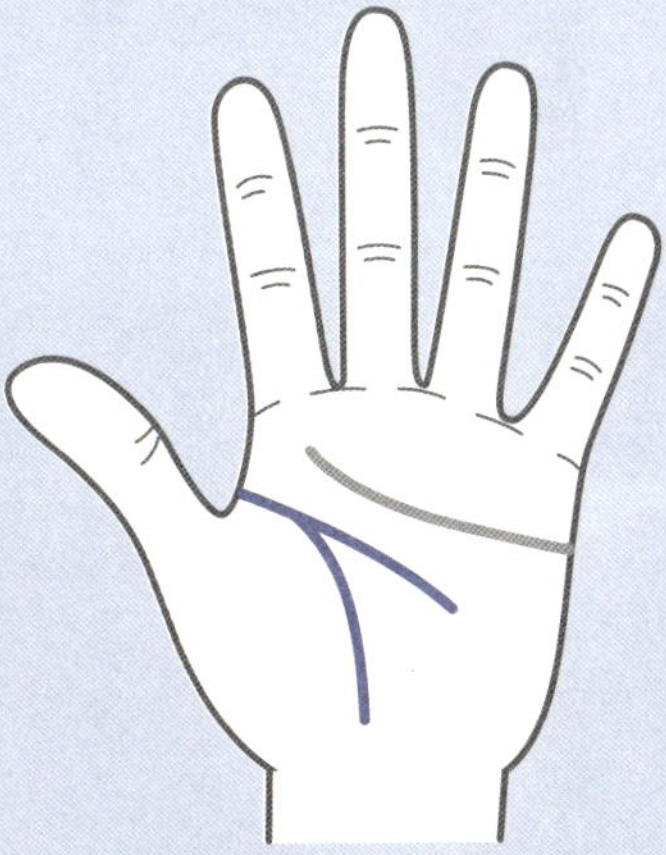

ときにチャンスを逃す
慎重派

④

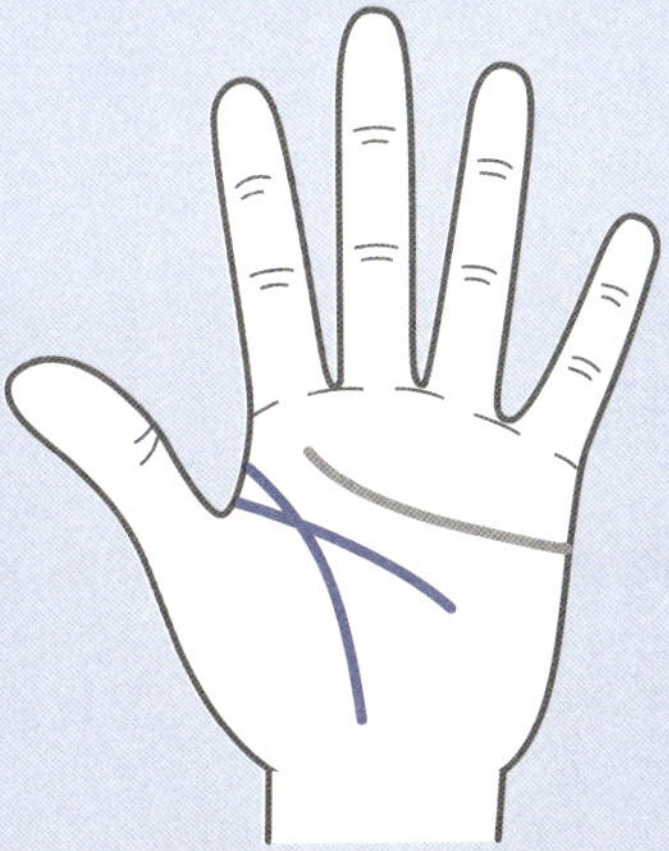

警戒心の強い消極派

頭脳線でみる

あなたは現実的？ロマンチスト？

頭脳線が伸びている方向をみることで、あなたが現実的志向の人か、ロマンチックな人かがわかります。

❶頭脳線の末端が感情線に近く第2火星丘で終わっている

現実的な考えの持ち主です。物ごとを合理的に判断し、テキパキと処理する能力があります。政治家、実業家などによくみられ、リーダーシップを発揮して成功をみますが、しかし、あまり損得勘定で動くと人間的には面白みがない人と思われてしまいます。

❷頭脳線の末端が月丘の上部で終わっている

現実的な面とロマンチックな面と、両方をほどよく備えた常識的な人です。生きていくうえでの厳しさも、また、想像力も持ち合わせているという堅実的なタイプ。見栄も虚勢もはらず、仕事も趣味もエンジョイしながら、豊かな人生を送ることができる人です。

❸頭脳線が月丘の中ほどへ向かっている

頭脳線の向かう位置が低く、人によっては手首のほうまで長く伸びている人もいます。こういう人は空想的な傾向が強くロマンチストな人。直感で物ごとを判断することの多い人です。一面、思索派タイプで想像力は豊か。じっくり考える仕事に向いていますが、お金儲けは下手なタイプです。

❹頭脳線が極端に生命線寄りに下に伸びている

頭脳的にはたいへん優秀な人が多いのですが、何でも深刻に考えるきらいがあり、人となじむことの下手な人です。

この線は「自殺線」とも呼ばれていますが、とにかく思い込みがはげしく、自分でウツ状態をつくるような人です。この線がある人は、積極的に明るくふるまう努力が大事です。

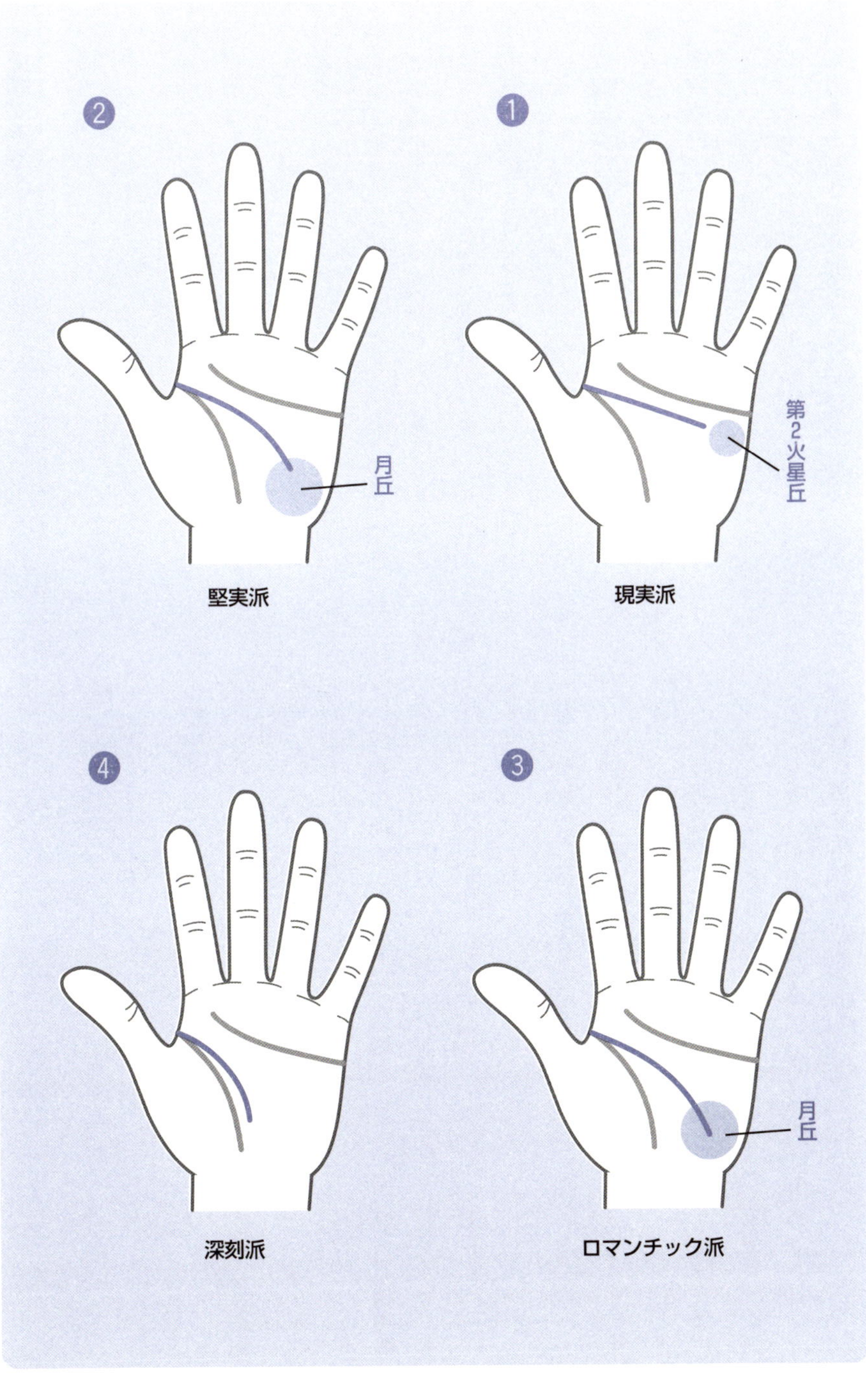
1
第2火星丘
現実派
2
月丘
堅実派
3
月丘
ロマンチック派
4
深刻派

感情線でみる

あなたはクールな人？ 愛情深い人？

感情線の末端がどの位置まで伸びているかで、その人の感情の豊かさを知ることができます。

❶感情線が人さし指と中指の中間で終わっている

感情線が標準的な長さを示しており、感情と理性とのバランスがとれている人です。誰にでもやさしく接することができ、人からも好かれます。争いごとが嫌いでトラブルにも巻き込まれません。

❷感情線が中指のあたりで終わっている

頭がよく、クールな感覚の持ち主です。自己中心的で、やりたいことは強引にすすめる傾向があります。

新しいことにチャレンジするパワーはありますが、熱しやすく冷めやすい性格をしています。物ごとを合理的に考える割り切り型の人です。

❸感情線が人さし指に向かって伸びている

たいへん豊かな愛情の持ち主であり、且つ、前向きな人。リーダーシップを発揮して、まわりをまとめるのが上手な人です。

理想の高い人で、人に裏切られたりすると、精神的ショックが強く、なかなか立ち上がれなかったり、また、どこまでも追求するタイプの人でもあります。

❹感情線が人さし指と中指の間まで入り込んでいる

思いやりのありすぎる人です。人によく尽くしますが、ただ、その親切が過剰になってうるさがられることがあります。

どちらかというと、完全主義のところがあり、他人にもそれを求めるために、つい口に出してしまう、というお世話好きの人です。

❶

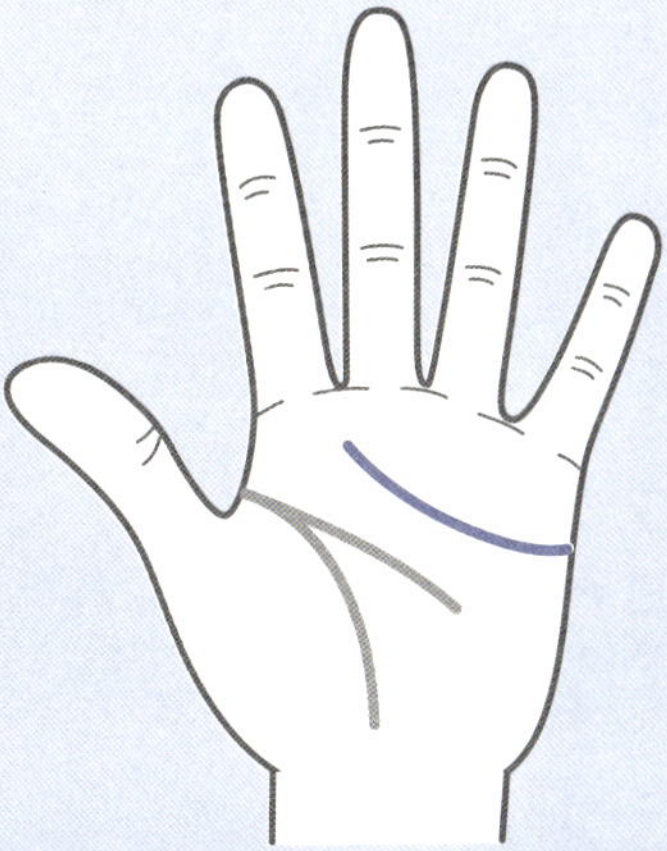

誰にでもやさしい
穏やかタイプ

❷

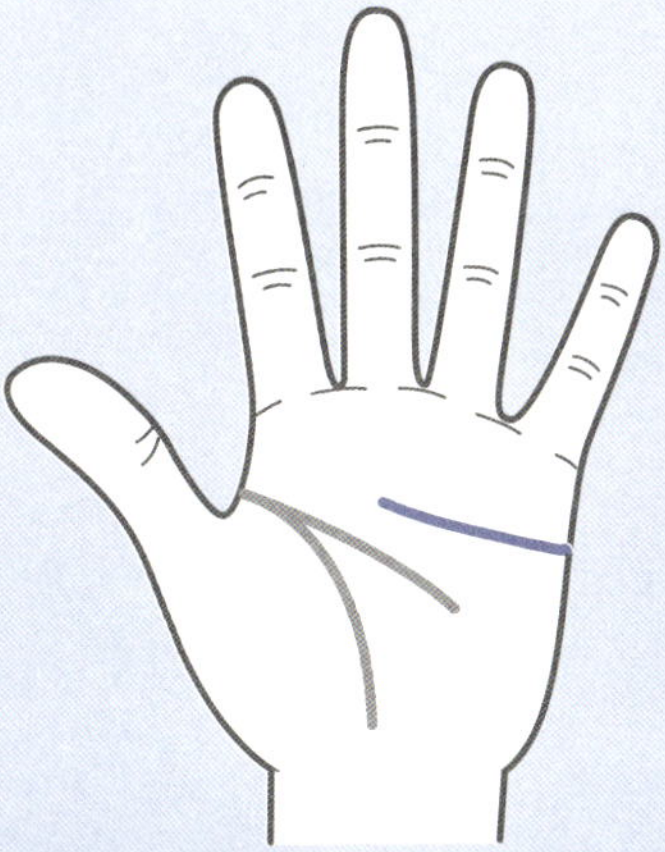

クールな感覚の
割り切りタイプ

❸

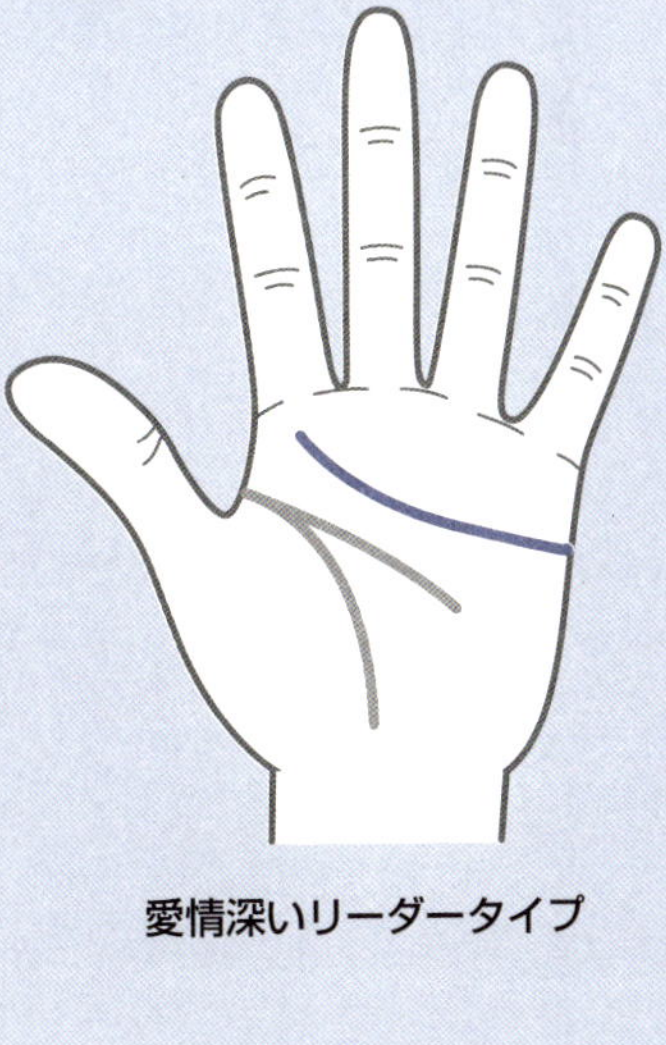

愛情深いリーダータイプ

❹

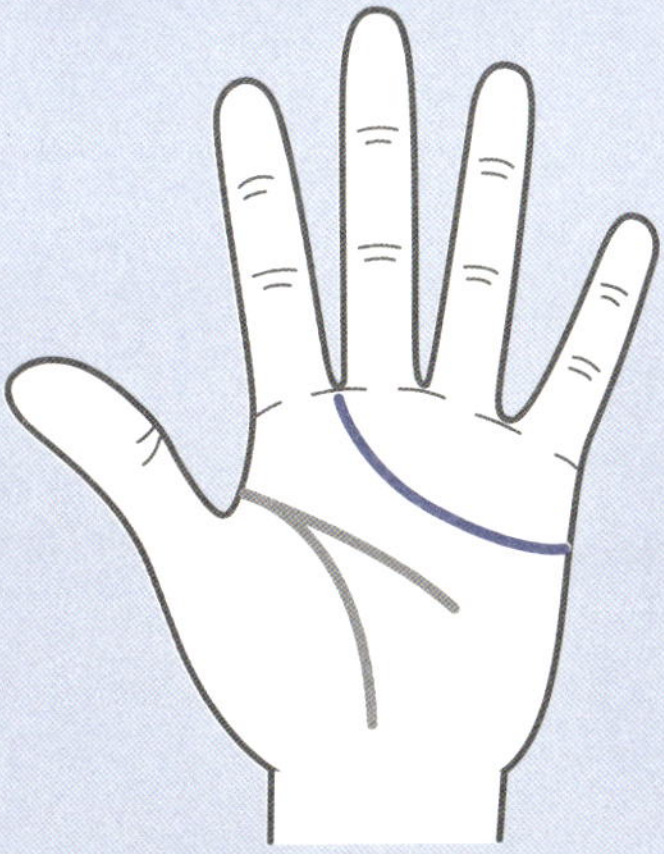

尽くし型の
お世話好きタイプ

運命線でみる

あなたは自力型？親の七光り型？

運命線がどこから昇っているかで、自力型か親の七光り型か、あるいはまわりの人の支援で成功していくタイプかがわかります。

❶運命線が生命線の下部から上にまっすぐ伸びている

バランス感覚に富み、人に頼らず、自分の力で運を切り開いていく人です。

若いときから高い目標をきちんと持ち、どんな困難にも負けず、ひたすら努力を重ねながら、地道に成功を勝ち取ります。どんなときも自分が主役で突きすすんでいく強い人です。

❷運命線が生命線の内側（親指側）から伸びている

親など身内からの支援があって運勢を切り開いていく人です。たとえば親の財産を元手に事業をおこしたり、親の事業を受け継いだり、あるいは親の人脈や信用を得て、仕事を拡張したりというような、いわゆる「親の七光り」があって成功するタイプです。

❸運命線が月丘（小指側）から伸びている

親や身内以外のまわりの人からの援助や支援があり、運を切り開いていく人です。

結婚した相手の実家からの援助なども考えられます。

人に愛され、人との出会いから思いがけない幸運を得られる人ですので、人間関係を大切にしていくとよいでしょう。

このような運命線は、人気線、あるいはタレント線とも呼ばれ、芸能関係の仕事をする人には、ぜひ欲しいといわれる線です。また、お客さま相手の商売をする人、選挙が命の政治家などにも喜ばれる相です。

①

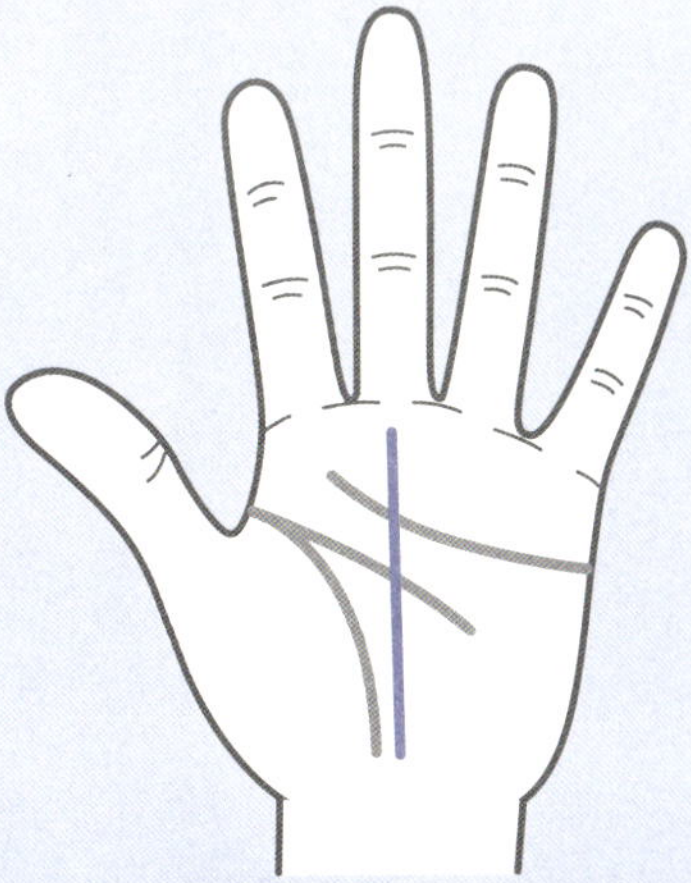

自分自身の力で
運を切り開いていくタイプ

②

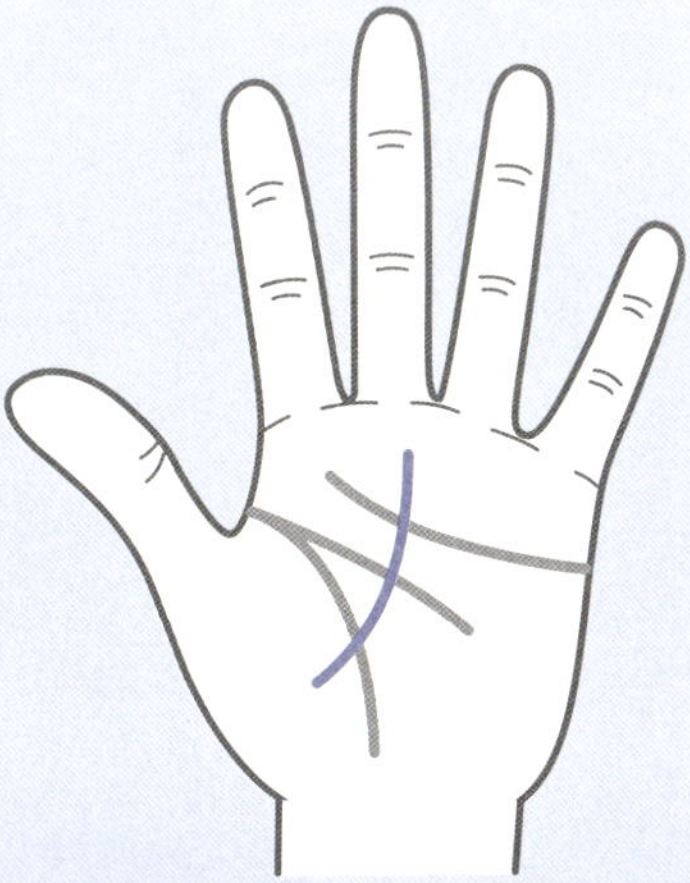

親の力を得て
運を切り開いていくタイプ

③

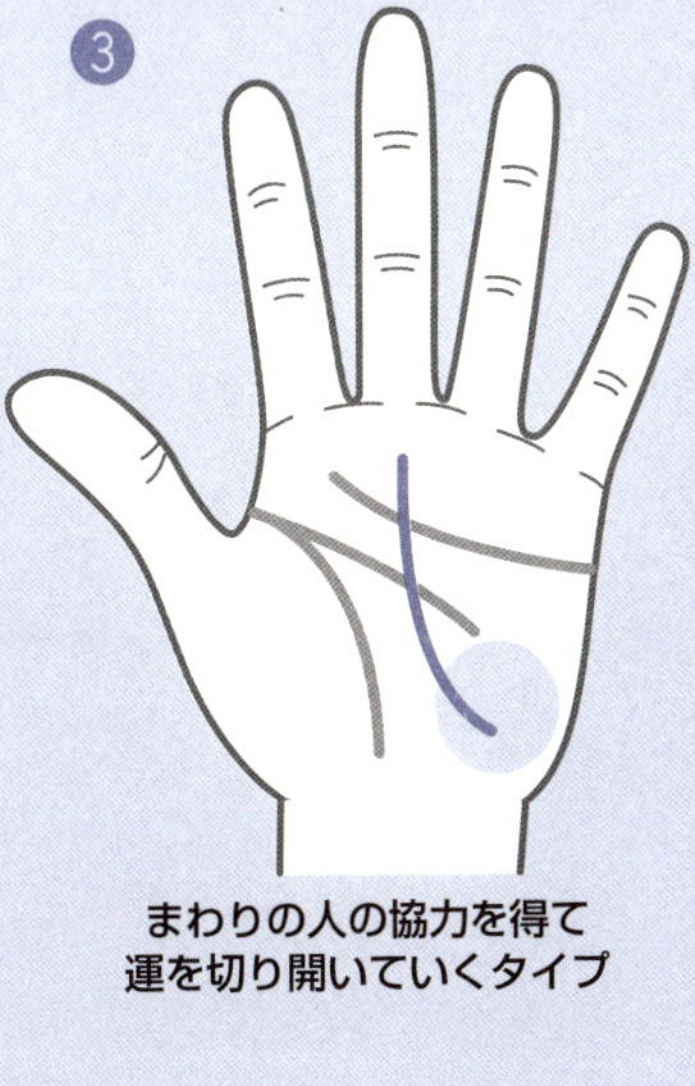

まわりの人の協力を得て
運を切り開いていくタイプ

特殊な相・マスカケ線

感情線が頭脳線と合流して1本の線となり、手のひらに、ひらがなの「て」の字の形をしている相があります。これはマスカケ線といって、特殊な相です。

徳川家康がこの相だったといわれ、別名「天下取りの相」とも「百にぎりの相」とも呼ばれています。

作家であり、政治家でもある石原慎太郎さんがマスカケ線で知られていますが、マスカケ線はチャレンジ精神が旺盛でリーダーシップ型の人に現れます。合理的な考えの持ち主で、度胸もあり、大胆果敢にすすむ上昇志向の強い人です。どんな職業についても、全力をつくして成功をみるという相ですが、なかでも手のひらが厚く広い人は実業家、政治家に、細長い人は芸術の分野で力を発揮します。

弱点は波瀾万丈もあり得ること、また強引にやりすぎてまわりから敬遠されるおそれがあることです。結婚は晩婚型が多く、女性では縁遠い傾向があります。

また、マスカケ線が出ていても、切れ切れであったり、線が細い場合には天分は十分にあるが、まだパワー不足を意味します。線上に島紋などがある場合も運気は停滞していることを示しています。

★マスカケ線にはいろいろなタイプがあります。

❶感情線と頭脳線が合体して手のひらを横断しているもの

❷感情線が頭脳線に合流しているもの

❸頭脳線が感情線に合流しているもの

❹頭脳線から流れている線が感情線に結びついて、マスカケ線をつくっているもの

ほとんどの場合、マスカケ線は遺伝的要素が強いのですが、❹の場合は、後天的マスカケ線といい、自分自身の努力で精神的弱点を克服し、人からも信頼され、中心的存在になっていくことを示しています。

人生の前半と後半で、運勢が大きく変わった人によくみられます。

①

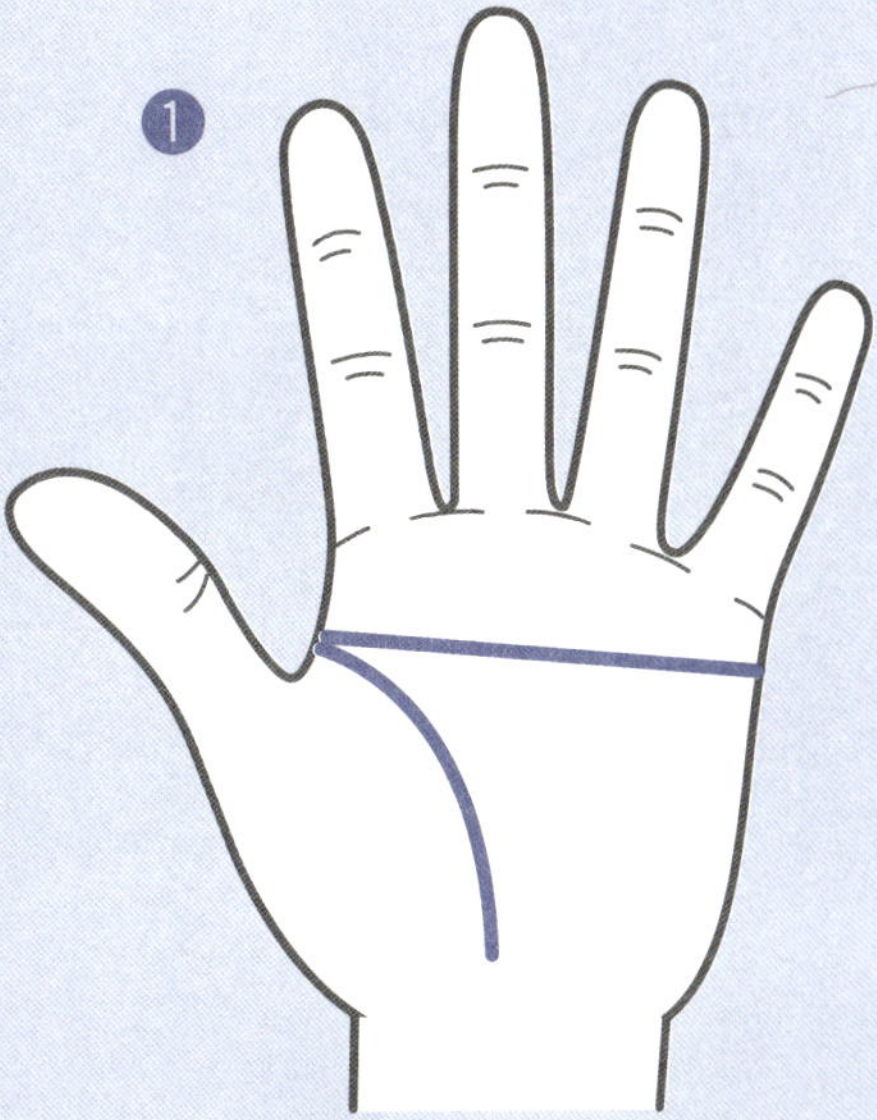

感情線と頭脳線が合体して
手のひらを横断しているもの

②

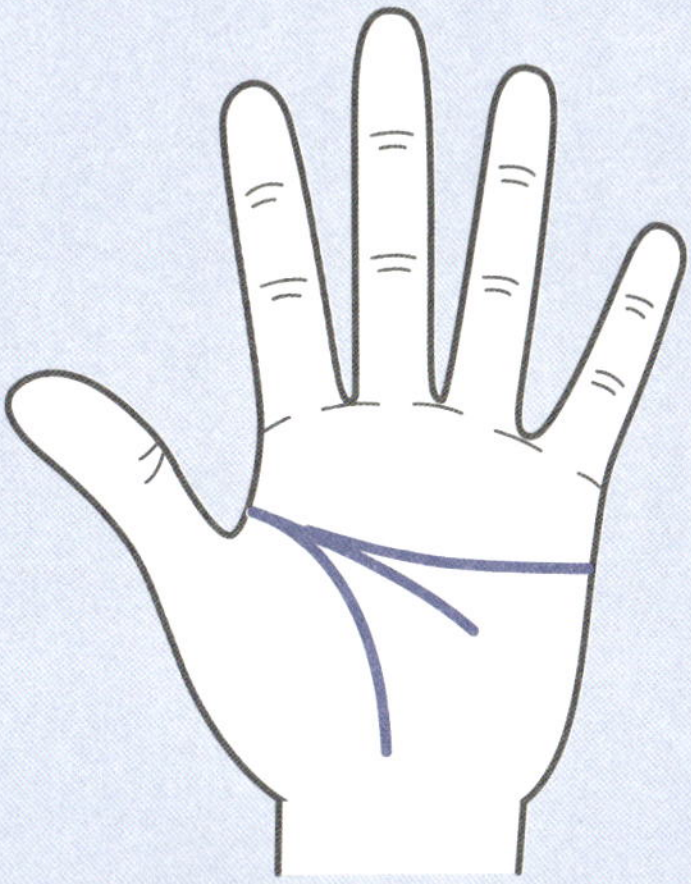

感情線が頭脳線と合流して
いるもの

③

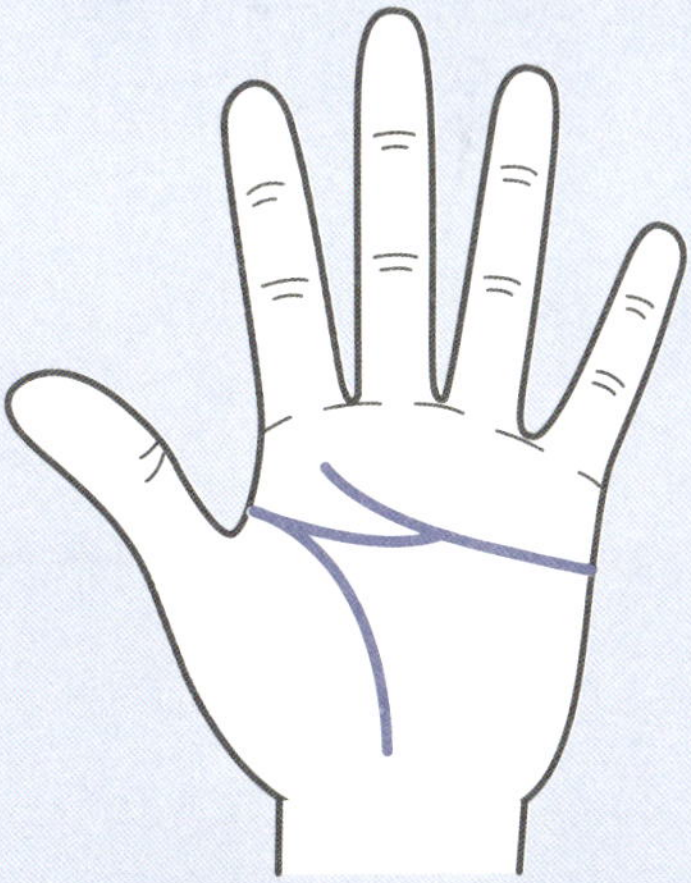

頭脳線が感情線に合流して
いるもの

④

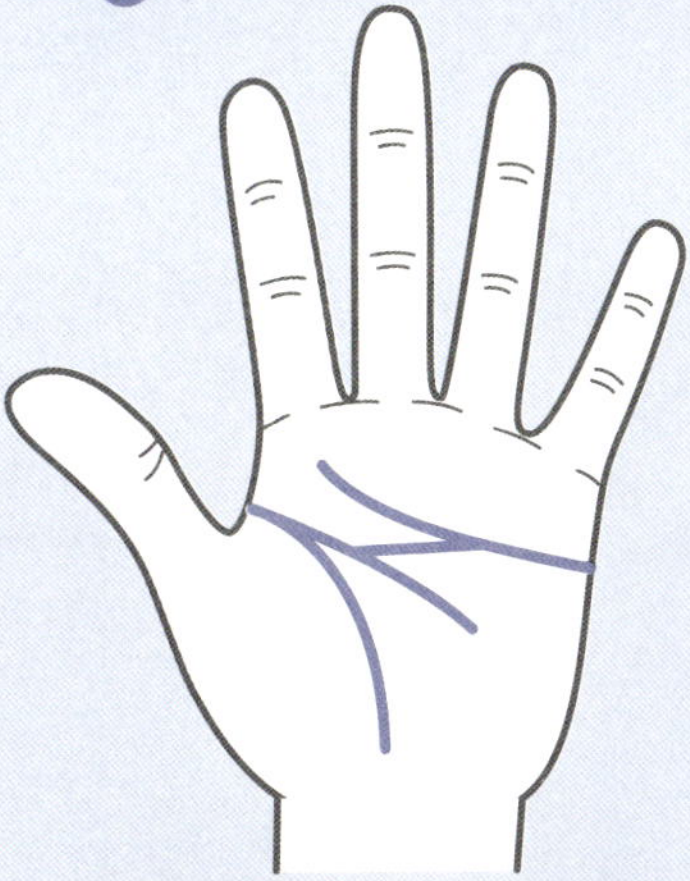

頭脳線から流れている線が感
情線に結びついて、マスカケ線
をつくっているもの

どんな性格にもプラス面とマイナス面がある！

頭脳線は下がっている人ほど、夢追い人であり、また、クヨクヨ型でもあります。依頼心も強く、優柔不断な面もありますが、しかし、まわりからはたいへん好かれる人です。いわゆる「お人よし」といわれるタイプの人で、お金儲けよりも夢とか友人を大切にします。恋愛中は、お金儲けや仕事のことより、恋に夢中になるような人です。

一方、頭脳線が上に昇っている人ほど、しっかり者といえます。人に迷惑をかけない、依頼心を持たない、いわゆる自立した人ですが、しかし、まわりからはクールな人とみられがちです。決して「お人よしね」などとはいわれません。現実的ですので、恋愛中でも、恋とお金儲けと、割り切れる人です。

人の性格にはそれぞれプラス面とマイナス面とがあります。

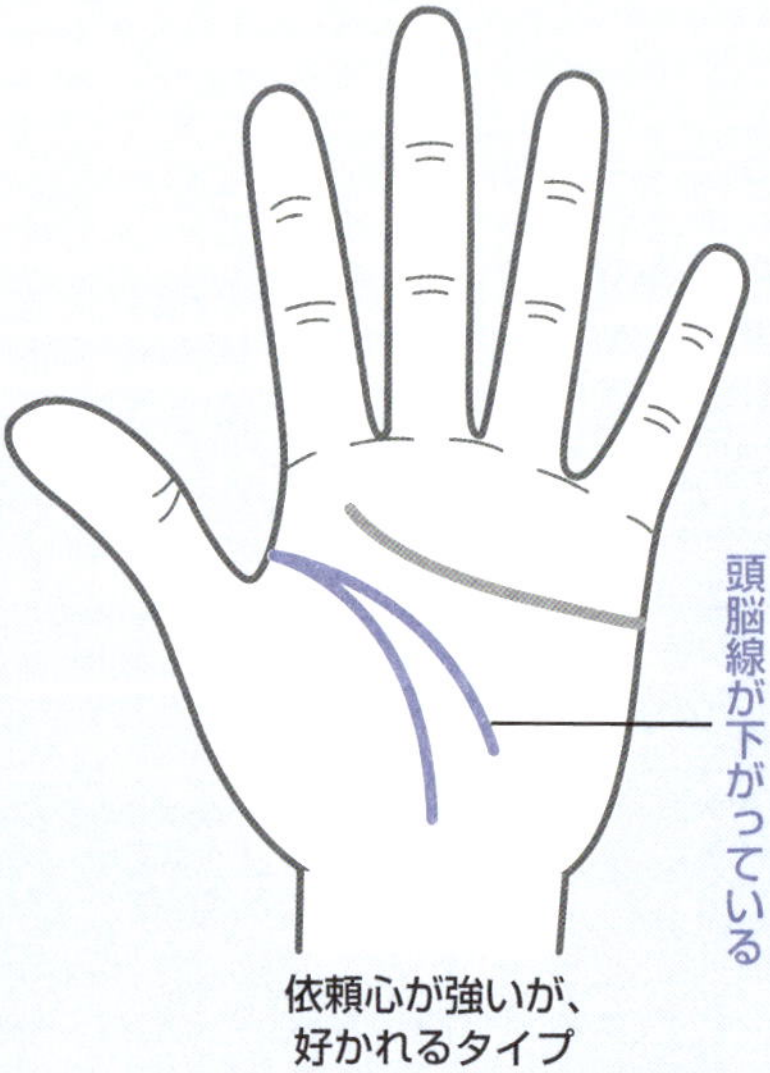

依頼心が強いが、好かれるタイプ

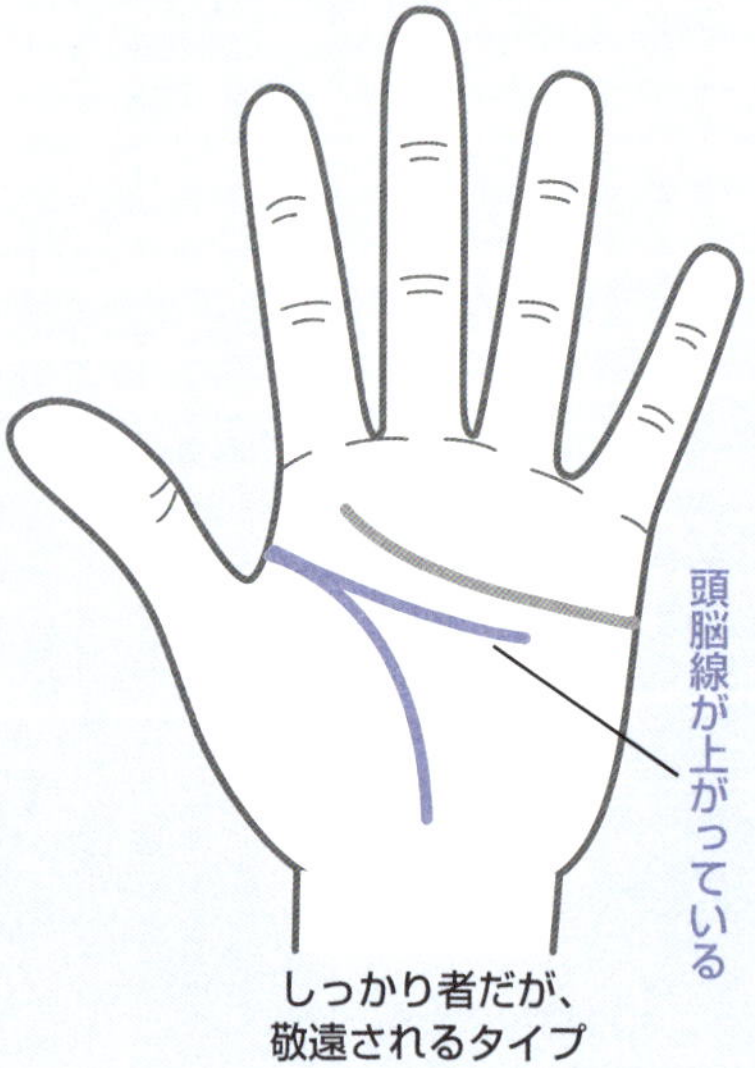

しっかり者だが、敬遠されるタイプ

同じ「マイペース型」でもこんなに違いがある！

生命線と頭脳線のスタート地点が離れている人はマイペース型ですが、頭脳線が上に昇っているか、下がっているかで、その性格も違ってきます。

生命線と頭脳線が離れていて、なお頭脳線が上に昇っている人は、もっとも個性の強い性格となります。

独立心は人一倍旺盛で、人と妥協するのはイヤ、枠にもはまりたくない、とにかく自分のやりたいことを、やりたいようにやる、という自己中心の強い人です。人の好き嫌いも激しく、いやだと思ったら徹底的に嫌う傾向があります。事業は成功しますが、人間関係での落とし穴に注意を要する人です。

一方、生命線と頭脳線が出発点で離れていても、頭脳線が下がっている人は、行動的、独断的という傾向が多少弱くなります。つまり、ロマンチックだけど行動的な人といえます。

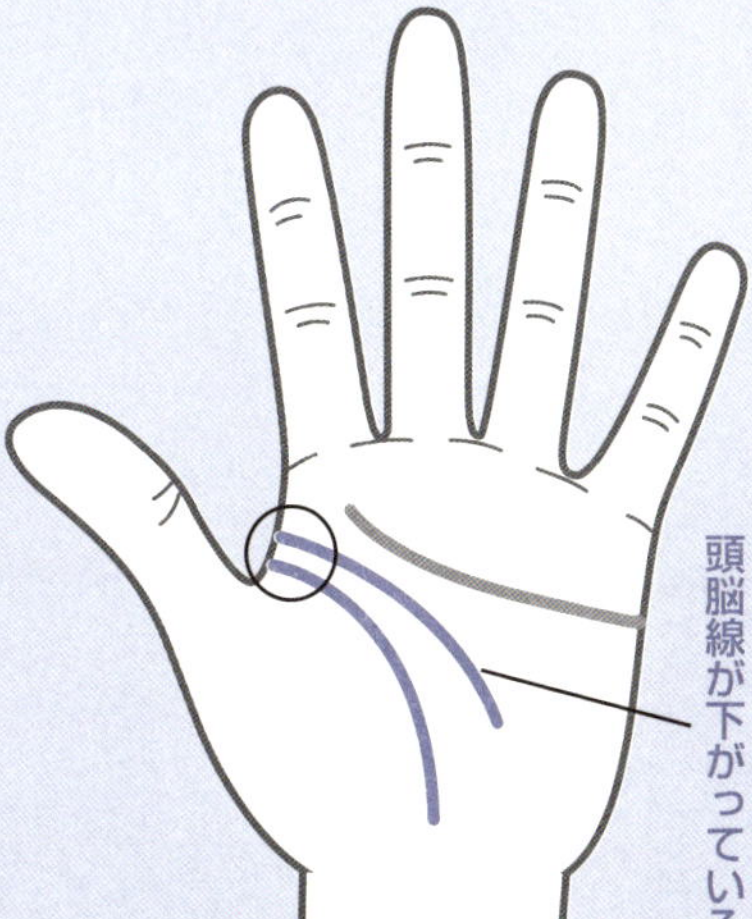

夢追い型のマイペース

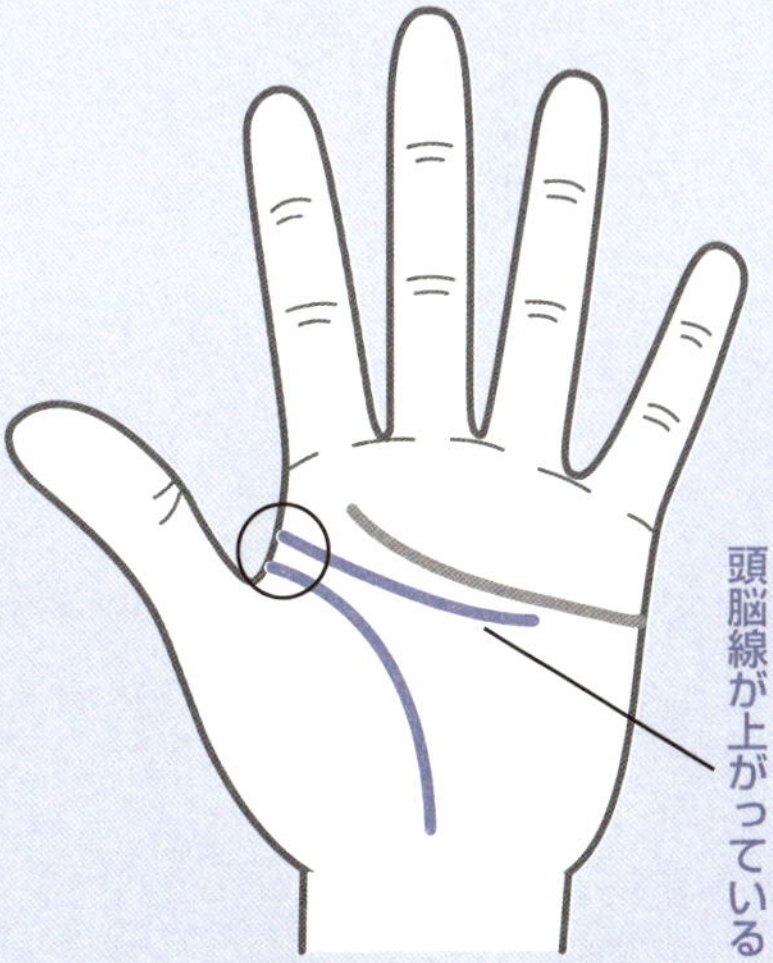

何が何でもマイペース

運命線でみる

人生のドラマをみる運命線

運命線は手のひらの中央を、土星丘（中指の下部）に向かって伸びている線ですが、これは職業運、結婚運など、人生における境遇の変化をみる線です。「やる気」をみる線ともいわれ、人生の道しるべを示唆する線です。

ただし、運命線は誰にでも出ているとは限らず、出ていない人もいます。とくに若いうちは出ていない人も多く、これはまだ人生の目標が定まっていないか、まだチャンスに恵まれていないことを示しています。

また、女性では、運命線は仕事をする人には「キャリアウーマン線」となり、ぜひ必要な線になりますが、専業主婦の場合では、いわゆる「かかあ天下」の線となり、運命線が出ていないほうが、穏やかで幸運な家庭生活を送ることができるといわれています。

運命線をみるうえで、もうひとつ大事なポイントは、運命線は太陽線と併せてみるということです。太陽線は成果をみる線ですので、運命線が出ていても、太陽線が出ていないと成功線とはならないのです。つまり、いくら努力してもウダツがあがらないということになってしまいます。せっかくの、運命線が「苦労線」になってしまいます。

運命線はたとえ切れ切れであっても、上に昇っていれば、七転び八起きで、運も上昇していくことを意味しています。

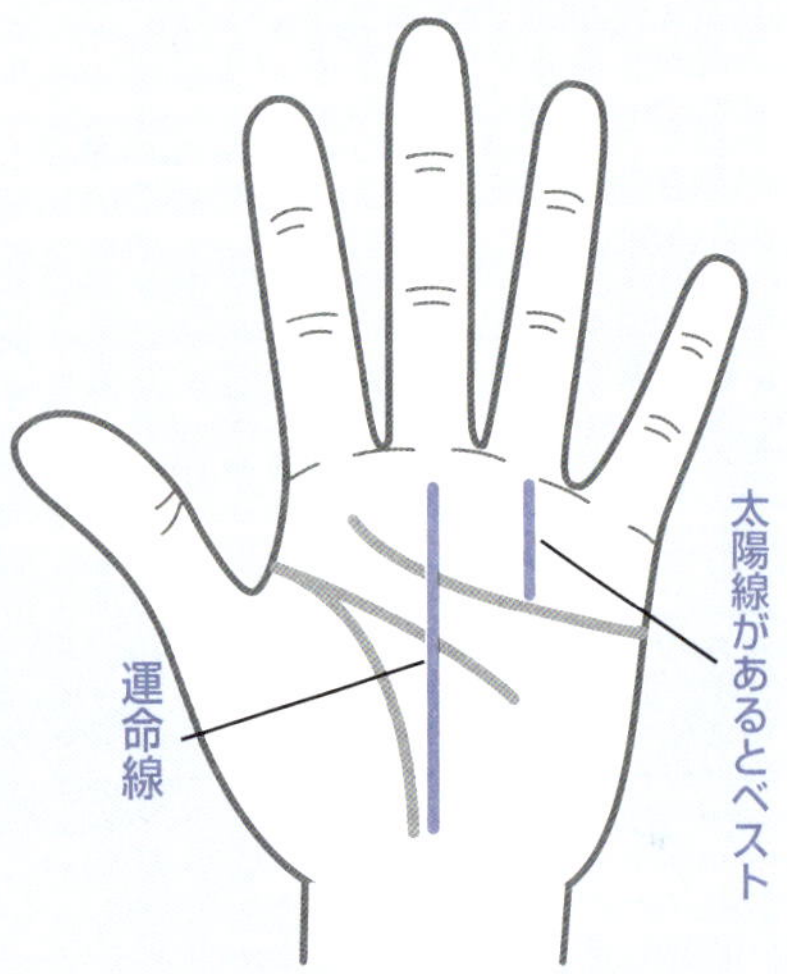

運命線の流年法

運命線の流年法はいろいろな説が出ていますが、私の場合は運命線が頭脳線と交わるところを35歳ごろ、運命線が感情線と交わるところを50歳ごろとしています。そして、手首から中指のつけ根までを4等分して、中間点が30歳、4分の1の地点を21歳、4分の3の地点を55歳ごろとして判断しています。

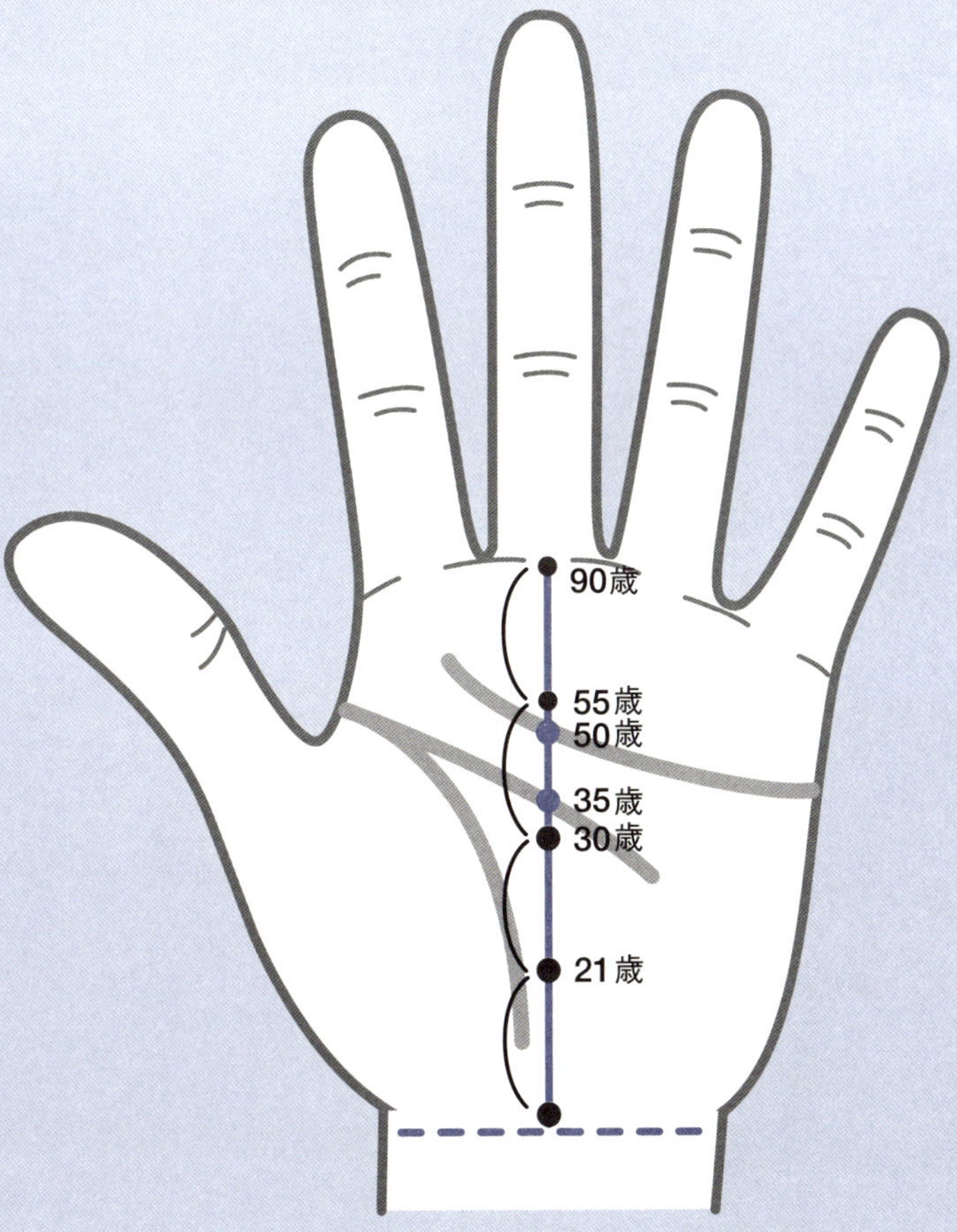

あなたは若年運型？晩年運型？

人によって、運命線は一部分しか出ていないものもあります。運命線が現れている部分を運命線の流年法でみることで、その人のもっとも花開く時期を判断することができます。

運命線が出ていない時期は、チャンスに恵まれなかったり、仕事に迷いが出ていたり、あるいは自分のすすむべき道がみつからないなど、不毛の時期と解釈します。運勢が開けてくると、運命線もはっきり現れます。

❶運命線が頭脳線の下で止まっている

運命線が下の部分だけにはっきり現れていて、上の部分には現れていない人は、早くから運勢は開けますが、そのあとの人生がまだ目標が定まっていない人です。

頭脳線のあたりで止まっている人は、35歳頃からはチャンスがつかみきれず、迷いの人生になりかねません。より一層の努力をすることが必要になります。いわゆる若年運型といえます。

❷運命線が真中の部分にのみある

運命線が頭脳線と感情線の間ぐらいにはっきり現れている人は、35歳頃から50歳頃にかけて運が開ける人です。

家庭生活も仕事もこの時期に油が乗っていることを示しています。いわゆる中年運型といえます。

晩年、安泰な生活を送るには、もう少し努力が必要ということでしょう。

❸運命線が感情線のあたりから出ている

この場合は、50歳すぎてから運勢が開けることを意味しています。若いころは苦労の連続で、あまり芽が出なかったものが、晩年になって花開くという運勢です。

いわゆる晩年運型といえますが、若いころに苦労しても晩年に幸せになれるのですから、これはありがたい相といったほうがよいでしょう。"終わりよければすべてよし！"です。

1

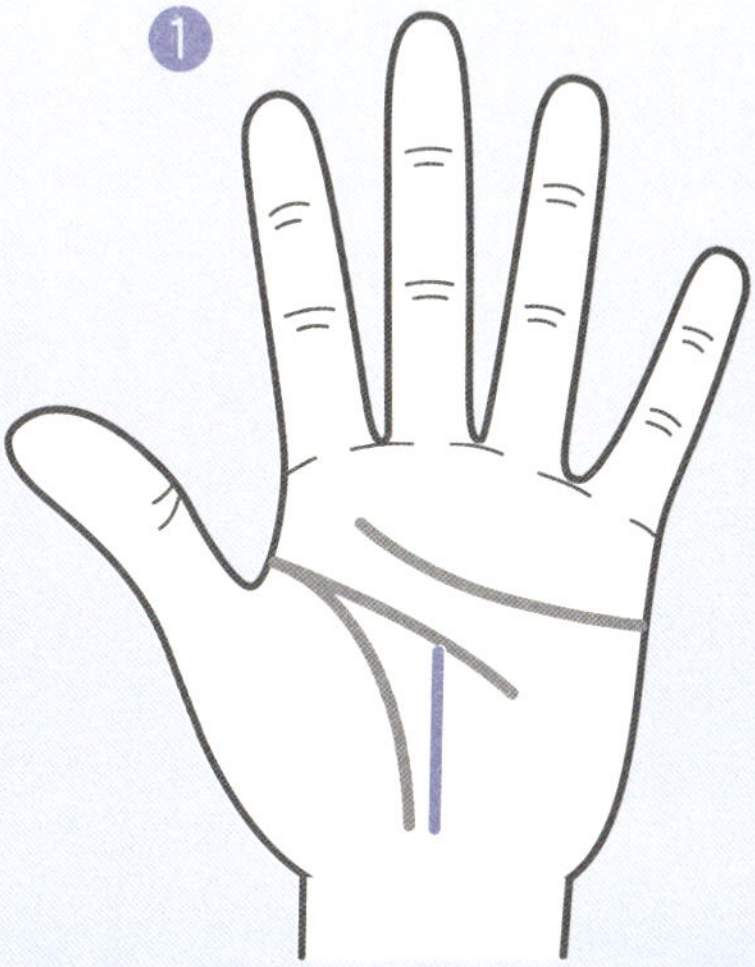

若年運型

2

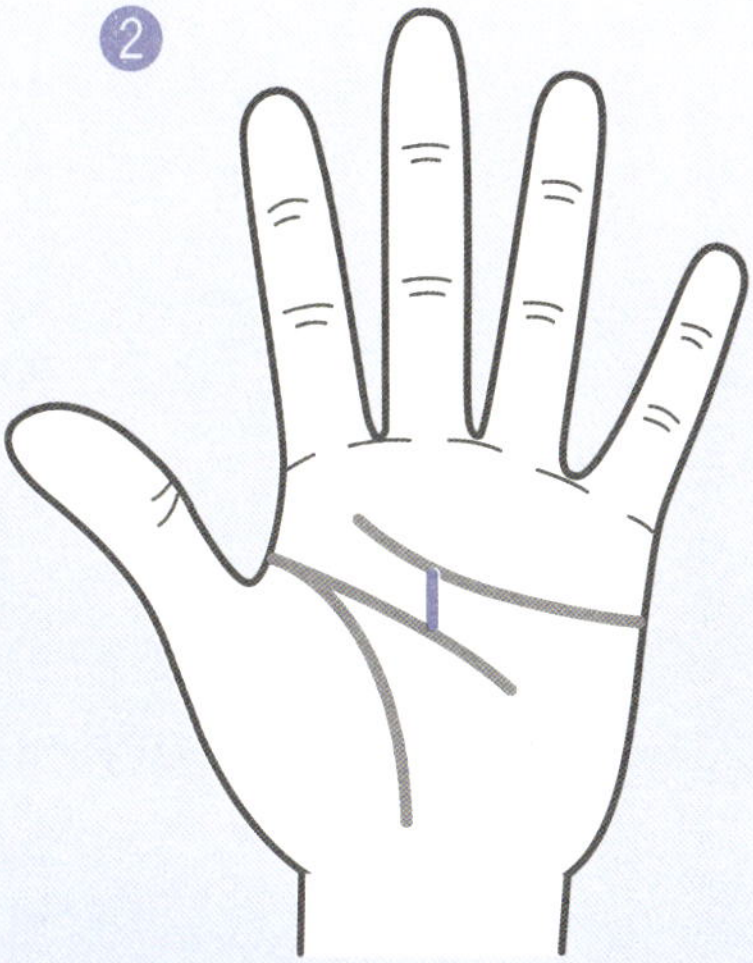

中年運型

3

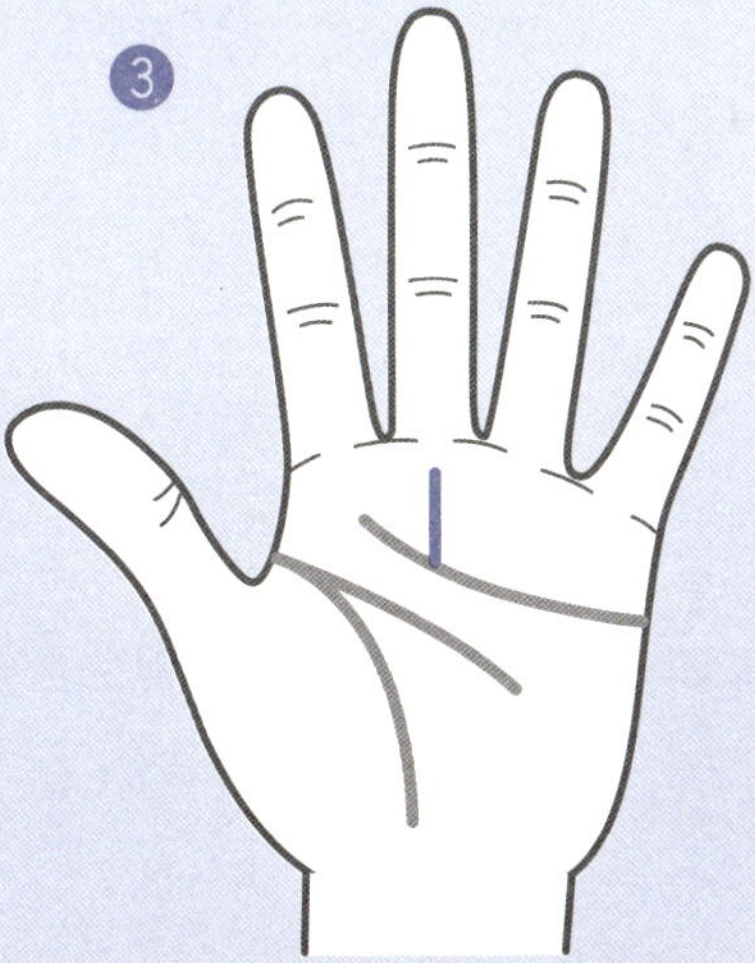

晩年運型

運命線が立派でも逆運を招くことがある

運命線は長くて、はっきり出ているからといって、良相とはいえません。むしろ、勢いがありすぎて逆運を招くものもありますので、注意しなければいけません。

❶運命線が手首近くから中指に向かって一直線に伸びている

これは俗に「天下筋」と呼ばれ、たいへん運勢の強い人です。一代でゼロから事業をおこして成功する相で、いずれの業界でも頭角をあらわします。

ただ、勢いがあるあまり、晩年になり欲を出しすぎて事業を広げたりすると、一夜にして失墜してしまうという悲運の相ともなります。十分に気をつける必要があります。ちなみに、豊臣秀吉がこのような相であることがよくいわれています。

女性の場合では、やはり運勢が強すぎて夫運には恵まれない傾向があり、結婚よりも実業家として成功するタイプ。男性に頼らない生き方をしたほうが自分の力が発揮できてよいといわれています。相手の男性がマネージャー的なタイプだとうまくいくようです。

❷運命線の先が中指にまで入り込みY字型になっている

このような相の場合は、名実ともに達成したあとに、地位が失墜するおそれがあることを暗示しています。

逆運を招く相ですので、くれぐれも注意が必要です。

❸運命線が手首から出ている

この場合も、一見、運勢が強いようにみえますが、しかし、よい相とはいえません。順調にいっているはずのことが、どこかに落とし穴があって、逆転することもあるという運勢です。うまくいっているときほど、足元をみるゆとりを持つことが大事です。

❹運命線が中指に向かわないで、感情線のあたりから両サイドに流れている

この場合は、一家を支える、という意味があり、男性では良相になりますが、女性では男性に代わって一家を背負う運命になるという相です。

①

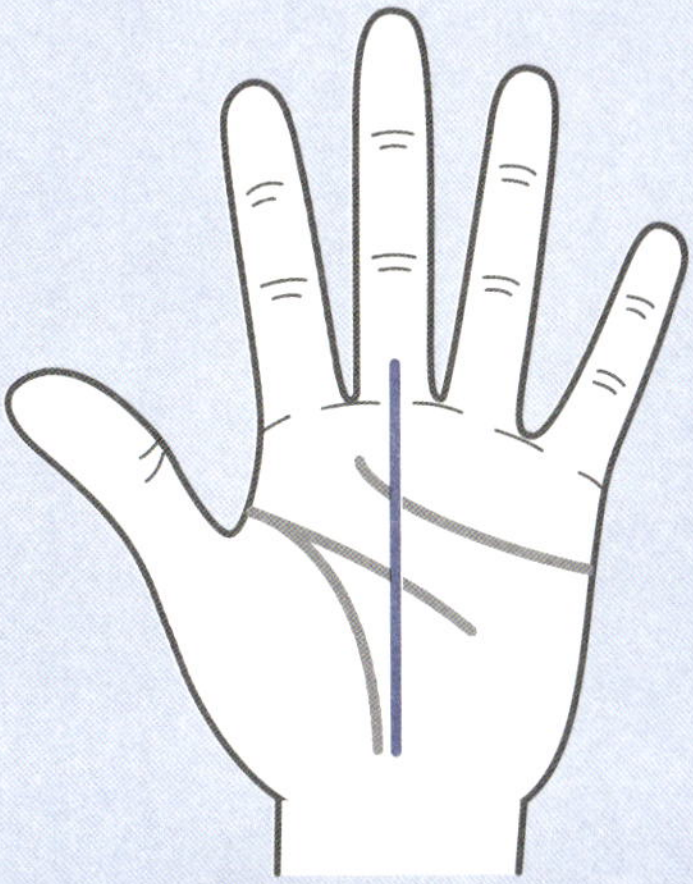

晩年に欲を出すと…

②

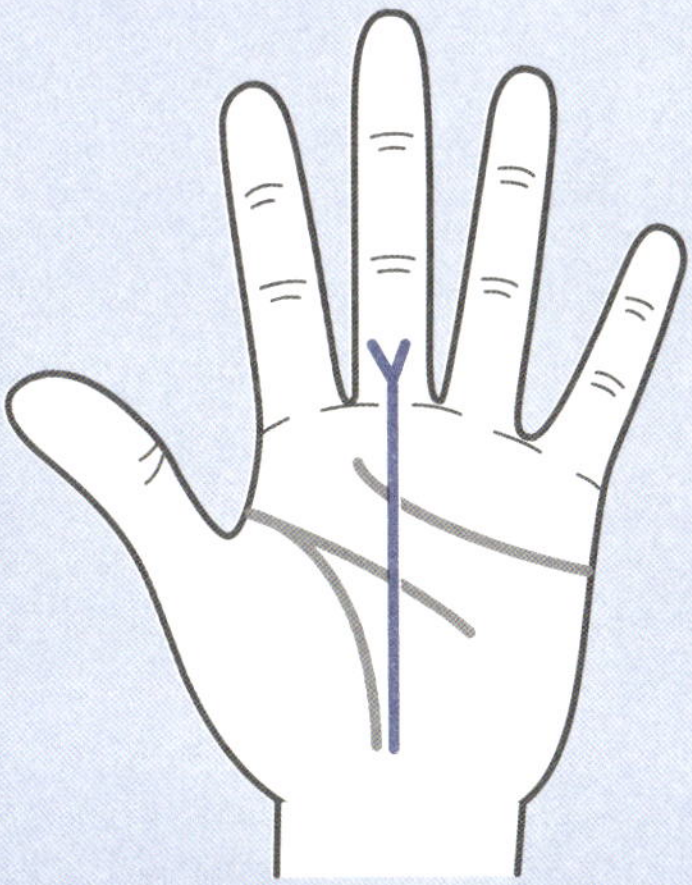

名実ともに達成したあとに…

③

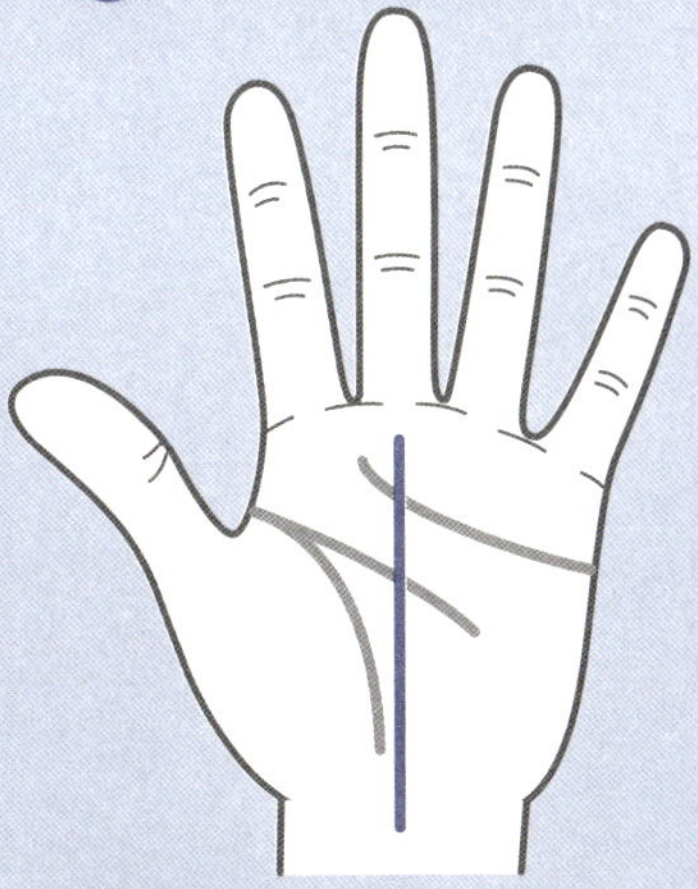

順調だが、どこかに落とし穴が…

④

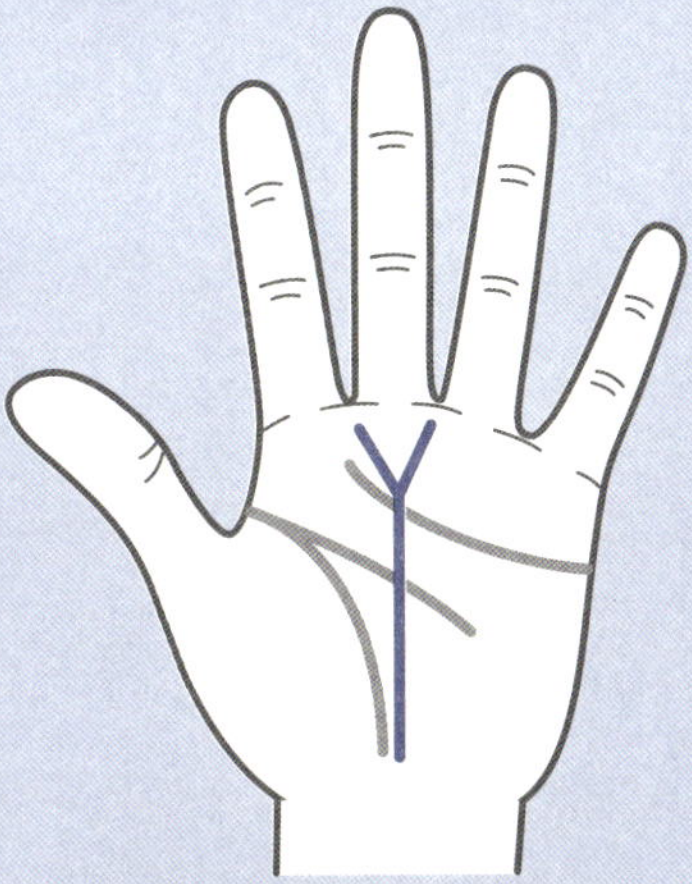

女性は一家を支える運命に…

運命線が切れ切れでも楽しみがある

人生は山あり谷あり。つまづきながら伸びていくことで、人間味が生まれるともいえます。運命線がきれいに出ていないからといって、一喜一憂しないことが大事です。

❶運命線が途中で切れている

運命線が途中で切れている場合は、その切れている時期（運命線の流年法で判断します）に運勢が停滞していることを示しています。仕事上でのスランプ、あるいは家庭内での問題、結婚生活上でのトラブルなどが考えられます。

しかし、切れていても、また伸びている場合は、再起可能だということを示しています。たとえば、その時期に仕事を失うような変化があっても、また、すぐに新しい仕事がみつかるなど、結局はうまくいくことを意味しています。線の切れ目が小さいほどスランプ状態は短いと判断します。

❷運命線がところどころ切れている

運命線がところどころ切れてはいるが、それでも上に昇っている人。こういう人は紆余曲折しながらも運は上昇していくことを示しています。

運命線がはっきりと出ていて順調にすすむ人より、苦労をしながら成功をする人のほうが、人間的には成長すると思われますので、むしろ喜ばしい線と考えたほうがよいでしょう。

❸運命線が切れているが、その線に重なって別の線が出ている

この場合は、運命線が切れている時期に何か変化がおこるけれども、しかし、それが転機になってよい方向に向くということをあらわしています。

たとえば、職を変えて成功したとか、再婚によってうまくいったとか、違う人生を選んだ結果、さらに成功する人にみられる相です。

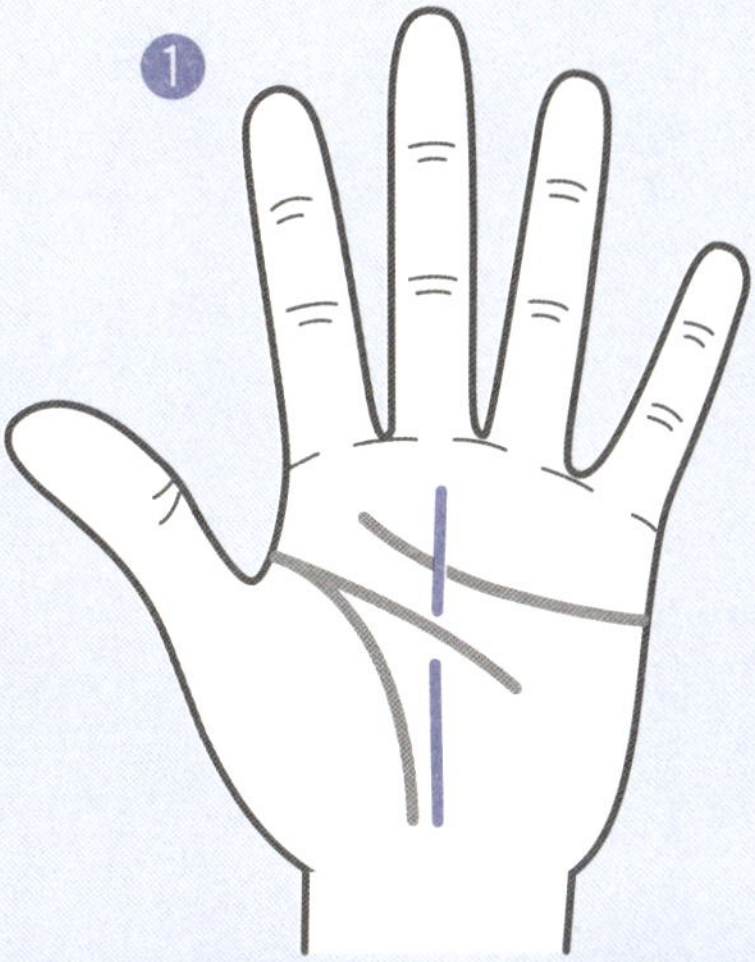

トラブルがおきるが再起可能な人

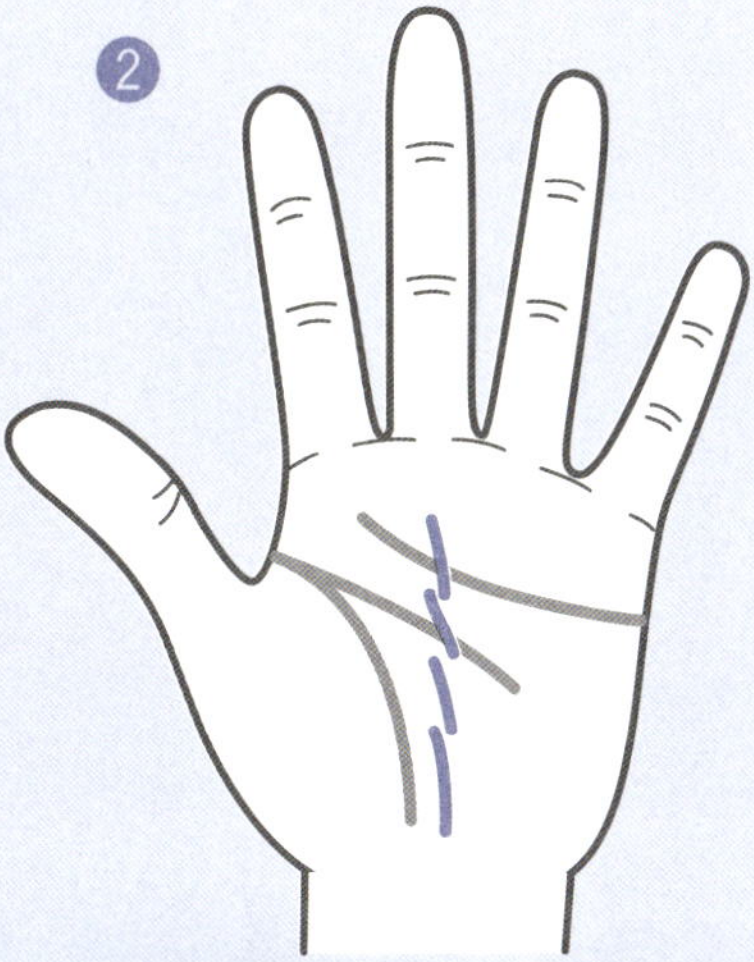

苦労しながらも伸びていく人

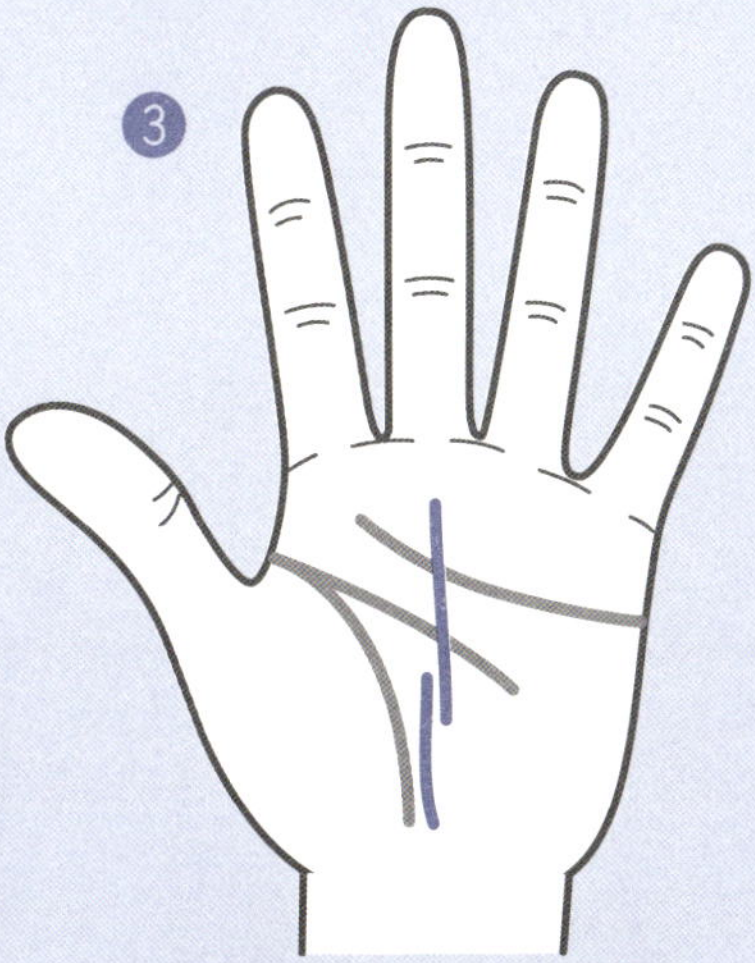

転機がよい運勢に向かう人

協力者によって運が開ける相

❶運命線のすぐ横に平行した短い線が出ている

運命線のすぐ横に出ている短い線は、「姉妹線」とも呼ばれ、よい影響を与える協力者が現れることを意味しています。それがいつごろかは運命線の流年法で判断することができます。

そのときはひとりで事にあたらないで、協力者に相談しながらすすめると運が開けます。

❷運命線のそばにもう1本細い線が出ている

これは二重運命線と呼ばれるもので、運命線を補強し、人生をより確かなものとしてすすんでいけることを示しています。別名、「つれあい線」ともいい、支えてくれる人があって、伸びていくことをも意味しています。

親指側に出ている人は、身内のどなたか、小指側に出ている人は、配偶者、友人などのどなたかをあらわしています。

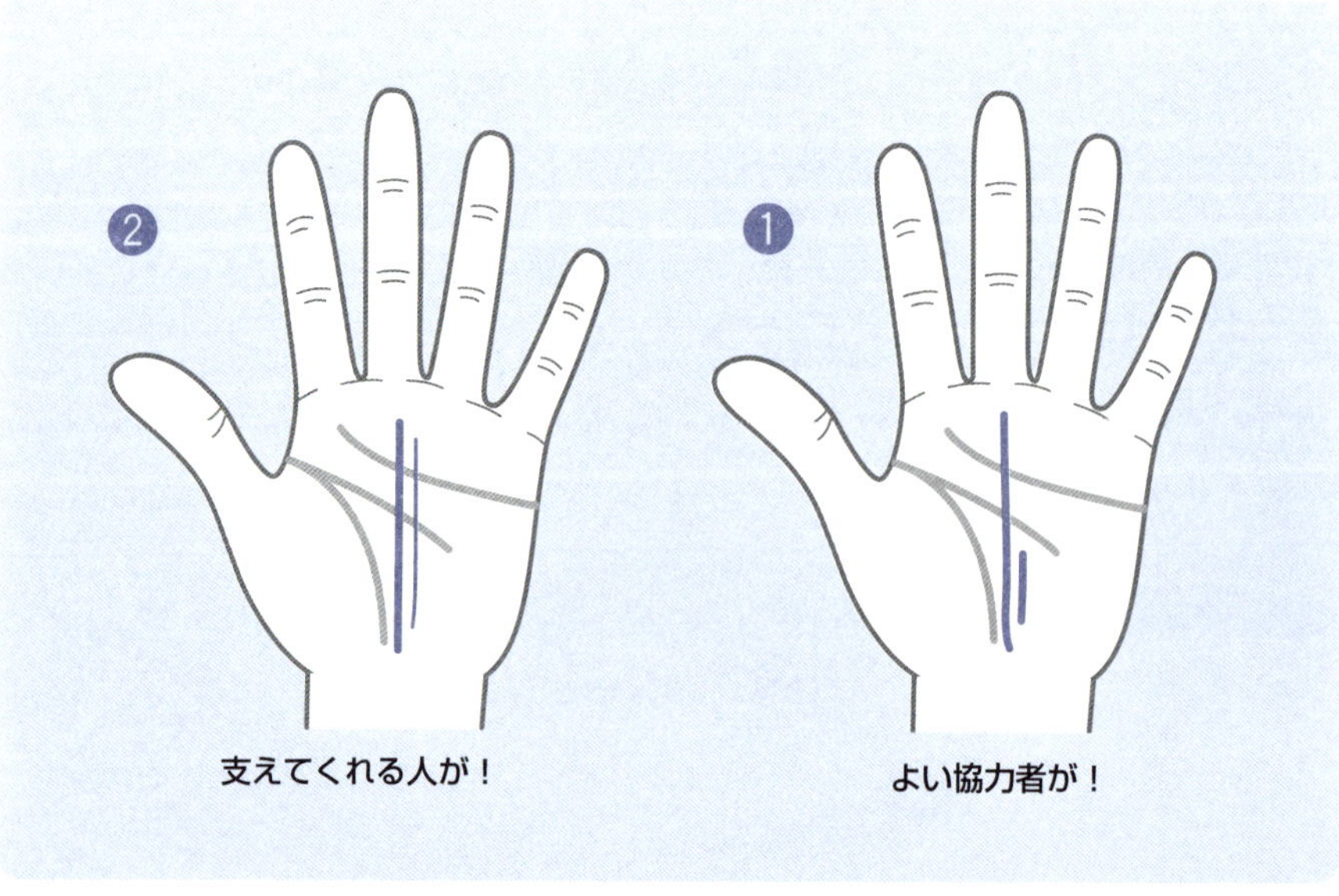

孤立無縁から成功をつかむ人、知力で成功する人

❶運命線が生命線から伸びている

運命線が生命線から昇っている人がいます。この場合は、独立独歩、孤立無援から、からだを張って運勢を勝ち取っていくことを意味します。早くから親と離れ、苦労の末、成功を得るという相でもあります。不屈の精神の持ち主で、たいへん存在感の大きい人に現れる線です。

ゼロからの出発という意味で、転職した人、再婚した人にも良相です。

❷運命線が頭脳線から伸びている

運命線が頭脳線から伸びている人は、自分の知識力を生かして成功を勝ち取る人です。

創作活動をしている人、企画、開発などの仕事をしている人には励みの線になります。

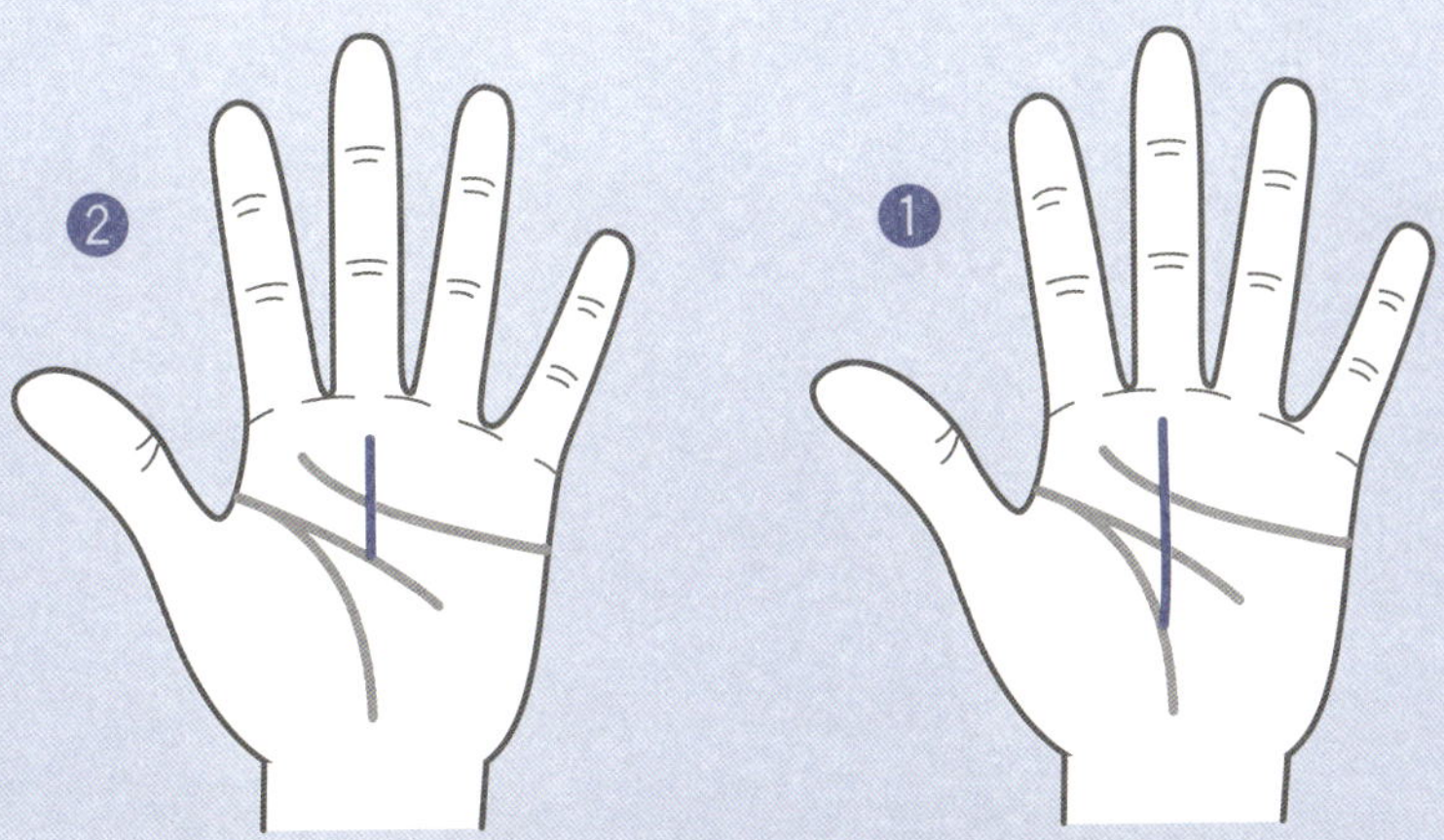

自分の知識力を生かして…

不屈の精神で…

波乱に富んだ不安定な相

❶運命線がもつれあって何本もの線にみえる

運命線が出ていても、線がはっきりせず、そのうえ、もつれたような線の場合は、不安定な生活を暗示しています。仕事、家庭、あまりうまくまわらず、また、病気がちであることも示しています。波乱に富んだ運勢といえるでしょう。しかし、健康に十分に気をつけ、目標に向かって生活基盤をしっかり持つことで、線もはっきりしてきます。そう落胆せずにプラス志向ですすむことが大事です。

❷運命線に島紋がある

この場合は、スランプ状態にあることを示しています。うまくいっていたことが、突然うまくいかなくなるなど、運気がちょっと止まっています。落ち込まずに一層の努力を励むことで、島紋は消えてしまいます。いっときの我慢と心得ることが大事です。

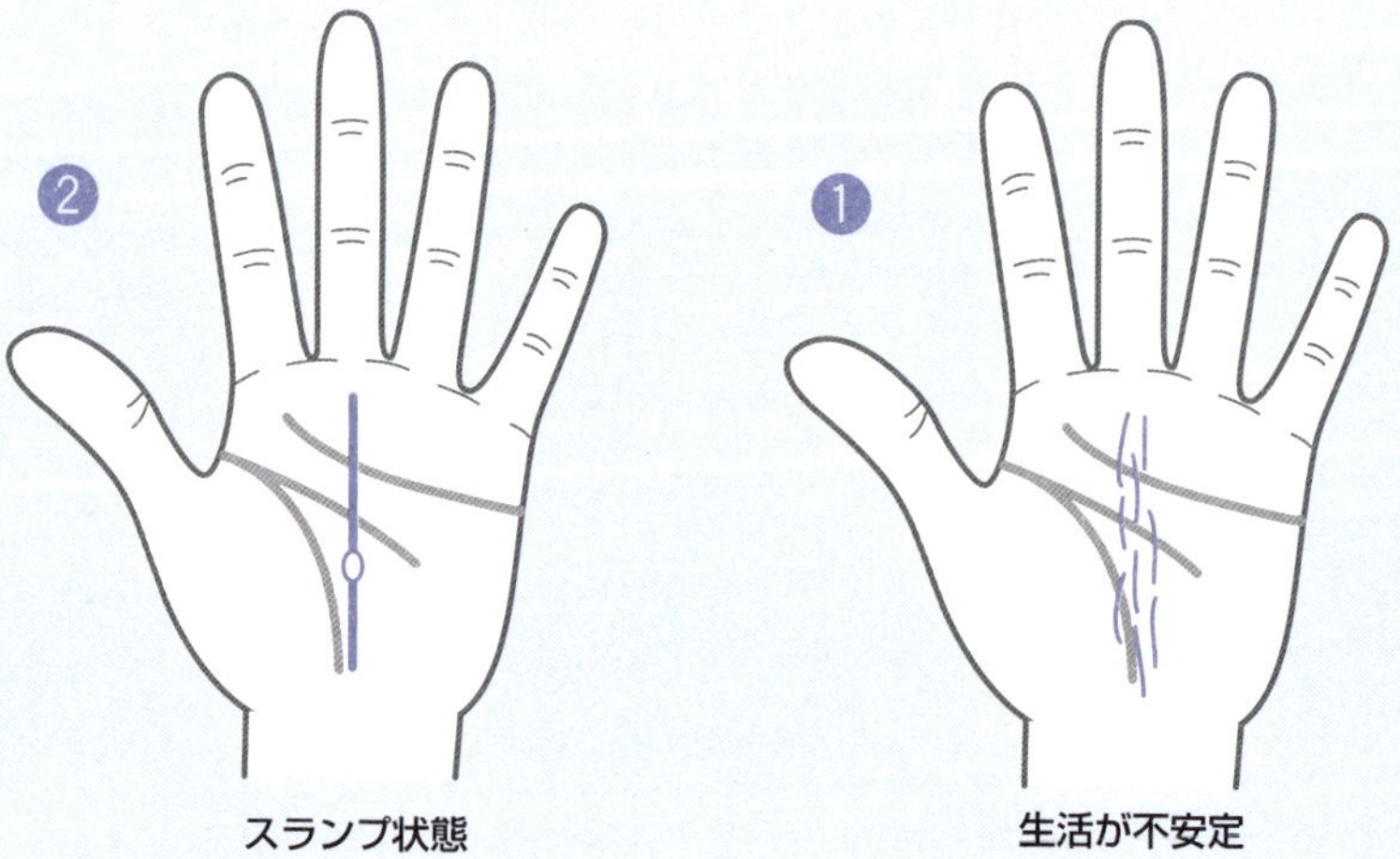

運命線上にこんな印があったら！

●運命線上に四角紋（スクエア）がある人

この四角紋はお助け紋です。仕事上でのスランプ、家庭内でのトラブル、また、ケガや病気、入院など、よからぬ出来事に遭遇しても、大事に至らないですむという、たいへん喜ばしい相です。

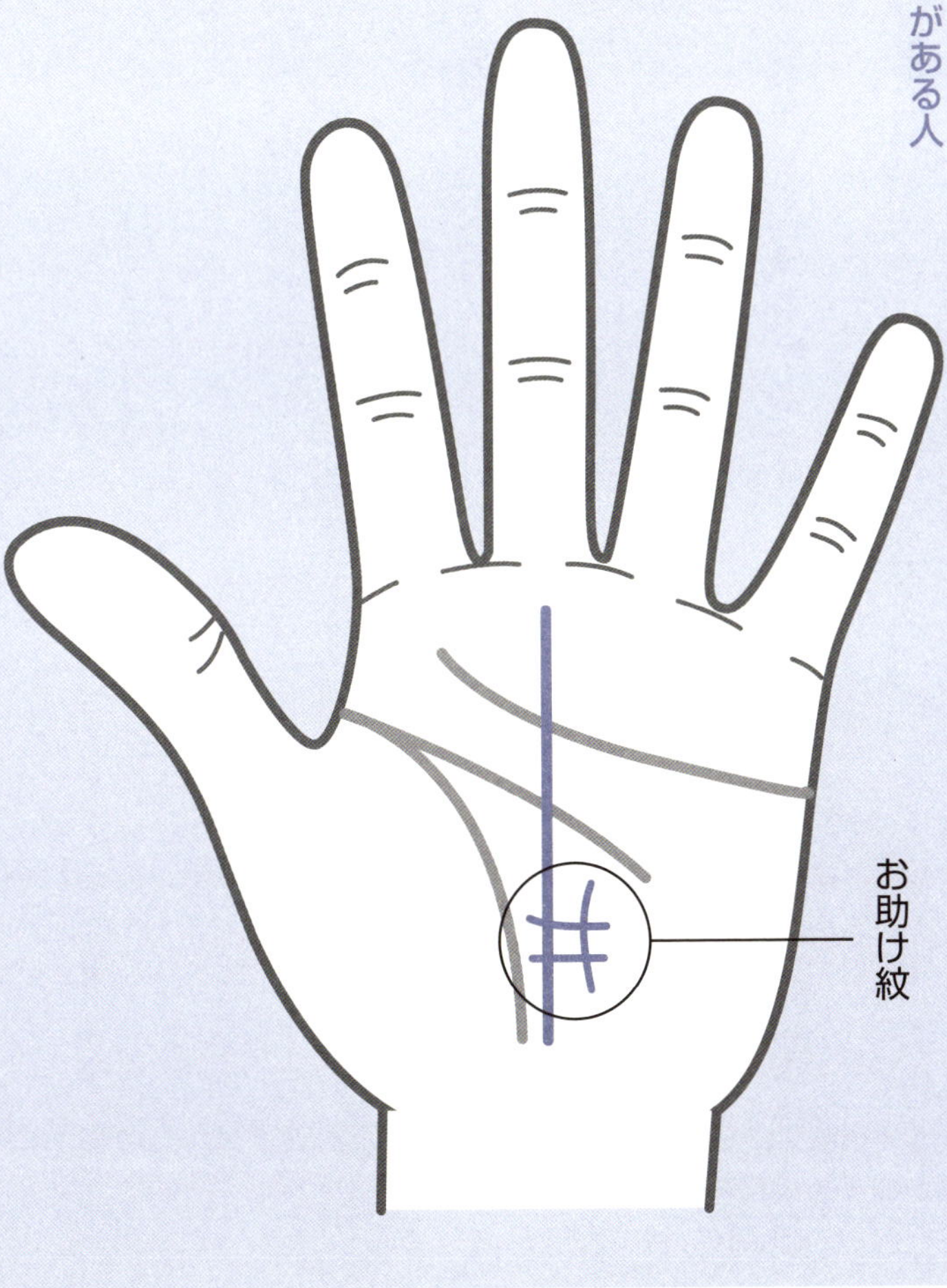

特殊な運命線で成功運をみる

運命線は、中指（土星丘）に向かっている線をいいますが、ときに中指に向かわない運命線もあります。

これは特殊な例になりますが、この場合は、その線がどこから伸びて、どこの丘に向かっているかをよくみて、その丘の意味から運勢を判断していきます。

❶運命線が月丘から伸びて、感情線と合流して木星丘のほうに向かっている

この場合は、性格は社交的で明るく、異性の友人の援助で野望が達成できることを意味しています。

感情線に合流しているということは、幸せな結婚を約束された人ともいえます。とくに女性ではいわゆるアゲマンタイプで男性を出世させます。

❷運命線が月丘から伸びて木星丘に向かっている

この場合は、友人などまわりの人の援助があって、自分の野心や願望を達成していきます。つまり、人気運が野望につながり、運を勝ち取っていくというタイプ。人気作家とか、タレントで政治家になる人などに、よくみられる相です。

❸運命線が手首上の中央あたりから出て、土星丘からカーブして木星丘に向かっている

この場合は、自分の力でがんばり、努力を重ねた結果、晩年になって自分の野心や願望が叶い、リーダーシップが発揮できることを意味しています。若いころの苦労が身を結ぶという相です。

❹運命線が太陽線と交叉して、第2火星丘に向かっている

第2火星丘の場所は、忍耐、遂行、自制などを意味します。つまり、忍耐、自制を重ねながら事が成就することを示しています。

ただ、運命線は他の線と交叉しないものがより良相です。太陽線と交叉している場合は、おおむね成功はみますが、思わぬ落とし穴もみられます。注意が必要でしょう。

1

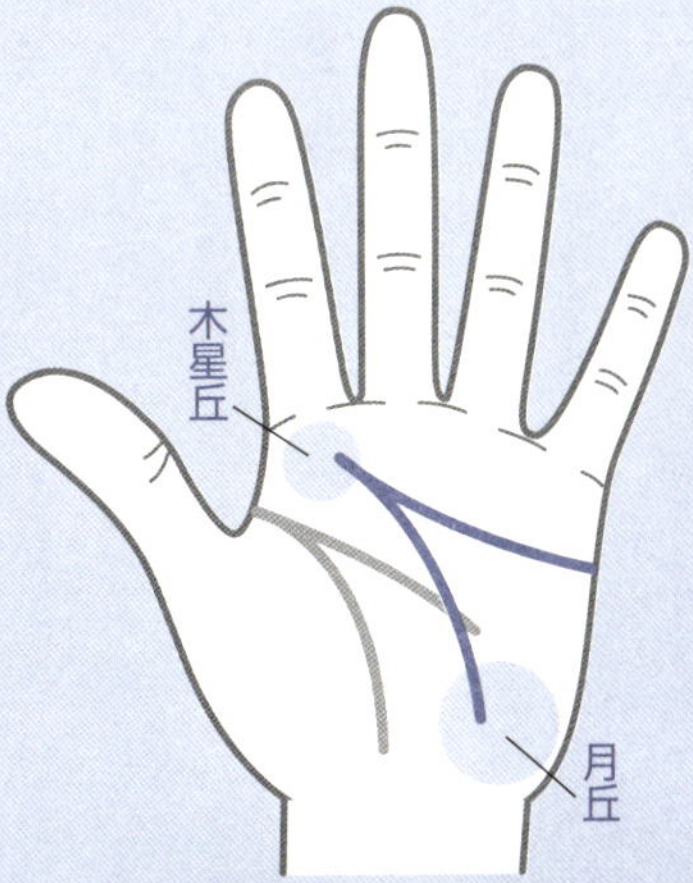

異性の友人の援助で
目的が達成できる

2

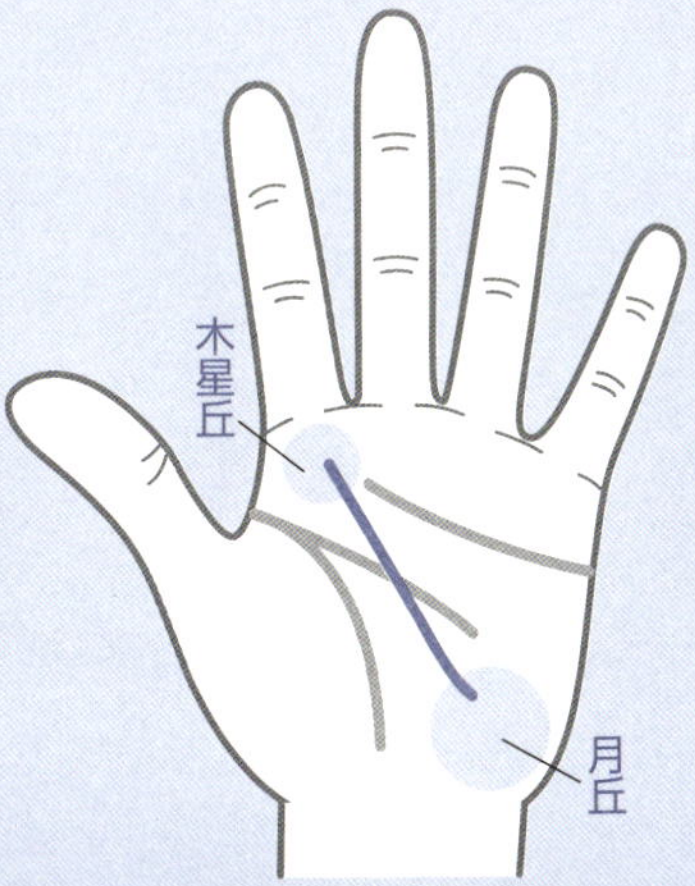

人気運が目的達成に
つながる

3

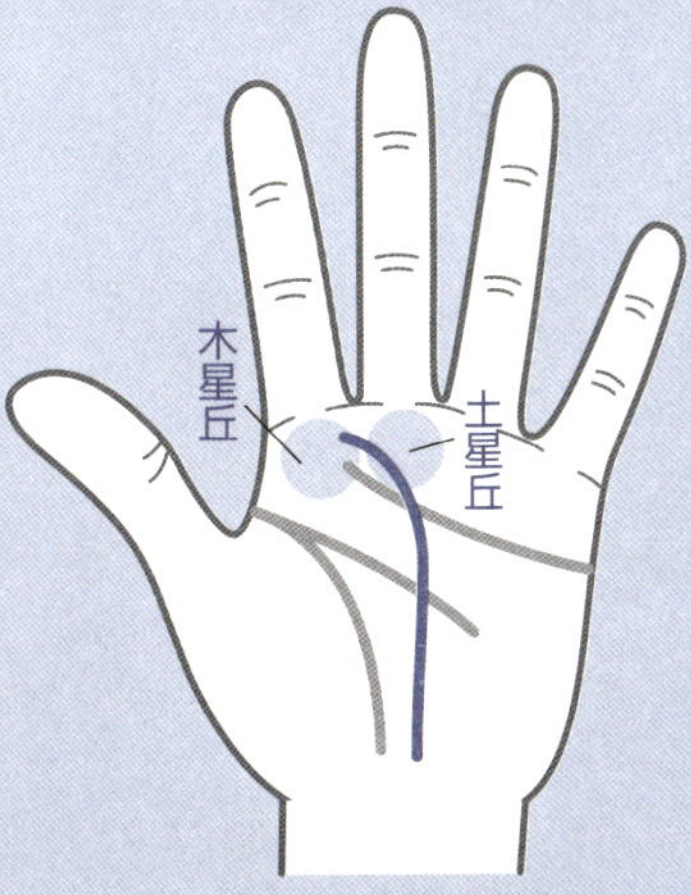

自分自身の強い努力で
目的が達成できる

4

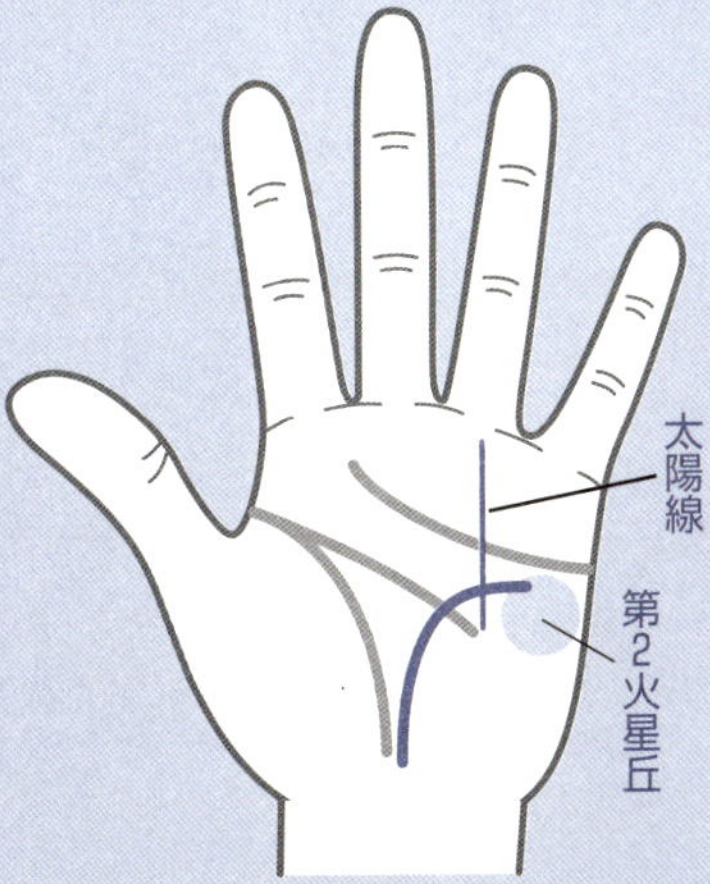

成功をみるが
思わぬ落とし穴も！

上向きの支線であなたの運勢をみる

運命線から出る上向きの支線は、すべて運勢が好転することを示しています。支線は長ければ長いほどよく、その支線が向かっている丘のよい面を強調します。

❶上向きの支線が第一火星丘（親指）のほうへ向かっている

第1火星丘は攻撃、積極性を意味しています。この方向に向かっているということは、大きな野心に向かって努力し、それが成功することを示しています。

❷上向きの支線が木星丘（人さし指）のほうへ向かっている

木星丘は支配欲、権勢欲、向上心の丘です。したがって、向上心があり、目標に向かって努力することで、地位や権力を得ることを示しています。

❸上向きの支線が太陽丘（薬指）のほうへ向かっている

太陽丘は、芸術、人気、金運を意味しています。したがって、美的感覚にすぐれ、また、芸術方面での成功が期待できます。

金運、人運にも恵まれる大吉相です。

❹上向きの支線が水星丘（小指）のほうへ向かっている

水星丘は、社交的で商才があることを意味しています。事業運があり、財運にも恵まれます。

1

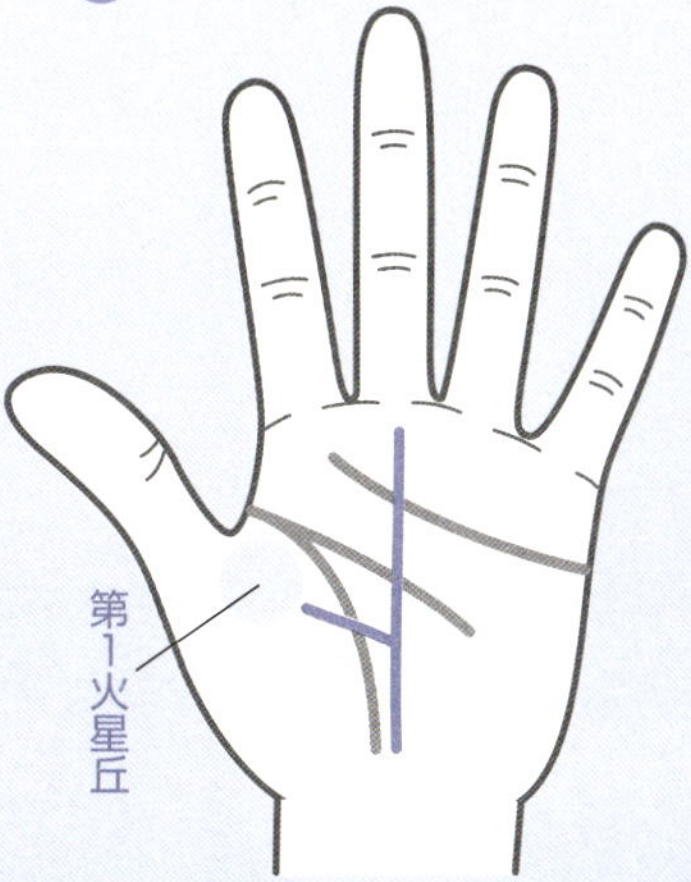

大きな野心が実る

2

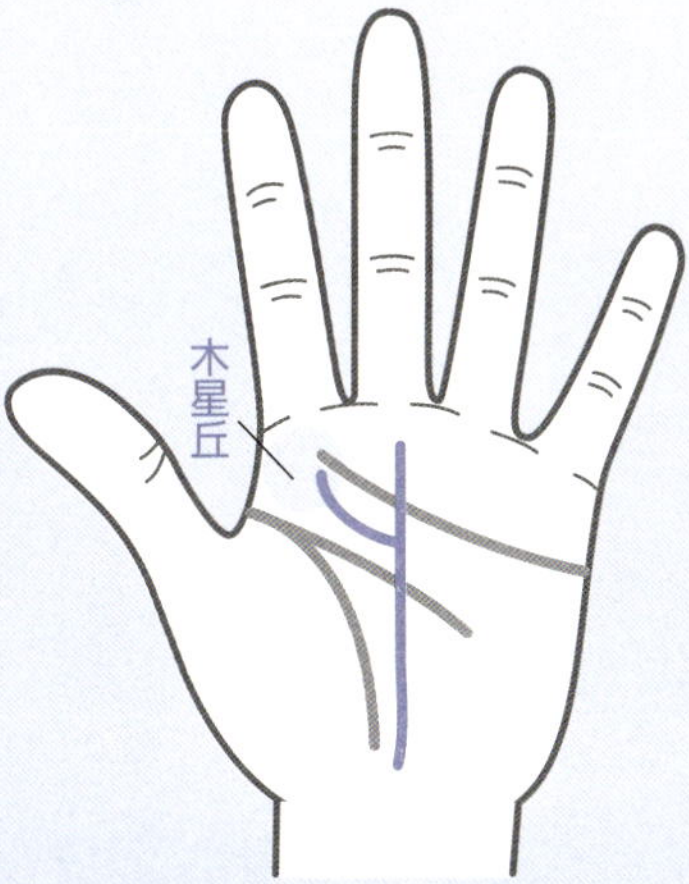

地位や権力を得る

3

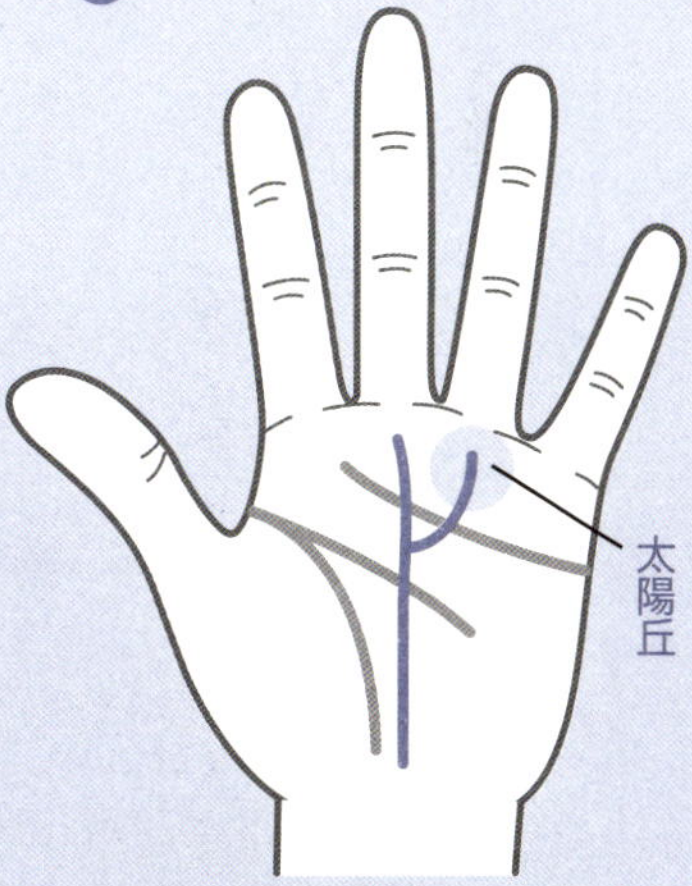

芸術方面で成功を得る

4

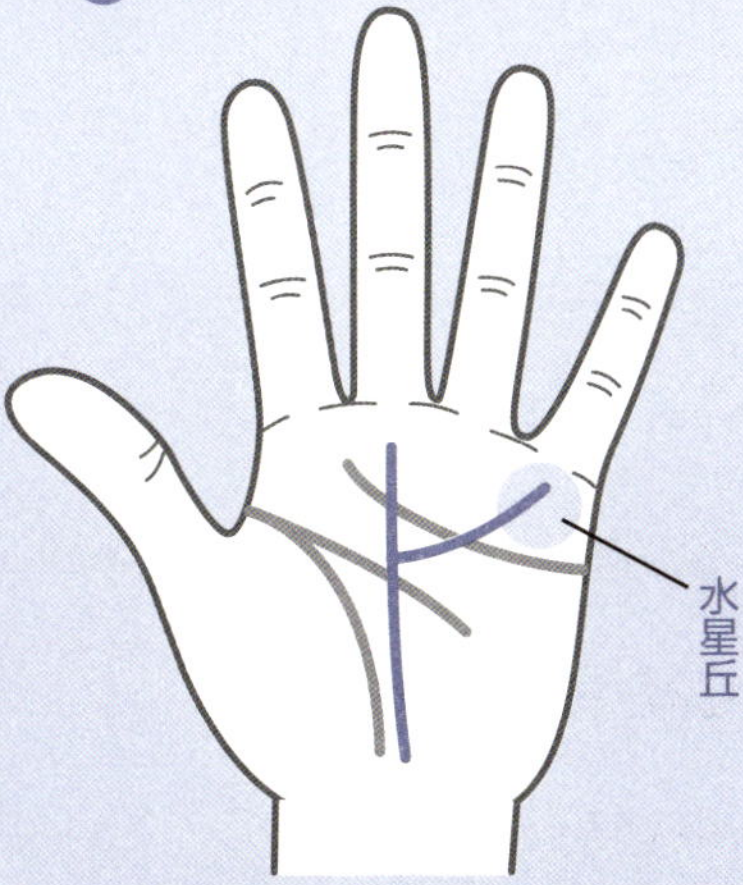

事業で成功を得る

あなたの運勢が大好転する！大吉相の運命線

それまであまり変わり映えしなかった運勢も、運命線から出た上向きの支線が、二方、あるいは三方に分かれて出ているものは大吉相です。分岐した時期に、運勢が大きく好転します。

時期については、運命線の流年法（41ページ）で調べてみましょう。

❶運命線の支線が、二方、あるいは三方に分かれて出ている

分岐している時期に、仕事が多様化することを示しています。これまでしてきた仕事とは全く違う分野の仕事を始めたり、また、同じ分野でも方向性の違ったもの、たとえば、デザイナーの人が、デザイン学校の先生もやるとか、どれが本業かわからないくらい仕事が多様化しますが、それで成功をおさめるというラッキーな相です。

❷丘に届かない短い支線が、二方、あるいは三方に出ている

これはどこから出ていても、その分岐した時点で、運勢が大好転します。チャンスを逃さないことが大事です。

❸運命線上から出ている二本の支線が、太陽丘、水星丘に向かっている

これは三喜線と呼ばれる大吉相の一つで、富みも地位も得られるという成功運をあらわしています。

①

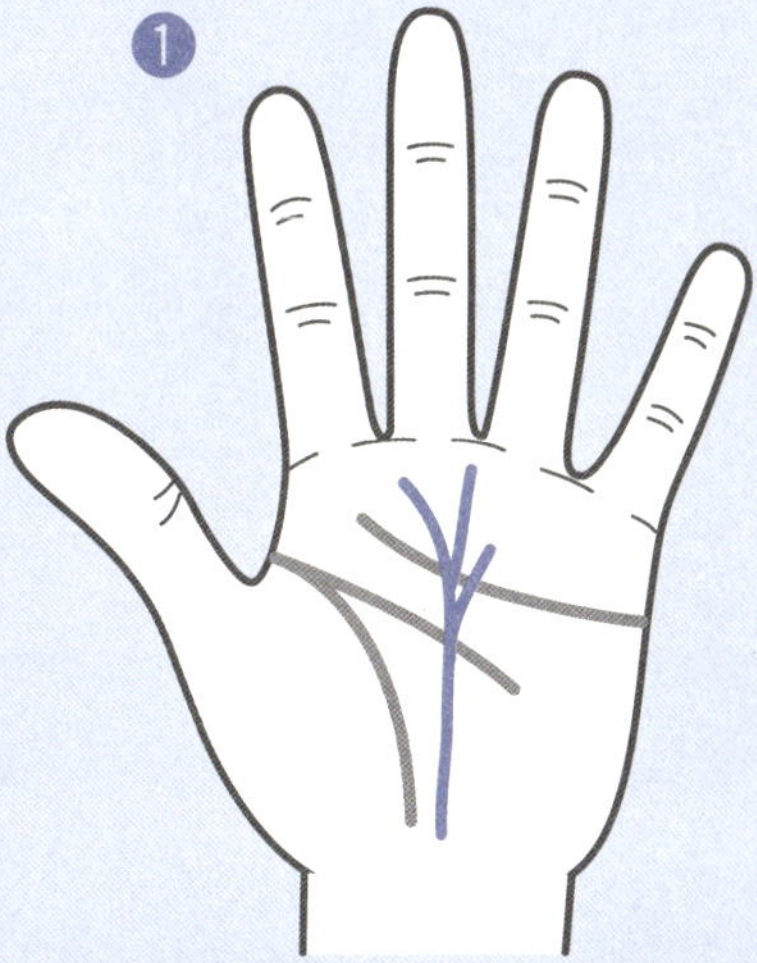

仕事が多様化する！

②

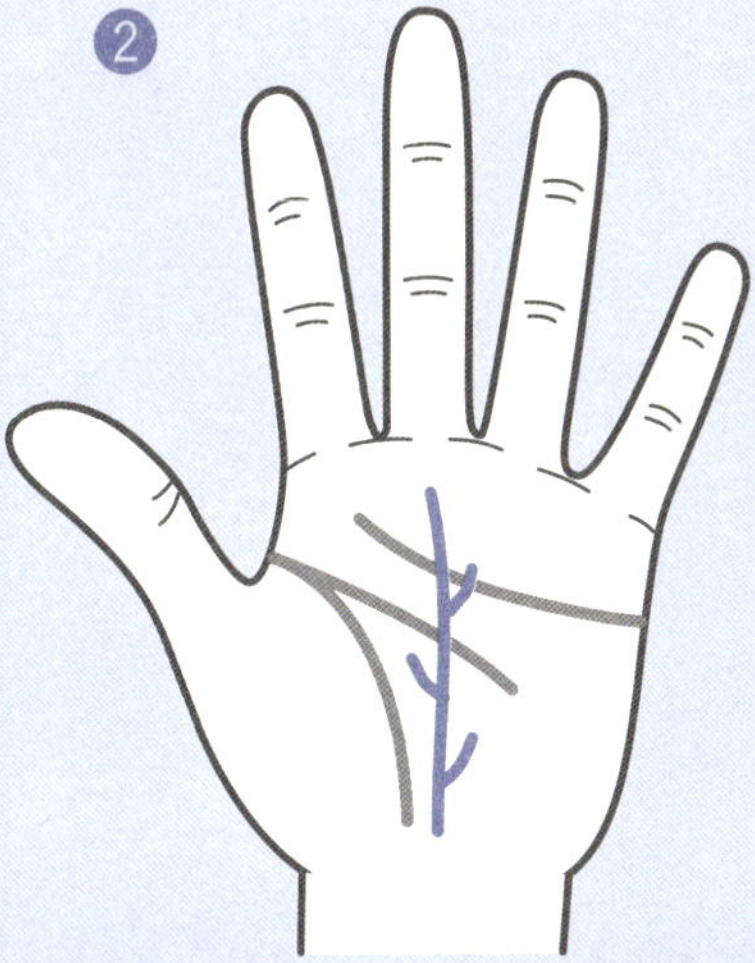

運勢が大好転する！

③

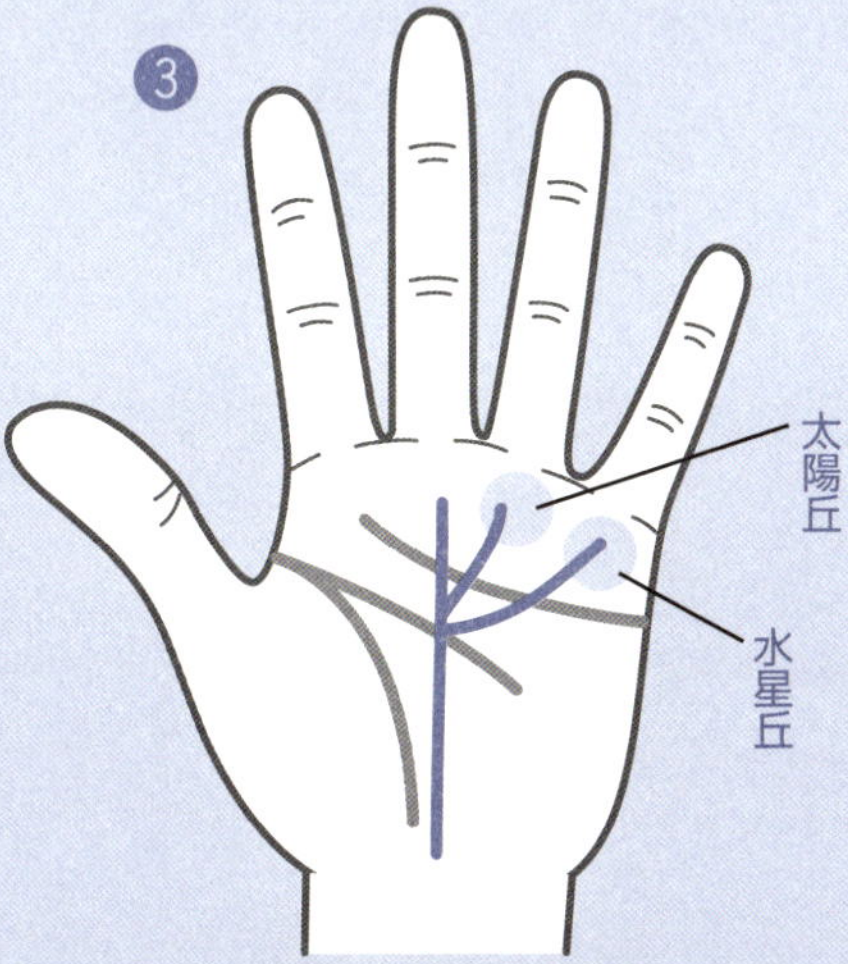

富も地位も得られる！

影響線でみる

あなたによい影響を与える人、悪い影響をもたらす人

月丘（小指側の下方）、あるいは金星丘（親指の下方）から、運命線に向かって伸びる短い斜めの線を影響線といいますが、この線があるかどうか、また、それがどんな線であるかによって、人生運も違ってきます。

これは別名「引きたて線」ともいわれ、その人の人生にいつも応援してくれる協力者がいることを示しています。

月丘から伸びる線は、異性の友人、配偶者、あるいは大衆の人たちなど他人からの支援を意味し、金星丘から伸びる線は、親とか身内からの支援を意味します。

❶影響線が1本ある

いつも応援してくれる人がいることを示しています。

❷影響線が2本ある

影響線のよい意味をさらに強めているラッキー線です。悲運を防ぐ線であり、金運にも恵まれます。

❸影響線が多数出ている

たくさんの人に支持され、愛されて、地位や名誉、金運を得られるという線で、魅力的な人に現れる線です。いわゆる「人気線」ともいわれ、芸能関係にすすむ人、あるいは接客業などを営んでいる人にはうれしい線です。

❹影響線が運命線を切って出ている

これは影響線が障害線となっていることを意味しています。人に裏切られたり、迷惑をかけられたりすることから、「迷惑線」とも呼ばれます。とくに月丘（小指側）から出ているものは、男性では「女難の相」、女性では男性に裏切られる「悲恋の相」となります。

❺影響線に島紋がある

異性の友人や仲間に裏切られたり、迷惑をかけられたり、悪い影響を与えられることを暗示しています。くれぐれも注意が必要です。

1

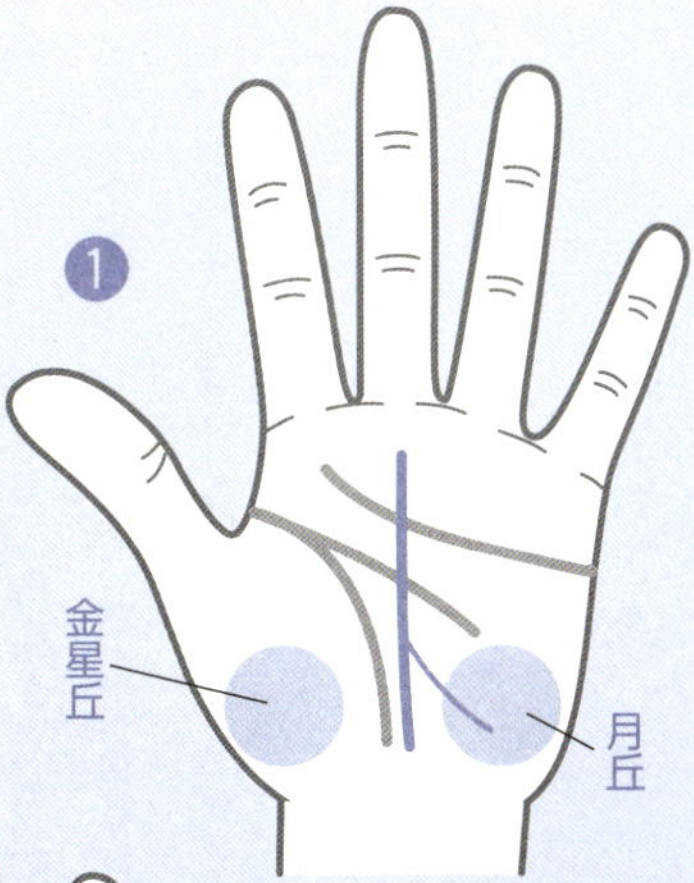

いつも応援者がいる
・月丘側→他人
・金星丘側→身内

2

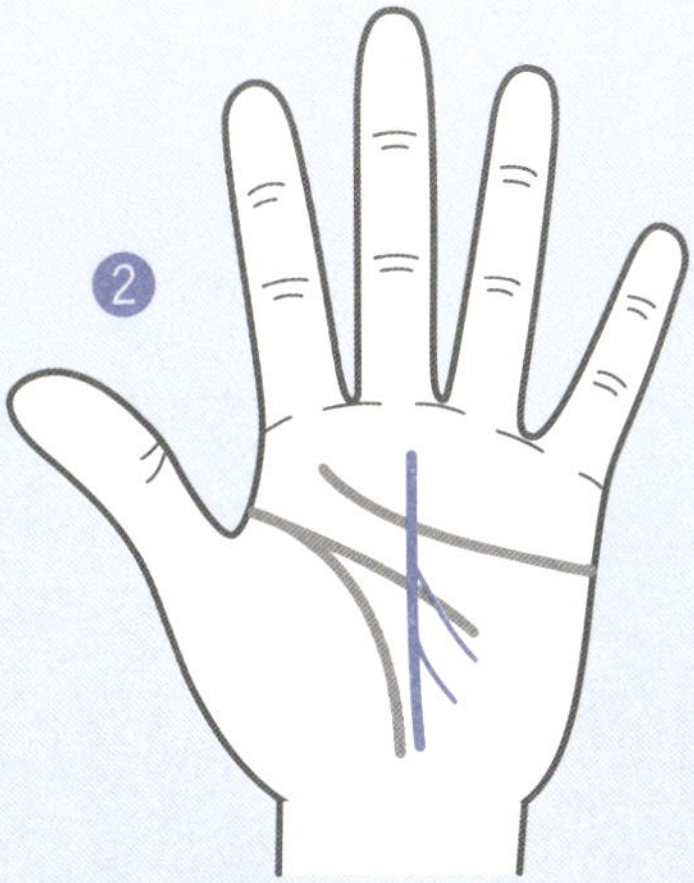

必ず助けてもらえる！

3

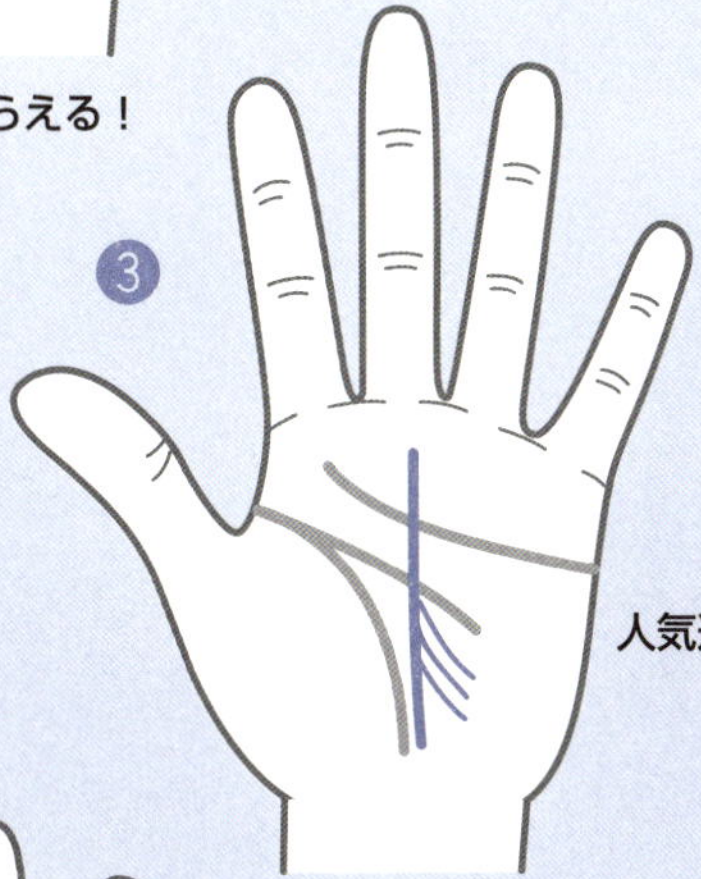

人気運抜群！

4

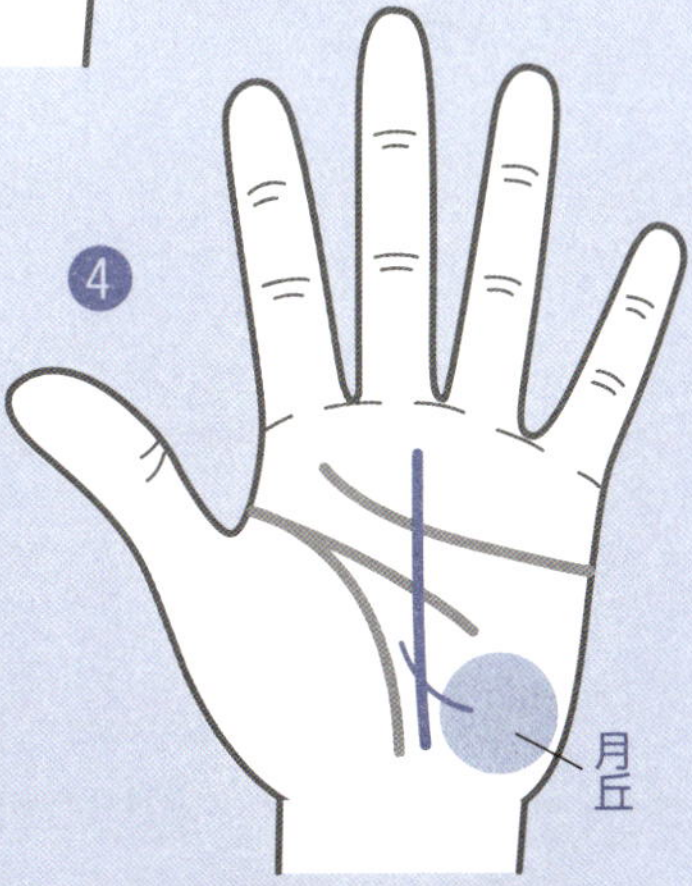

女難の相・悲恋の相

5

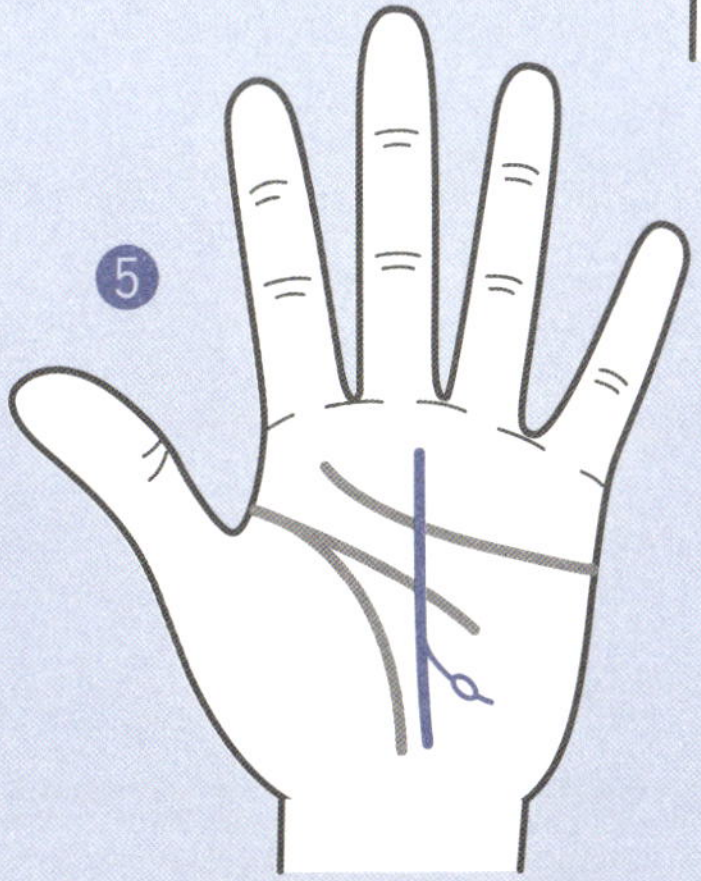

不幸な目にあわされる！

特殊な影響線でみる大幸運の相

❶影響線が生命線から出ている

自分自身の努力が実り、運が開化することを意味しています。その時期は運命線との合流地点のときを示していますので、運命線の流年法で判断してみてください。

❷影響線が金星丘側と月丘側の両方から昇っている

これは「土台線」といって、自分の基盤がしっかりしていることを示しています。

身内からも仲間からも、大衆からも援助、支援が得られ、しっかり支えられていることを示しており、自分の信念に向かってまっすぐすすんでいける人です。大吉相といえます。

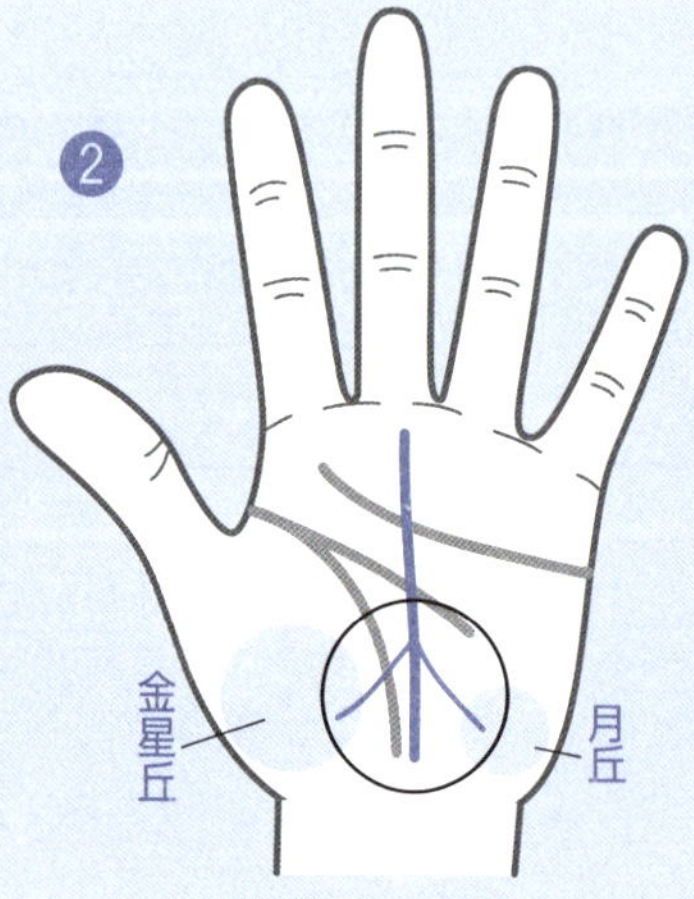

ゆるぎのない基盤

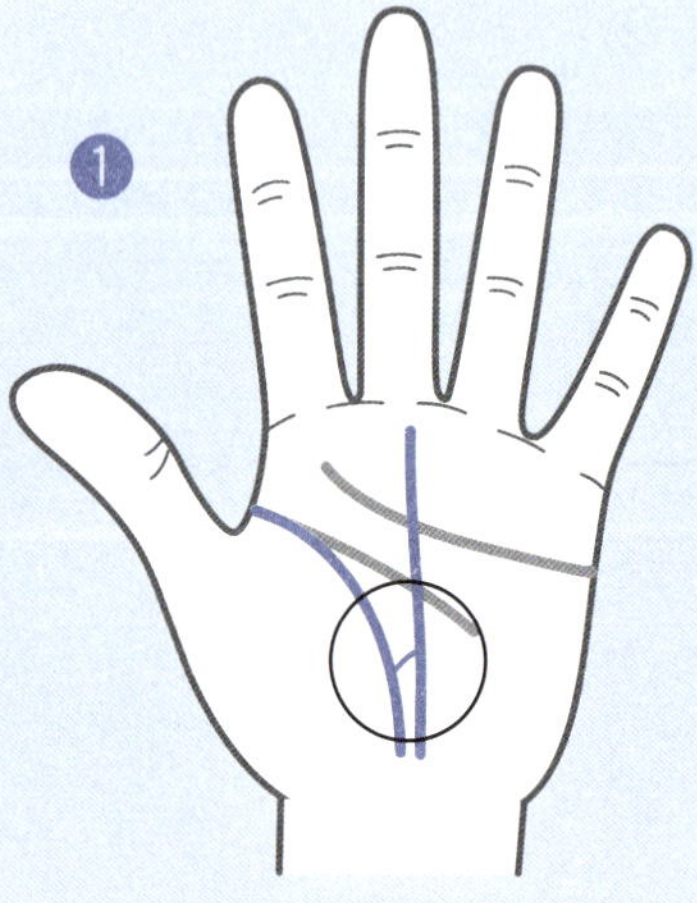

必ず開花する！

障害線でみる

目的が達しがたい人、トラブルがおこりそうな人

運命線が障害線で妨げられていたら、それはトラブルを警告しています。どの部分で遮られているかで意味合いも違ってきます。

①運命線の上部が障害線で切られている

目的が達しがたいことを暗示しています。

②運命線が金星丘から出ている障害線で切られている

仕事上の失敗や、あるいは身内のトラブルなどで、一身上の危機に見舞われることを暗示しています。

③運命線が月丘から出ている障害線で切られている

身内以外の人とのトラブル、あるいは夫婦関係、異性問題のトラブルから、一身上の危機に見舞われることを暗示しています。

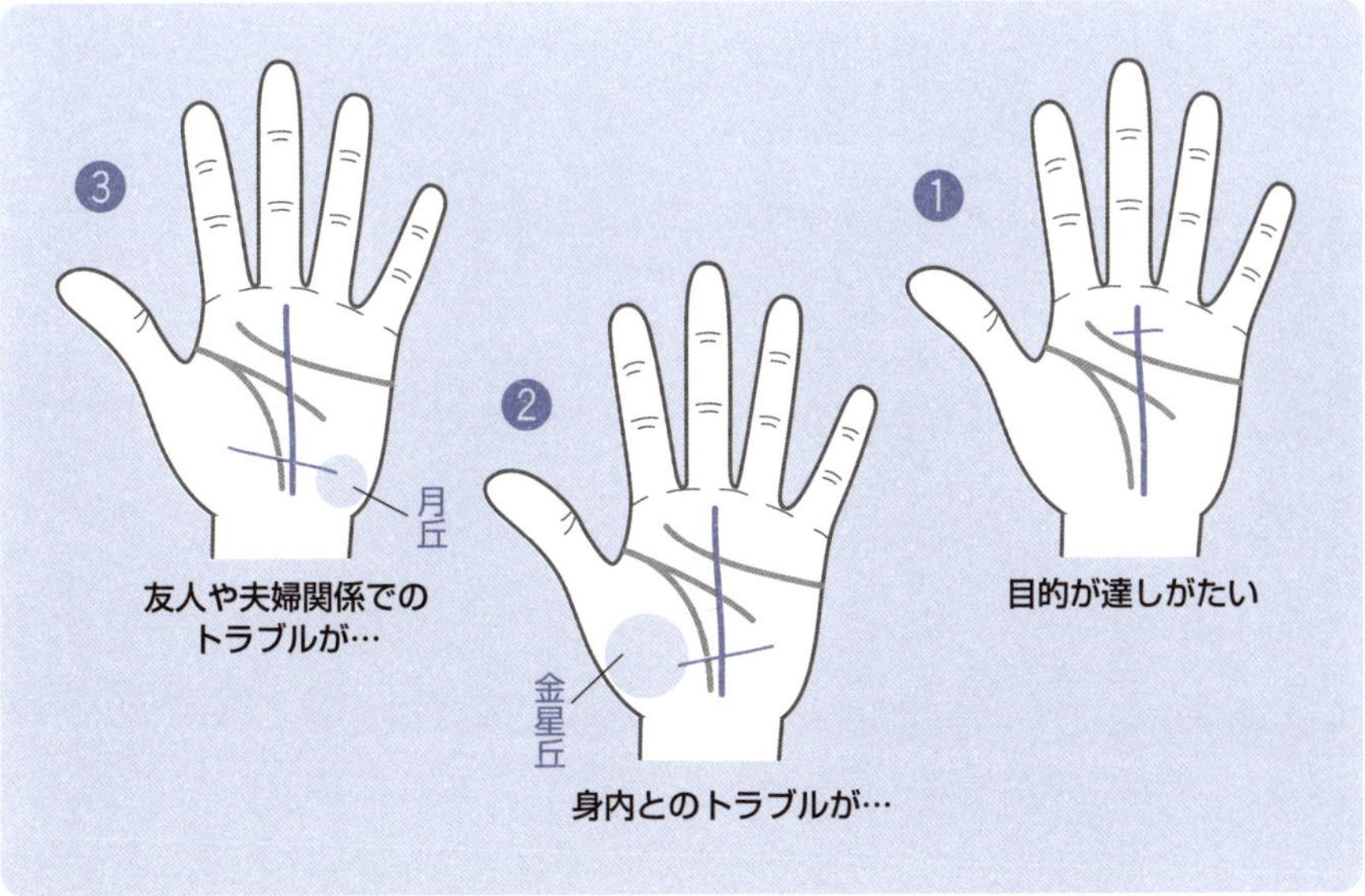

金星丘に現れる線で精神的苦労度がわかる

金星丘には線がたくさん出ている人もいれば、ほとんど出ていない人もいます。この線の出かたで、愛情豊かな人か、精神的苦労の多い人かが判断できます。

①金星丘に縦、横の格子状の線が現れている

神経過敏で多感な人。愛情が細やかで心の暖かい人。情熱的で喜怒哀楽を上手に感受できる人です。格子状がきれいに出ている人ほど母性的愛情の強い人です。

②金星丘にどちらかというと縦線が多数現れている

多情多感な人。浮気っぽく異性をひきつける魅力のある人です。金星丘が盛り上がっている人ほどその傾向が強くなります。

③金星丘にどちらかというと横線が多数現れている

精神的な悲しみに出会い、それを乗りこえてきたことを示しています。線が深くきざまれているほどその度合いが強いといえます。また、心配性の人にも現れます。楽天的な人や、のんびりやさんには現れません。

④金星丘に数本の線しか現れていない

喜怒哀楽の表現が下手であっさりした人。話術も上手ではなく直情型の人です。めったにおせじなども言わない人です。

⑤金星丘から出ている細かい横線が生命線を切って出ている

これは女性に多いのですが、神経質で気苦労の多い人に現れます。取り越し苦労も多いので、ゆったり、のんびり過ごす努力をすることで、いつのまにか薄くなったり、消えていきます。

⑥金星丘に細かい線が刻まれている中に、はっきりした線が1本親指に向かって現れている

中年以降に現れることが多く、目的が達成することをあらわしています。努力している人に現れる線で事業をおこしても何をやっても成功をみる相です。

スタミナ線ともいい、生命線を補う意味合いもあり、年老いても、元気で明るく過ごせるという吉相です。

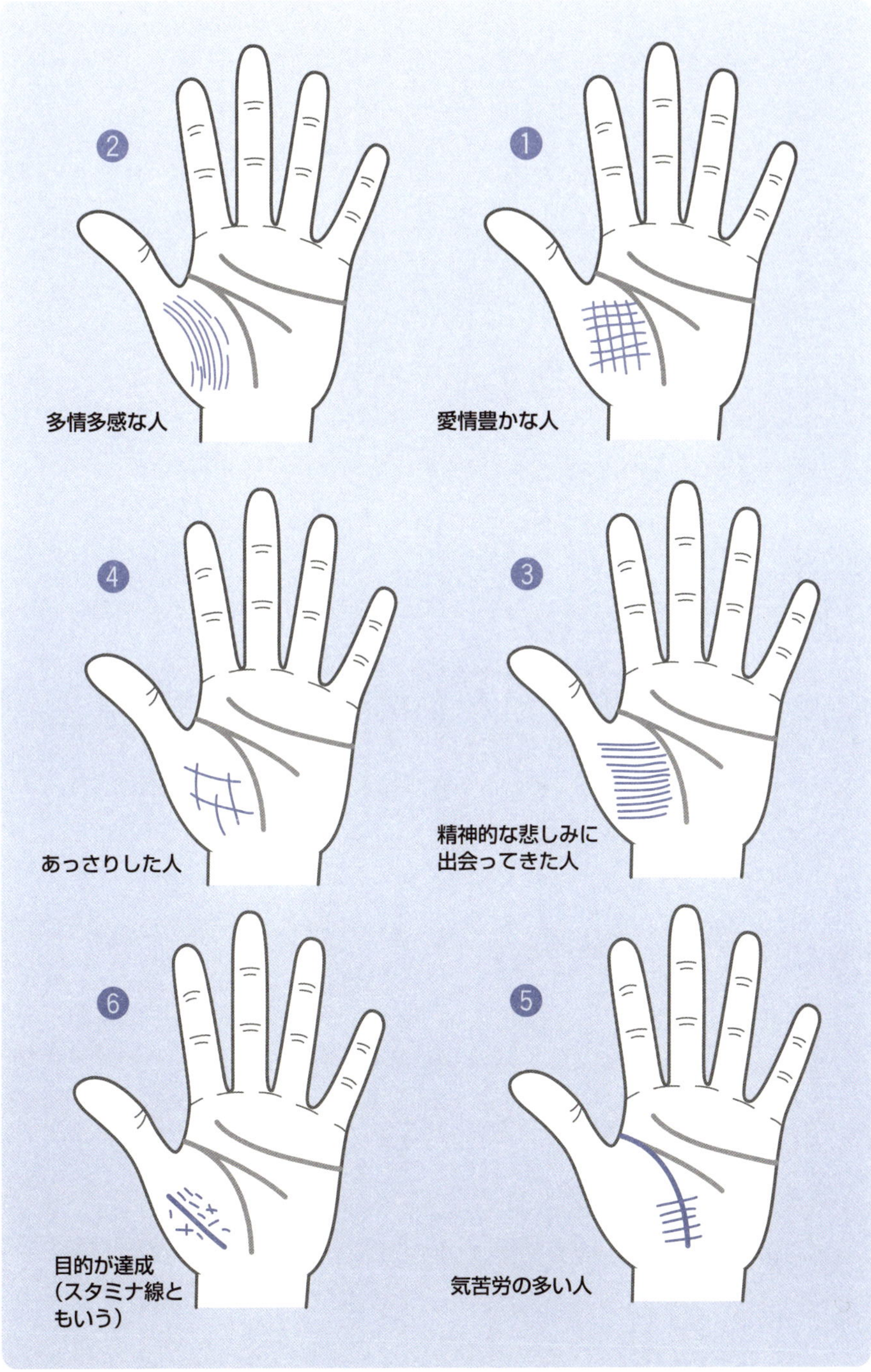
2
多情多感な人
1
愛情豊かな人
4
あっさりした人
3
精神的な悲しみに
出会ってきた人
6
目的が達成
（スタミナ線と
もいう）
5
気苦労の多い人

老後が安泰な相

人生は、若いころはどうであれ、老後は安泰でありたいものです。それをみるには、感情線から上の部分に昇っている線をみてみましょう。

感情線のあたりは50歳頃からの人生をあらわしています。

したがって感情線を境にして、運命線、太陽線が出ていれば安泰。それに加えて財運線、向上線が出ていれば、なおベストです。老いてますます向学心に燃え、豊かな人生を送れることを示しています。

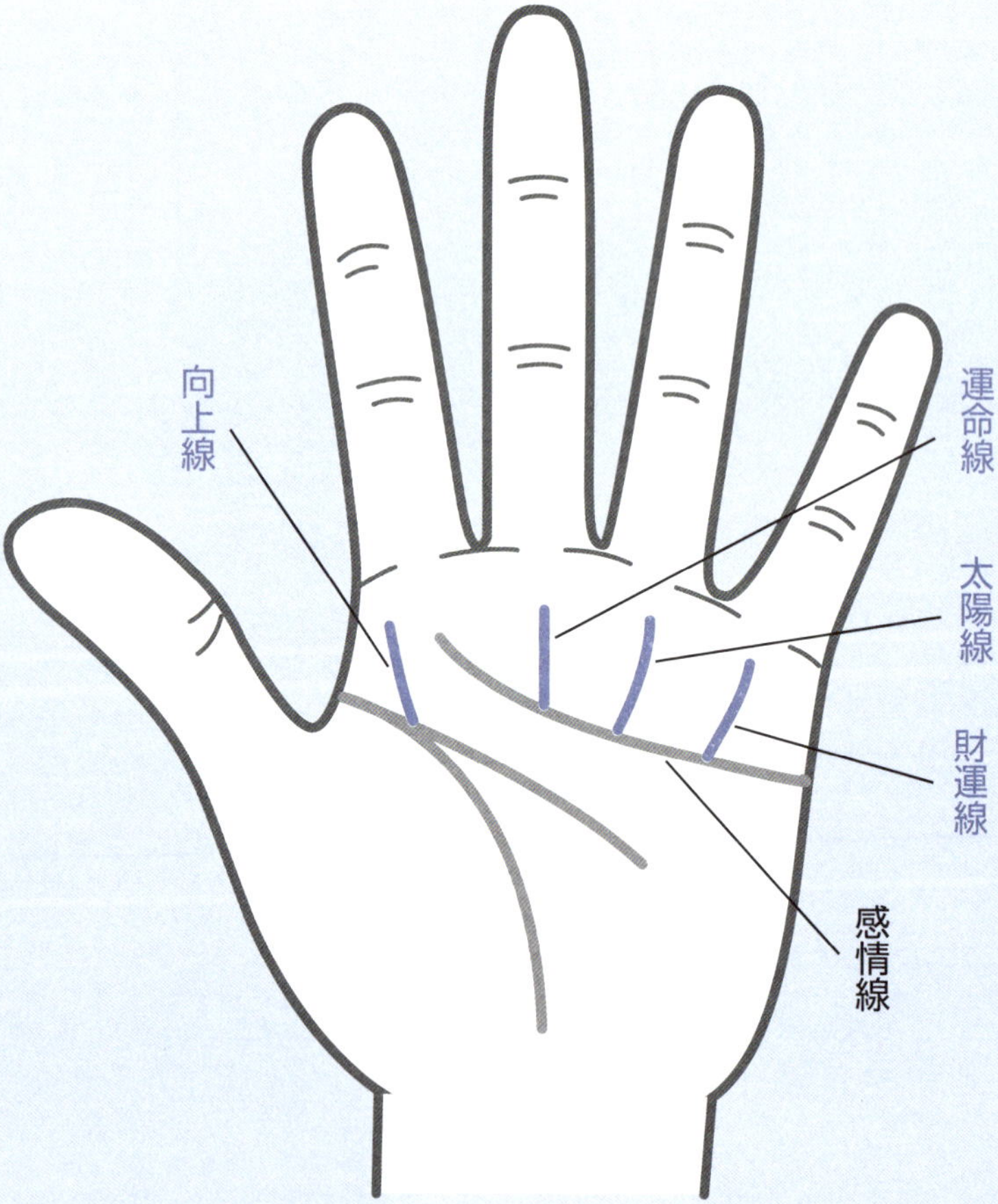

2章

あなたの適性と
仕事運を占う

適性や仕事運をみる場合は、おもに頭脳線でみていきます。
頭脳線にはその人の能力が現れますので、適性や適職をみるには
重要な線となります。また、今の仕事が順調にいくか、
転職か同じ仕事を続けたほうがよいのか、
専業主婦がいいか共働きがいいかなどは、運命線でみていきます。
そのほか仕事運は、感情線、生命線、向上線、開運線からも
読み取ることができます。手のひらに現れた特殊な線や紋などからも、
その人に向いた仕事がわかります。

頭脳線でみる

あなたは理科系タイプ？文科系タイプ？

将来、どんな職業につくにしても、まずあなたの適性を知っておいたほうがよいでしょう。

あなたは理科系タイプでしょうか、文科系タイプでしょうか。それは頭脳線がどの方向に向いて伸びているかで判断します。

①頭脳線の起点が生命線と同じところから出ていて、それがまっすぐに第2火星丘か、あるいは月丘の上部あたりに向かって伸びている人

こういう線の人は理科系タイプです。論理的に思考し、物ごとを一つひとつきちんと積み重ねていく人で、設計士とか、コンピューター関係、医薬関係、製品開発など、自然科学系や技術畑の仕事に向いています。

性格的には、頭脳線が上に昇っている人ほど現実的でクールなタイプ。商才があり、お金儲けが上手な人です。

②生命線と同じところから出た頭脳線が、月丘に向かって曲線を描いて伸びている人

こういう線の人は文科系タイプです。法学や文学方面に才能がありますので、そういう方面の仕事につくとよいでしょう。

頭脳線が月丘の下部に下がっている人ほど、想像力やインスピレーションが豊かで、詩人や作家、画家、デザイナー、音楽家など、芸術方面での活躍が期待できる人です。ただし、頭脳線が下がりすぎている人は、お人よしで、お金儲けとは縁遠くなります。

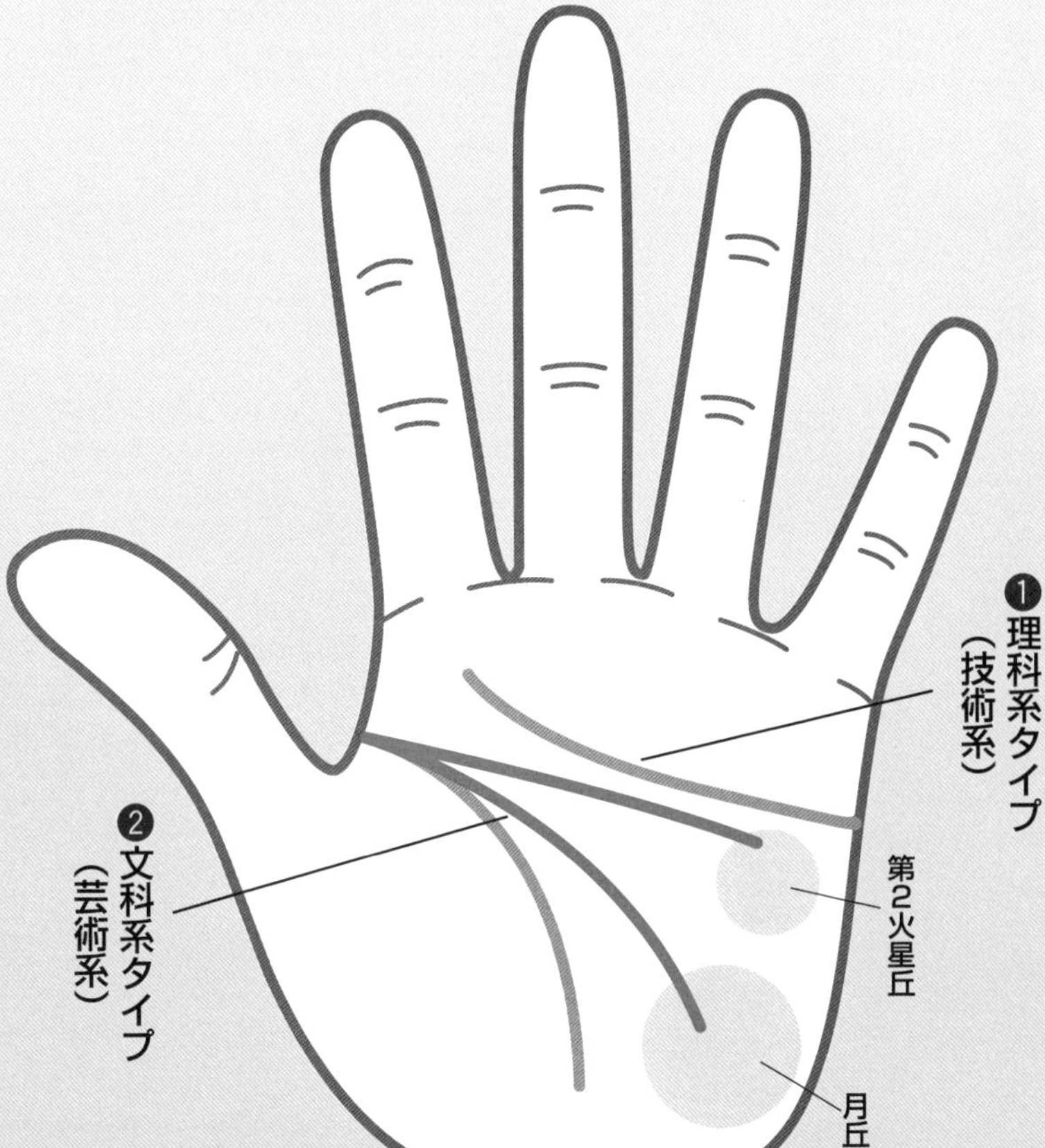
❶理科系タイプ
（技術系）
❷文科系タイプ
（芸術系）
第2火星丘
月丘

あなたはどんな職場に向いている？

あなたがどんな職場に向いているか、これは生命線と頭脳線のスタート地点をみることで判断できます。

積極的な性格の人は外交的な面を十分に発揮できる職場。消極的な人は事務的な仕事で自分の能力を発揮できるなど、あらかじめわかっていれば苦労も少なくてすみます。

①頭脳線が生命線の起点とすれすれに出ている

こういう人は実行力と思考力とのバランスがとれており、環境への順応性もある人です。人間関係もうまくいき、どんな職場でも成功します。

②頭脳線の起点が途中まで生命線と一緒になっている

こういう人は、「石橋も叩いて渡る」ような慎重なタイプ。外交的な仕事より、やや地味な仕事を選んだほうがうまくいきます。思索肌タイプの人が多く、文章を書いたり、デザインをしたりという、芸術方面に才能があります。

③頭脳線が生命線の内側から出ている

②の場合より、もっと内向的で神経過敏な面がみられます。頭脳優秀な人が多いので、コツコツとすすめる研究者のような仕事が向いています。

④頭脳線の起点が生命線と大きく離れている

こういう人は大胆で決断力の早い人。その性格を生かして証券とか商品取引、不動産業など投機的ビジネスに適しています。行動範囲も広く、海外での活躍も期待できます。

⑤頭脳線の起点が木星丘の下あたりから、月丘の上部あたりに伸びている

このような線は、ちょっとめずらしいのですが、これは人を支配する能力のある人にみられる線です。

企業の世界でも、学問の世界でも、また、政界や芸能の世界でも必ず「長」の字がつくような、人の上に立って成功できる、いわゆる「支配者型」タイプの人です。

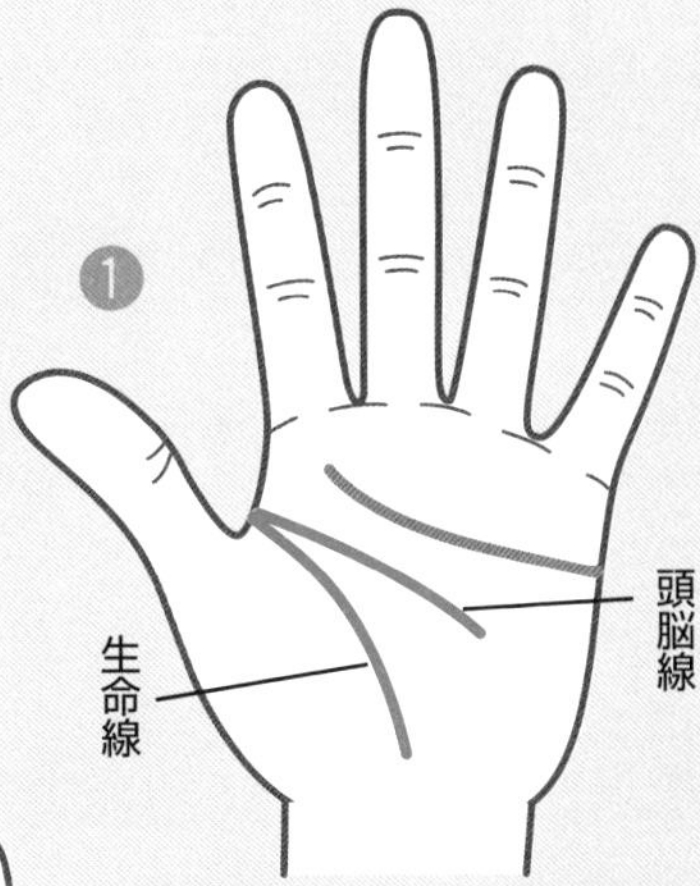

どんな職場でも順応型

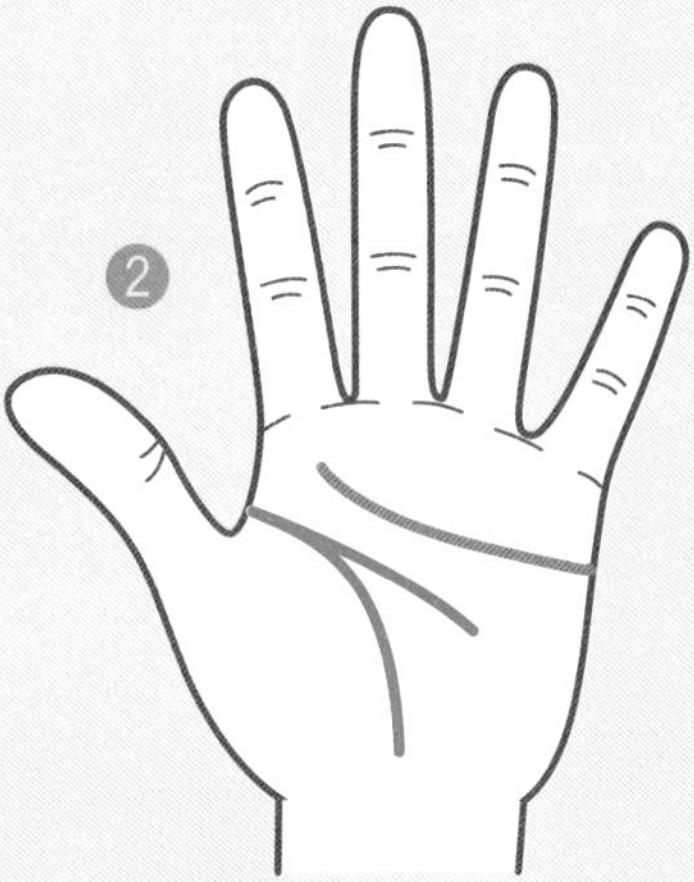

地味な職場向き

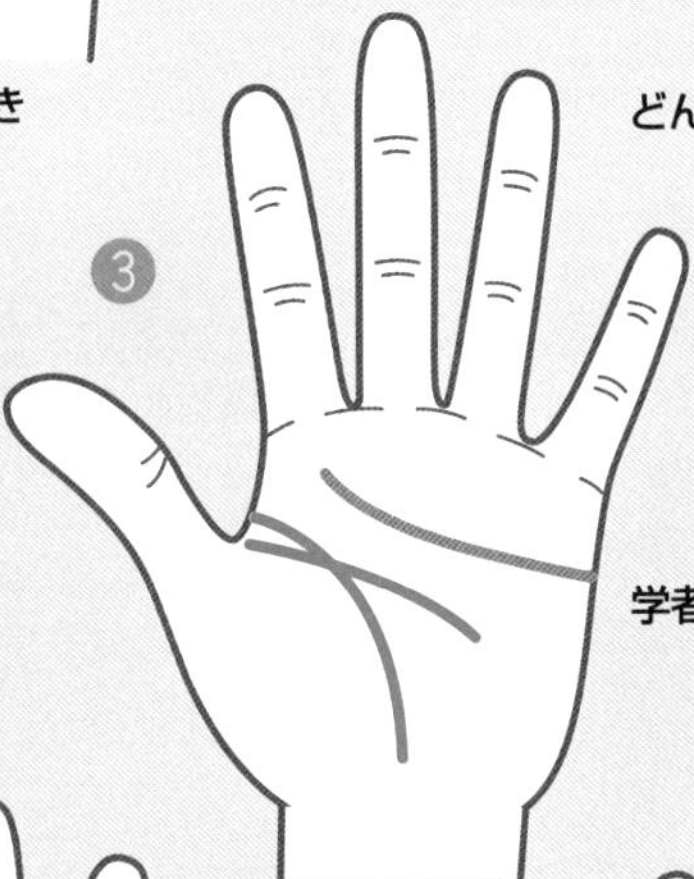

学者・研究者向き

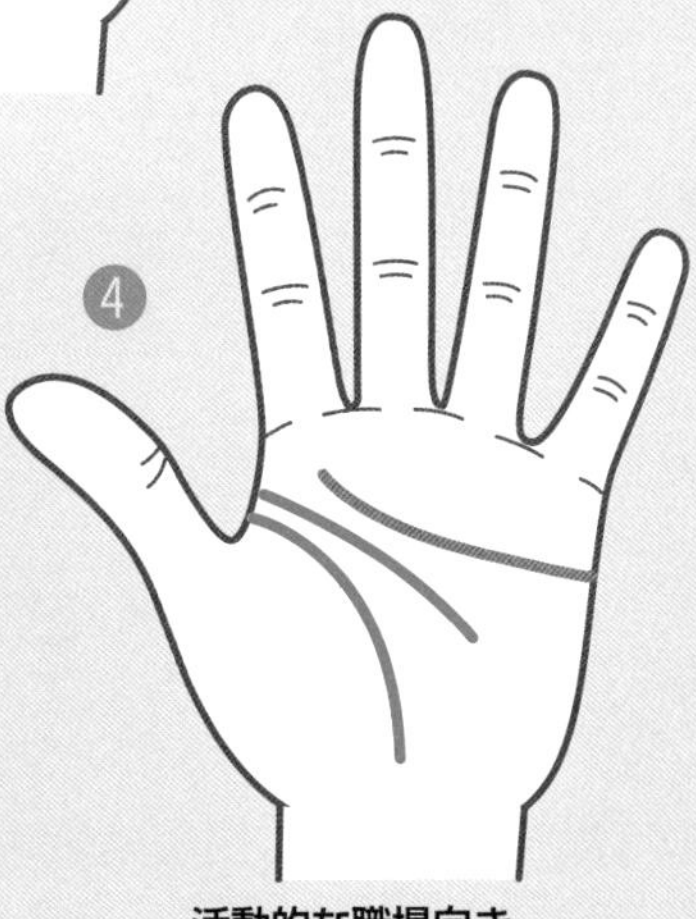

活動的な職場向き

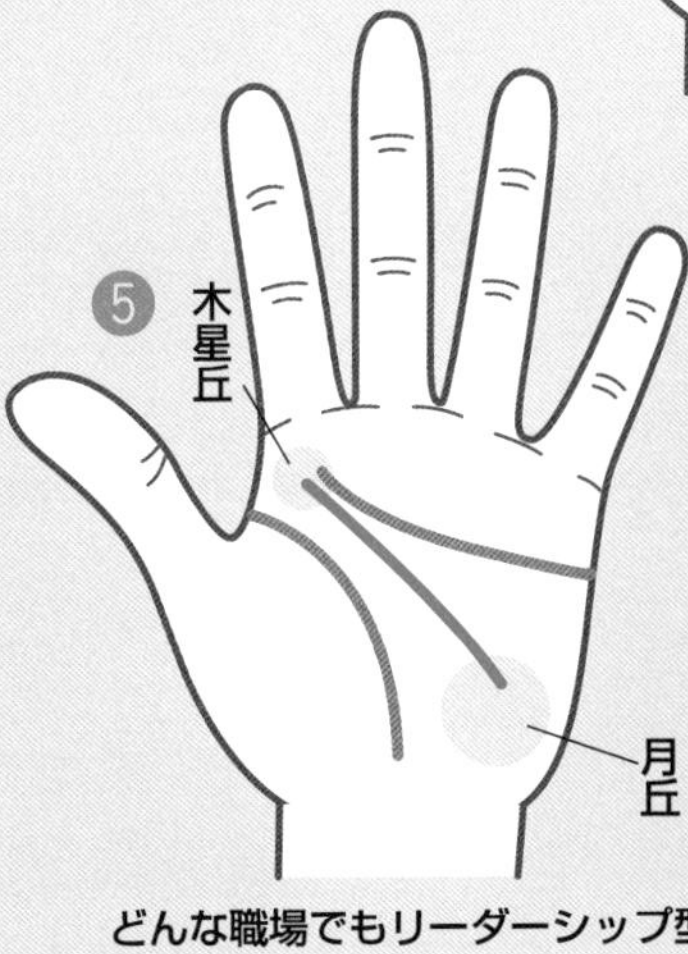

どんな職場でもリーダーシップ型

多芸多才のうらやましい相

世の中には、ひとつだけではなく、二つも三つも仕事を成功させる能力のある人がいます。いわゆる多芸多才という人です。

①二重頭脳線の人

頭脳線が2本ある人がいます。これは二重頭脳線といい、多芸多才を示しています。理科系でも文科系でも、どちらにすすんでも才能を発揮する人です。あるいは、二つのことをやって、両方とも成功させる才能があることを意味しています。

たとえば、お医者さんでもあり、小説家でもある人。お医者さんでも、医学と心理学と両方を極めた精神科医、また、機械の設計もできるし、営業面でも活躍できる人、というようなたいへん恵まれた相です。

②頭脳線が枝分かれしている人（二又頭脳線）

頭脳線の途中からもう1本、線が出て枝分かれしているものを二又頭脳線といいますが、これは二重頭脳線とみてよく、多芸多才を意味します。二つの仕事をやっても成功する可能性を示しています。あるいは、正業のほかに副業をやってもうまくいくという相です。

女性では、家庭と仕事と両方うまくこなせることを示しています。

●頭脳線の支線が、どこの方向に伸びているかで、どんな分野で活躍ができるかがわかります。

Ⓐ頭脳線の支線が水星丘に向かっている

商才にすぐれ、実業方面で成功が得られます。

Ⓑ頭脳線の支線が太陽丘に向かっている

芸術、芸能方面での成功が得られます。

Ⓒ頭脳線の支線の1本が第2火星丘に、もう1本が月丘に向かっている

理科系の分野でも、文科系の分野でも多芸多才ぶりを発揮します。現実的でもあり、ロマンチストでもあるという人です。

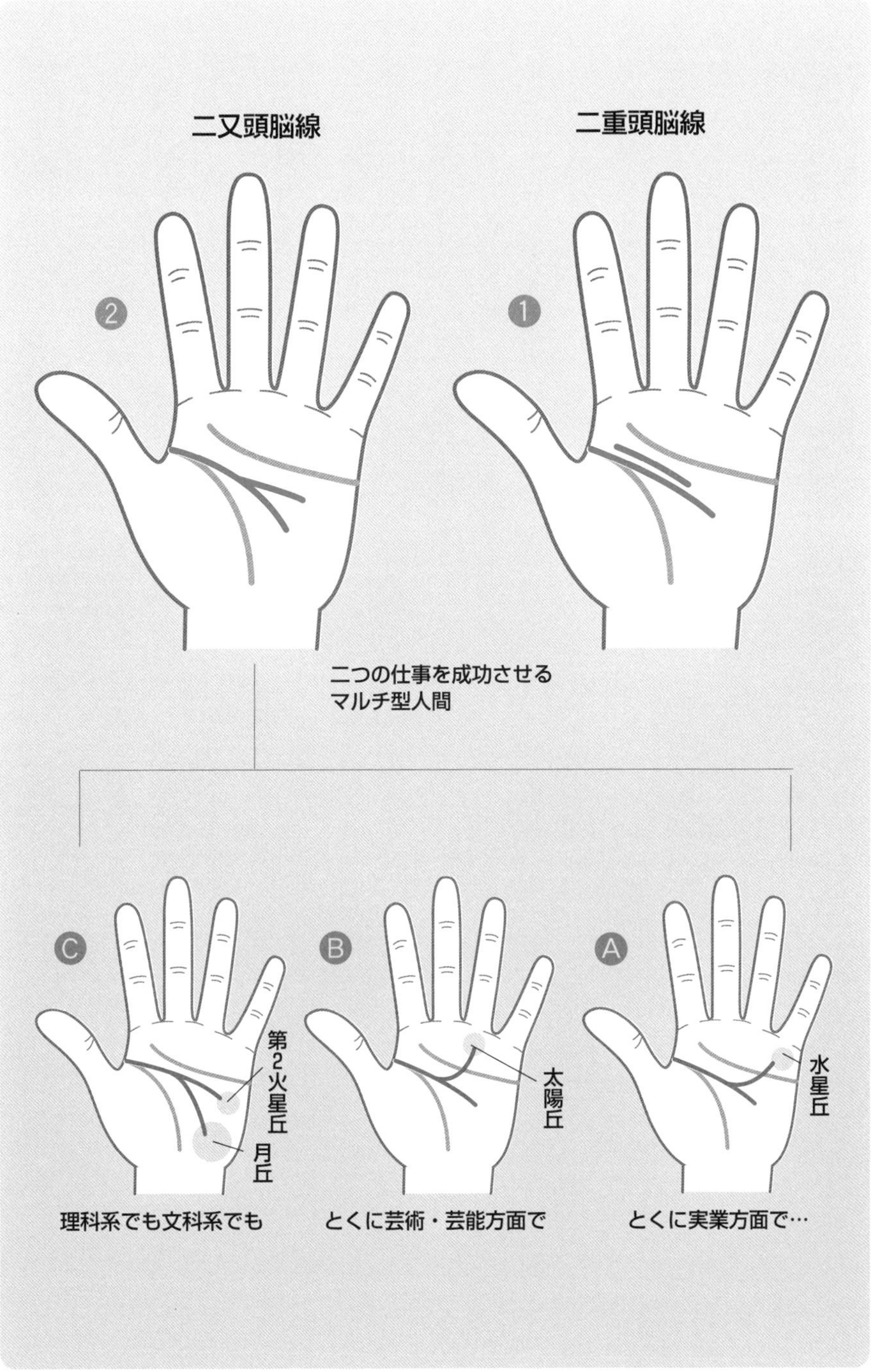
二又頭脳線
②
二重頭脳線
①
二つの仕事を成功させる
マルチ型人間
C
第2火星丘
月丘
B
太陽丘
A
水星丘
理科系でも文科系でも
とくに芸術・芸能方面で
とくに実業方面で…

頭脳線の長短であなたの適性がわかる

頭脳線が長いから頭がよいとか、短いから頭が悪いとか、頭脳線の長短で喜んだり嘆いたりする人も多いのですが、これは誤解です。頭脳線の長短は知能の優劣を決めるのではなく、能力上での個性をみます。

❶頭脳線が長い人

頭脳線が長い人は、思慮深く、いろいろな考えかたができる柔軟なタイプ。ときに優柔不断にみえることもありますが、総体的に物ごとを考える能力のある人で、組織のなかでも十分に活躍できる人です。

❷頭脳線が短い人

頭脳線が短い人は、物ごとをテキパキと片づけないと気がすまないタイプ。性格的には短気な人が多く、攻撃型。早く結果を出し次にすすむという切り換え型。このようなタイプはスポーツ選手などに向いています。

ただし、極端に短い頭脳線は、知的関心が薄く、目先の物質的な欲望に走りがちです。

❸頭脳線が手のひらを横切っている人

直感的なひらめきが強い人で、人が思いもつかないようなアイデアで勝負ができる人です。しかし、思い込みも激しく、自分がそうしたいと思うと、まわりの状況も考えず突きすすんでしまう、いわゆる自己中心的な面もあります。プライドの高い人ですので、職場では人間関係に気を配ったほうがよいでしょう。

頭脳線の平均的な長さ

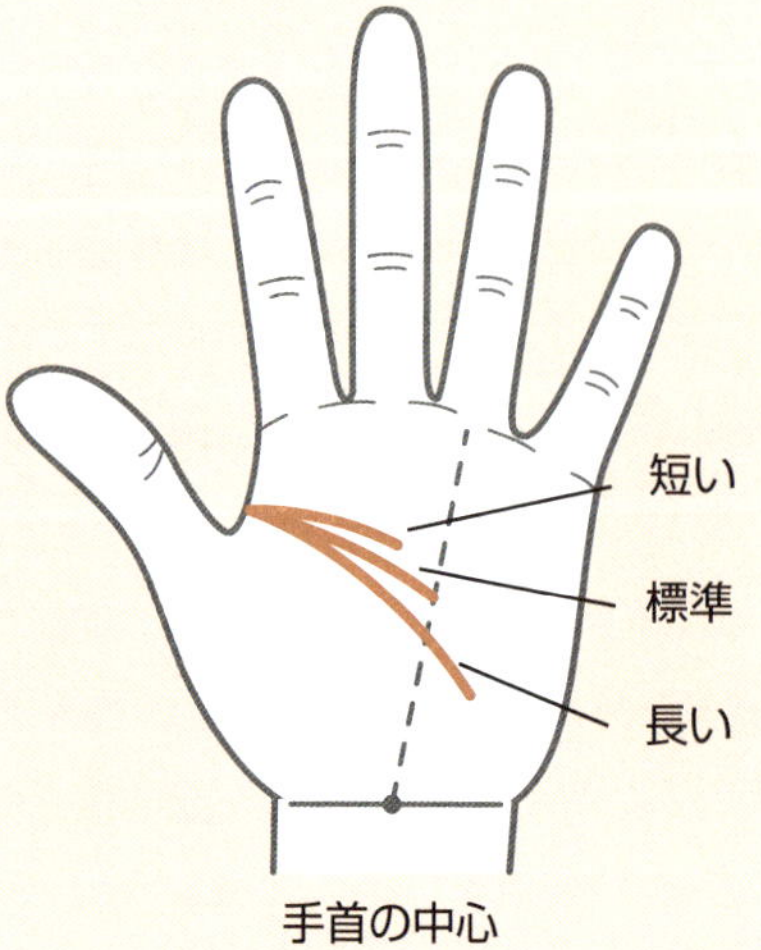

①

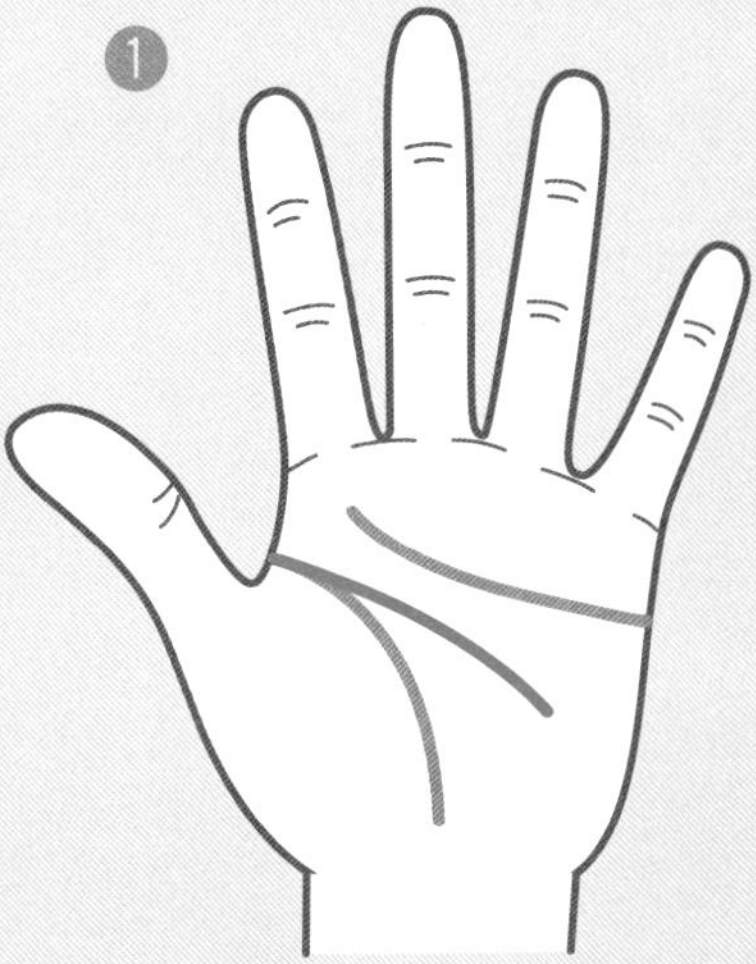

柔軟型(総合的に考える人)

②

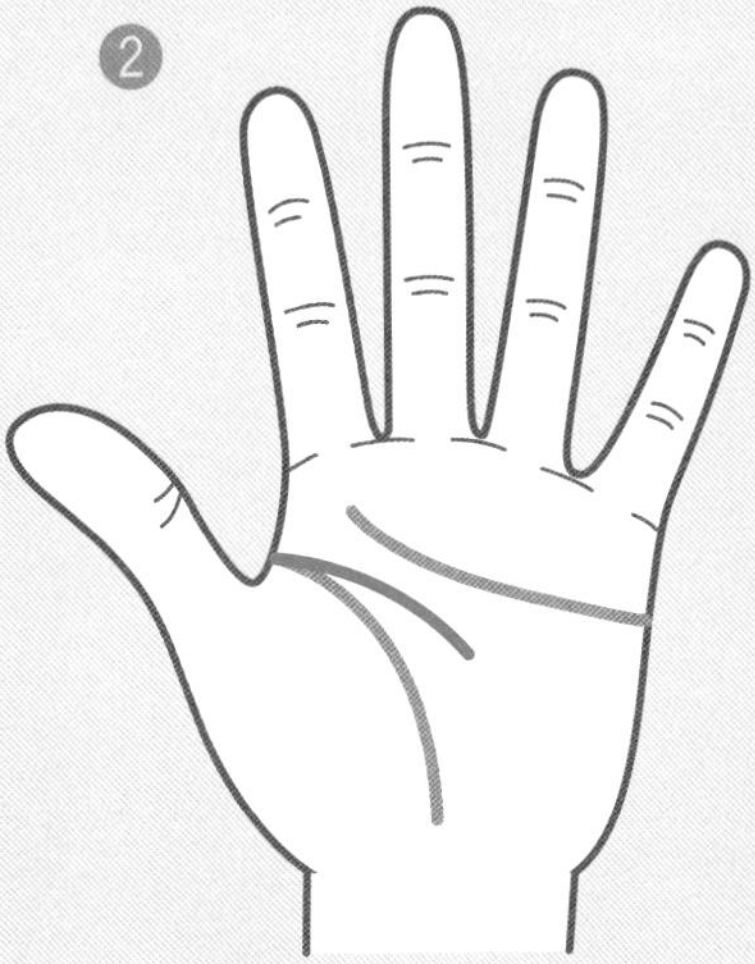

攻撃型（結果を急ぐ人）

③

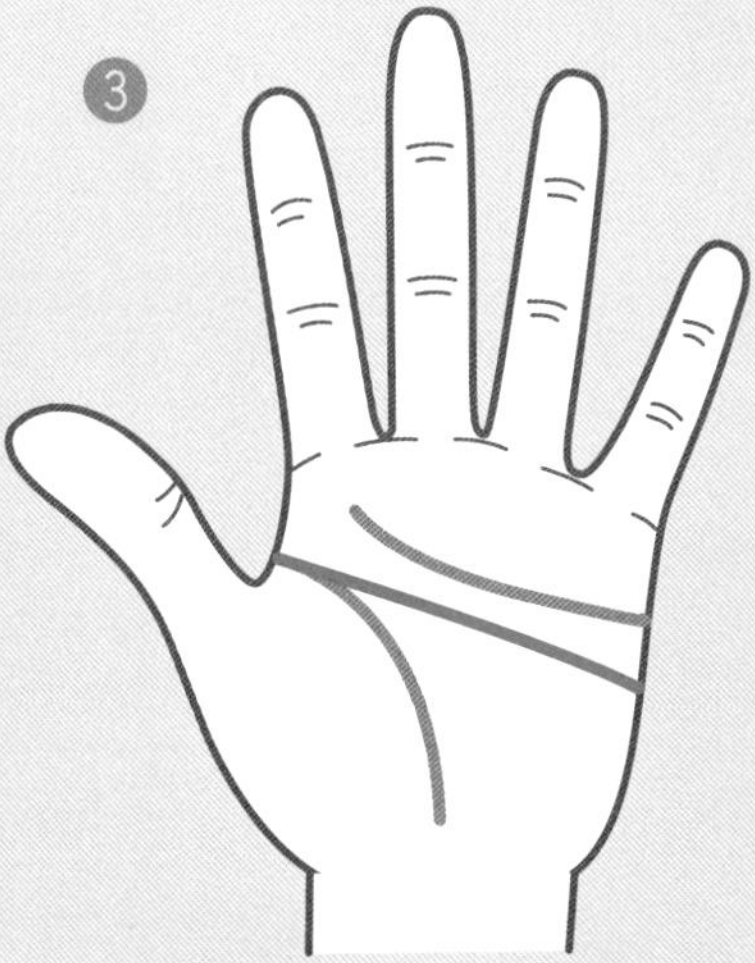

ひらめき型（自己中心的な人）

こんなタイプは職場で苦労する

頭脳線の形状から、あなたの仕事に対する姿勢がわかります。次のような相は、もっと自信を持ってがんばらないと職場で苦労します。

❶頭脳線が生命線を突っ切って、手首のほうまで伸びている

いわゆる「ノミの心臓」といわれるような人で、たいへん神経が細かく、臆病な人です。決断力や行動力が必要な仕事をするには、自分自身をもっと奮い立たせなければなりません。政治家、経営者など、リーダーシップをとるような仕事には向かないでしょう。

❷頭脳線が切れ切れになっている

何をやっても根気がなく、気が変わりやすい人です。意欲にも欠けているので、何かをやり遂げるには、一層の努力が必要です。まず、好きなものをみつけて、それに向かっていく努力をしましょう。

❸頭脳線が鎖状になっている

熱しやすく冷めやすい人です。気が散りやすく、ひとつのことに打ち込むことができません。勉強も仕事もこれではうまくいきません。気まぐれな面をなくし、根気を身につけることが大事です。

❹頭脳線が波型をしている

優柔不断で要領の悪い人です。世渡りも下手です。何より依頼心が強いのが欠点です。もう少し、頭を働かせて行動しないと、いつまでたっても自立できません。

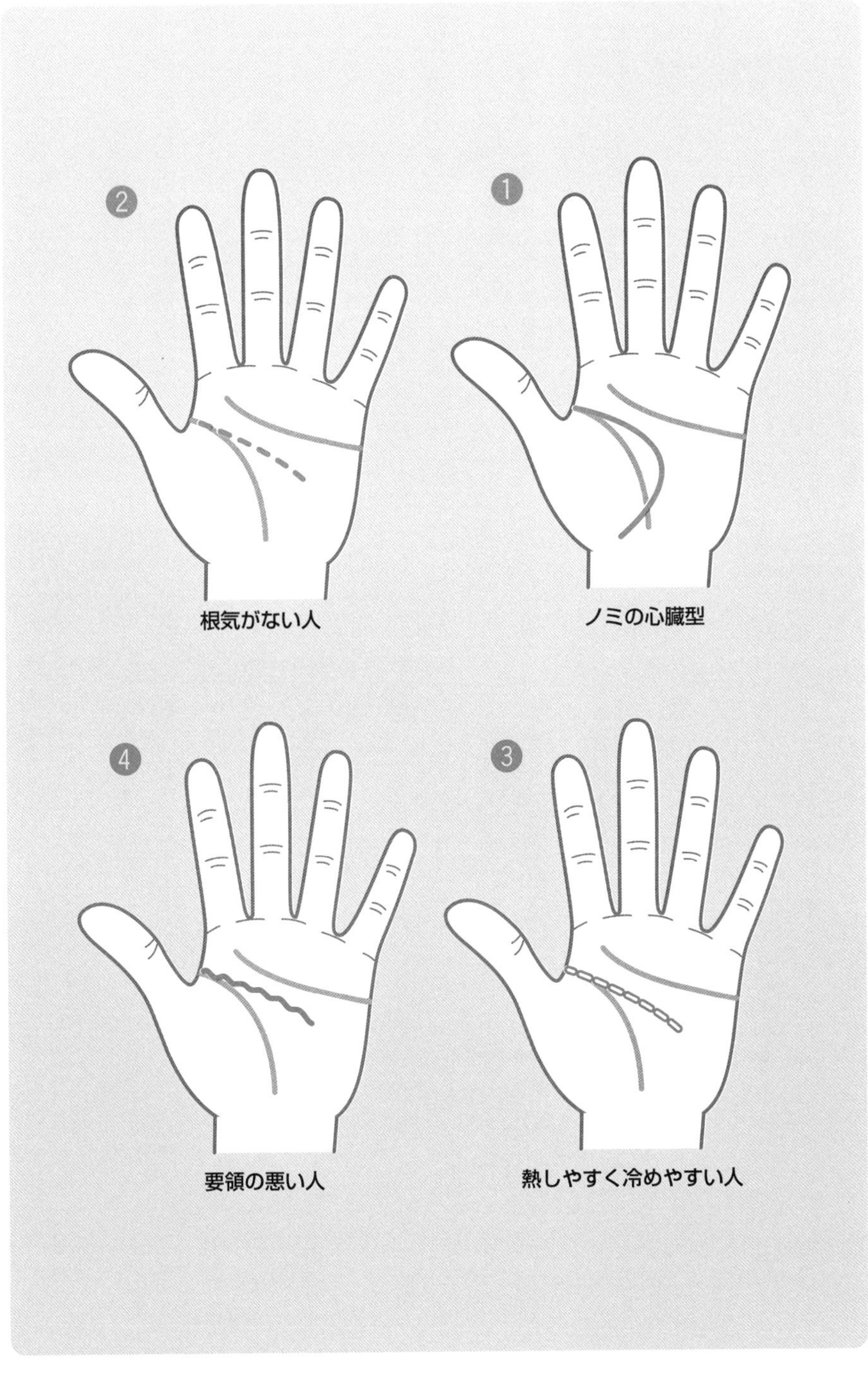
①
ノミの心臓型
②
根気がない人
③
熱しやすく冷めやすい人
④
要領の悪い人

有能か無能かを見抜く法

頭脳線の支線が大きく分かれているか、小さく分かれているか、また、細かい支線がどちらの方向を向いているかなどで、評価がまったく逆になります。よく注意してみてみましょう。

❶頭脳線の先が小さく2本に分かれている

これは創意、工夫にすぐれた人です

❷頭脳線の末端が房状になっている

これは神経が疲れていることを示しています。何はともあれ、リフレッシュが大事です。

❸頭脳線の先が小さく3本以上ある

楽天的な性格で目立ちたがりや。大きな野心と大胆な行動力で、いろいろな仕事にチャレンジしますが、飽きっぽい性格が難点。

❹頭脳線の先が大きく3本に分かれ、1本は第2火星丘に、他の線は水星丘と月丘に向かっている

第2火星丘に向かっている線は、現実的な人で理化系の分野で活躍できることを示し、一方、水星丘に向かっている線は商才に恵まれていることを示し、月丘に向かっているものは芸術的な才能があることを示しています。

異なる三つの才能を持ち合わせた、それこそマルチ型人間。うらやましい相です。

❺細かい支線が上向きに出ている

新しいものにチャレンジしたり、新しい境地を開拓するなど、積極的な性格を示しています。

❻細かい支線が下向きに出ている

たいへん消極的な人です。何かをやり遂げるには意欲が足りません。

❼細かい支線が上下に多く出ている

何をやらせても器用にこなします。ただし、感情線も同じような形状だと要注意。人に利用されるだけで終わってしまいかねません。骨折り損にならないよう、気をつけたほうがよいでしょう。

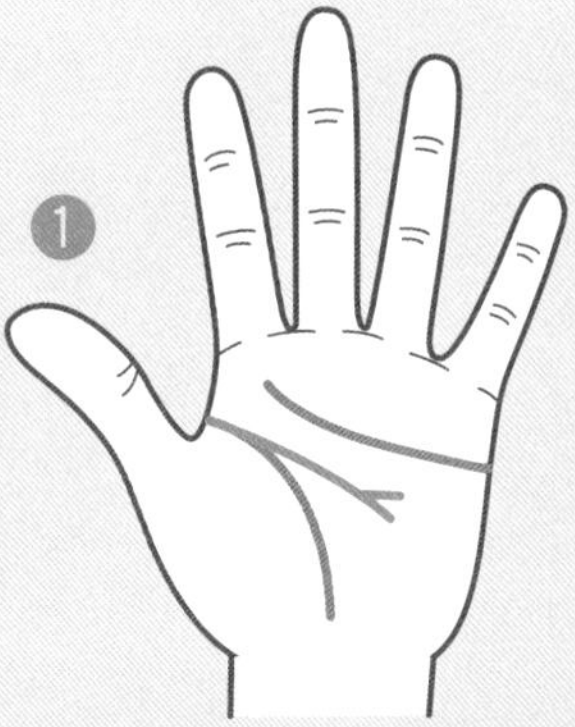

創意工夫の人

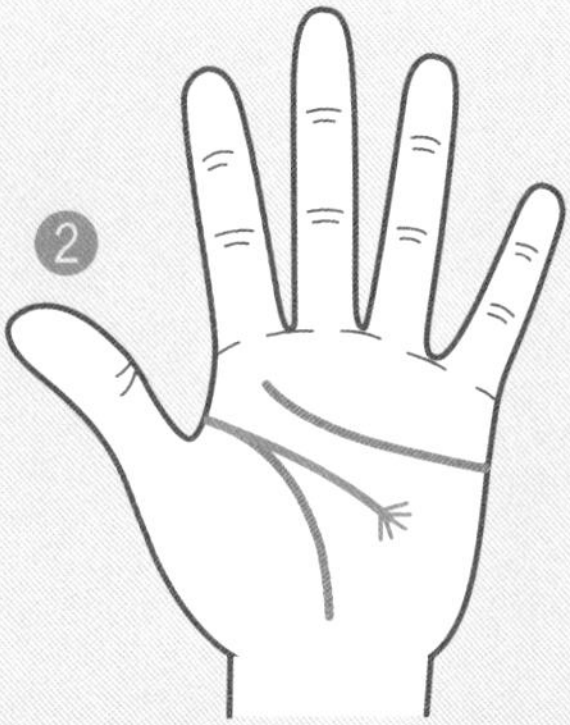

神経が疲れている人

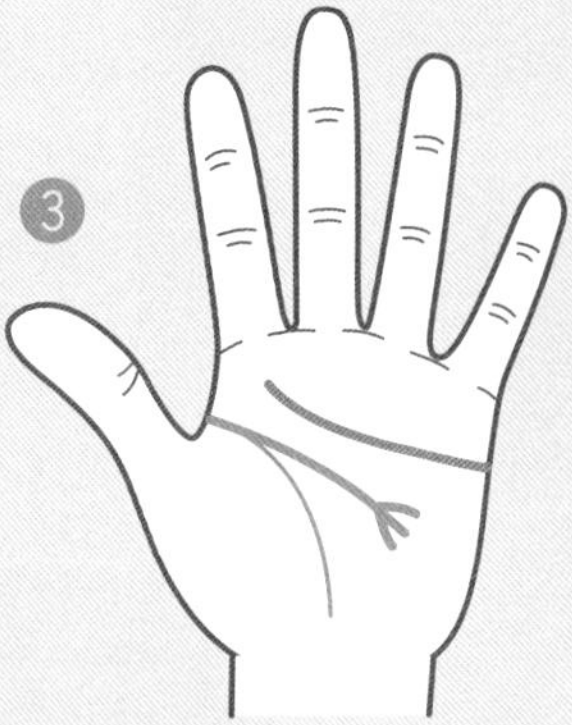

目立ちたがりやの人

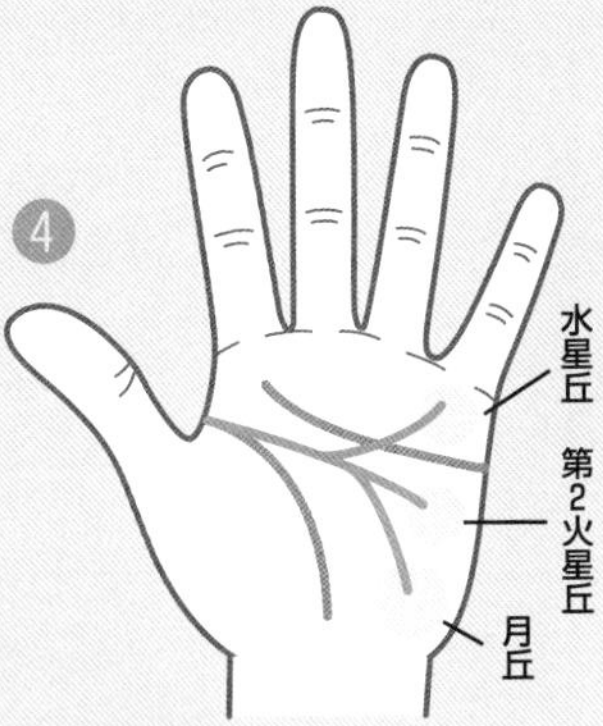

マルチに活躍できる人

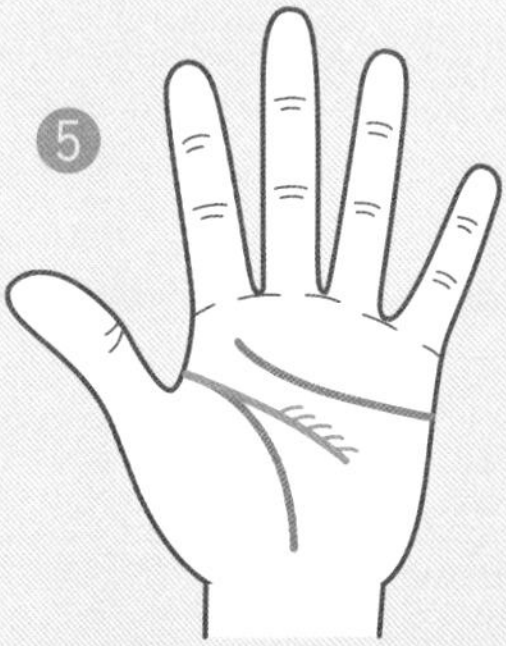

チャレンジ精神旺盛な人

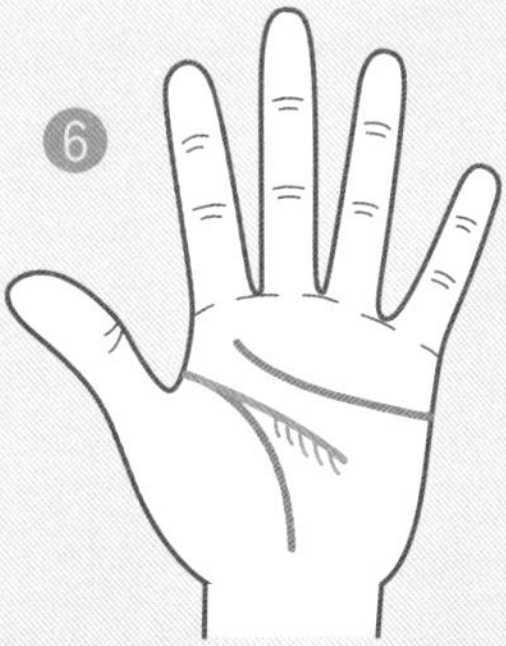

マイナス志向の人

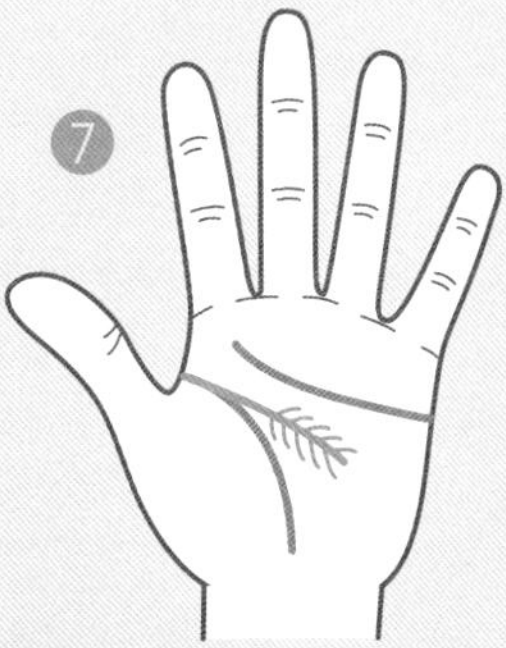

何をやっても
器用にこなす人

生涯現役で働ける相

●頭脳線に並行して短い線が手のひらの外側にまで伸びている人

晩年になってこのような短い線が出てくる人がいます。これは死ぬまで現役で仕事をするという人に現れます。

いわば引退知らずの人、隠居などとんでもないという人です。老いてますます花を咲かせることのできる相です。

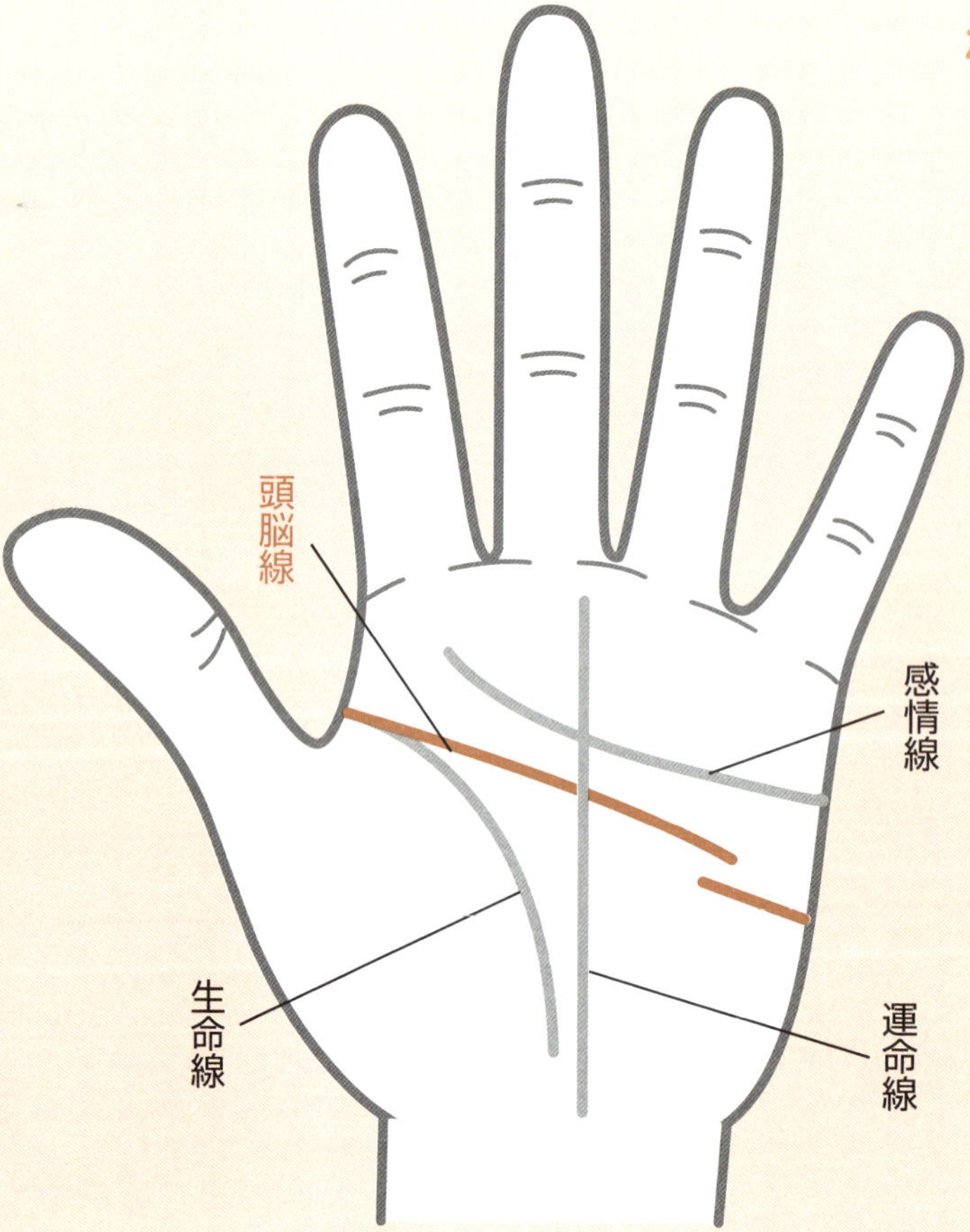

どんな職業についても成功するラッキーM

手のひらにMの字ができているものは、ラッキーMといって、どんな仕事についても成功は間違いなし！という相です。きれいなMの字が刻まれるということは、頭脳線、生命線、感情線、運命線の主要な線4本が、それぞれ理想的な形で伸びているということです。また、手のひらの中央にできるということは、35歳ぐらいから50歳ぐらいの働きざかりのころに、運勢が強力だということを示しています。

ただし、Mの字ができているといっても、各々の線の先がぷっつり切れている場合は、理想的な形とはいえません。うっすらとでも線が延びていれば吉相になります。

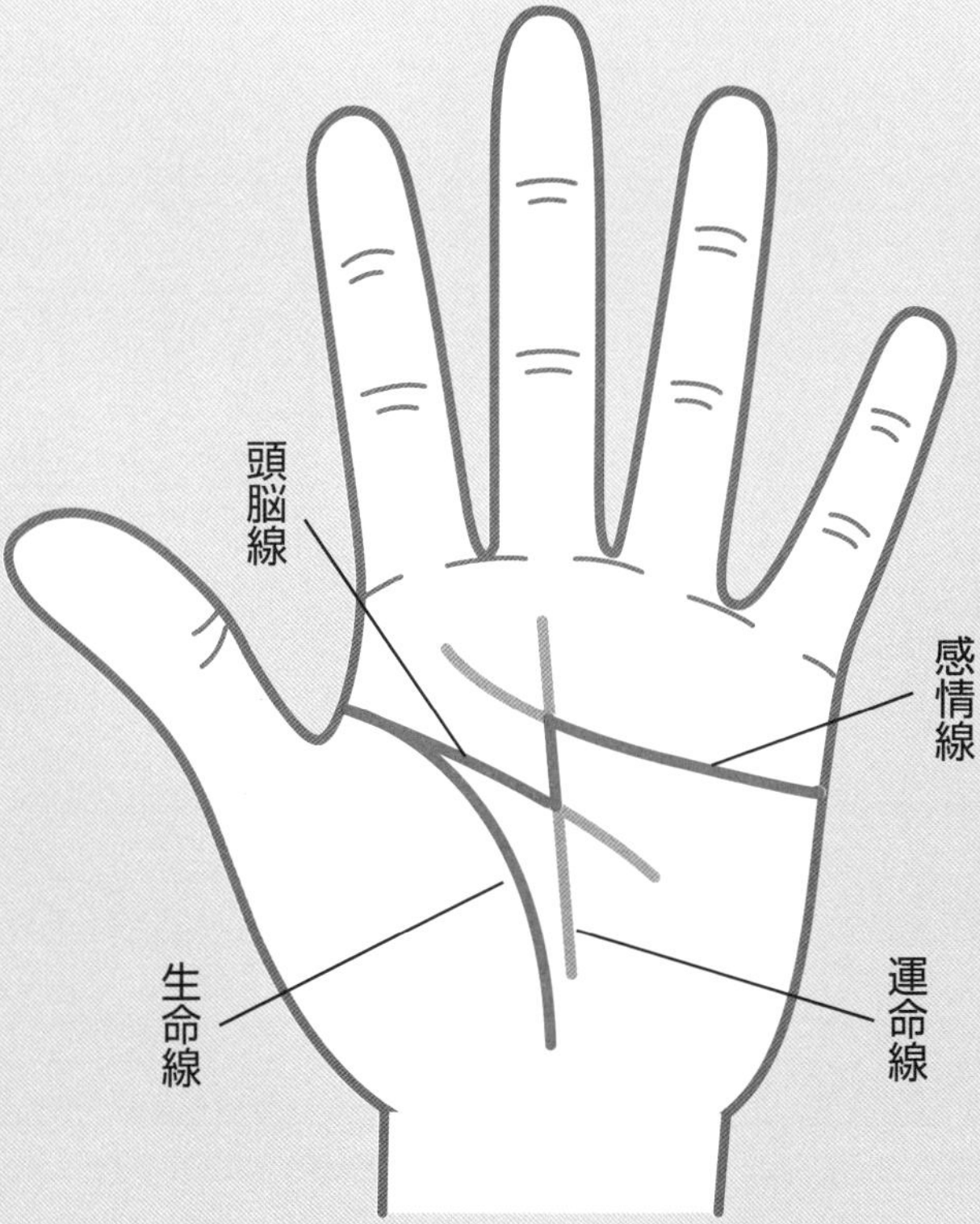

感情線でみる

感情線でみるあなたに向く職業

感情線は愛情や対人関係を示す線です。この線をみることで、あなたがどんな仕事に適しているかがわかります。

1 上向きにカーブした感情線が中指を越えて伸びている

愛情が豊かで、感情のコントロールができる人です。人間関係を上手につくれる人ですので、どんな職業についてもうまくいきます。保母、介護師、看護婦、カウンセリングなど、人のお世話をするような仕事にはとくに適しています。

2 感情線が中指まで到達していない

感情線が直線に走っている人。また、感情線が中指まで到達していない人は、一般にはクールな人が多く、新しいことや自分がやりたいことに意欲を持つタイプです。ちょっと打算的な面もあり、気分にもムラがみられます。

こういう相の人は、人のお世話をするような仕事には、基本的には向いていません。実利的な仕事に向いています。

3 感情線の下側に大きな支線が3本以上出ている

八方美人型の世渡り上手な人。相手の気持ちをつかむのがうまく、補佐役としても、事業家としても成功する相です。

4 感情線から下向きの支線がたくさん出ている

消極的でセンチメンタルな人です。外に出てバリバリ営業するような仕事には向きません。やさしい性格を生かした仕事を選んだほうがよいでしょう。

5 感情線の先に短い線がもう1本出ている

これは粘り強い性格をあらわしています。感情のコントロールも上手で、仕事もエネルギッシュにこなします。どんな仕事についても根性でやり遂げます。

①

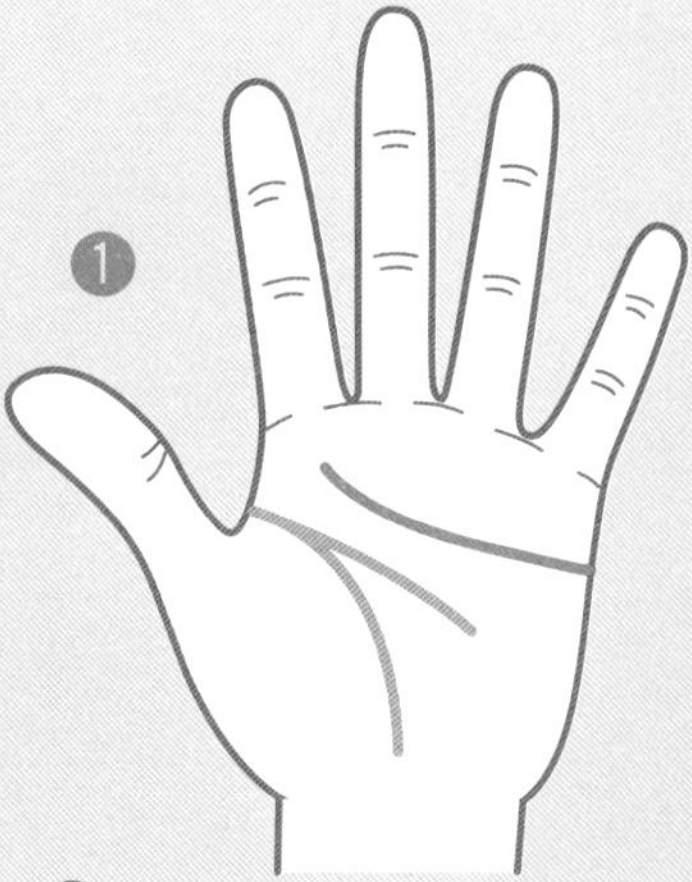

お世話をする仕事がベスト

②

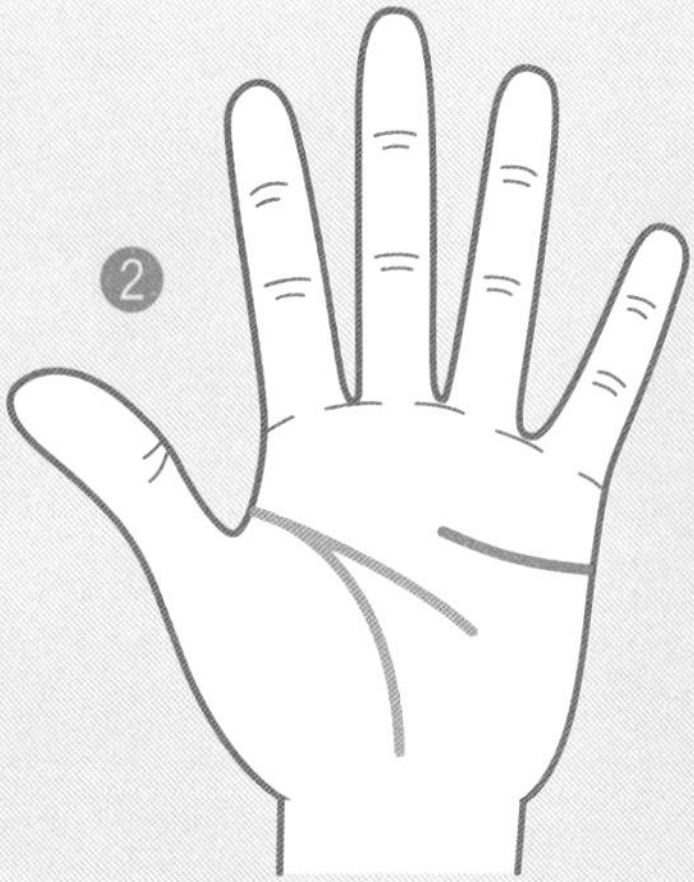

実利的な仕事向き

③

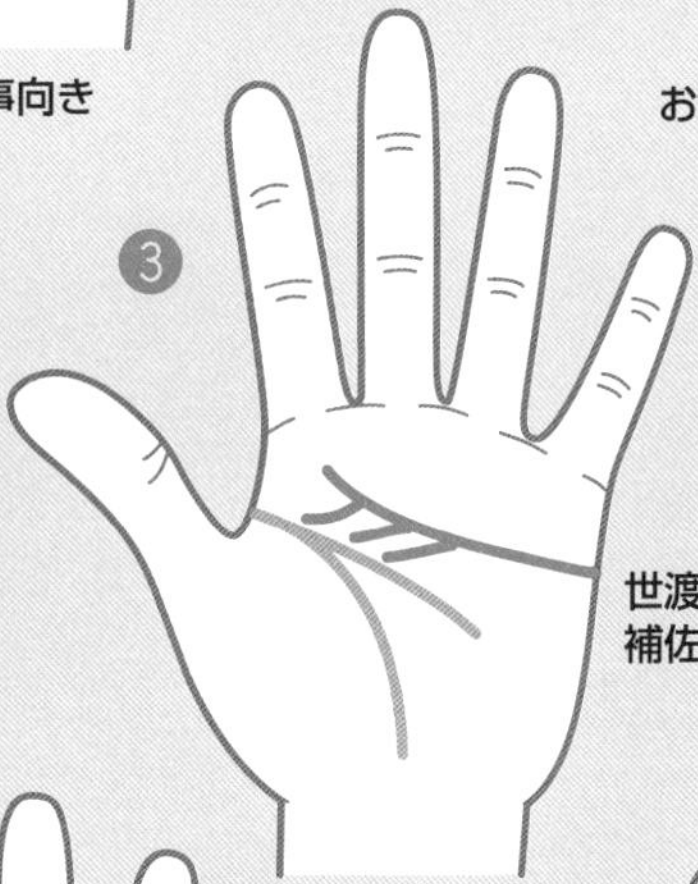

世渡り上手
補佐役でも事業家でも…

④

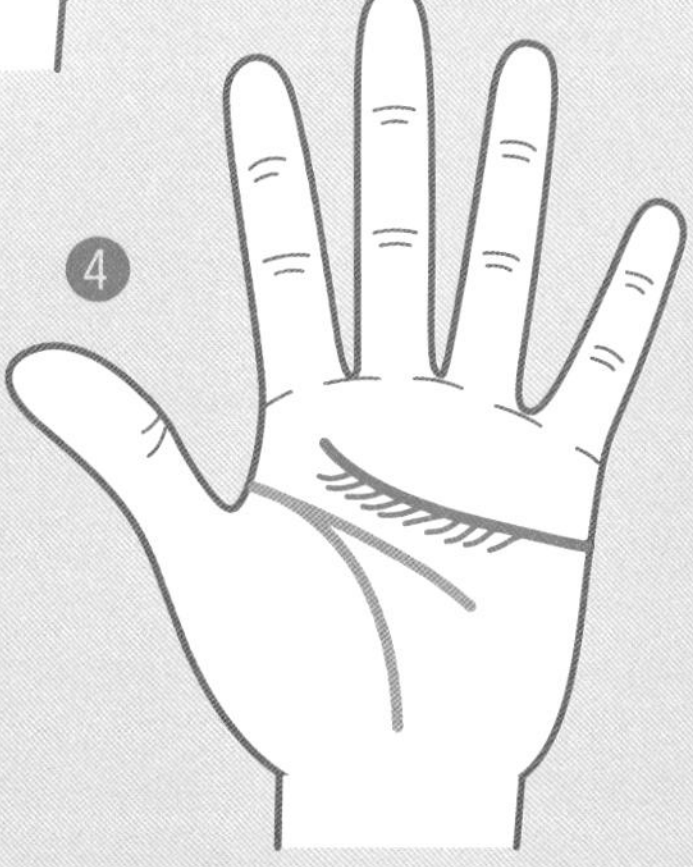

消極的・営業には不向き

⑤

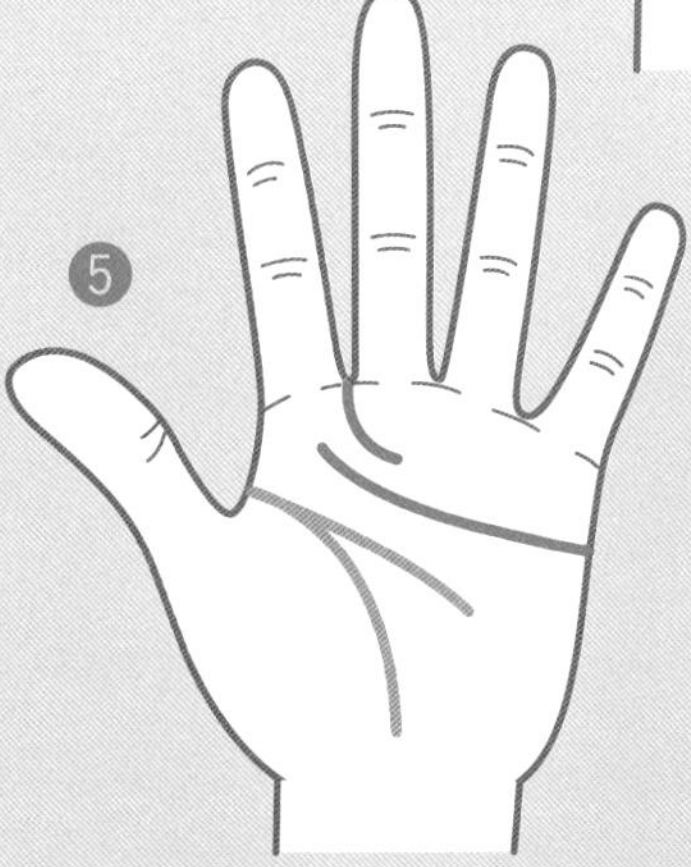

どんな仕事でも根性でやり遂げる

精力的に仕事をこなす相

●二重感情線の人

本来の感情線の上か下に、もう1本副線が出ているものを二重感情線といいますが、このような線が現れている人は、たいへん精力のある人とみます。どんなきつい仕事にも絶えられる強靱な精神を持っており、ちょっとやそっとでは根をあげません。仕事をてきぱきとこなし、なお、気分転換も上手です。活力がありすぎる人ですので、むしろ仕事をしていないと、ストレスがたまる人といえます。女性では、家庭と仕事と両立できる人です。

ちなみに恋愛運は、ひとりの異性ではおさまらないというタイプの人が多くみられます。

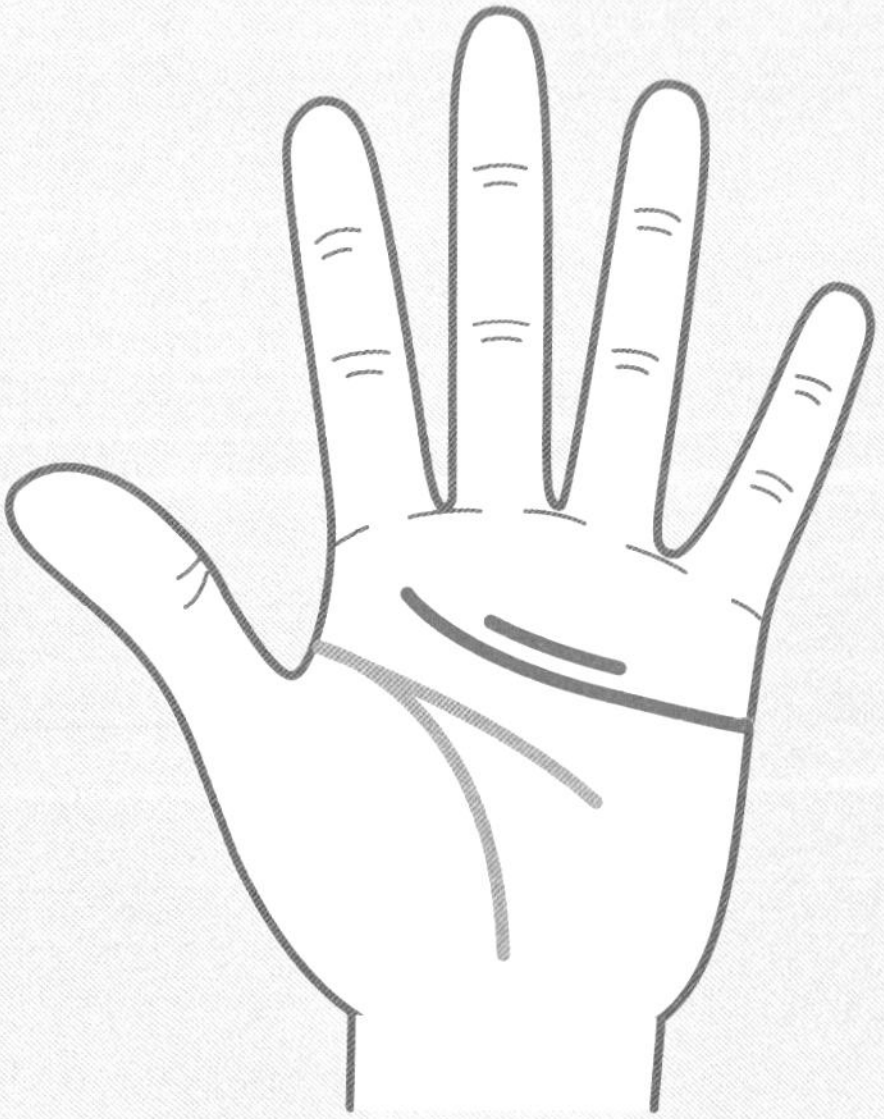

きつい仕事にも耐えられる！

●二重感情線が長くて並行に走っている人

楽天的な面と、また、感情のコントロールが上手にできる強靭な意志の強さと、粘り強さがある人です。こういうタイプの人は、パイロットとかエンジニアなどに向いています。

ただし、二重感情線が乱れているものは、衝動的になるなど逆の評価になりますので、パイロットなどは向きません。

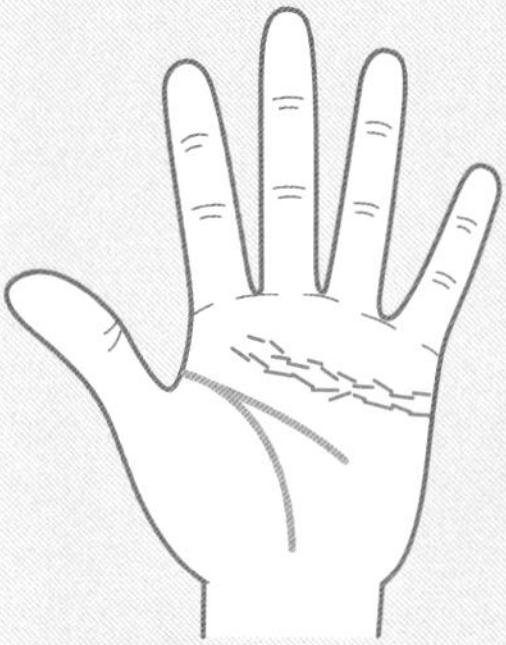

ときに衝動的になる！

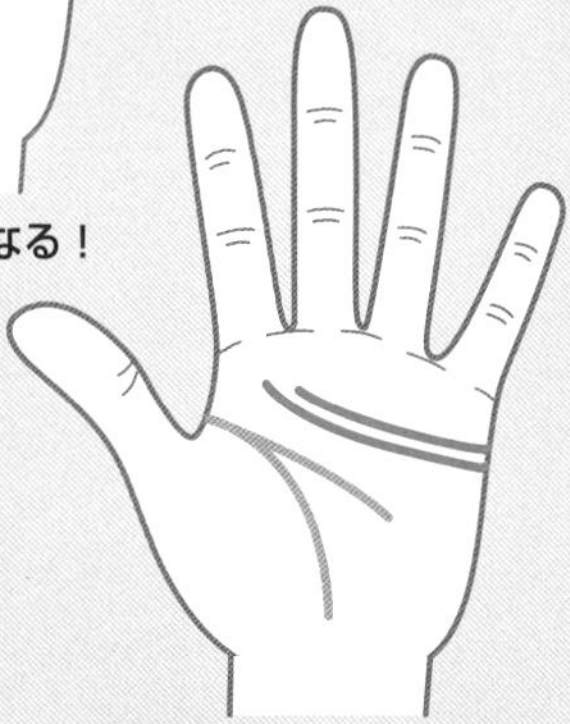

意志が強く粘り強い！

●感情線の1本が木星丘に、もう1本が第1火星丘に向かっている人

愛情はたいへん深いのですが、性格はかなり強い人です。どちらかというと女性に多くみられる相で、キャリアウーマンとして成功する相です。

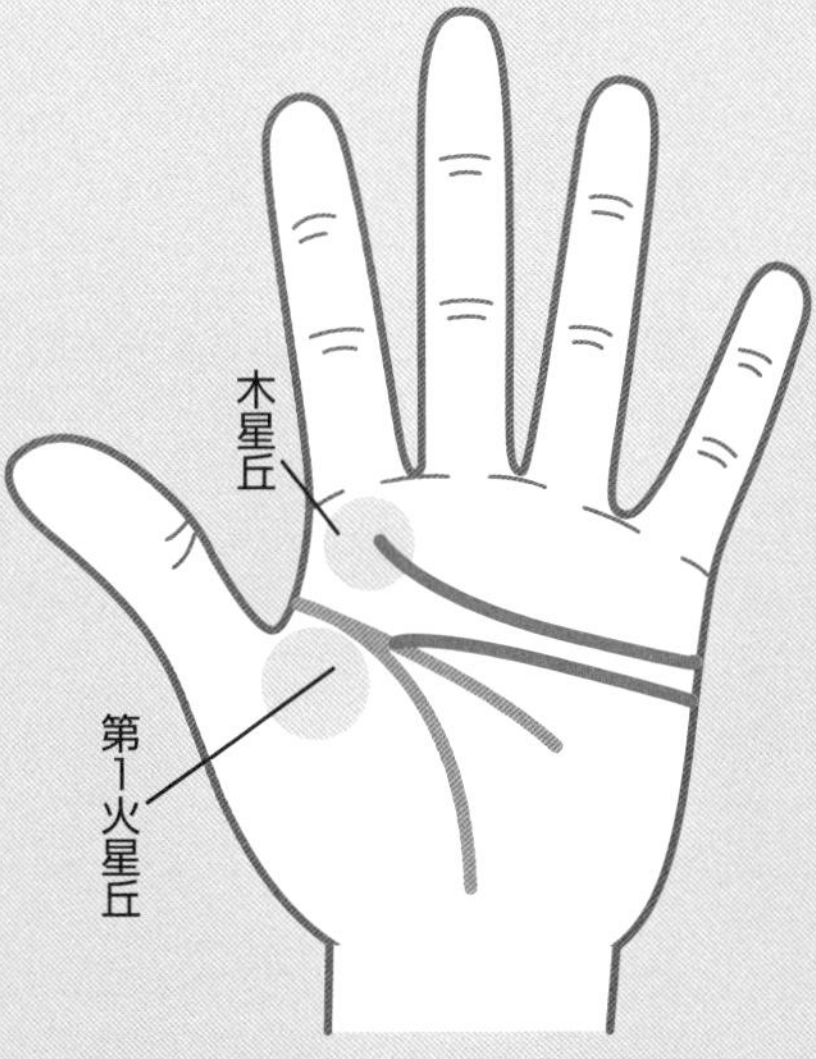

キャリアウーマンとして成功する！

運命線でみる

仕事と家庭。どちらを選んだほうがよい？

女性の場合、結婚して家庭に入るか、仕事を続けるか、これはたいへんな悩みです。どちらが自分にあっているかは、運命線が出ているかどうかで判断します。

運命線が出ていない人は、専業主婦として家庭を守り、子育てに専念するほうが向いています。太くて長い、はっきりした運命線が出ている人は、外へ出て、キャリアウーマンとして活躍したほうが自分を生かすことができます。

むしろ、運命線がはっきりと出ているのに、家庭にこもっている人はストレスがたまります。また、家庭では夫を支配するタイプとなります。仕事につかないまでも趣味やボランテイアなど、何か打ち込めるものを持っていたほうがよいでしょう。

ただ、誤解しないでほしいのは、運命線が出ていない人、また、運命線は出ているけれど線が薄かったり、弱々しい人は仕事をする能力がないとか、仕事運がないということではありません。

この場合は、自分がリーダーシップをとるのではなく、補佐的な仕事で能力が発揮できるということなのです。しかし、仕事をバリバリこなしているうちに、運命線もはっきりしたものに変化してきます。

ちなみに、二重頭脳線の人、頭脳線が二又に分かれている人、二重感情線の人は家庭と仕事を上手に両立させることができます。

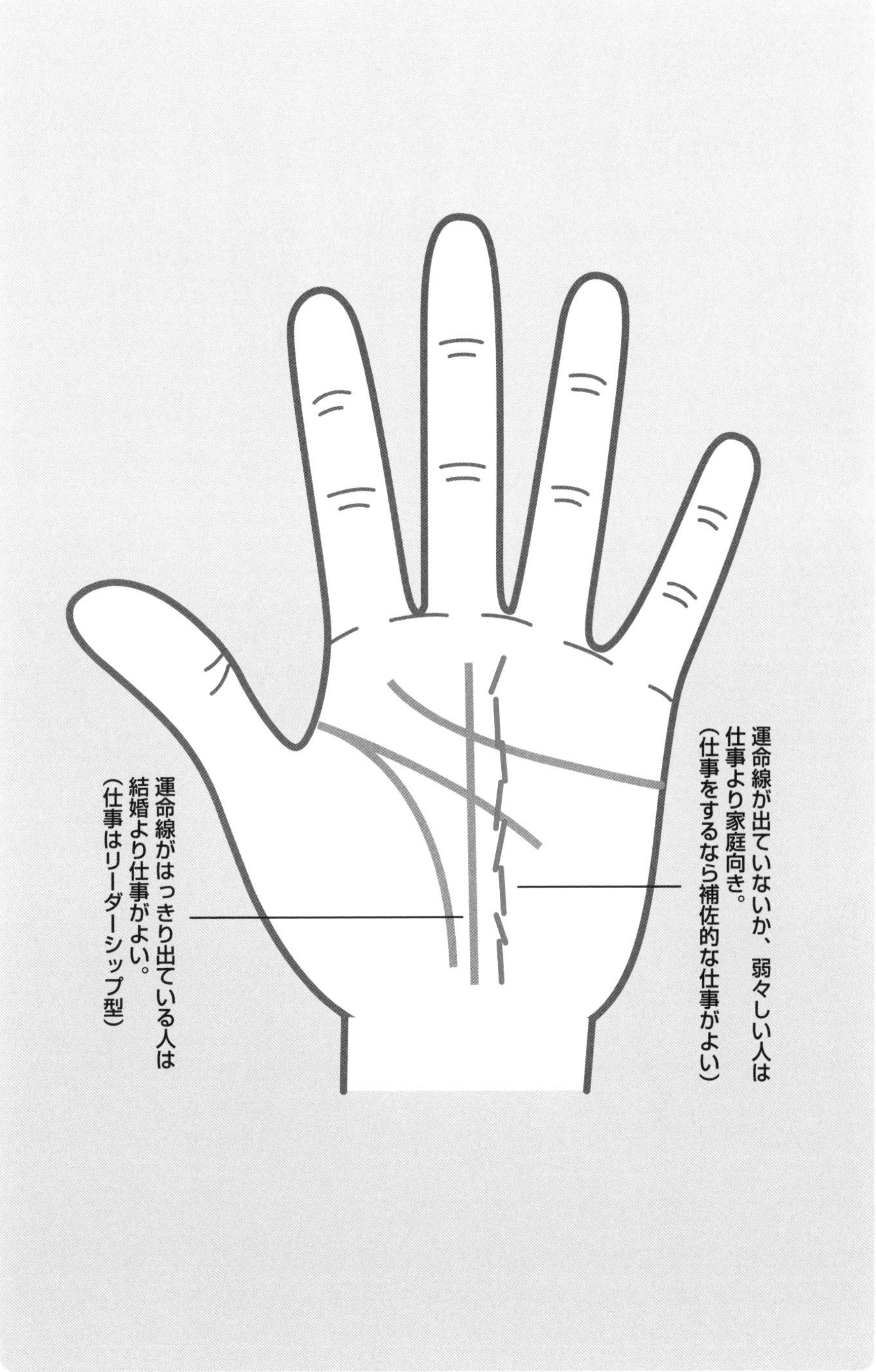
運命線が出ていないか、弱々しい人は
仕事より家庭向き。
(仕事をするなら補佐的な仕事がよい)
運命線がはっきり出ている人は
結婚より仕事がよい。
(仕事はリーダーシップ型)

仕事の失敗、リストラの危機を警告する相

人生、山あり谷あり、といえども、仕事の失敗で職を失ったり、突然リストラされたのではたまりません。次のような相があったら要注意です。

①運命線の先が横線（障害線）で切られている場合

うまくいっていたはずの仕事が、最後のほうになって目的が達成しなくなったことをあらわしています。

②運命線が金星丘から出る障害線で切られている場合

仕事上の失敗で、一身上の危機に見舞われることを暗示しています。

③運命線に島紋がある場合

スランプ状態にあります。うまくいっていたことがダメになってしまうことを暗示しています。しかし、これは長くは続きません。いっときの我慢と考えましょう。

④運命線が途切れている場合

運命線が切れている間の運勢が中断していることを意味しています。仕事運でみた場合、失業したけれど、再就職をして成功することを示唆しています。

線の切れ目が小さいほど失業期間が短いことを示しており、その時期を知るには、運命線の流年法（41ページ参照）で判断します。

①
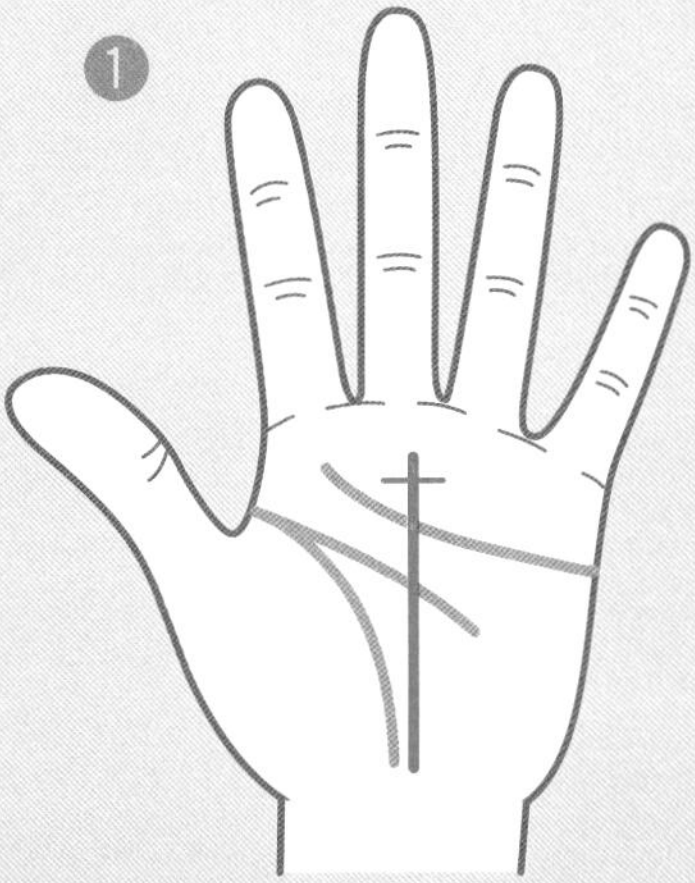
目的が達成しない

②
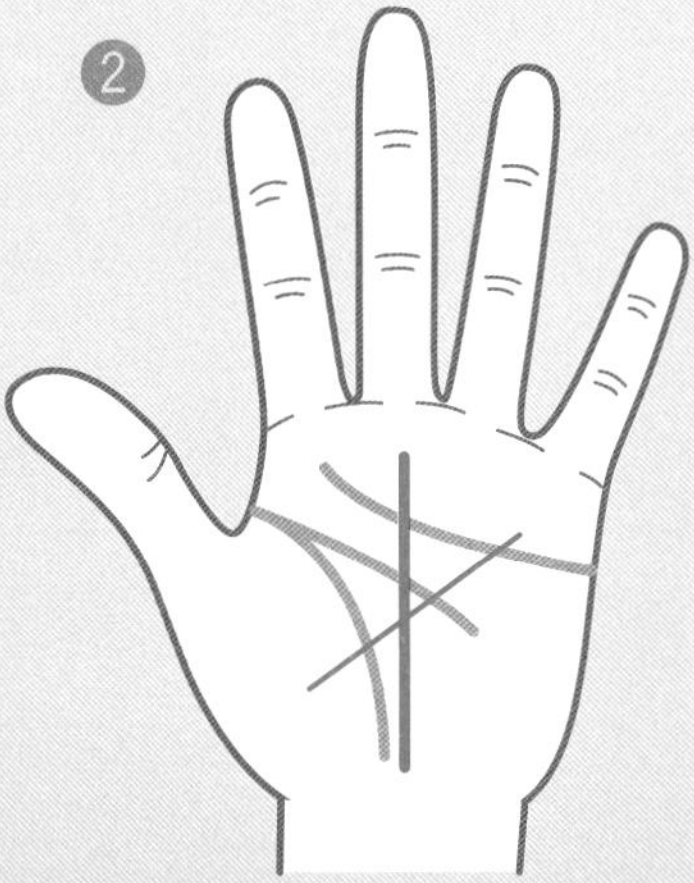
一身上の危機が！

③
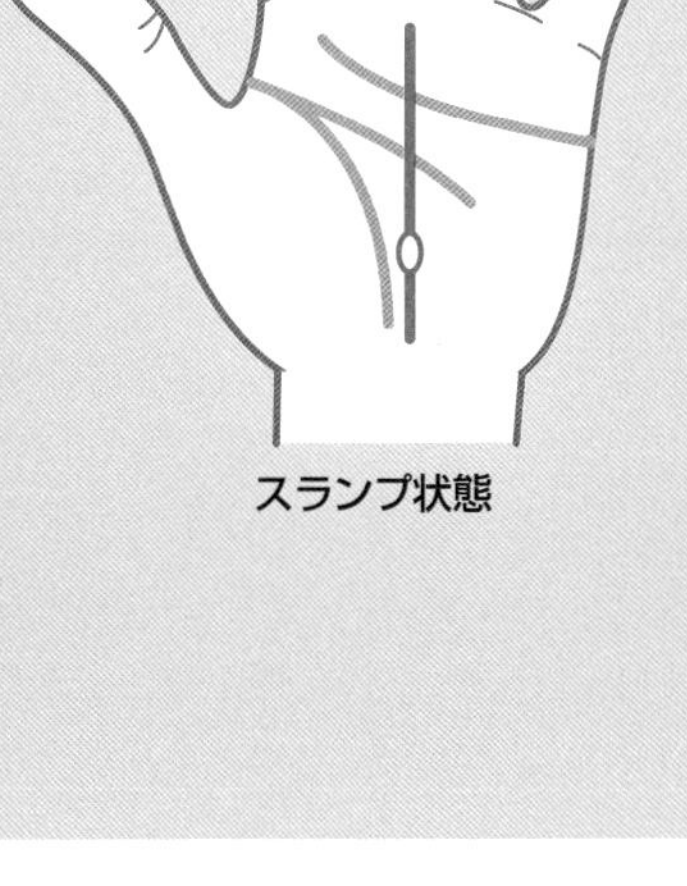
スランプ状態

④

運勢が停滞している

がんばりが認められる喜ばしい相

人生は暗いばかりではありません。大きく環境が変わってさらに運が開ける人、定年後にますます栄える人、独立して成功をみる人、協力者が現れてもっと能力が発揮できる人。ここでは喜ばしい相をとりあげてみましょう。

① 運命線が切れているが、その線に重なってはっきりした線が出ている

これは運命線が切れている時期に環境が大きく変わるが、それが転機になってさらに運が開けることを示しています。

仕事運でみれば、職場を変えたが、次の職場のほうが自分の能力が発揮できて成功をみるという相です。

② 運命線が感情線のあたりから数本に分かれて出ている

感情線のあたりは50歳ごろを示していますので、その年齢の時期に仕事が多様化することを示しています。

何が本業かわからないほど、これまでの仕事とは全く違う別の仕事もこなし、好運が得られます。

③ 運命線と生命線が途中まで合流している

これは自力で運命を切り開いていける人です。独立して仕事をしたほうが成功することを示しています。

④ 運命線と並んで、平行した短い線がもう1本出ている

仕事上の有力な協力者が現れて、物質的な援助が得られ、自分の能力がもっと発揮できることを示しています。

親指側に線が出ている人は、親や身内からの支援、小指側に出ている人は、配偶者や他人からの支援が得られます。

①
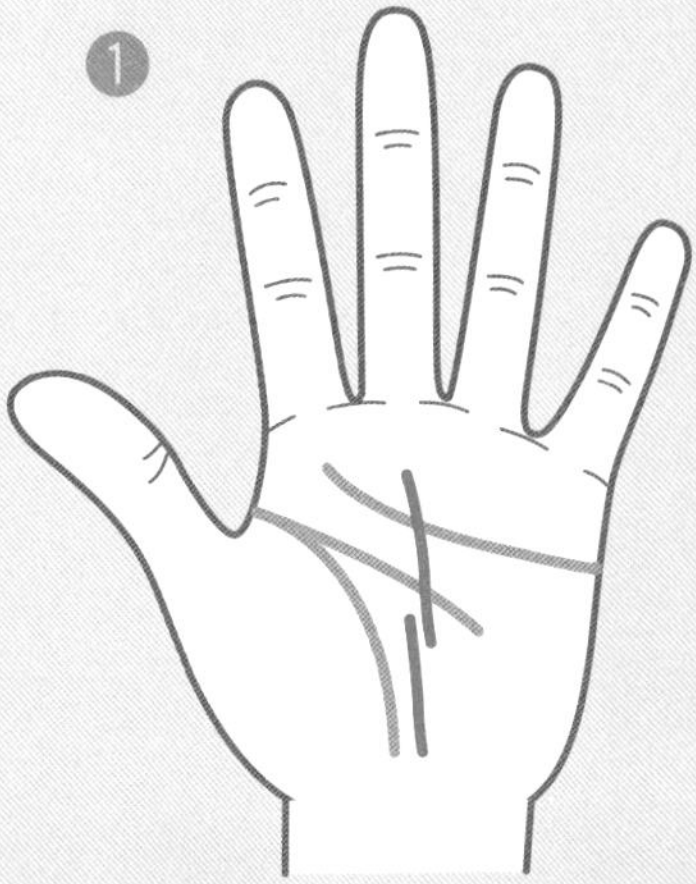
転職して、運が開ける相

②
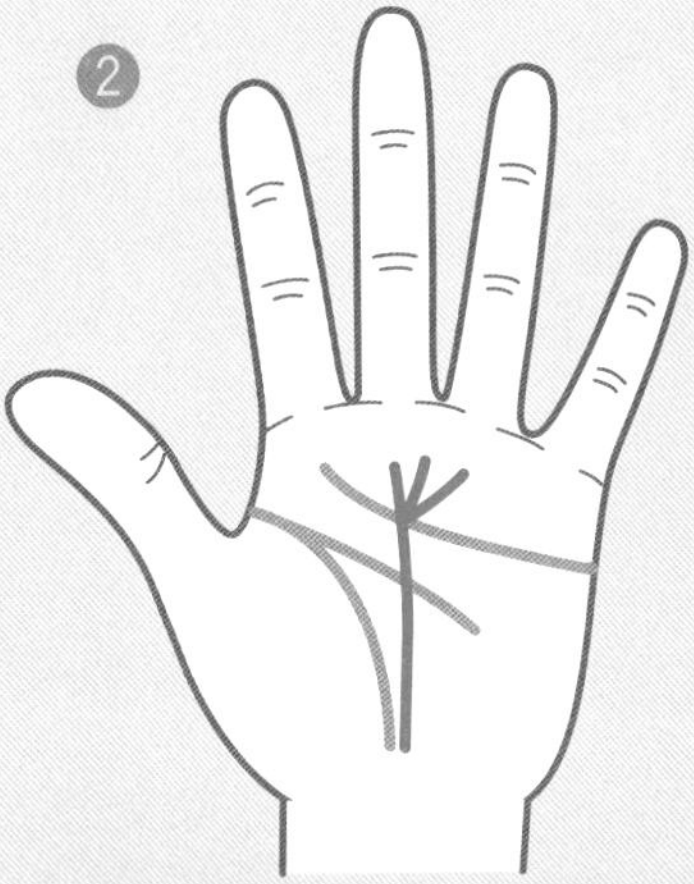
定年を機に仕事が
多様化する相

③
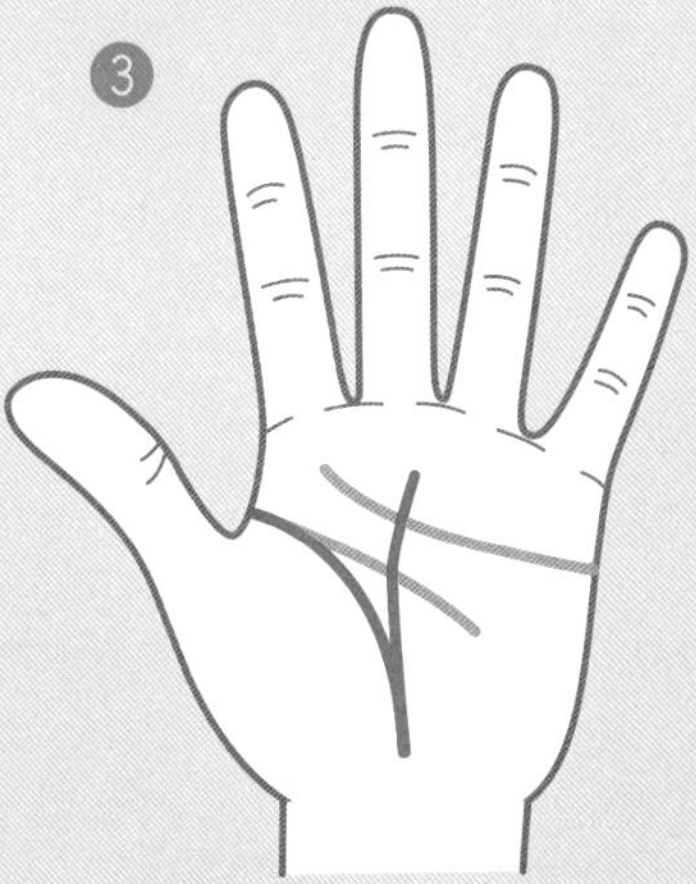
独立して成功する相

④
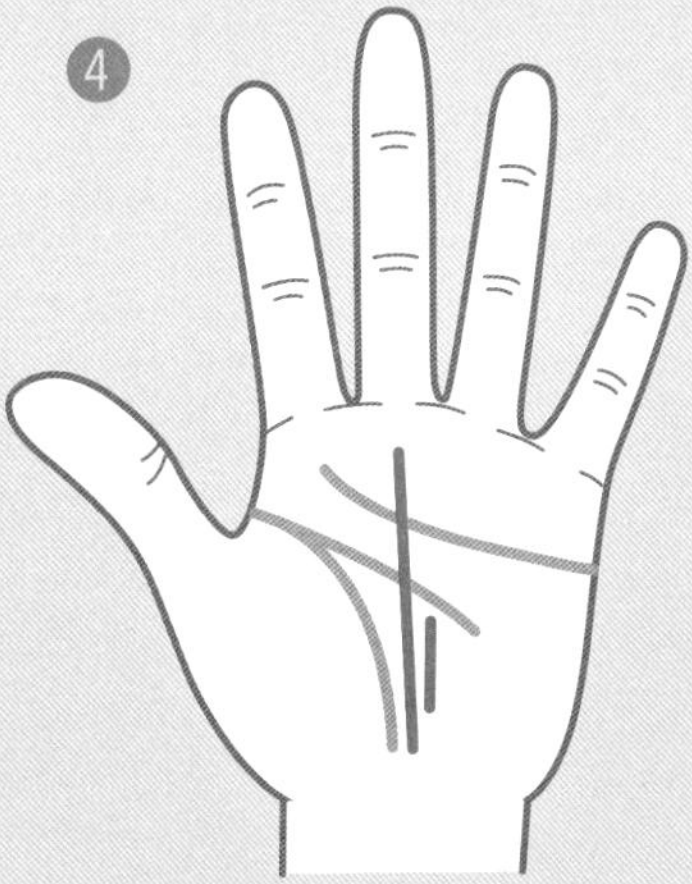
協力者が出現して
より力が発揮できる相

向上線でみる

向上線であなたの仕事運を読む

向上線というのは、生命線の上部から人さし指のほうに向かって、木星丘に現れる短い線をいいます。「努力線」「希望線」とも呼ばれ、目標に向かって努力を重ねている人に現れます。

とくに、木星丘がほどよく盛り上がっている人は、向上心も強く、希望も大きく叶えられます。

❶深く刻まれた向上線が1本きれいに出ている

理想的な向上線です。努力が実って希望が叶えられます。意志の強い人です。

❷向上線が2本平行して出ている

自分自身の努力に加えて、まわりからの信用が厚く、応援、援助を受けて目的が達成することを意味しています。

❸細い向上線が何本も出ている

向上線が何本もあるのは、一見、よさそうにみえますが、これは逆です。目標が多すぎて散漫になりがちなことを意味します。目標をしぼって努力したほうが希望が叶います。

❹向上線が切れ切れになっている

努力を重ねてはいるのですが、途中でいやになったり、また、目標が変わったりして、長続きしないことを示しています。

❺向上線に島紋がある

線の途中にあるものはスランプ状態を、線の先端にあるものは、行き詰まりや空回りを意味しています。目的が達せられないことを示しています。

①

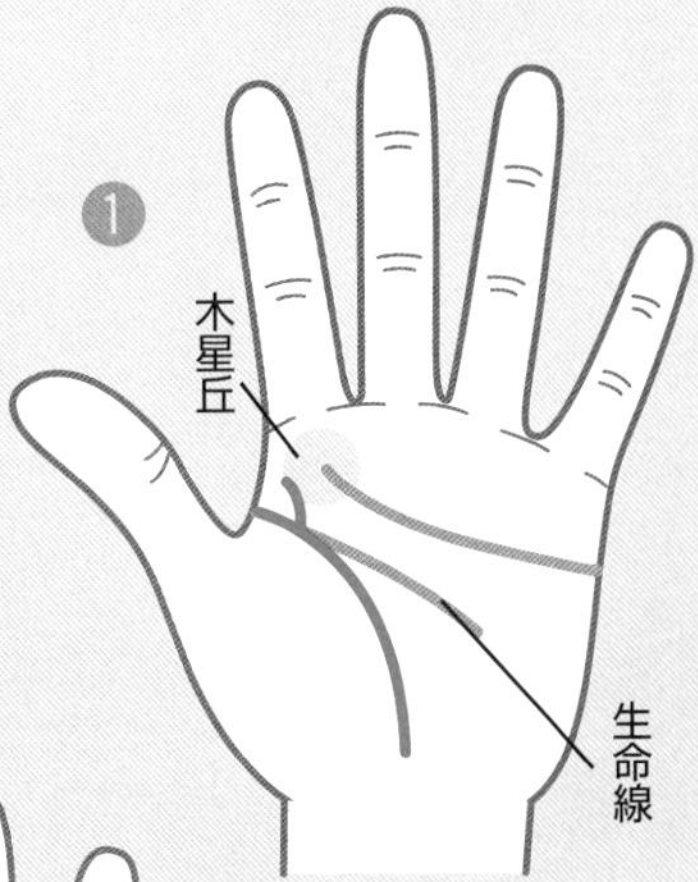

努力が実る

②

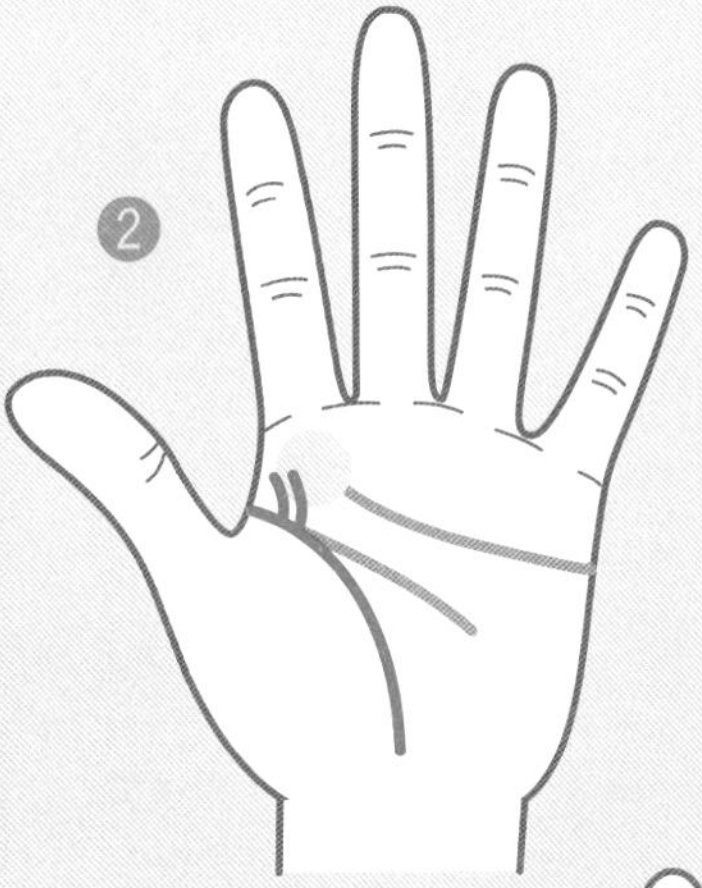

支援が得られる

③

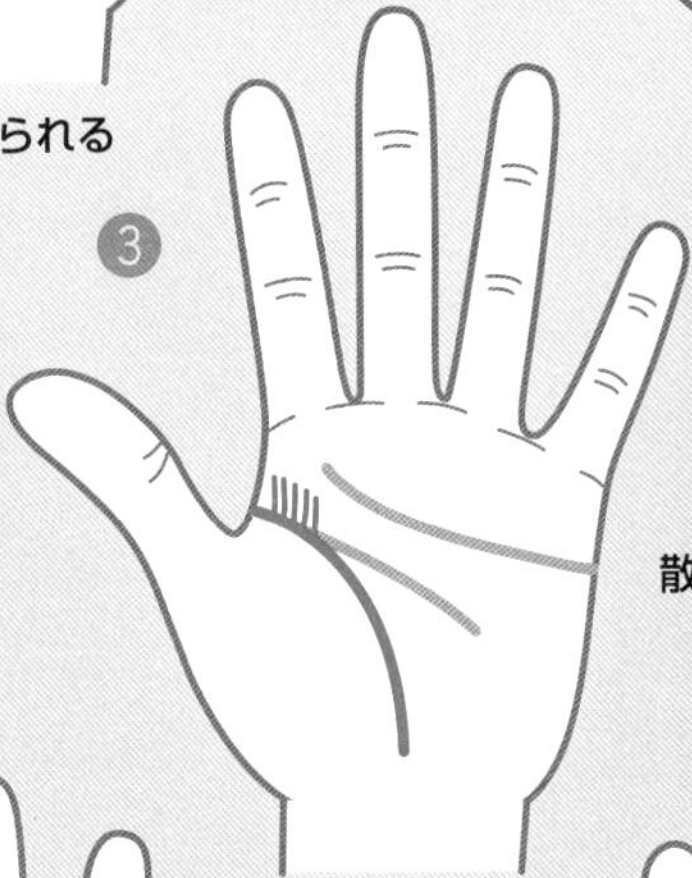

散漫になりがち

④

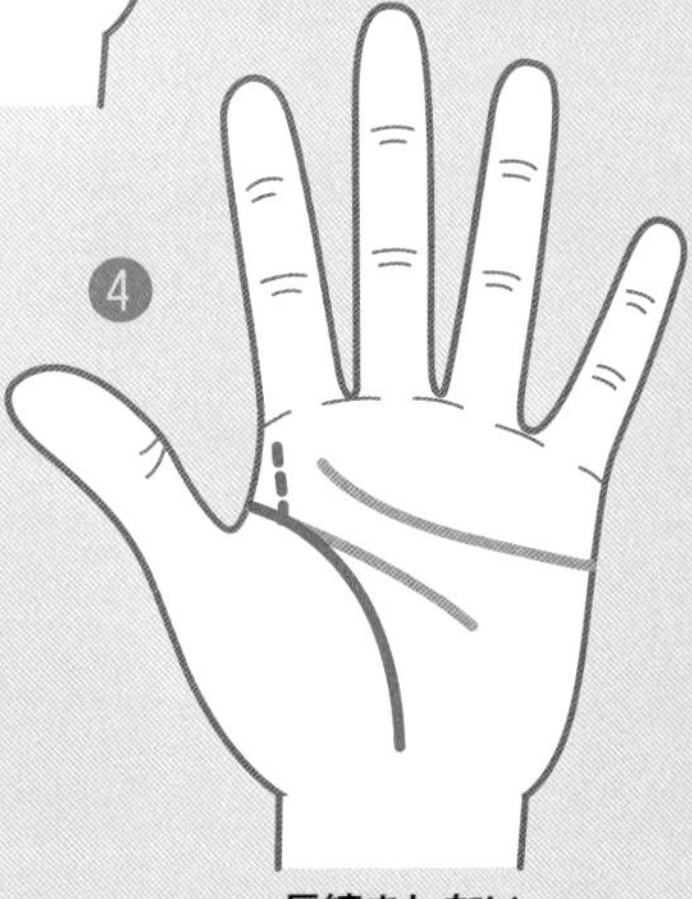

長続きしない

⑤

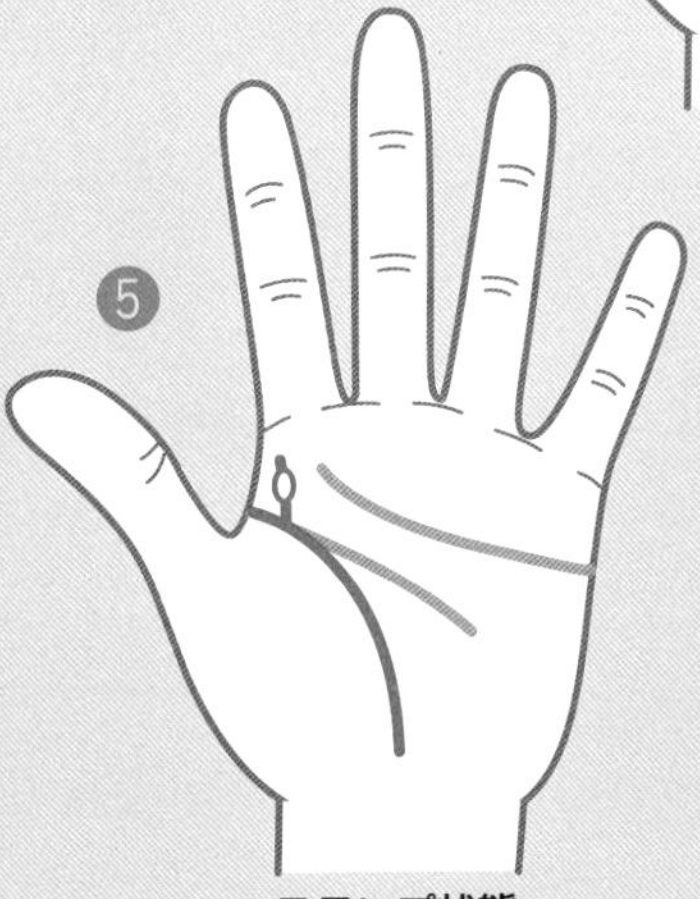

スランプ状態

開運線でみる

開運線でみるあなたの仕事運

生命線の上部あたりから出る短い線で、木星丘に向かうものは向上線といいますが、生命線から木星丘以外に向かう短い線は開運線と呼んでいます。

開運線は向上線と同じような意味があり、チャレンジ精神が実を結ぶことを示しています。

この線が出ている位置を、生命線の流年法（157ページ参照）で調べれば、その開運時期を判断することができます。

❶開運線が中指（土星丘）に向かっている

長い間の苦労が実り、新規の仕事を始めて成功できることを示しています。よく計画をたてて慎重にすすむ人です。

インスピレーションが開運を呼ぶこともあります。

❷開運線が薬指（太陽丘）に向かっている

想像力を生かした仕事で、チャンスをつかむことができます。

❸開運線が小指（水星丘）に向かっている

商才、社交性を生かした仕事で、チャンスをつかむことができます。

❹開運線が運命線に結びついている

自分自身の努力によって、必ず仕事を達成させることができます。

❺短い開運線

開運線が短くて見落としそうな線でも、開運を示すことには変わりはありません。大きな開運とはなりませんが、チャレンジ精神は十分にある人です。

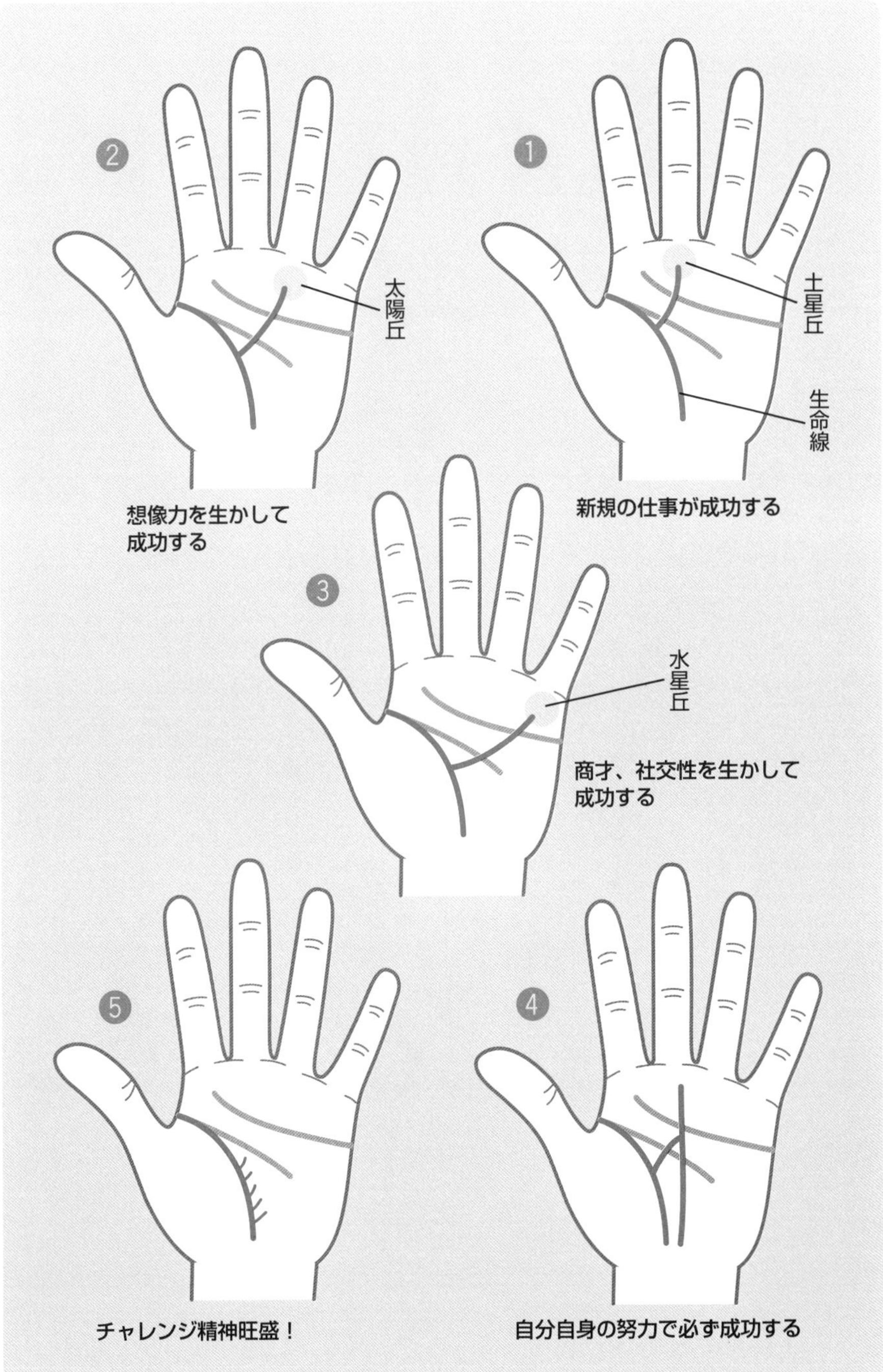

1 新規の仕事が成功する

2 想像力を生かして成功する

3 商才、社交性を生かして成功する

4 自分自身の努力で必ず成功する

5 チャレンジ精神旺盛！

逆境に強い相

生命線から昇る開運線が3本以上出ているもの。これはどんなことがあってもめげずにがんばる人に現れます。生命線から昇る線は、多ければ多いほど逆境に強いことを意味しています。

不幸を乗り越える強さ、困難に向かう勇気、一度失敗してもめげずに、何度でもチャレンジする精神力の強さを備えている人です。

★開運線は生命線を通過していても、上昇線であれば同じ意味を持ちます。

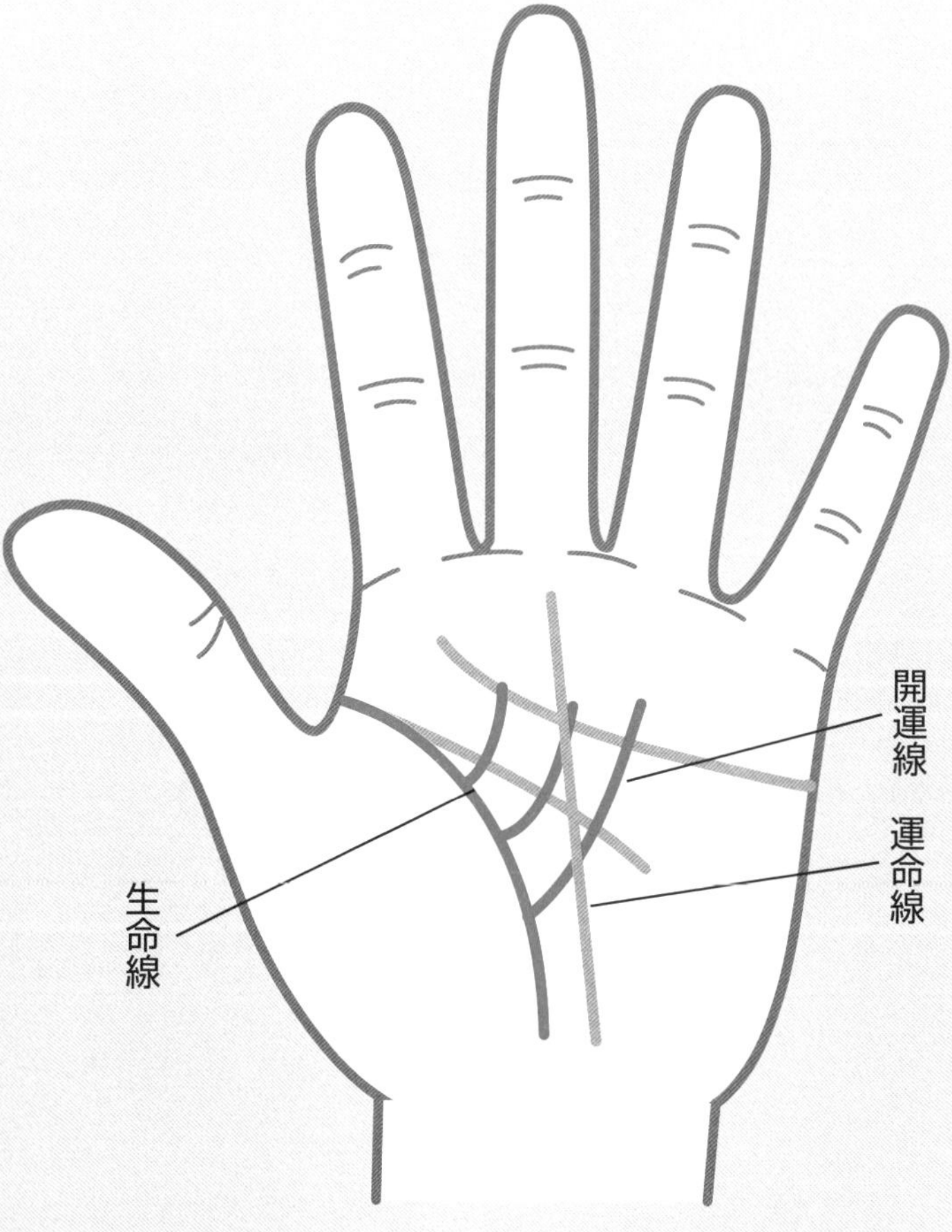

支配力・権力欲の強い相

生命線と向上線が合流して1本の強い線になっているもの。これは一度決めた目標を最後まで曲げずに努力を重ねる、信念の人に現れる相です。

野心と権力志向の強い人でもあり、一代で大きな成功をつかむ人にみかける相でもあります。

負けず嫌いの相です。

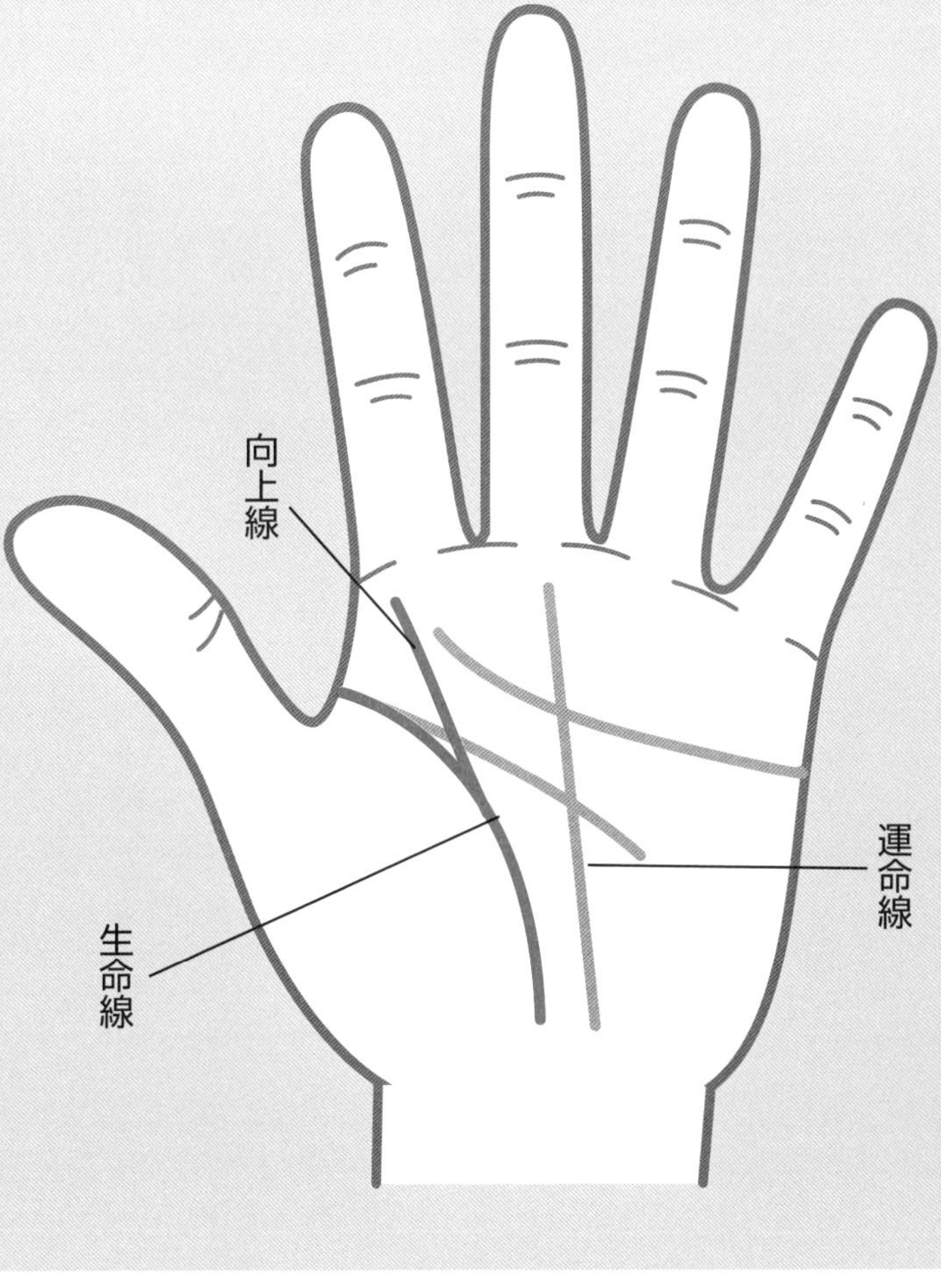

特殊な線やマークでみるあなたに適した職業

太陽線・寵愛線が出ている人は、人気商売で成功する

「太陽線」は、薬指のつけ根の下に現れる線で、人気、名誉、金運をあらわしています。「寵愛線」とは月丘から斜めに昇る短い線で、その名の示す通り、たくさんの人から愛される線です。

芸能界にすすみたい人には願ってもない線。若い女性が出入りするようなお店の経営者にも向いています。

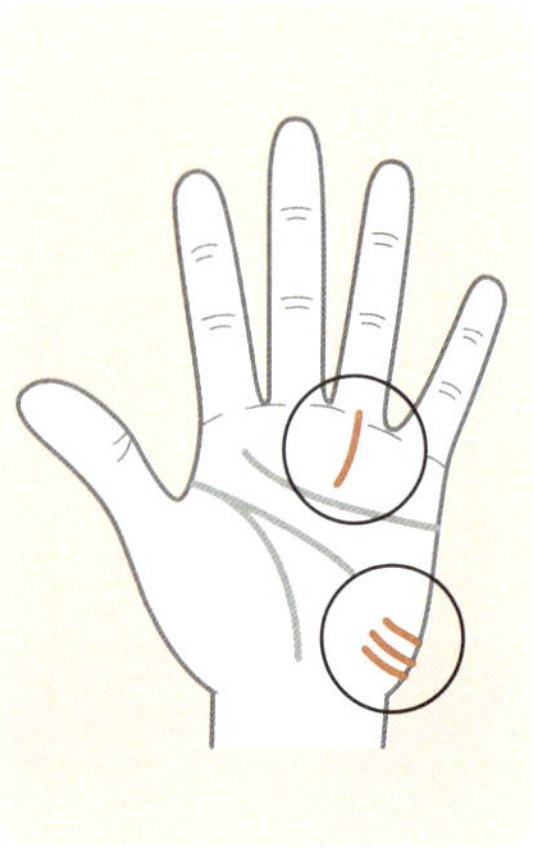

ウイット線が出ている人は、話術を生かした職業で成功する

感情線の起点の部分に、上斜めに小さな線が2～3本出ている線を「ウイット線」といいます。この線がある人は機知に富み、話術が巧みな人です。司会者やアナウンサーなどに向いています。

人を楽しませる才能がありますので、どんな職場でも明るい話題をふりまき、人気者になることは間違いありません。

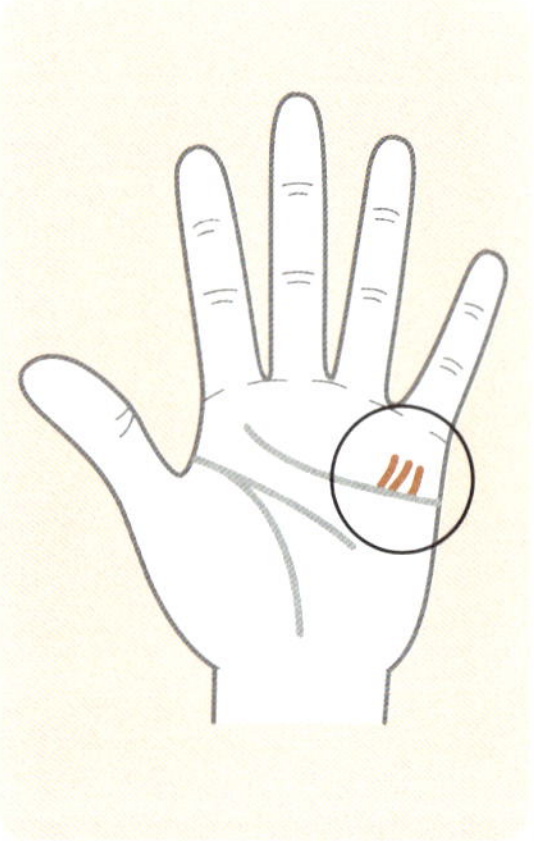

お助け十字紋が出ている人は、医療関係や奉仕関係の仕事に向いている

運命線と生命線を結ぶ十字の印。これは「お助け十字紋」といわれ、医師、看護婦、助産婦、介護士、救急隊員、また、政治家、宗教家など、人命を救助する職業や、使命感に燃えている人に現れます。晩年になって現れる人は、ボランティア活動に関心が向いていることを意味しています。

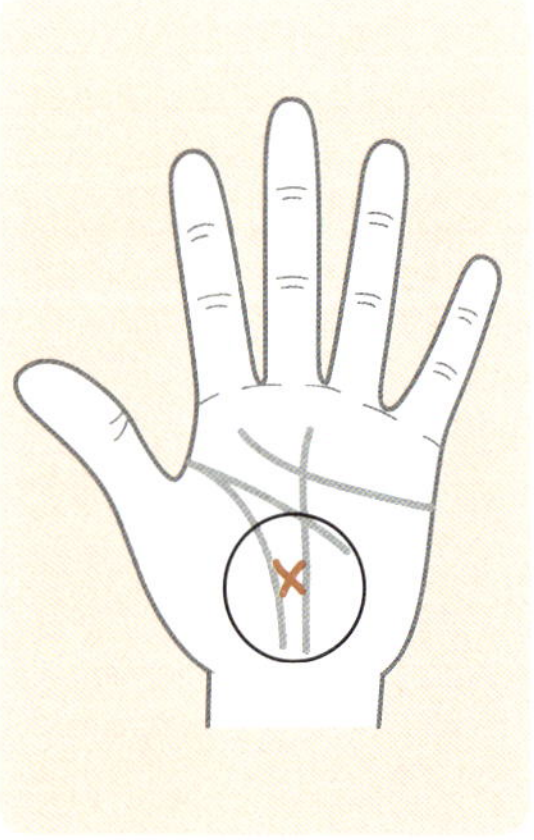

医療線が出ている人は、医療に関する仕事に向いている

薬指と小指の間に出る短い線を「医療線」といいます。医師、看護婦、薬剤師、介護士、助産婦、カウンセラーなど、医療に関係する仕事に向いています。マッサージ師や針灸師になるのもよいかもしれません。薬局経営にも向いています。

また、自分の健康に、人一倍気をつけている人にも現れます。

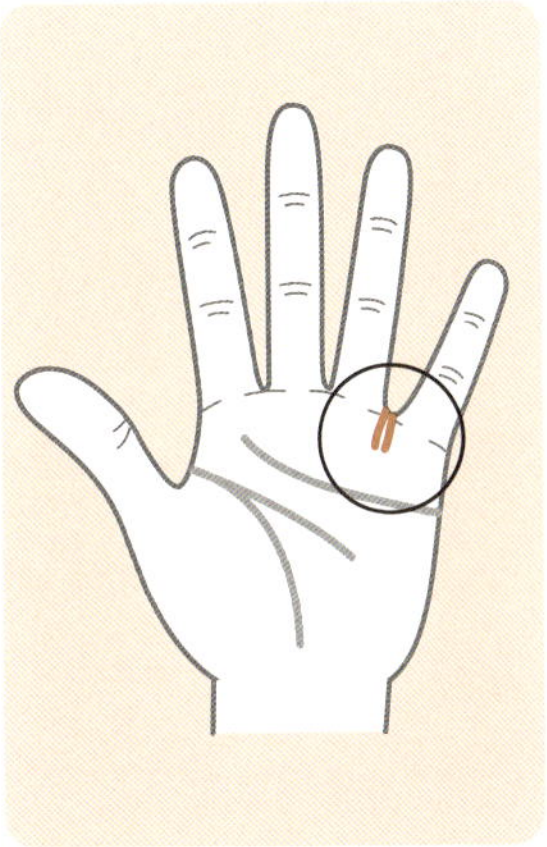

聖職紋が出ている人は、教師やカウンセラーなど指導者に向いている

木星丘に出る、「井」の形をした紋。これは「聖職紋」、あるいは「玉井紋」ともいわれ、人を導く力のある人に現れます。教師や牧師、僧侶、また、カウンセリングを職業にしている人には、たいへん喜ばれる線です。井の形が重なり、ハシゴの形になっているものほど、その能力は高いといえます。

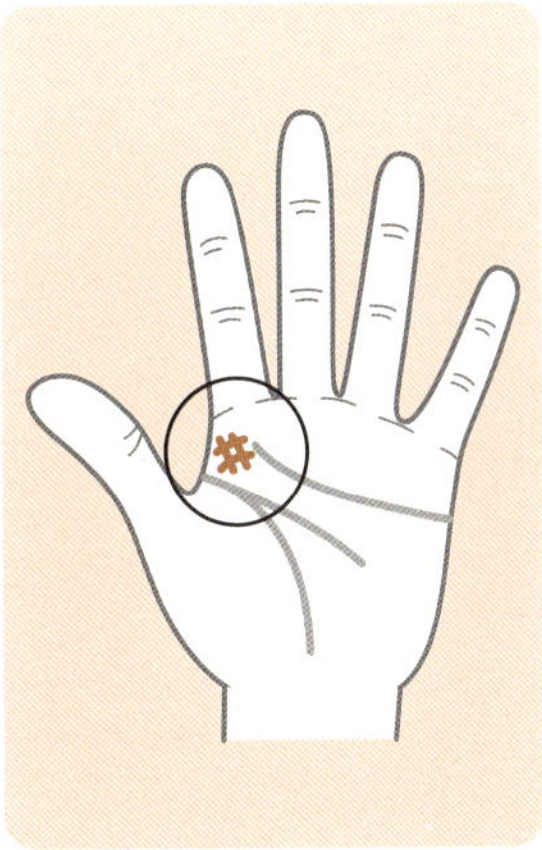

芸術の十字紋がある人は、文学、絵画など芸術分野で活躍できる

薬指の下方で感情線と頭脳線の間にできる十字の印。これは「芸術の十字紋」といわれ、芸術的センスや美的感覚にすぐれている人に現れます。

ピカソにこの相があったことで知られていますが、文筆、絵画等、創作面での活躍が期待できる人です。

天性の芸術家気質の人に現れます。

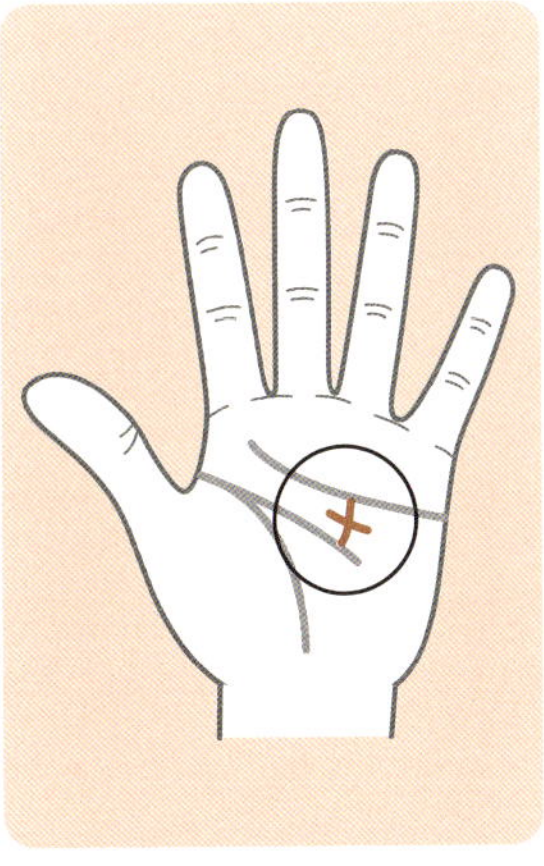

主張線が出ている人は、法律家に向いている

感情線の下に、ほぼ平行した形で現れる線。反抗線と称する人もいますが、これは前向きに「主張線」と呼ぶべき線です。この線は正義感が強く、自分の主張をしっかり述べることのできる人に現れます。優柔不断の人には現れません。この線がある人は裁判官や弁護士など、法律家に向いています。

1本だけでなく、2～3本出ている人もいます。

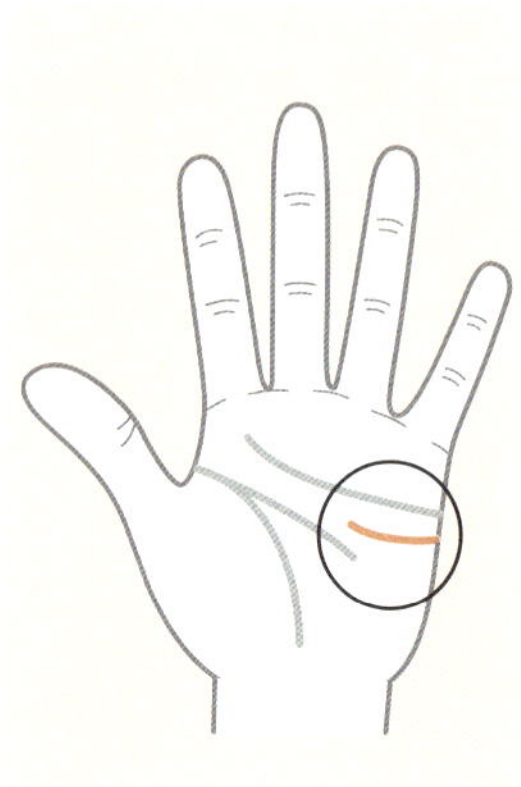

神秘の十字紋が出ている人は、芸術家や占い師に向いている

感情線と頭脳線をつなぐ線が中指の下方で、運命線と交叉してできる十字の印。これは「神秘の十字紋」といい、神秘的なことに関心のある人、また、信仰心の強い人、宗教性の高い人に現れます。この印が出ている人は、先祖に守られているなど、見えない徳を授かっているともいわれます。インスピレーションにもすぐれ、芸術の分野、あるいは占い師を志す人にはうれしい相です。

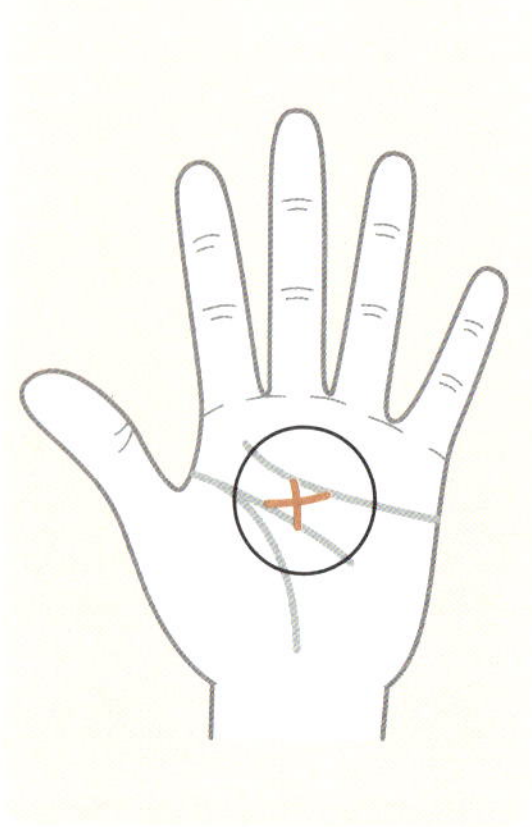

直感線が出ている人は、芸術家、株や相場を張る人、占い師などに喜ばれる

「直感線」は、月丘から水星丘にかけて、縦に弧を描くように現れる細い線をいいます。これは文字通り、直感力にすぐれ、インスピレーションが強い人に現れます。この線を持つ芸術家は成功するといわれていますが、瞬間的に物ごとを判断しなければならない仕事、株や相場を張る人、スポーツ選手、また、占い師を志している人にも喜ばれる線です。

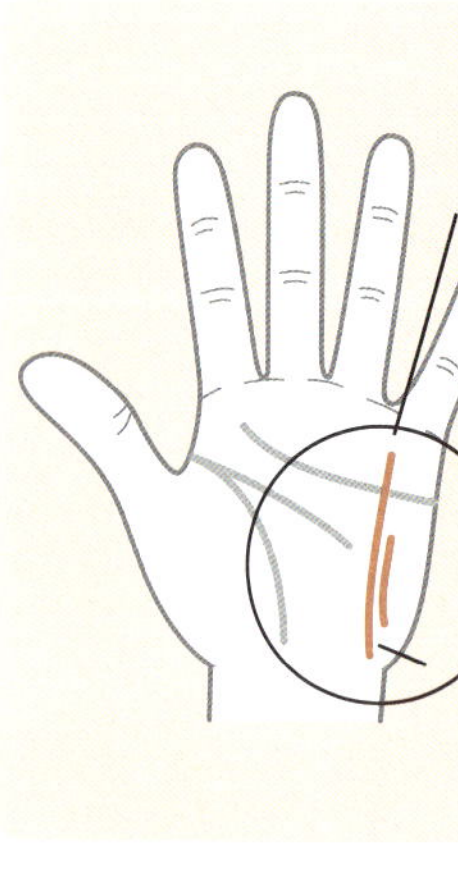

旅行線が出ている人は、国際的な仕事で活躍できる

生命線の支線が月丘に流れているものは「旅行線」といいます。旅行が好きな人、行動力がある人に出る線です。

旅行線のある人は、スチュワーデスや添乗員など、海外を飛び歩くような仕事に向いています。また、この線は故郷を離れて成功する相ともいわれています。生活の拠点を2か所においている人には、はっきり出ています。

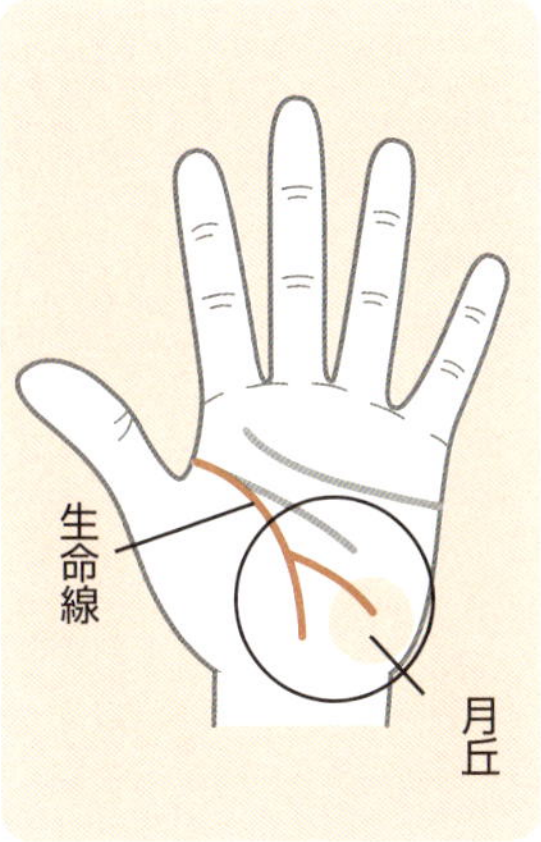

造形線が出ている人は、文学、絵画、手芸、生け花、舞踊など、造形技術にすぐれている

「造形線」は、頭脳線の人さし指と中指の下あたりから出る線が感情線に結びついているものをいいます。

これは物を作りだす才能があることを示しており、文学、絵画、手芸、書道、生け花、舞踊など、造形技術を持っている人に、よくみられます。趣味の教室を開いても成功する人です。

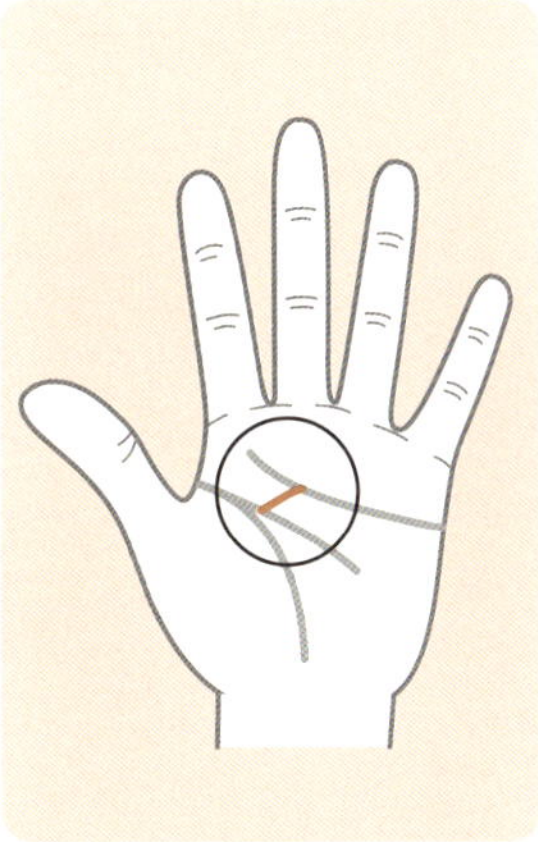

独立紋が出ている人は、個人で仕事をしても成功する

手首の上で、金星丘と月丘の間に出る十字紋を「独立紋」といいます。これはどの線にも接触せず、独立して出ていますのですぐわかります。カメラマンやデザイナー、コピーライターなど、個人でやるような仕事の人に現れます。独立したいという人は、独立紋が出ていればチャンスとみます。出ていないときは、まだ時期尚早とみます。

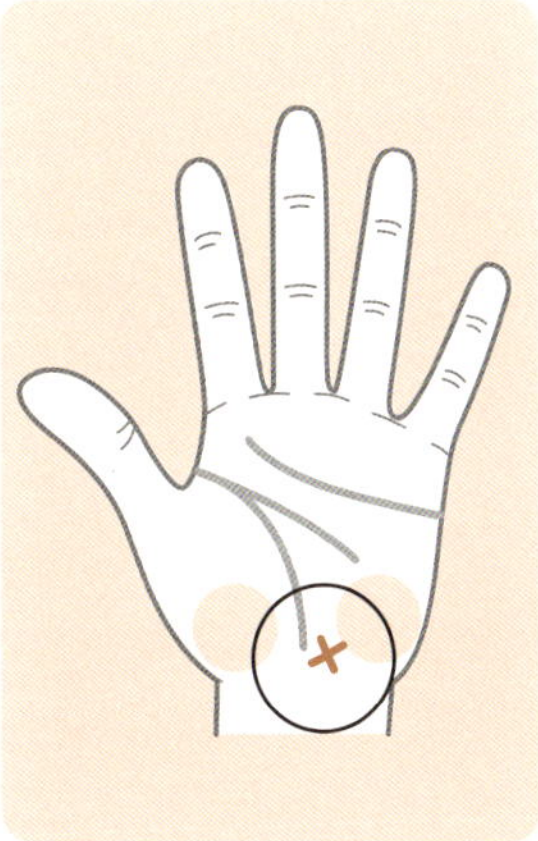

あなたが選ぶ道は?

同じ職場がよいか、転職したほうがよいか

運命線がはっきりしたきれいな線で1本出ている人は、変化を求めず、ひとつのことを最後までやり通す人です。このような相の場合は、同じ職場でがんばったほうがよいでしょう。

一方、運命線が切れ切れであったり、曲がりくねってはいるが、上昇している場合は、ひとつのことを長く続けるより、変化を求めながら伸びていく人です。同じ職場にこだわらずに、自分の適性にあった職場を探したほうがよいでしょう。

いずれにしても、成功するためには太陽線は必要です。

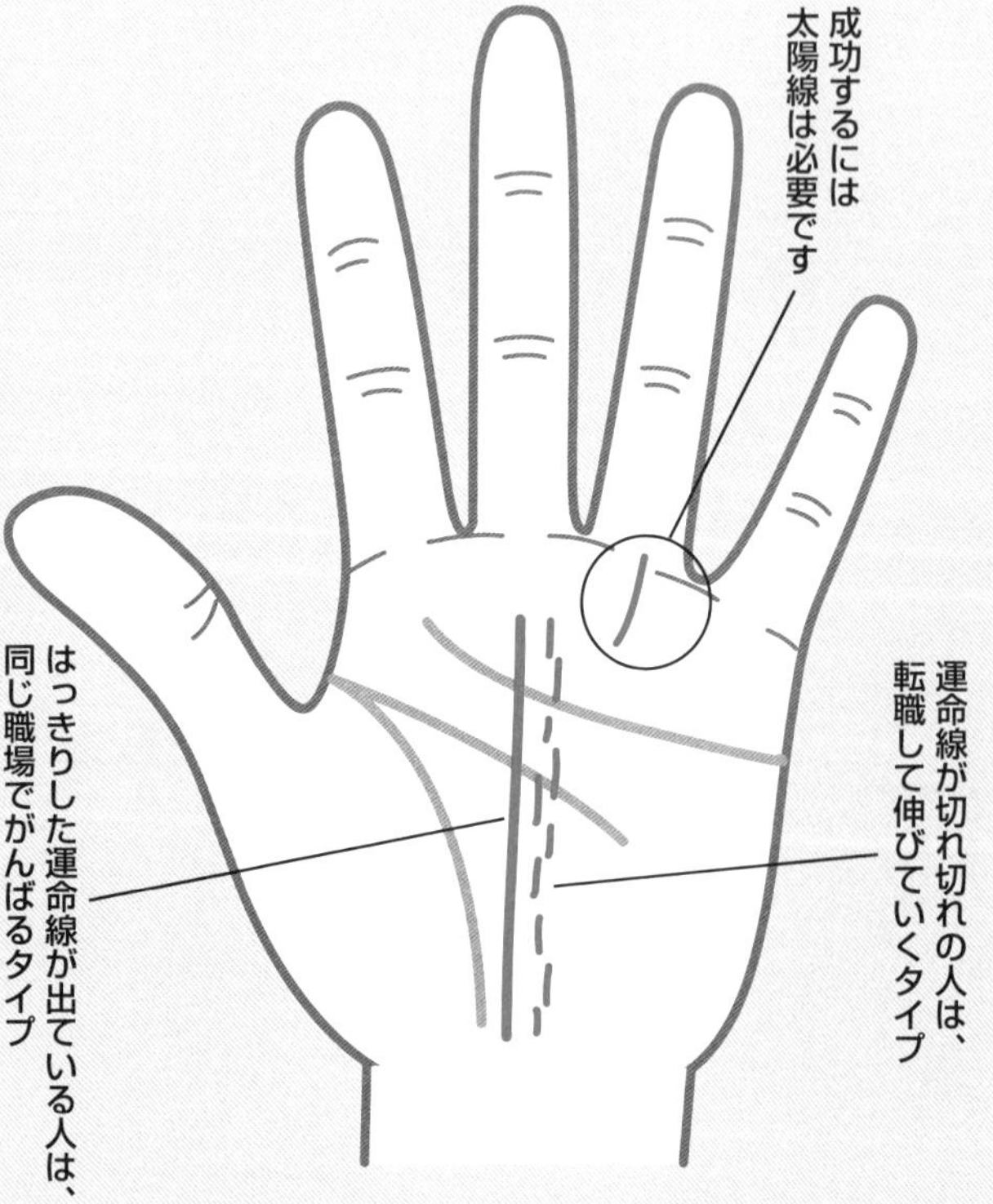
成功するには
太陽線は必要です
運命線が切れ切れの人は、
転職して伸びていくタイプ
はっきりした運命線が出ている人は、
同じ職場でがんばるタイプ

デスクワークより外交的な仕事に向く相

頭脳線のスタート地点が生命線と離れている人は、決断力と行動力のある人です。

頭脳線が短いのは瞬発力があり、物ごとをテキパキと処理する能力に長けています。

感情線が、人さし指と中指の間に入り込んでいる人は、思いやりがあって、よく行き届くお世話好きな人、社交家でもあります。そのうえ運命線が小指側の下（月丘）から出ている人は、人に好感をもたれます。

おまけに太陽線が格子状（グリル）になっていれば、人の心をとらえることのうまい人です。

こういう相の人は、セールスマンやサービス業など、外交的な仕事に向いています。

じっと机に向かっているような事務的な仕事には向きません。

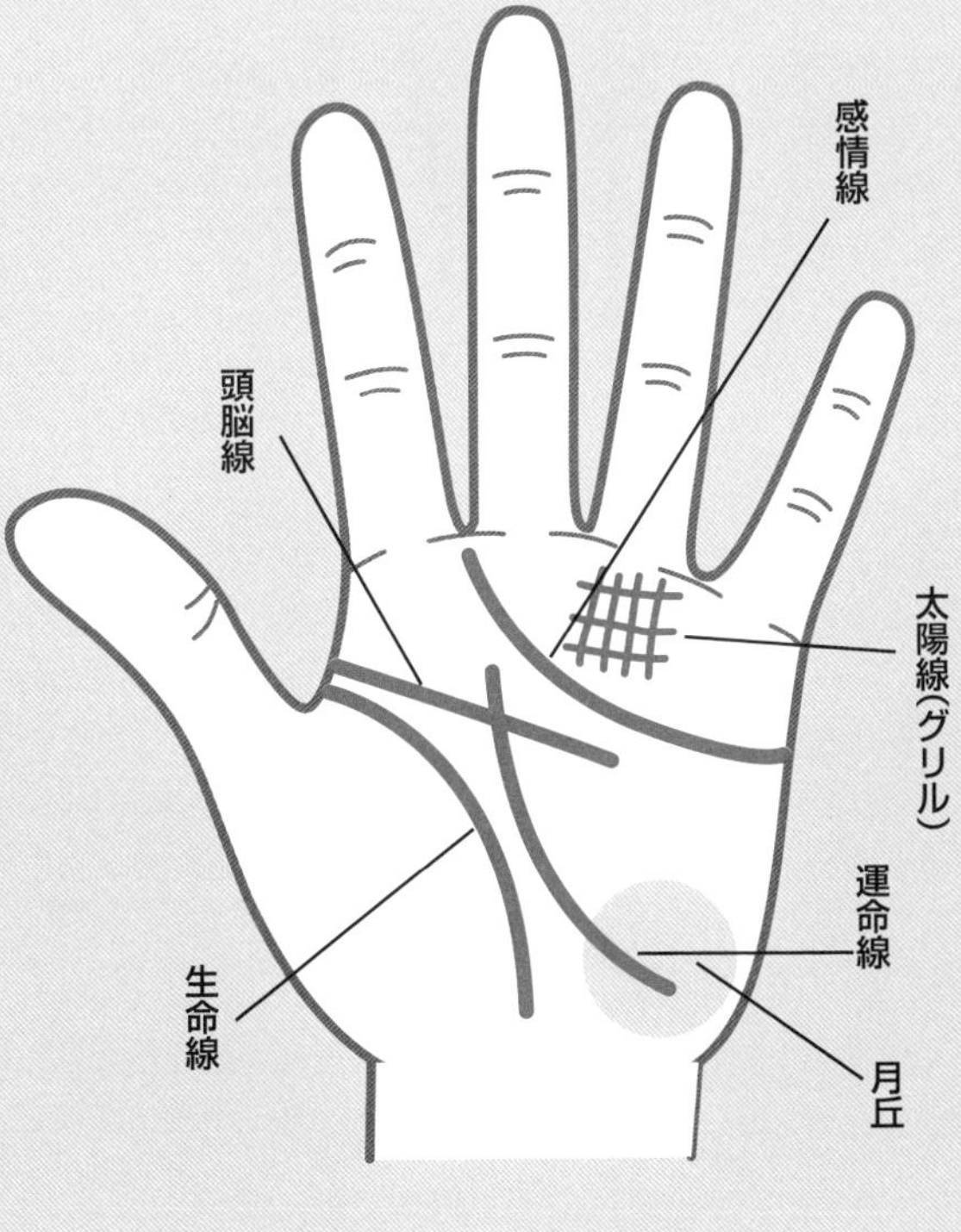

知的能力を生かし、学者や研究者で成功する相

頭脳線のスタート地点が生命線の内側から出ている人は、慎重で思慮深く、内向的な性格の持ち主です。頭脳線が長く、第2火星丘に向かっている人は理科系タイプの人。運命線が頭脳線から昇っているのは、知的能力を駆使して活躍できることをあらわしています。感情線は人さし指のほうに伸びており、これは向上心のある人です。

こういう相の人は、研究室に閉じこもって、じっくり勉強して成果をあげる学者や研究者に向いています。外交的な仕事には向いていません。

この場合も成功線である太陽線は必要です。

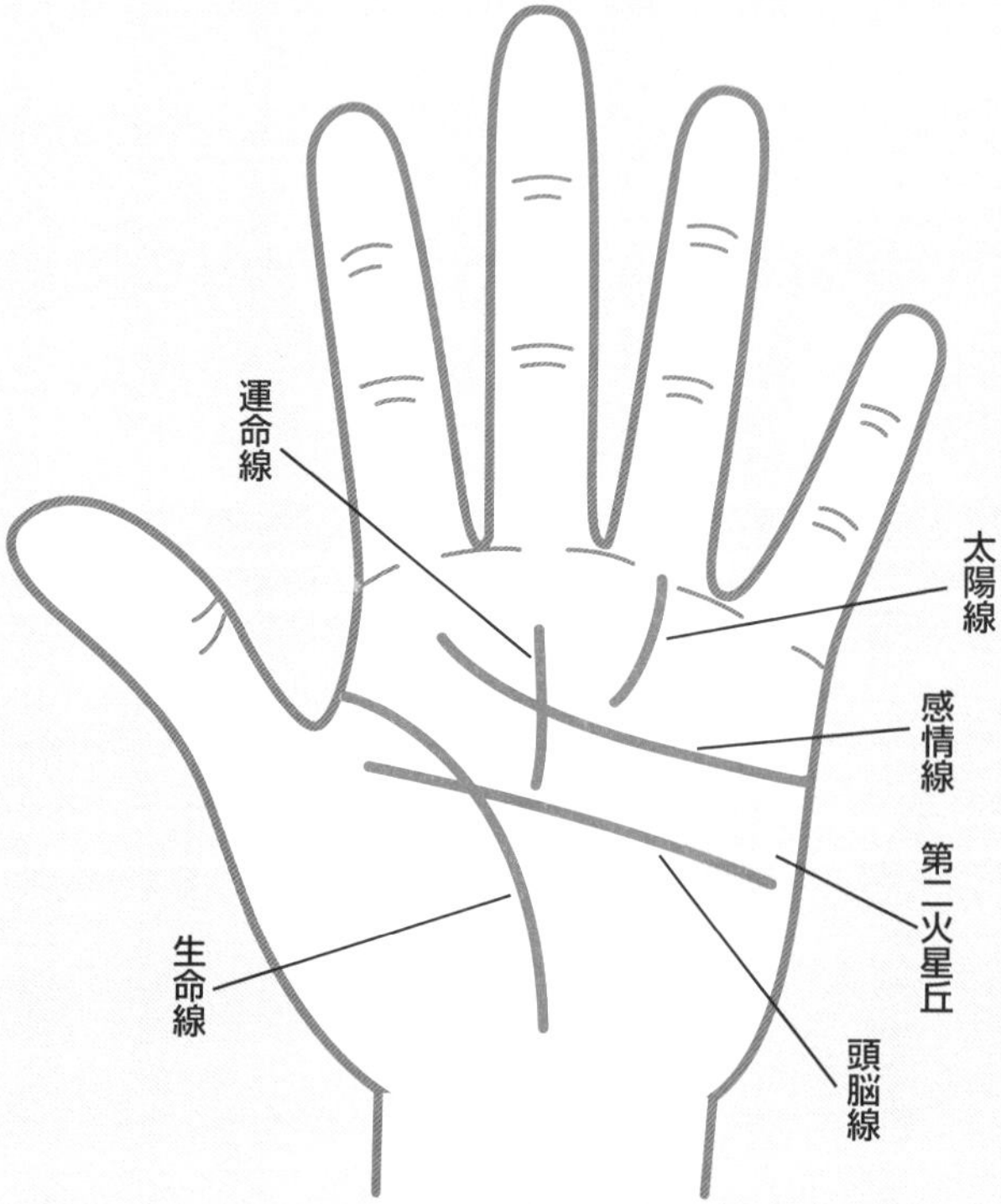

若いときは芽が出ないが、最後は成功する相

運命線が途中から出ており、また、感情線の末端部分、生命線、頭脳線の起点部分が、いずれも線が弱くて消えかかっていたりするものは、若いころは苦労が多く、成果は実らないことを示しています。

しかし、そのあとの部分がしっかりした線になっている場合、これはしだいに運勢が好転し、最後には成功を勝ち取る人です。「若いときの苦労は買ってでもしろ」ということばがありますが、まさしくそれを地でいくような人です。

もちろん太陽線がしっかり出ていることが条件です。

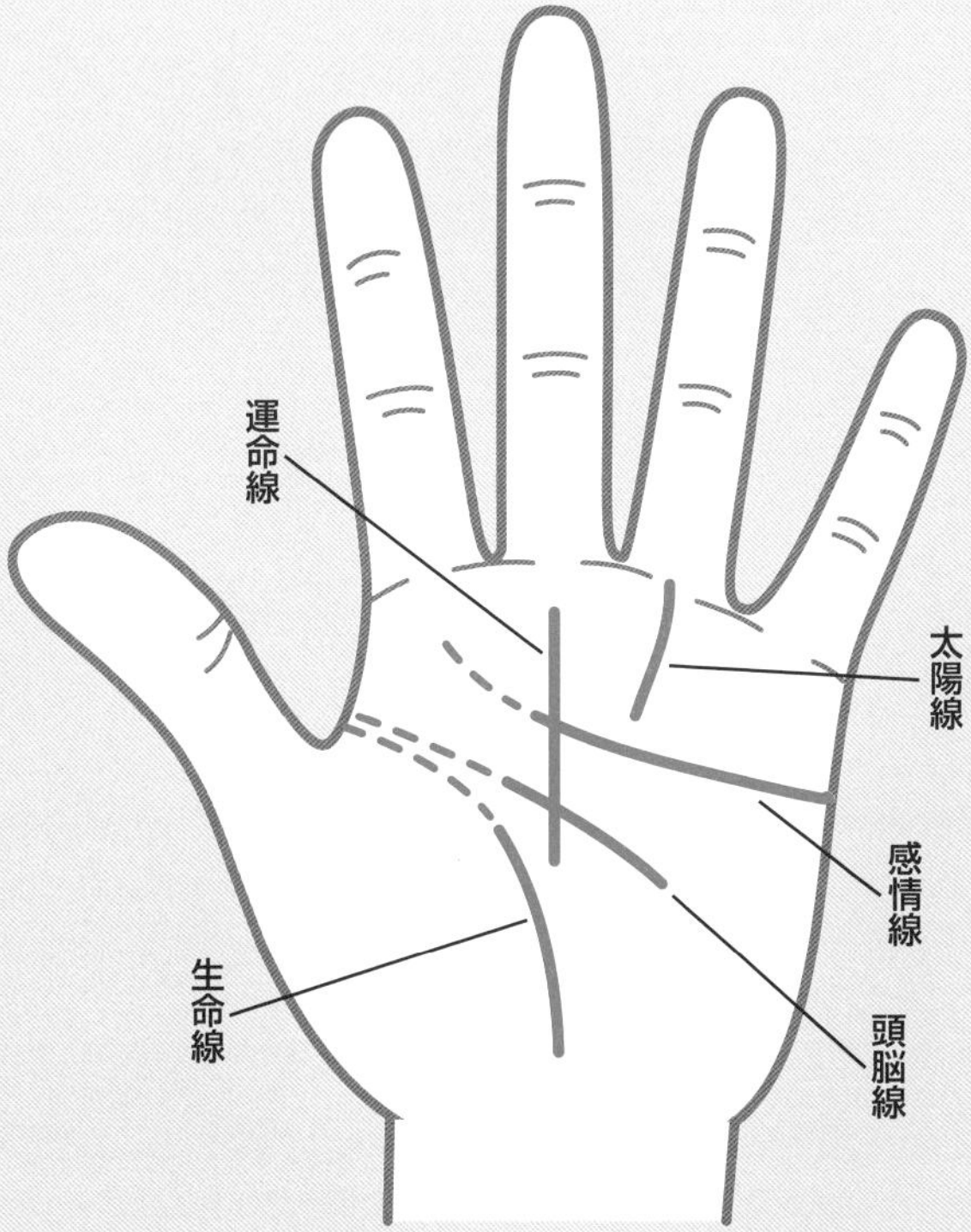

独力でゼロから事業をおこして成功する相

感情線と頭脳線が一緒になって、手のひらを横切り、ひらがなの「て」の字を構成しているものは、「マスカケ線」といって（36ページ参照）、いわゆる野心家の相です。また、運命線が生命線から伸びているものは、独力で運を切り開いていくことをあらわし、どんな逆境にあっても負けずに、乗り越えていけることを示しています。太陽線があれば、お金も人もついてきます。

こんなに強い運勢をいくつも持っているのですから、独力でゼロから事業をおこしても、成功するのは間違いありません。

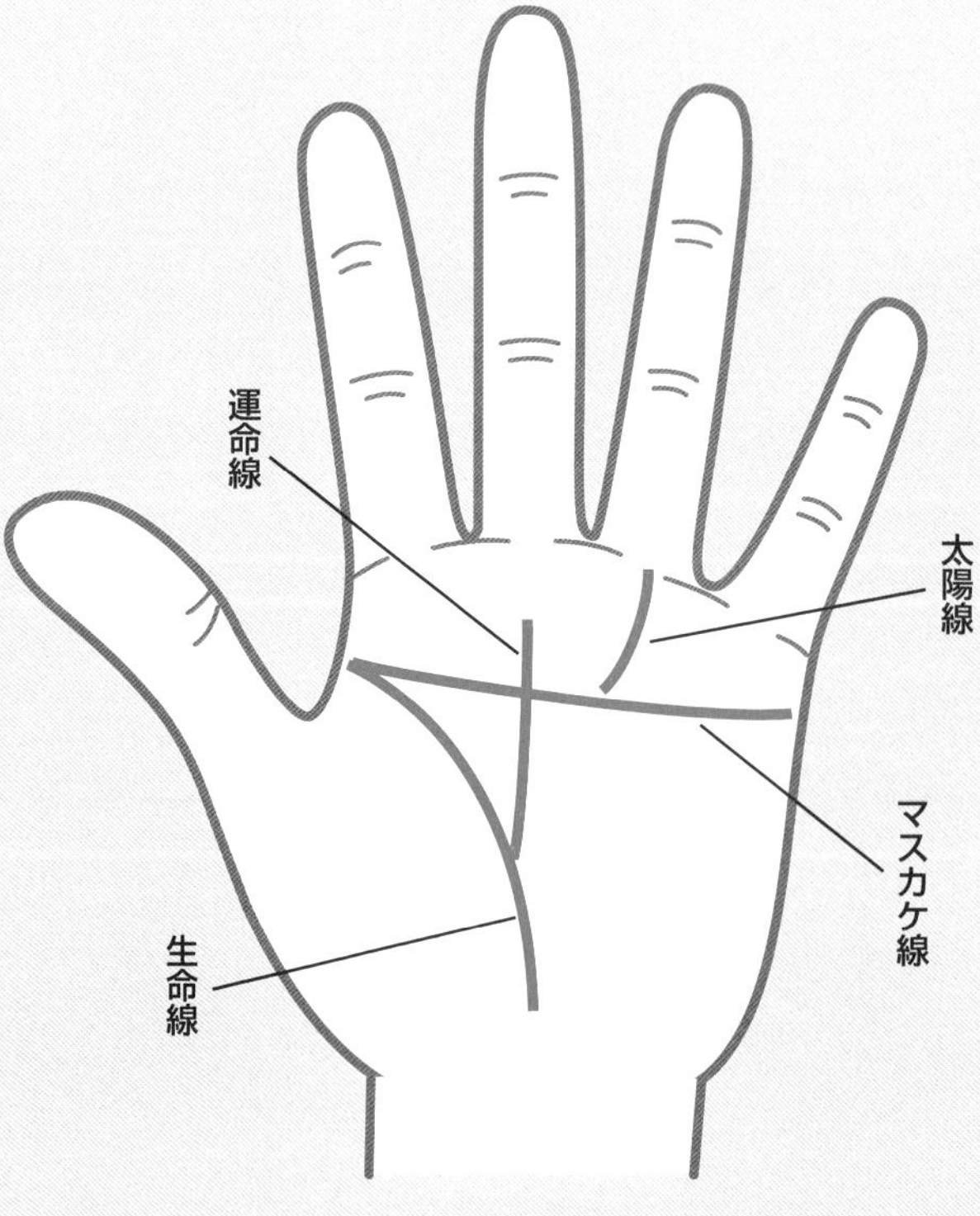

3章

あなたの恋愛・結婚運を占う

あなたはどんな恋愛をし、どんな結婚をするでしょうか。
その時期はいつごろ？それにはいろいろな見方がありますが、
いちばんわかりやすいのは結婚線です。次に大事なのは感情線です。
感情線からは愛情のカタチなど心のなかを覗きます。
また、影響線は出会いの時期などをみるのに有効な線です。そのほか、
生命線、頭脳線で行動パターンを、運命線で人生における転機をみます。
障害線や線上に現れたいろいろなサインも見逃せません。

結婚線でみる

あなたはどんな結婚をしますか

結婚線は、小指のつけ根から感情線の間に出る短い横線です。見えにくい場合には手を握るようにしてみてみると、よくわかります。

●結婚線の本数と結婚回数とは関係ありません

結婚線が1本の人でも再婚をする人もいますし、結婚線が3本の人でも一度の結婚で幸せに暮らしている人もいます。一般的には、本数の多い人ほど多情という見かたをします。

●結婚線が出ていない人は?

結婚線が出ていない人は、まだ結婚には縁がないか、あるいは縁があっても、自分がその気になっていないことを意味しています。

●結婚線をみるときのポイントは線の性状です。次の4点を頭に入れておくとよいでしょう

❶はっきり刻まれた結婚線が水平に伸びているのが理想的な結婚線です。

❷結婚線がわずかでも上昇しているものは、より豊かで幸せな結婚を示しています。

❸結婚線がやや下降ぎみの場合は、愛情面で満たされていないか、不満や失望が現れていることを示しています。

❹結婚線の先が下向きになって、感情線にまで達しているような場合は、別居や別離、離婚にすすむことを暗示しています。とくに太陽線がない人は要注意です。

★恋愛中の方も、このような考えかたで結婚線をみていきます。

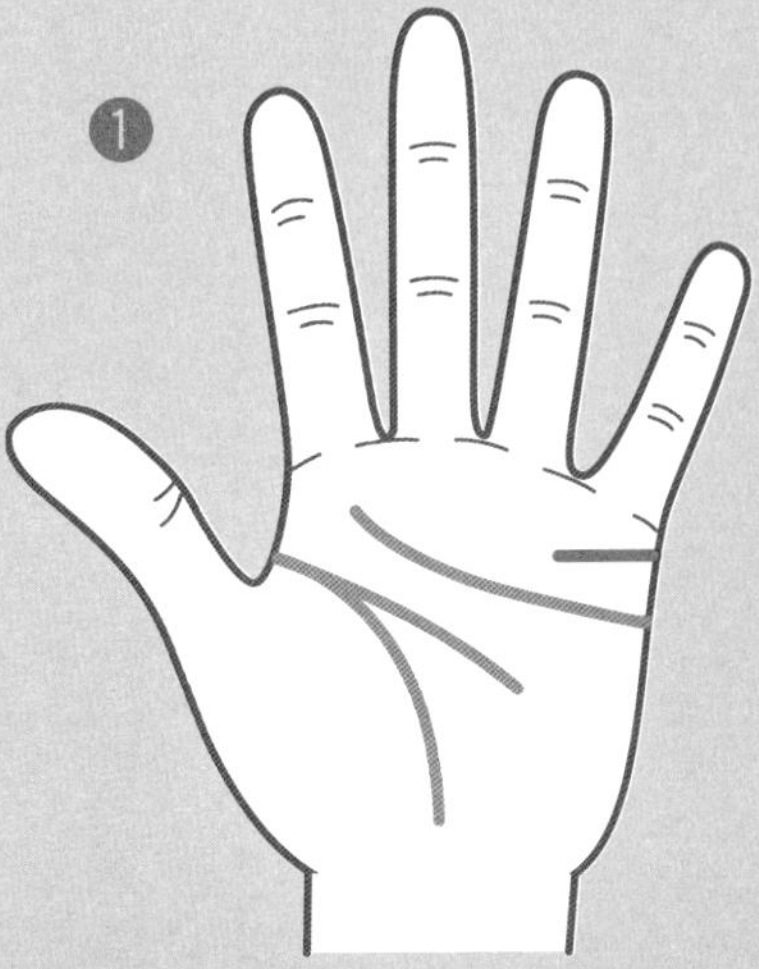

理想的な結婚線

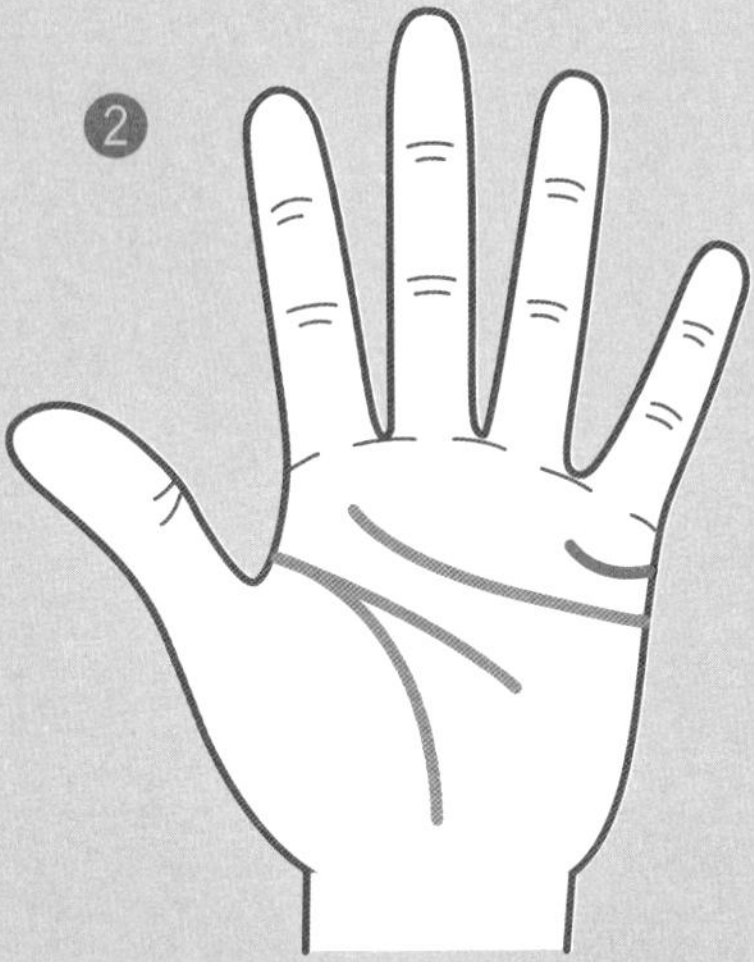

より豊かな結婚生活

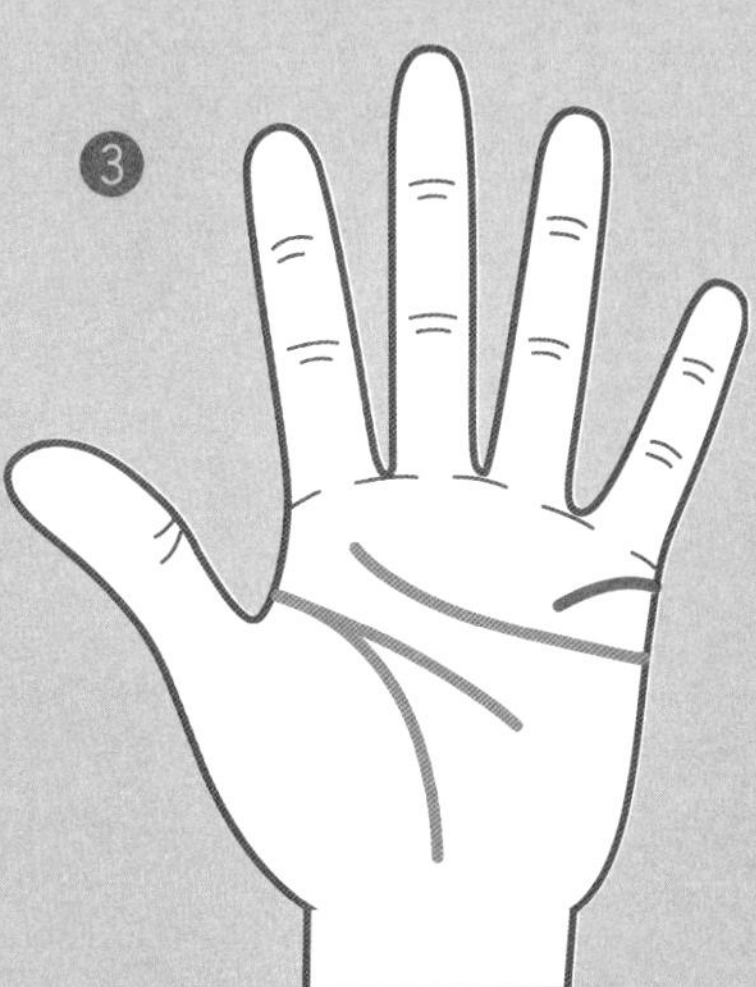

満たされない結婚生活

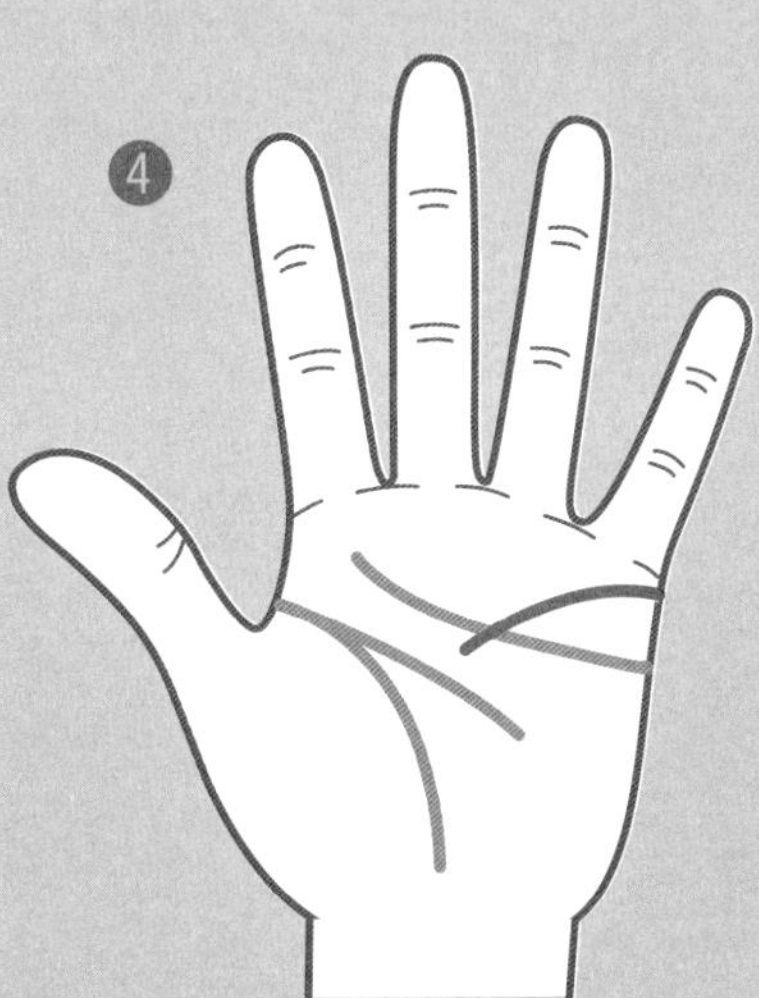

別居・別離の結婚線

生涯一人の伴侶と幸せに暮らせる相

長くてきれいに刻まれた結婚線が1本、水平に伸びている人は、まじめに結婚を考えている人で、良縁を得てまわりからも祝福された結婚をします。生涯、同じ人と平和な結婚生活を送れることを約束された人で、仮に何かトラブルを抱えていても、いずれ解消されて幸せな結婚生活が送れます。

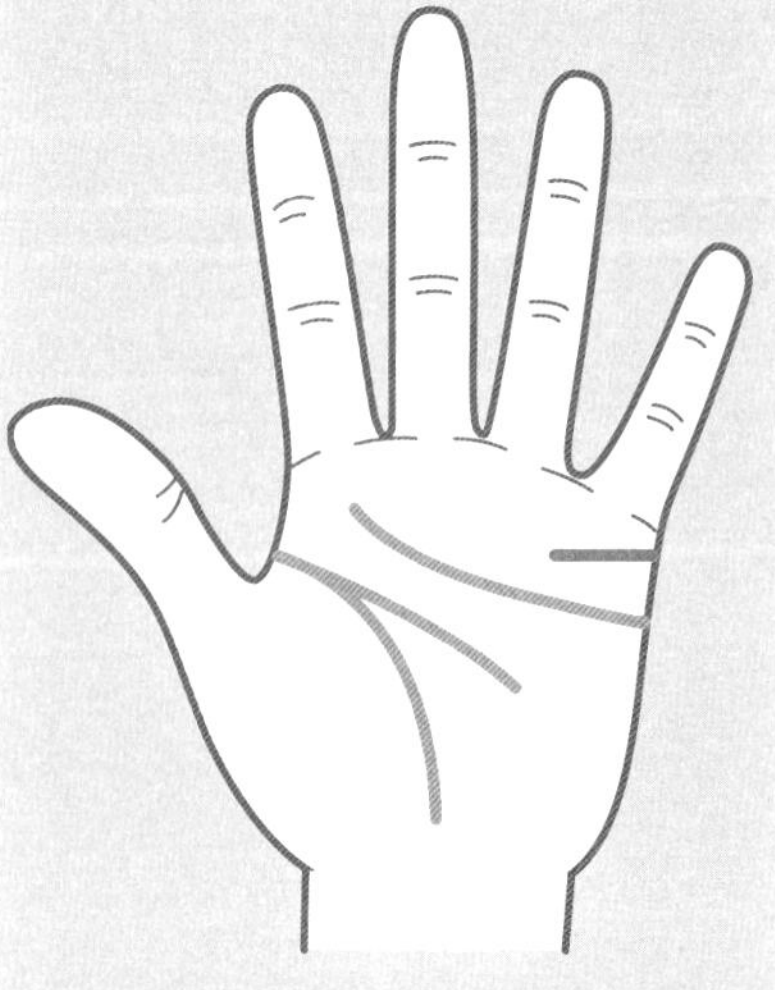

玉の輿結婚ができるうらやましい相

結婚線が太陽線に結びついている人は、著名人とか裕福な相手との結婚が実現することを示しています。いわゆる玉の輿結婚で、お金も名誉も得られるというたいへんラッキーな相です。

男性では、いわゆる"逆玉結婚"の相。財産家のお嬢さんと知り合い、結婚をし、社会的名声をあげていくという、実にうらやましい相です。

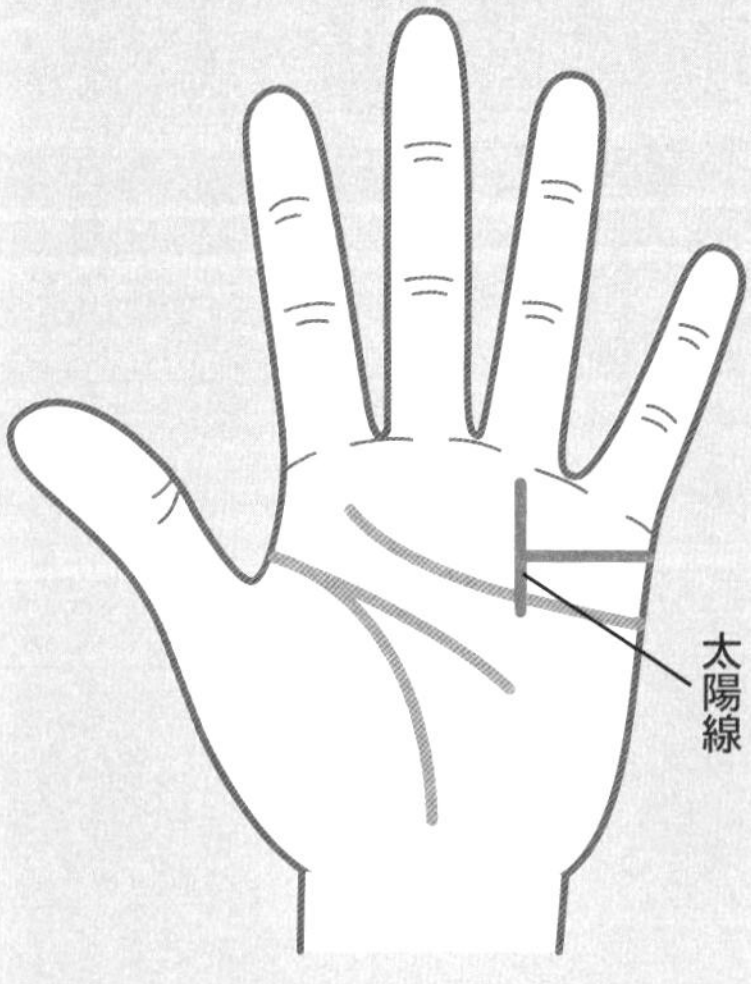

あなたの恋愛・結婚運は？〈1〉

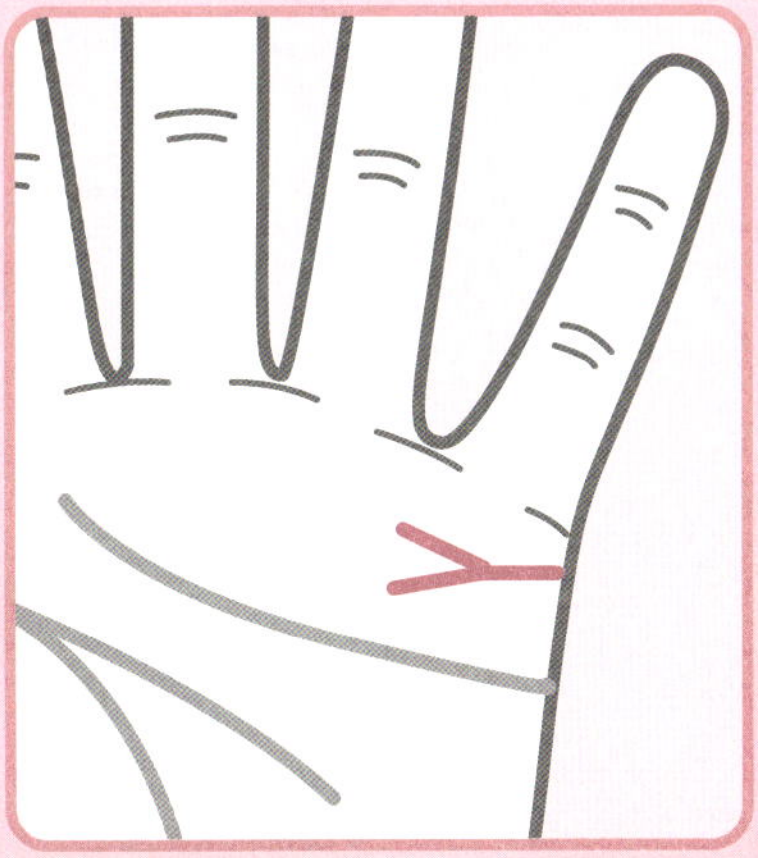

夫婦が別れて暮らす相

二又が小さい場合は愛情が冷めての別居ではなく、単身赴任とか長期入院での別居を意味します。長期出張の多い人にも見受ける相です。

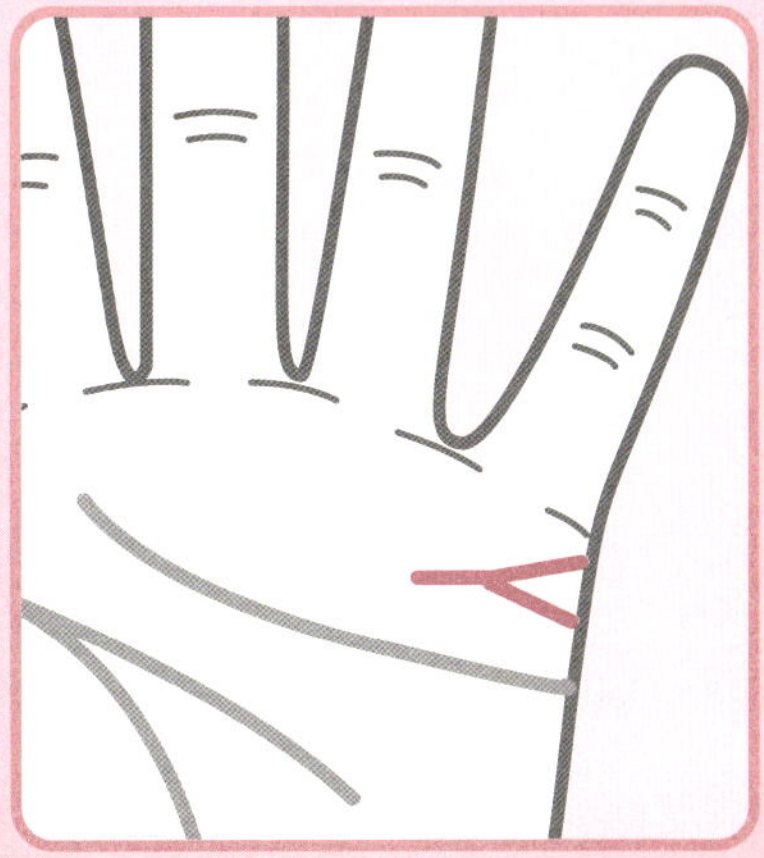

結婚までに時間がかかる相

何らかの邪魔が入って、結婚にこぎつけるまでに時間がかかる人。二又から１本になった線がはっきりしていれば結婚後は幸せに。

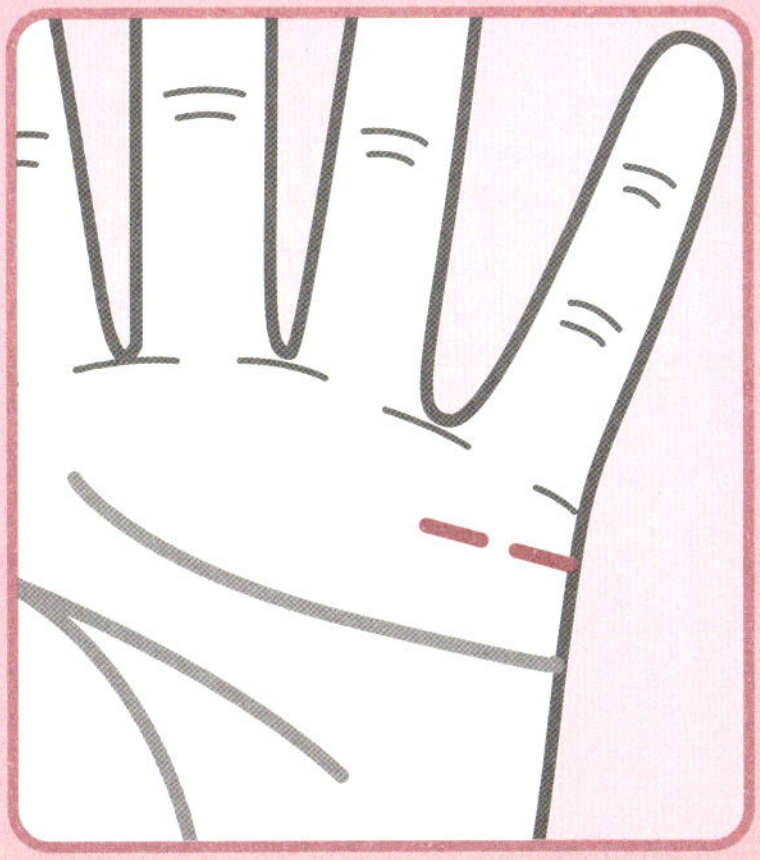

はじめはよいが中途から破綻をきたす相

はじめは幸せですが、途中で破綻をきたす暗示。お互いの歩みよりがないと別居や離婚にまで至ることがあります。

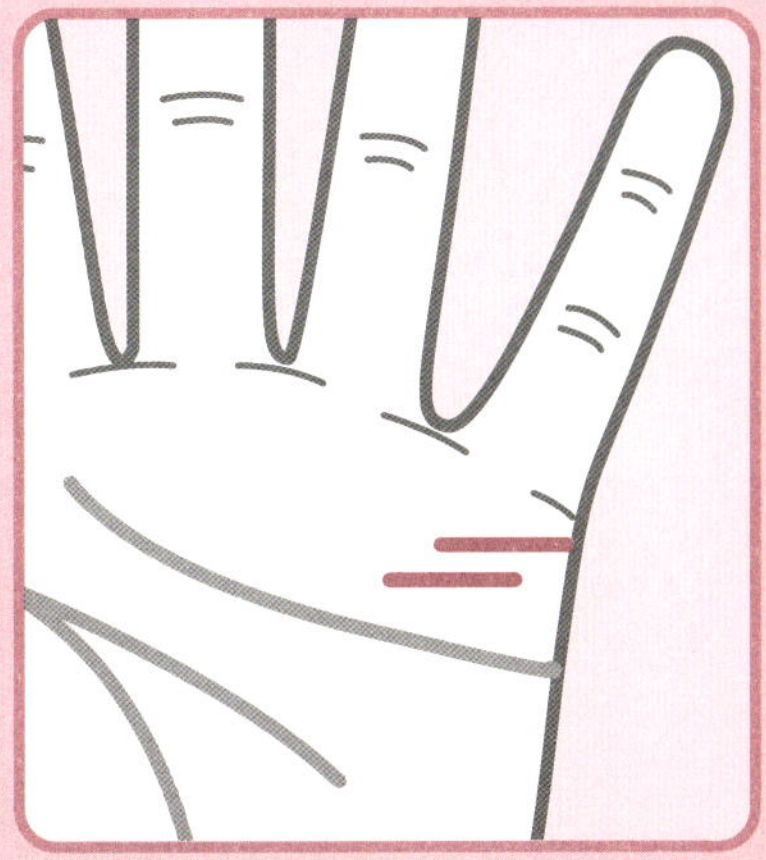

一度は別れるが元に戻る相

一度は別れるようなことがあっても、また元に戻るという復縁を示します。再チャレンジ可能の相です。

あなたの恋愛・結婚運は？〈2〉

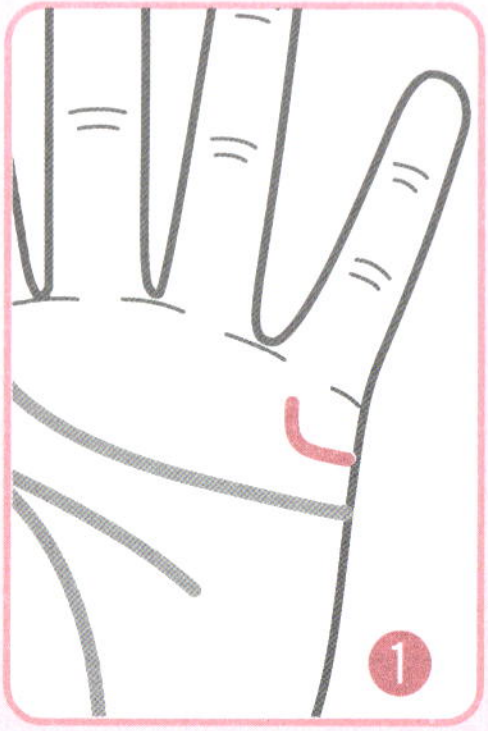

**結婚よりも
仕事という相**

独身で通すことが多い人。結婚しても家庭より仕事が優先というタイプ。
あまり家庭的な人ではありません。

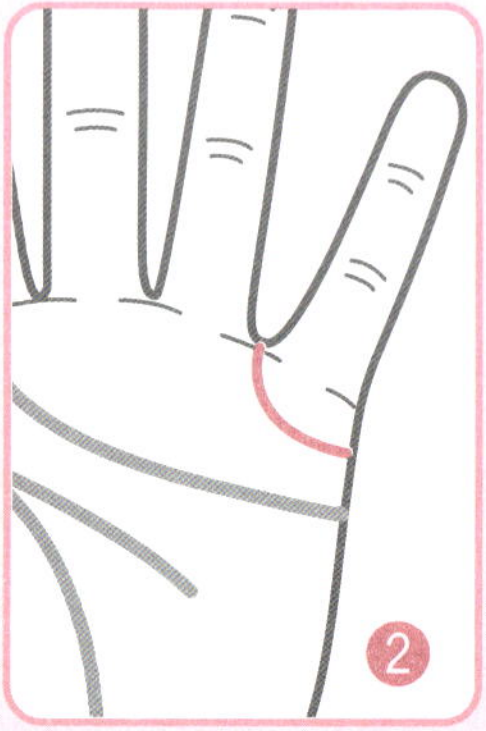

**結婚しても
不平不満が多い相**

結婚線が小指と薬指の間に入り込んでいる人は、結婚生活において、いつも不平、不満を持っている人です。

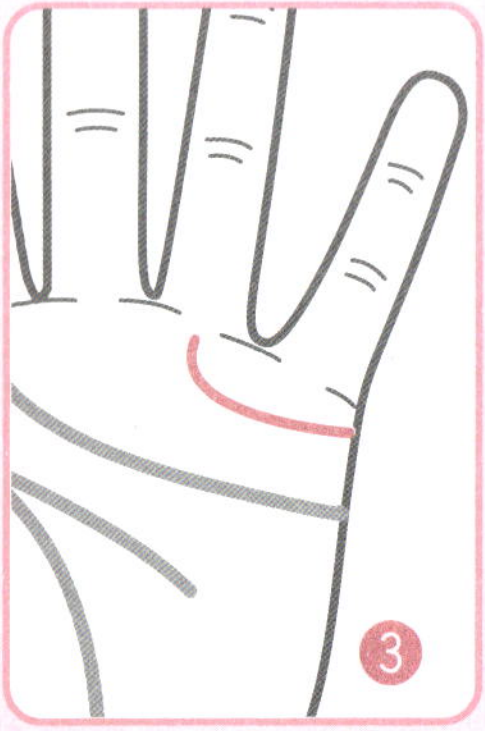

**良い相手に恵まれ
幸福な結婚をする相**

結婚線が薬指のほうに上昇しているものは、理想的な相手に恵まれ、お互いに家庭を大事にする幸福な結婚をする人です。

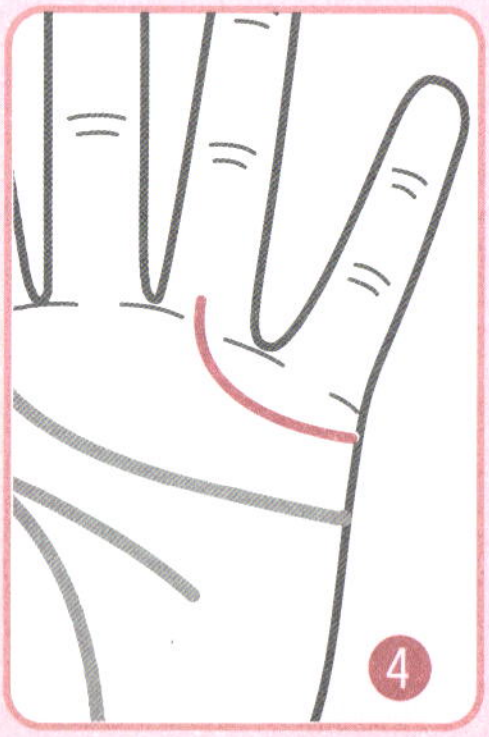

**望み通りの結婚生活が
送れる大吉相**

結婚線が薬指の根本まで達している人は、本当に結婚してよかったと感じられる自分の望み通りの結婚生活が送れます。

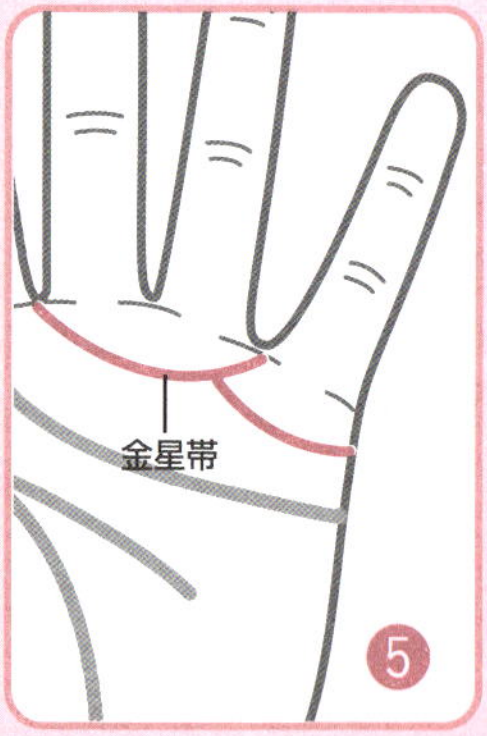

**夢のような理想的な
結婚ができる相**

金星帯は異性にもてる人に現れるサイン。それに結婚線が結びついていると、夢のような理想的な結婚ができる暗示が。

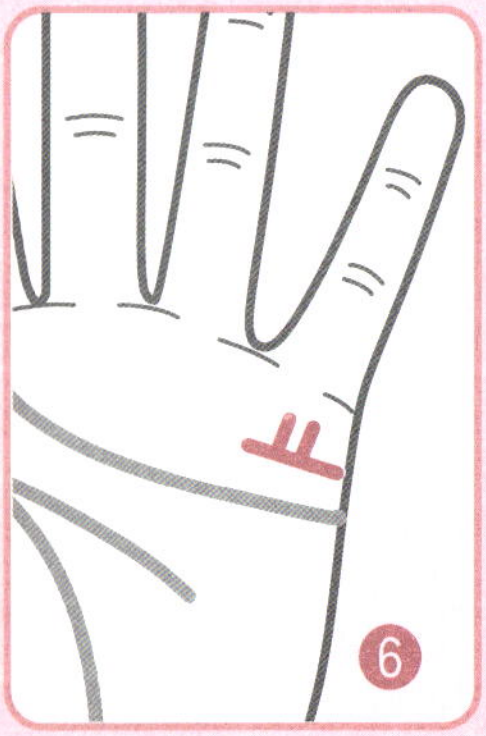

**子どもや家族に
支えられる相**

結婚前より結婚後が楽しみな相。子どもに恵まれ、家族にも支えられて、晩年になるほど幸せな家庭が営めます。

結婚線が2本ある人は？

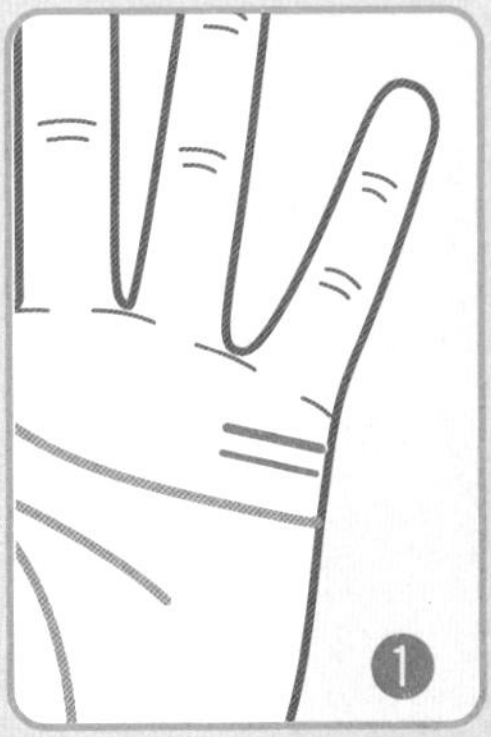

二人の異性に愛される相

接近した２本のうち、下の線ははじめに交際している相手、上の線はあとから現れた相手。線のはっきり出ているほうと結ばれます。

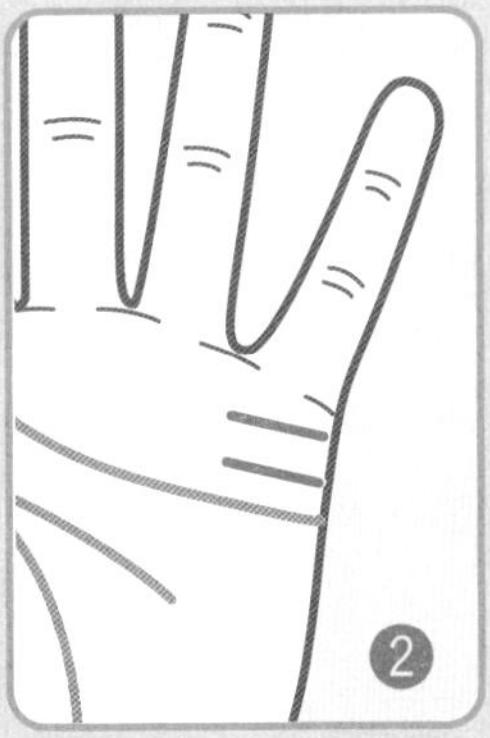

再婚の可能性がある相

２本ともはっきり刻まれている人は、再婚の可能性が。一度の結婚でも二度新婚生活を味わえそう。結婚が晩婚であれば一度の結婚ということも。

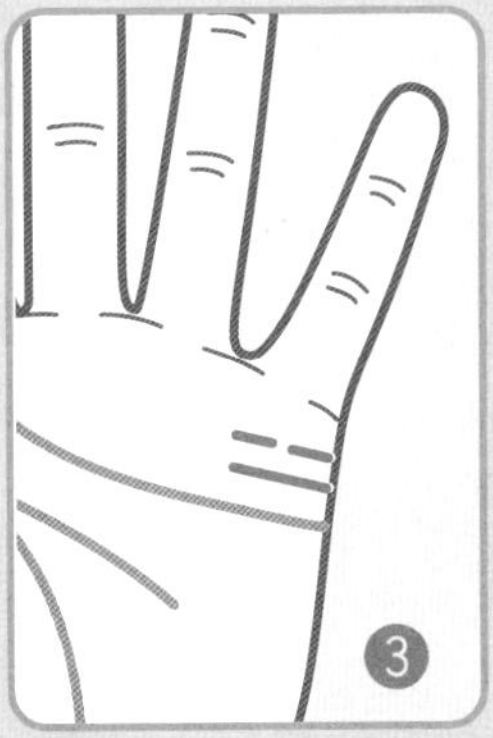

結婚後にドロ沼の不倫関係で悩む相

2本ある結婚線のうち、上の線が切れている人は、結婚後に好きな人が現れ、ドロ沼化するなど不倫問題で悩む相です。

晩婚か独身か、縁遠い相

晩婚か、あるいは独身で過ごすことの多い人にみられる相。結婚してもあまり幸せな結婚とはいえず、結局、一人暮らしをすることになりそう。

秘密の恋や不倫をしている相

秘密の恋をしていることを示しています。表面化すると必ずトラブルに。結婚を前提としない関係を続けるタイプ。

結婚線が3本、あるいは多数出ている人は？

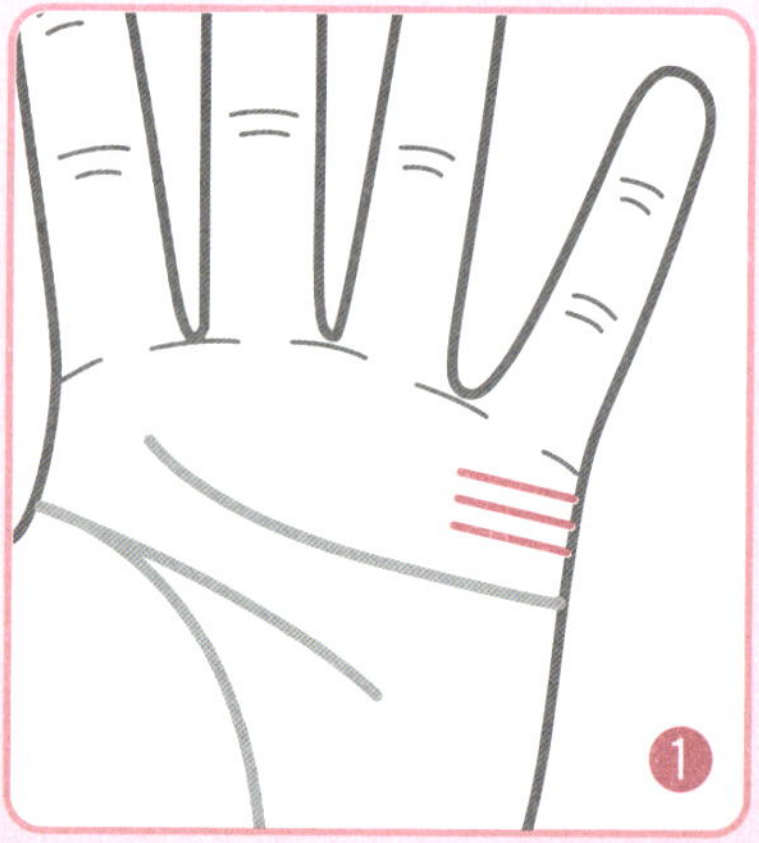

異性の友人は多いが一人にしぼり込めない相

結婚線が３本とも同じような長さで線が薄い人は心のやさしい人。異性の友人は多いのですが、なかなか一人にしぼり込めず、なぜか結婚にまで至らない人です。

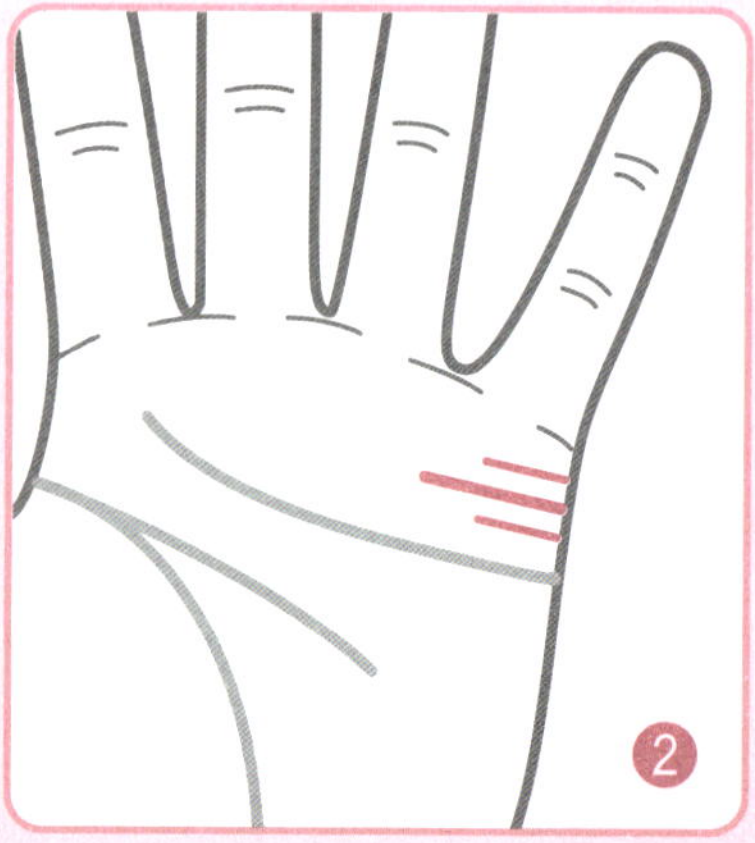

過去に恋人がいた人。結婚後に恋人ができる相

結婚相手以外に忘れられない恋人が。短い線が下にある場合は結婚前、上にある場合は結婚後に現れる恋人です。結婚していない人では二人の異性とのカケモチ交際が。

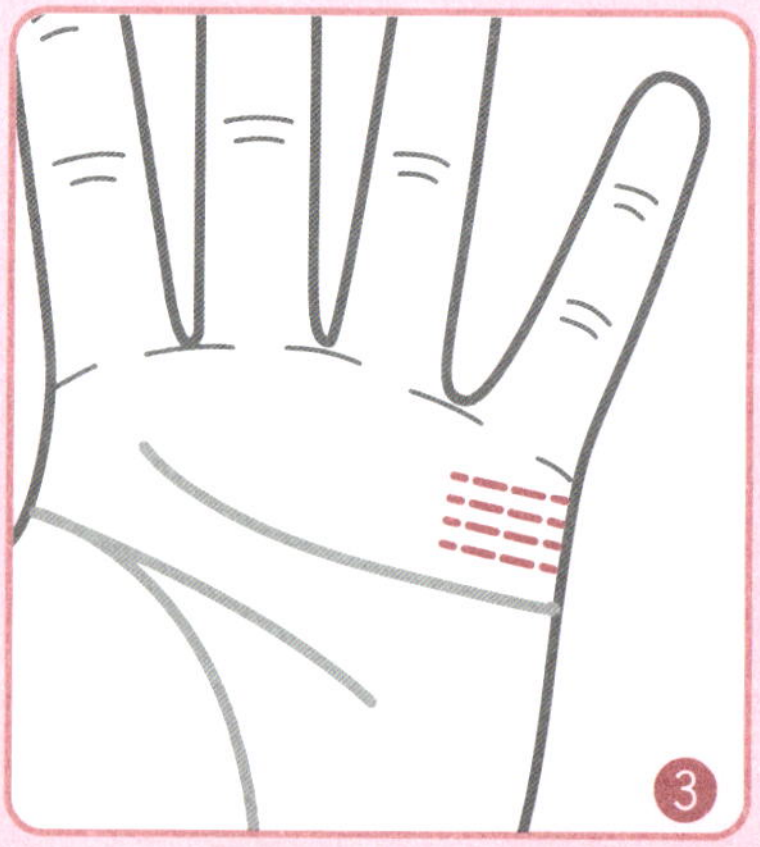

浮気っぽく結婚をしても落ち着かない相

一人の人と長く、じっくりというわけにはいきません。結婚でしばられるのを嫌います。たとえ結婚をしても落ち着かない人です。

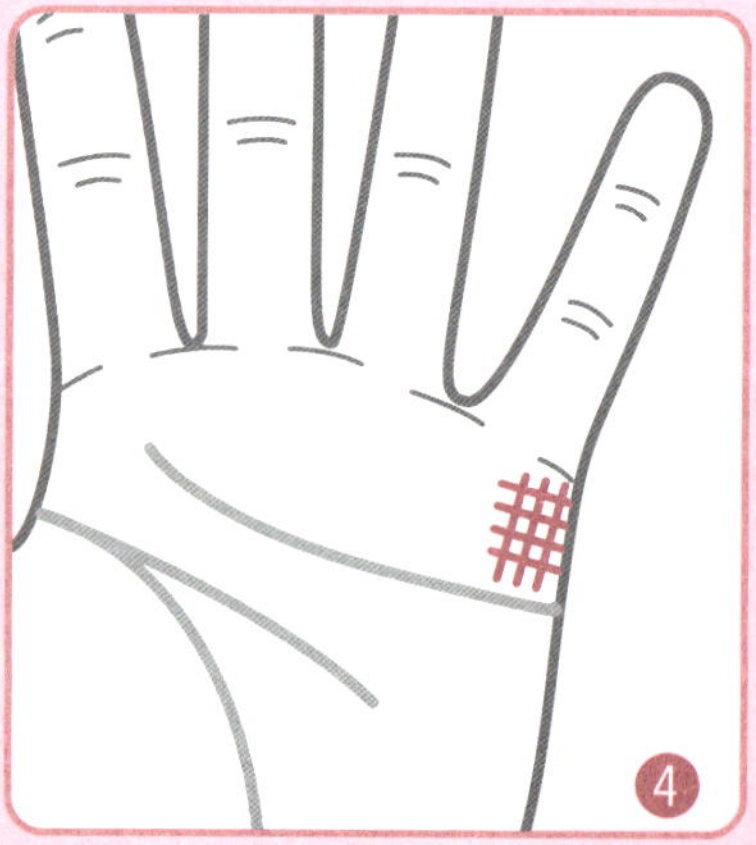

恋愛は多いが正式な結婚とは縁遠い相

浮気をしたり、恋愛の相手には不自由しませんが、正式な結婚とは縁遠い人。たとえ結婚してもトラブルがたえず、家庭を捨てて自由を選ぶタイプ。

結婚線の形状がこんな場合は？

多情とムラ気の相
男性では妻以外にも異性を求めがちで、いさかいがたえないという人。女性の場合は夫との別れの暗示。

結婚相手に恵まれない相
どんな人が現れても満足しません。一生、独身で過ごす傾向があり、家庭的な人ではなさそう。

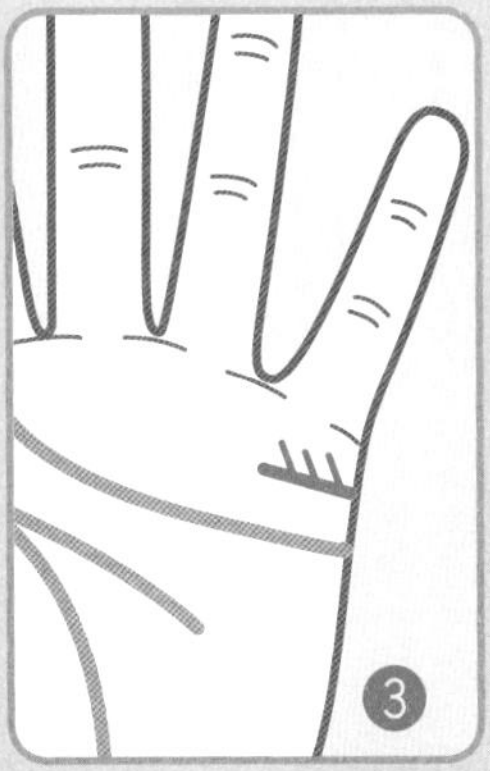

恵まれた結婚生活を送る相
恵まれた幸福な結婚を示しています。尽くし、尽くされ、やさしく愛情豊かな生活を営みます。

配偶者が虚弱で苦労する相
配偶者のからだが弱く結婚生活は苦労続きで困難が伴いそう。あるいは愛情が冷めてしまって暗い結婚生活を暗示。

良縁でも結婚できない相
結婚話がいい線にまでいっていても破綻してしまったり、夫婦のどちらかが病気や事故などにあう悲運を暗示。

結婚後、姑で苦労する相
相手の身内のことで苦労する相。姑に気兼ねをしたり意見の違いから衝突したり、苦労の多い結婚生活を暗示。

トラブルを“警告”する結婚線

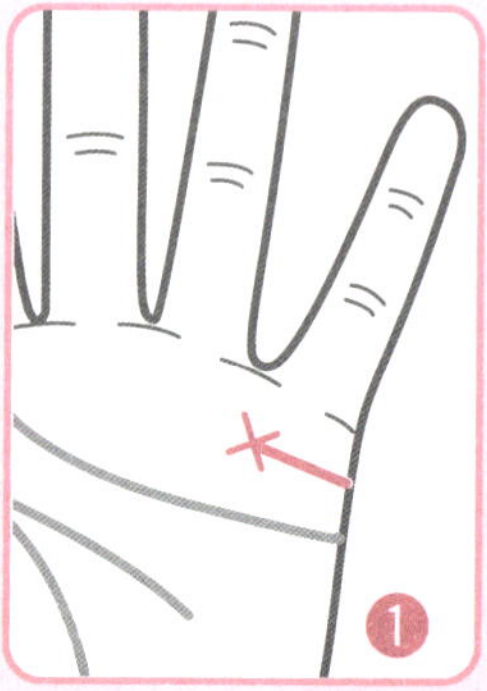

配偶者に不慮の災難が

スムーズだった愛情にヒビ

恋人にショックな出来事が

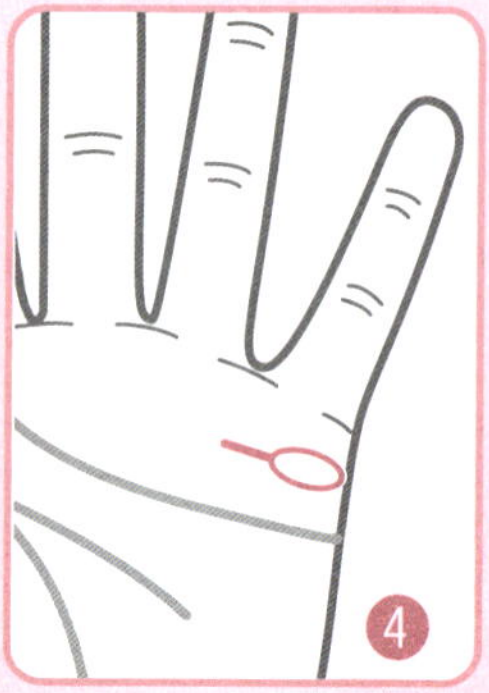

結婚当初のつまづき

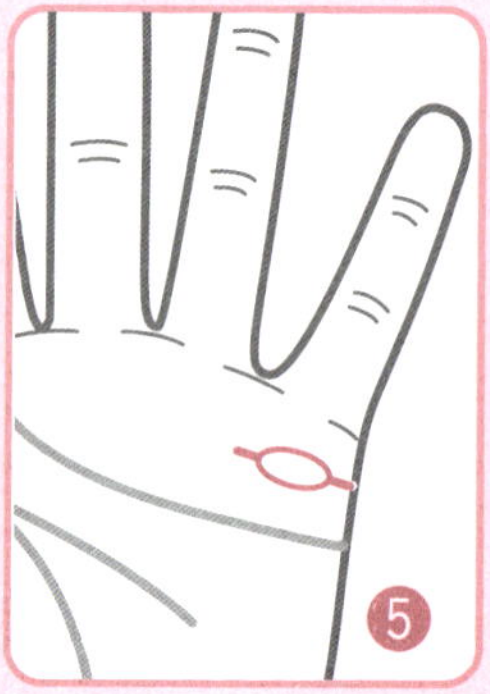

別居が多く淋しい家庭

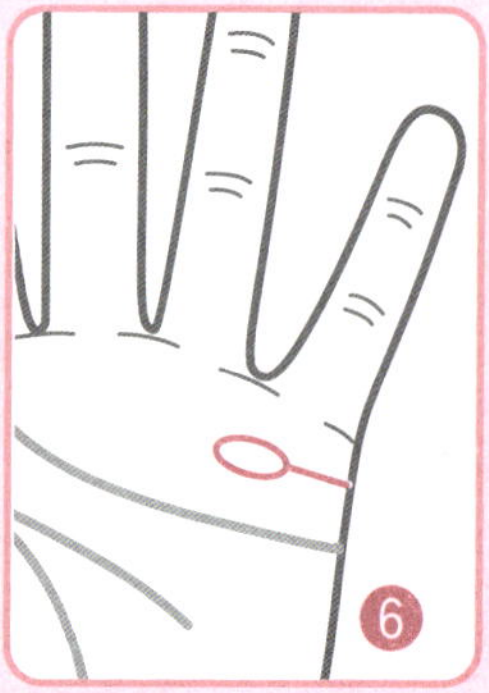

結婚生活の終焉

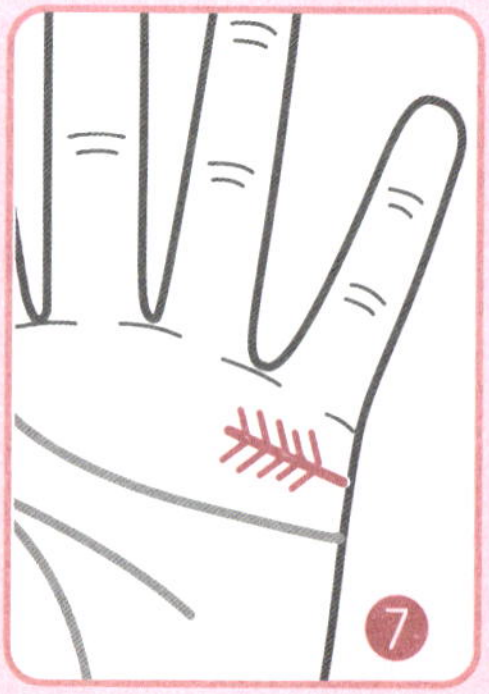

しだいに愛情が冷めて…

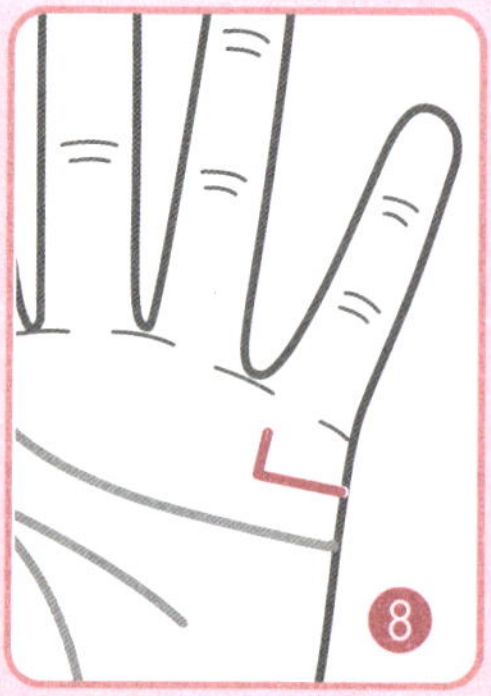

回復不能

あなたはいつ結婚できますか

結婚の時期を手相でみる方法にはいろいろありますが、ここでは結婚線、感情線、影響線での見かたを紹介しましょう。

1 結婚線でみる方法

結婚線からは早婚か晩婚かをみたほうが正確なことがわかります。

それには小指のつけ根から感情線の間を2等分して、ちょうど中間あたりを、女性では30歳、男性では35歳とみます。結婚線がそれよりも上にある場合は晩婚、下にある場合は早婚と判断します。

感情線に近いほど早い結婚をあらわしています。

結婚線が2本以上出ている人は、いちばん長い線で判断します。

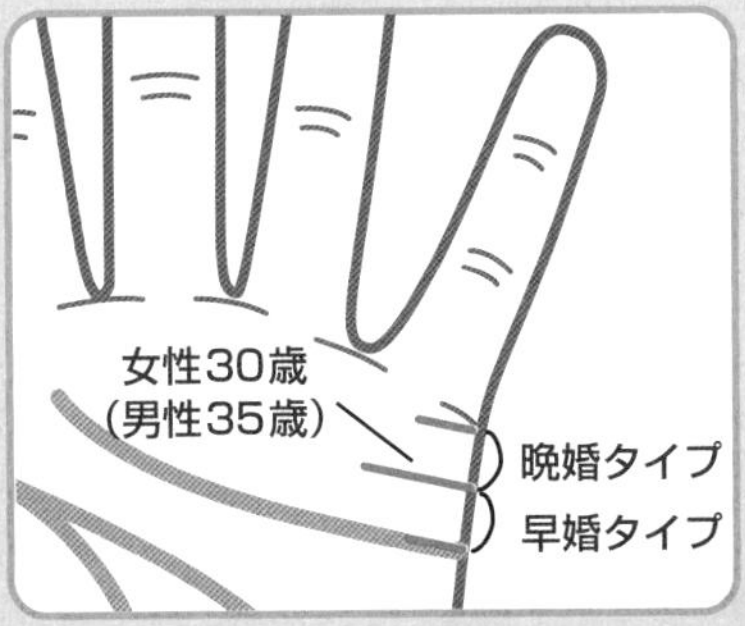

2 感情線でみる方法

感情線の長さが中指のあたりよりも短く、また、乱れもなく、スーッと1本出ているときは、まだ愛情を感じる対象が現れていないことを示しています。たとえ恋人がいても結婚するところまではいっていません。反対に、多少乱れがちの感情線が中指のあたりで止まり、その先がチョンチョンと帚のように支線が出はじめたら、いよいよ結婚が間近いことを示しています。まさに、"機が熟す"ということでしょう。

3 影響線でみる方法

影響線というのは、運命線に向かって、金星丘、あるいは月丘から斜めに昇る線をいいます。恋愛や結婚の縁をみる場合には、月丘から昇る影響線で判断します。

両手ともに影響線が出ていない人はまだ結婚に縁がない人。影響線が出ている人は恋愛や結婚のチャンスに恵まれている人です。

そして、この影響線が運命線上のどの位置で合流しているかを、「運命線の流年法」(41ページ参照)で調べて、結婚の時期を判断します。

運命線の流年法では、頭脳線と運命線の交わる点がほぼ35歳。手首線から中指のつけ根までの中間点を30歳としています。したがって、もし、Ⓐ地点に影響線があれば、25歳ぐらいと想定することができます。

影響線が数本出ているときは、いちばん長い線で判断します。同じくらいの長さの線が2本出ているときは、交点の時期に再婚することを暗示しています。

影響線で結婚運をみる場合、重要なのは運命線がしっかりしていることです。とくに影響線と交わった上の部分の運命線が消えかかったりしている場合は、苦労の多い結婚生活が暗示されます。注意が必要でしょう。

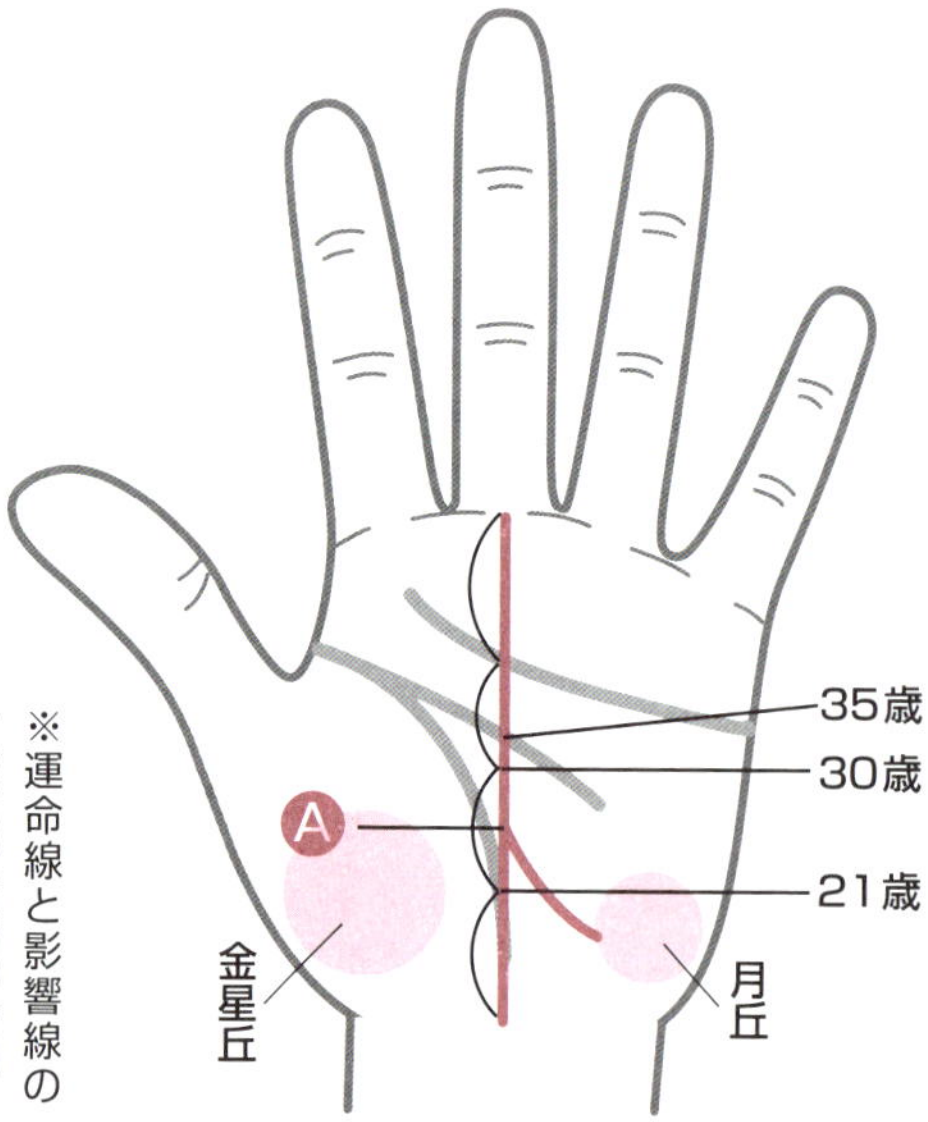

※運命線と影響線の合流点が結婚の時期

影響線でみる恋愛・結婚運

❶影響線が多数出ている
モテすぎて、逆に結婚のチャンスを逃している人。

❷影響線が運命線をさえぎっている
何らかの妨害や邪魔が入り、結婚にまで至らない人。

❸影響線が平行して出ている
結婚のチャンスがあっても、いつまでも平行線をたどり、結婚までいきつかない人。

❹運命線が影響線で切られている
たとえ結婚しても、かなり早い段階で破綻をきたす人。結婚しても幸せになれない人。

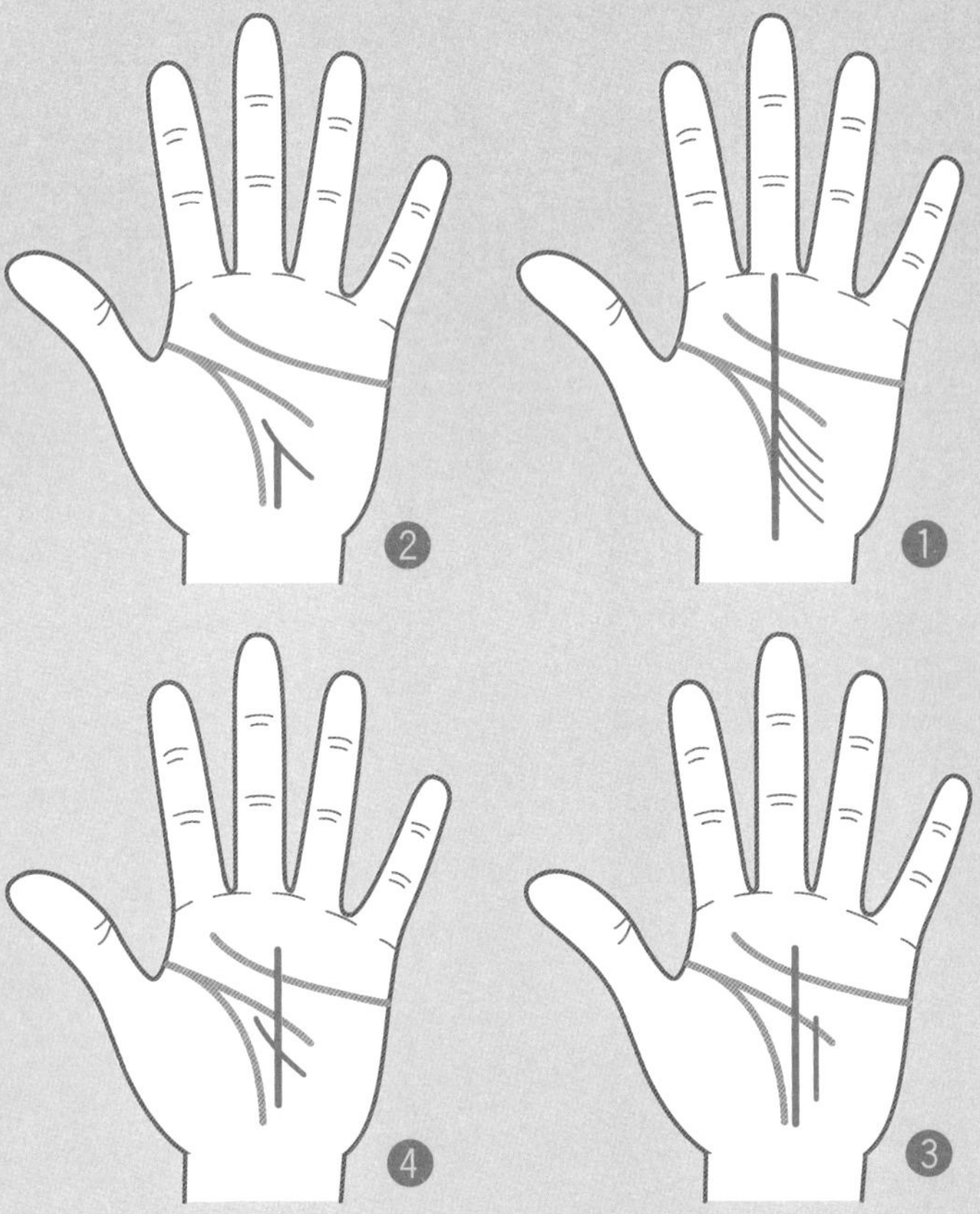

生命線と頭脳線でみる

あなたはどんな恋愛をするタイプ？

大胆な恋愛をする人

●頭脳線が生命線から離れて出ている

決断が早く独立心が旺盛。大胆な性格をしています。恋愛では好きだと思ったら、自分からアプローチするタイプ。一目惚れで簡単に恋人を変えたりします。いわゆる、できちゃった結婚が多いのもこのタイプです。リード型なので、女性では年下の人、あるいは自分よりももっと強い人だとうまくいきます。

★頭脳線と生命線の離れている度合いが大きい人ほど、これらの傾向が強いことを示しています。

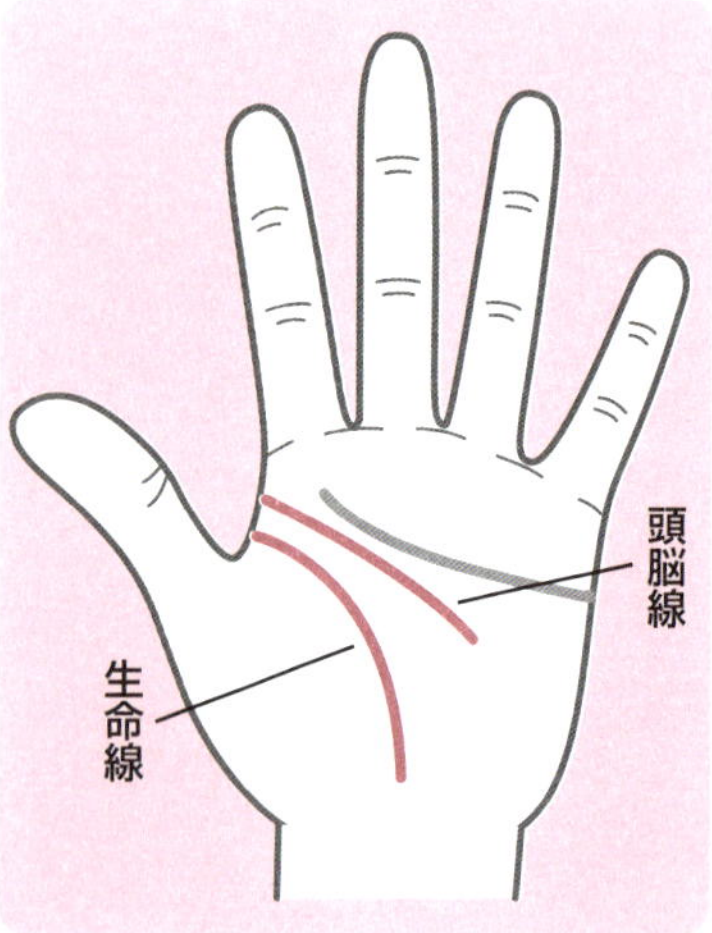

バランスのとれた恋愛ができる人

●頭脳線がはじめだけ生命線と一緒になっている

慎重さと行動力とがバランスよく備わっている人で、常識的な人。無鉄砲な恋愛には走りません。明るく社交的で、だれとでも仲良くなれる人ですが、恋人を選ぶときは、相手がどういう人か、しっかり見極める慎重さがあります。よく気配りする、やさしい心を持っていますので、恋愛の対象としては理想的です。

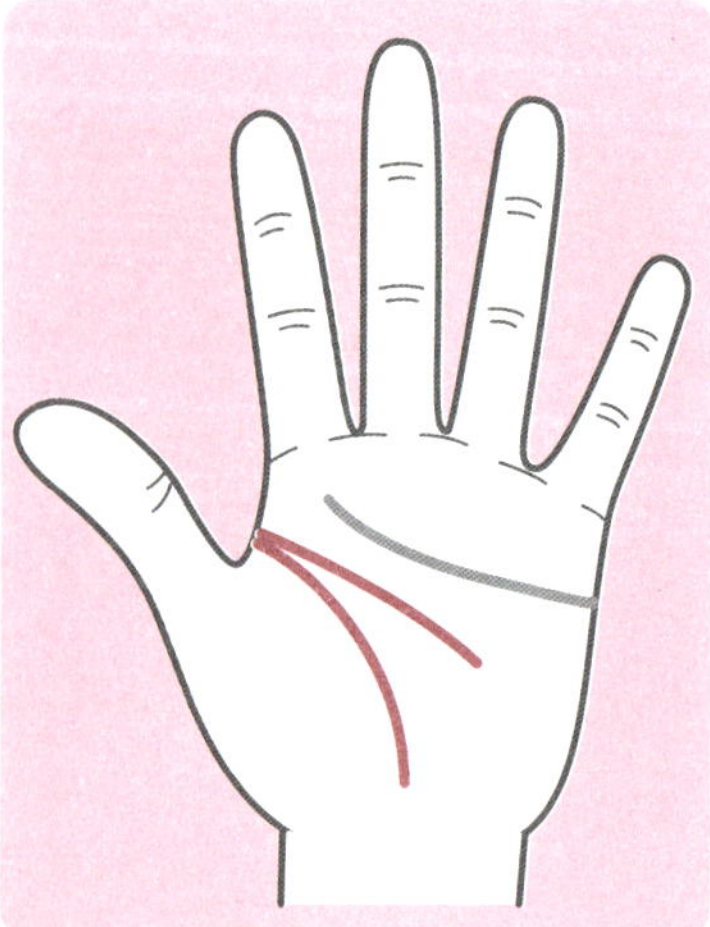

恋のチャンスを逃してしまう人

●頭脳線が生命線と途中まで1本の線になっている

思慮深く慎重すぎる人です。よく考えてから行動しますから、つまらない人にひっかかることはありませんが、逆に考えすぎて恋のチャンスを逃してしまうことが多々あります。誰かが一押ししてあげると、うまくチャンスにのれます。思いつきで行動したり、冒険的な行動をしたり、というタイプではありませんので、結婚をして家庭を守るという意味では最良の人です。

★生命線と頭脳線の重なり部分が多い人ほど、このような傾向が強いことを示しています。

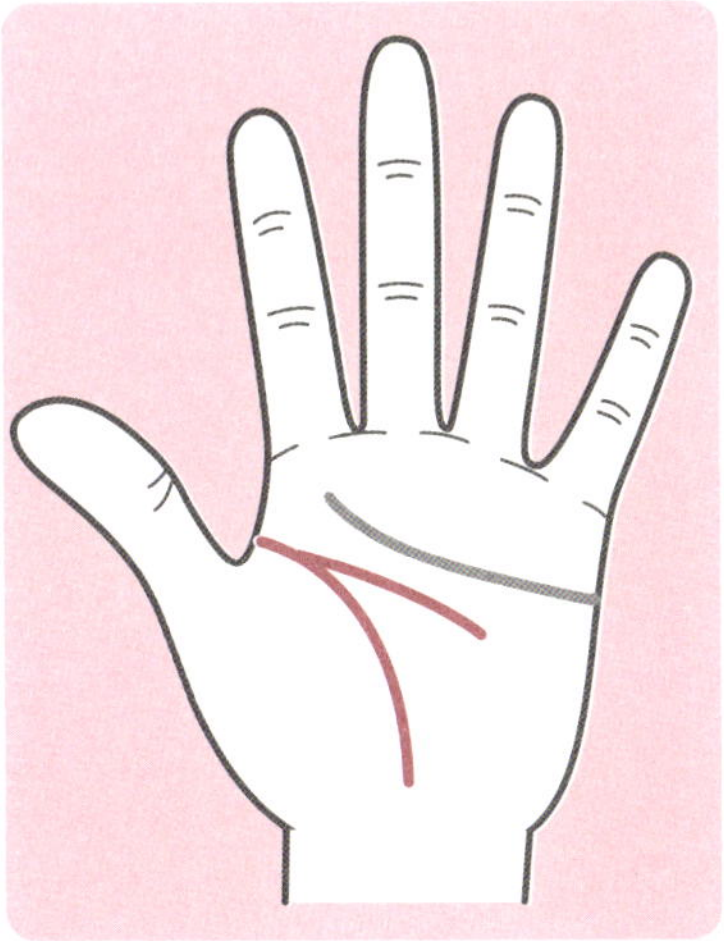

警戒心が強く縁遠い人

●頭脳線が生命線の内側から出ている

警戒心が強く消極的なタイプ。小さなことが気になるため、異性と交際するチャンスを自分から狭めてしまいがちです。相手に自分がどう思われているか、まわりはどう思っているかなど考えないで、意識して明るくふるまわないと恋人はできません。恋愛対象には同じタイプだと、二人で考え込んでしまいますので、物ごとにこだわらない、大らかな人がよいでしょう。

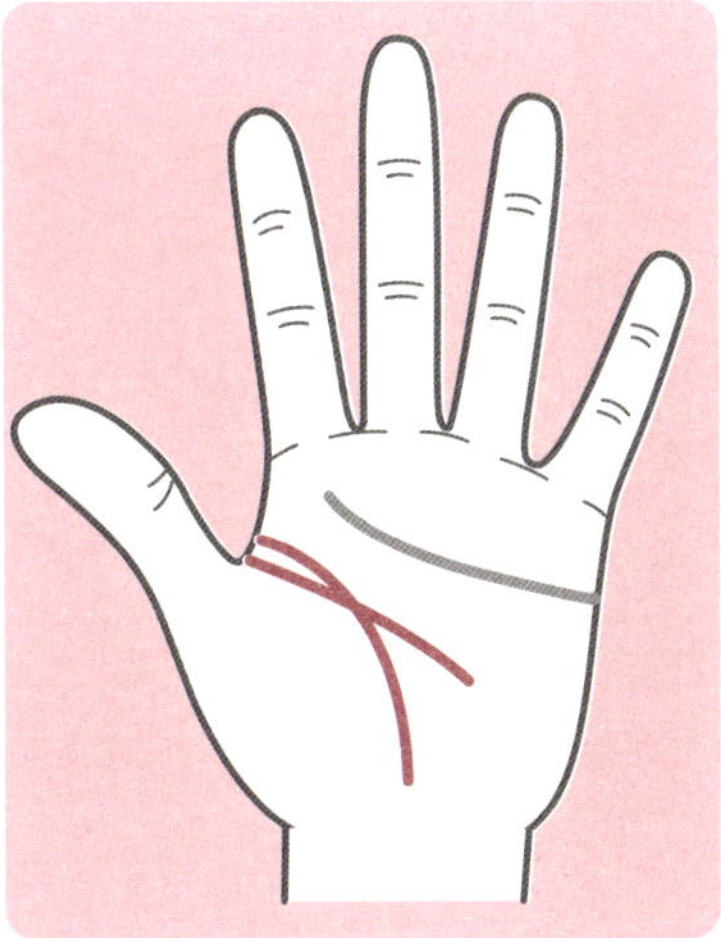

恋人がどんなタイプか見分ける法

あなたの恋人がどんなタイプかみてみましょう。クールだけど生活力があるとか、ロマンチストでお人よしだけど生活力はないとか。これらを知るには頭脳線の末端がどこへ向いているかで判断できます。

❶頭脳線が上方へ向かっている人

頭脳線が上方に向かっている人ほど、現実的な志向をする人です。物ごとを合理的にとらえ、テキパキと行動しますので、恋愛の相手としては安心感、確実性はあります。

しかし、どちらかというと、「俺について来い！」というタイプですので　ゆっくり恋を語るとか、ムードを楽しみたいという人には合わないかもしれません。

❷頭脳線が下方に向かっている人

頭脳線の末端が下方に向かっている人ほど、ロマンチックな人です。夢を語る相手としては最高の人といえますが、ただし、お金儲けが下手で理想を追いすぎる傾向があります。生活力はイマイチというのが弱点です。

❸頭脳線が感情線と手首の真中あたりで終わっている人

現実的な面とロマンチストな面と両面を兼ね備えた、たいへん常識的でいちばんバランスのとれている人です。個性的なタイプが好きだという人は別として、恋人としても結婚相手としても理想的なタイプといえます。

❹頭脳線が生命線寄りに下に伸びている人

こういう相の人は頭脳は優秀ですが、物ごとを深刻にとらえすぎる傾向があり、交際相手としてはかなり疲れるタイプです。思い込みが激しく、またクヨクヨ悩みますから、同じような性格の人だと二人で落ち込んでしまいます。かなり明るい人でないとうまくいきません。

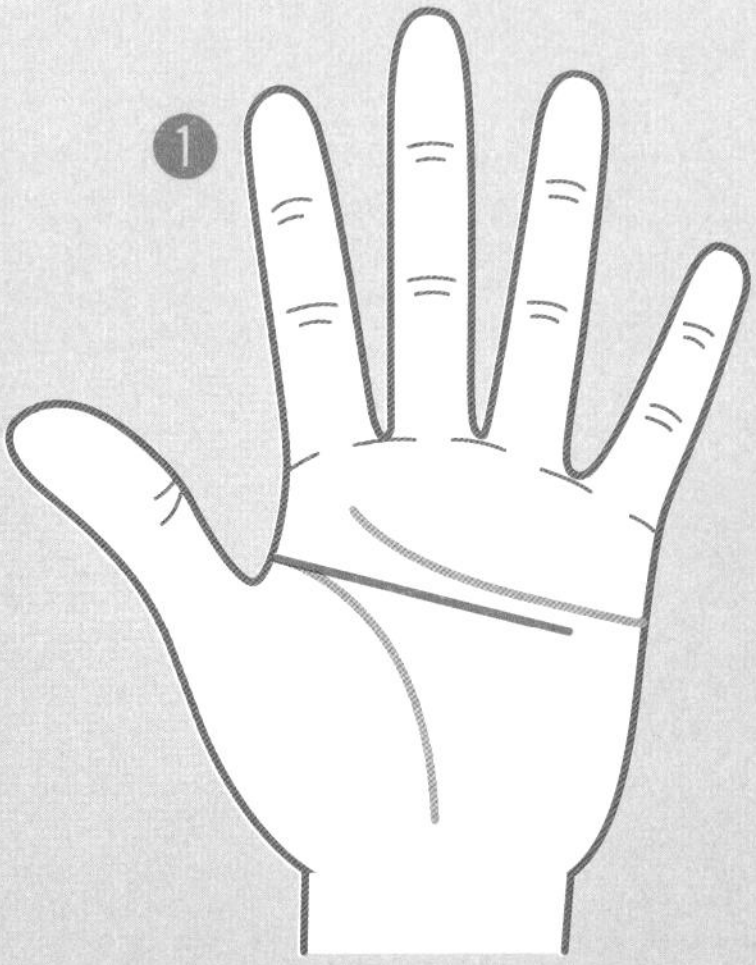

ムードはないが安心・確実タイプ

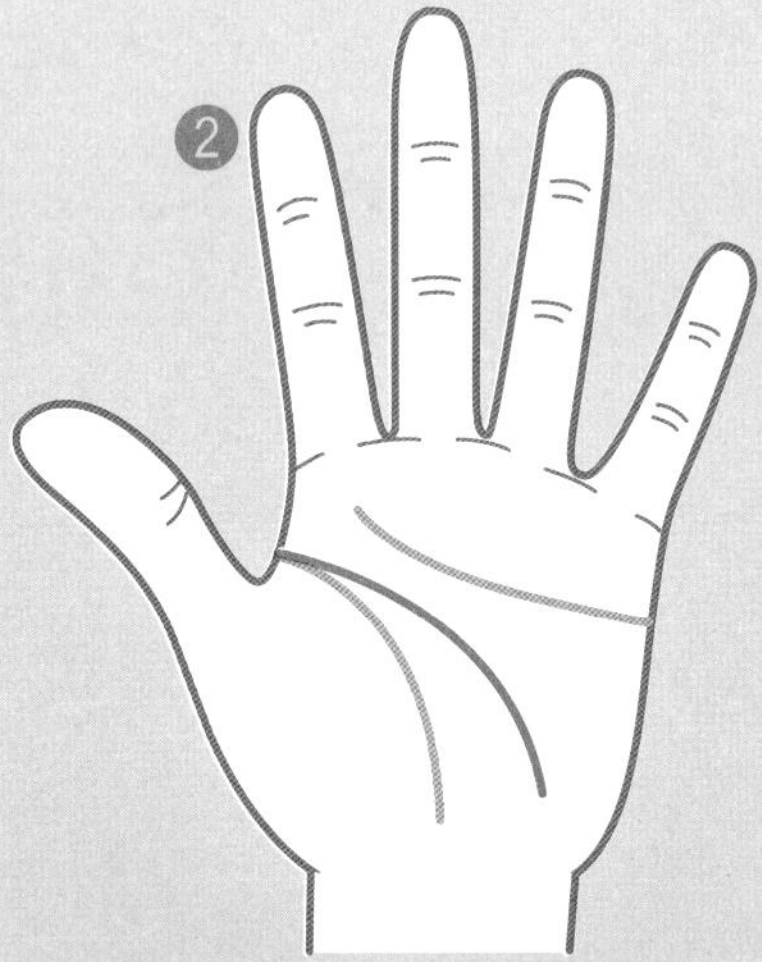

生活力は乏しいが夢を語るには
最高のタイプ

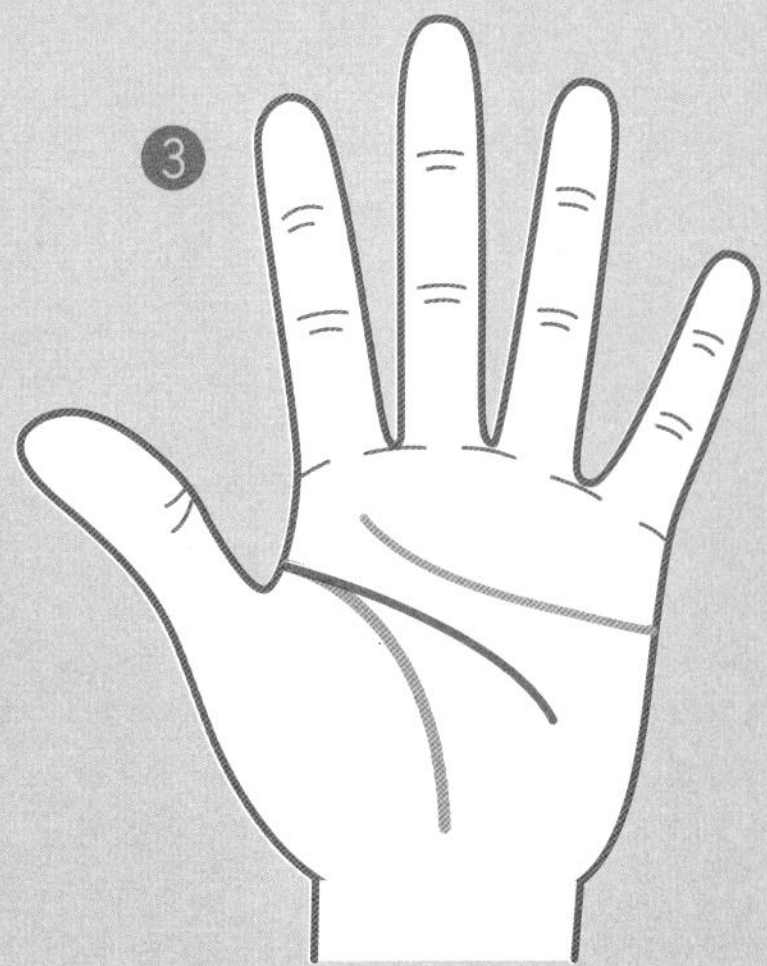

個性はないが理想的タイプ

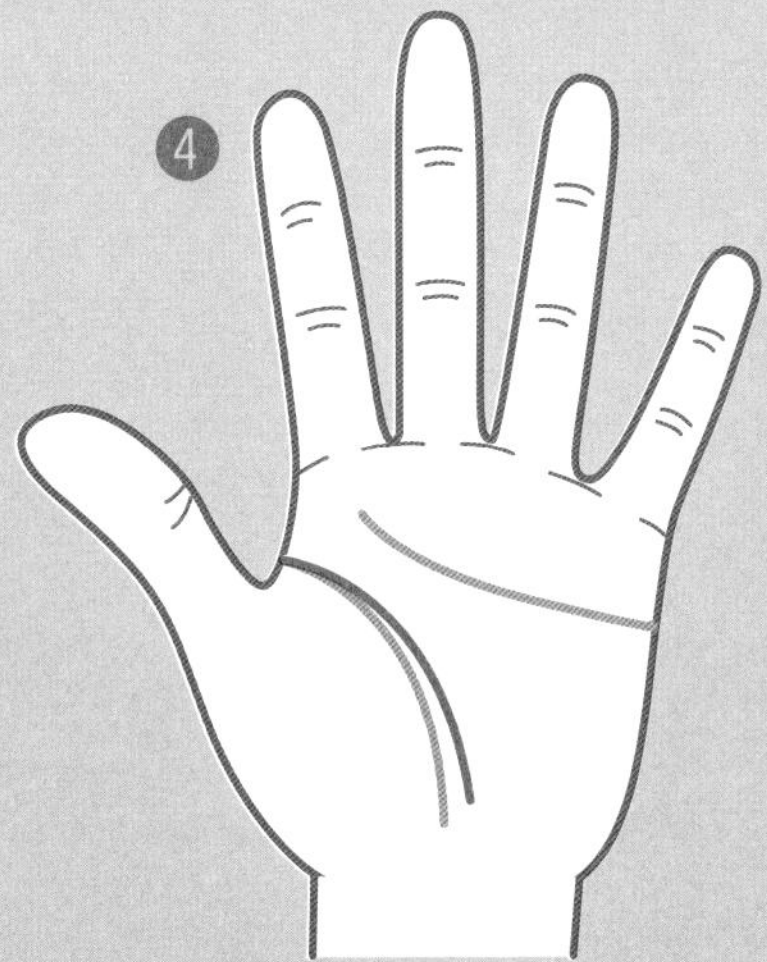

思い込みが激しい深刻タイプ

特殊な相で恋愛・結婚運をみる

●二重頭脳線の人

頭脳線が2本出ているものを二重頭脳線といいますが、これは大胆、奔放という性格と、慎重、冷静という相反する二つの性格を持っています。行動力、記憶力にすぐれ、人の上にたって活躍できる人ですが、女性では勝ち気なため、結婚運はあまりよいとはいえません。

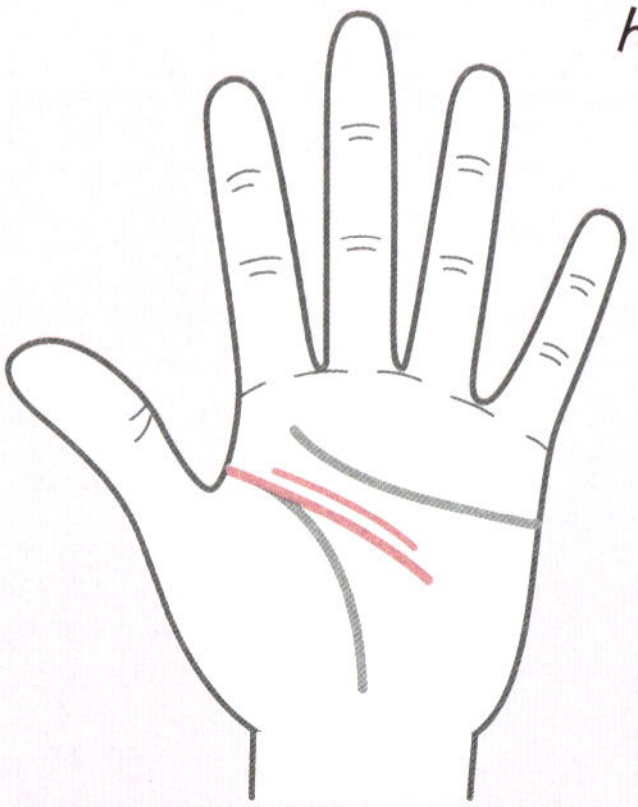

強すぎて結婚運はイマイチ！

●頭脳線も感情線も鎖状の人

感情線も頭脳線も鎖状だったり、切れ切れの線の人は熱しやすく冷めやすい性格。理性や思慮に欠ける面もあり、気まぐれの恋に走り、愛情関係で失敗しやすい人です。

結婚線が何本も出ていたり、金星帯が出ている場合は、なお気をつける必要があります。

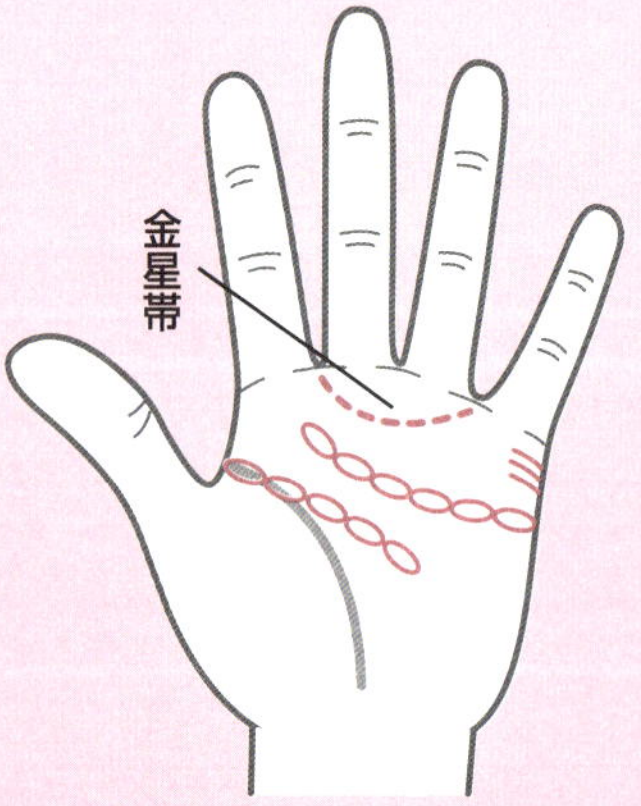

気まぐれの恋に走りやすい！

●マスカケ線の人

頭脳線と感情線が合流して、1本の線になり、生命線と一緒になった形が、ひらがなの「て」のようになっているものをマスカケ線といいますが、この相は、チャレンジ精神が旺盛で、どんな仕事もテキパキこなし、リーダーシップをとって活躍する人にみられます。

恋愛においては、たいへん情熱家で、人を好きになると徹底的に愛し続けます。しかし、次から次へと恋人を変える傾向があり、結婚は晩婚になる人も多くみられます。

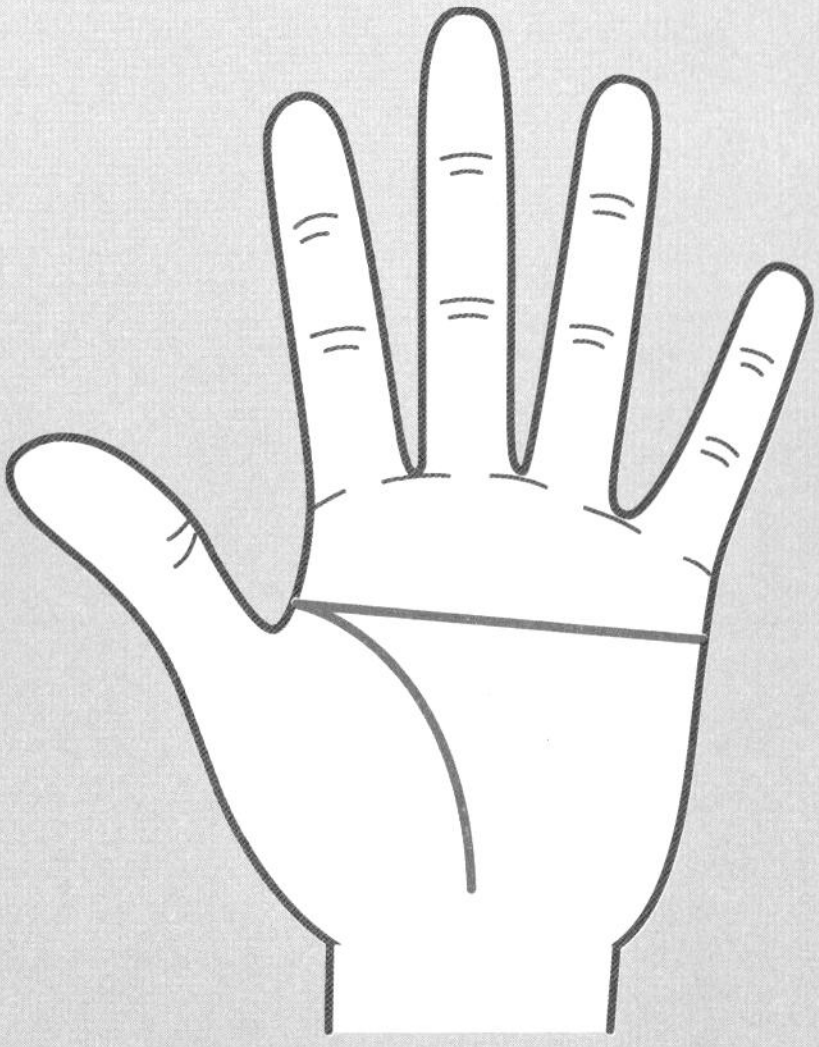

仕事も恋愛も徹底的に！

変型マスカケ線

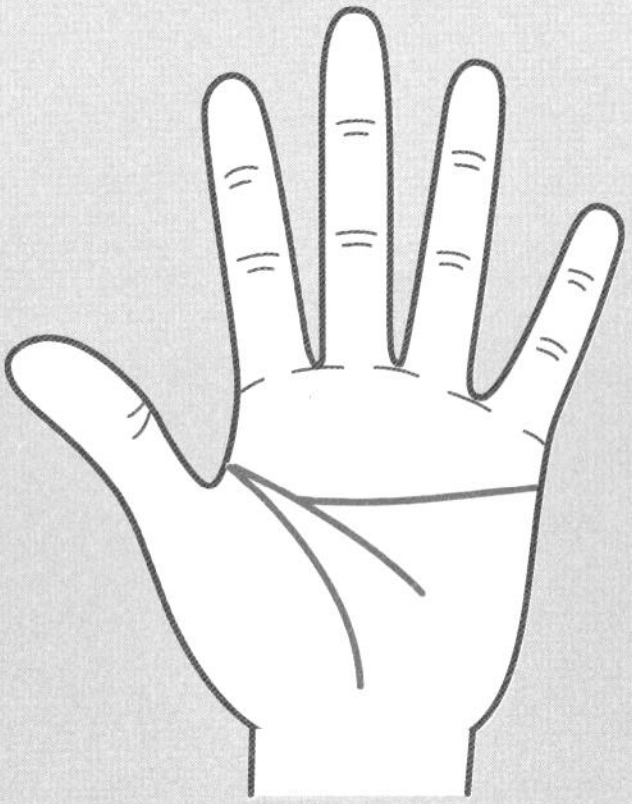

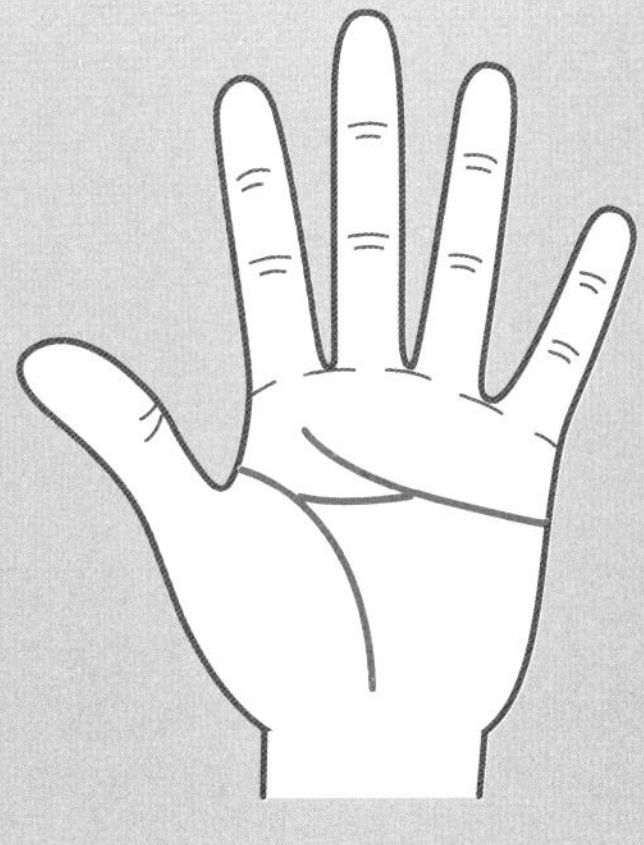

恋する人・迷いの人。あなたの恋愛のカタチ

感情線でみる

感情線は愛情や感性をみる線ですが、感情線については他の線と違い、少々乱れぎみで幅広くなっているものや、鎖状になっているもののほうが愛情が豊かな人とみます。

感情線が乱れもせずに細い線がスーッと1本出ている人は、感情がさっぱりしすぎてやさしさに欠けるきらいがあります。恋愛をしても冷めやすい人です。

しかし、それぞれモノには程度があって、感情線が乱れに乱れている人は誰とでもすぐ息投合しますが、お天気やで恋愛も長続きせず、浮気タイプとなります。

もうひとつ、感情線をみるポイントとしては、感情線が短いものほどクールな人、感情線が長いものほど愛情深い人とみます。

また、上向きにカーブしているものは情熱的な人、下向きにカーブしているものはウエットでセンチメンタルな人。直線的なものは直情型で一本気な人とみます。

感情線の標準的な長さ

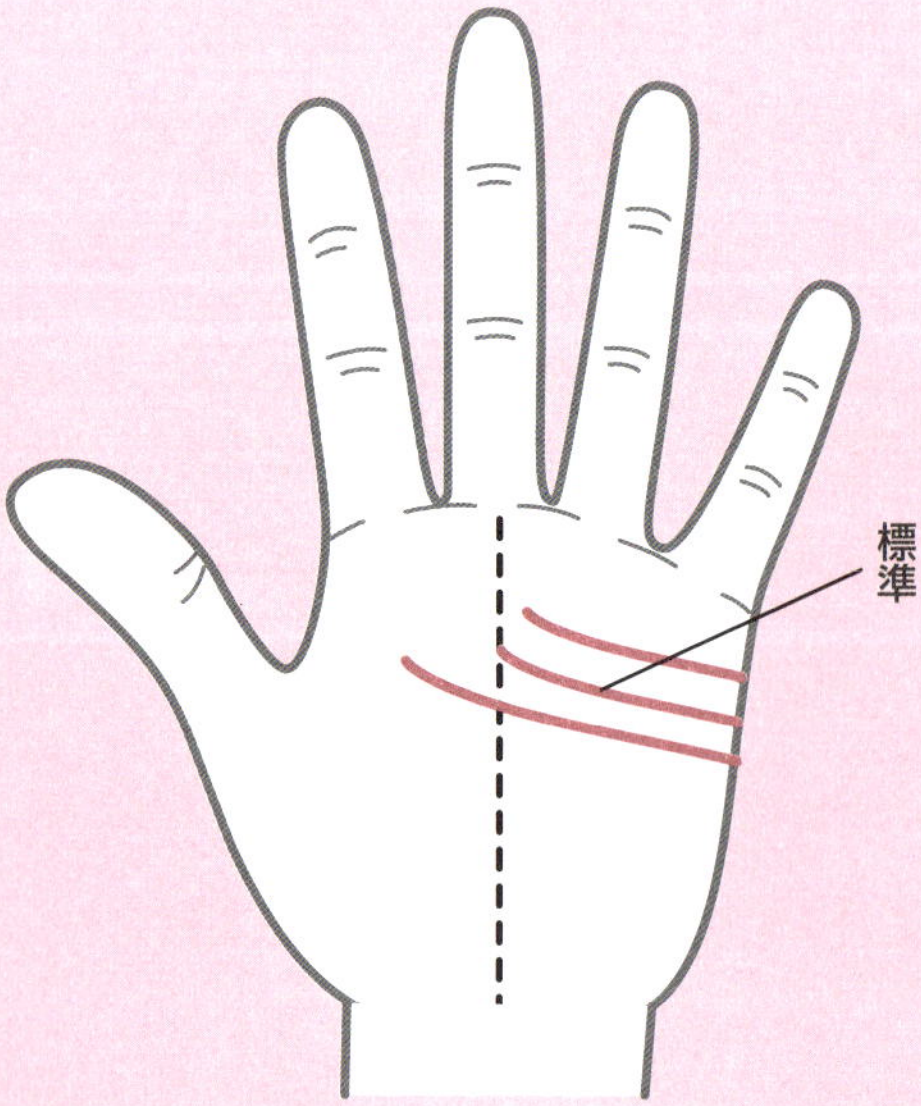

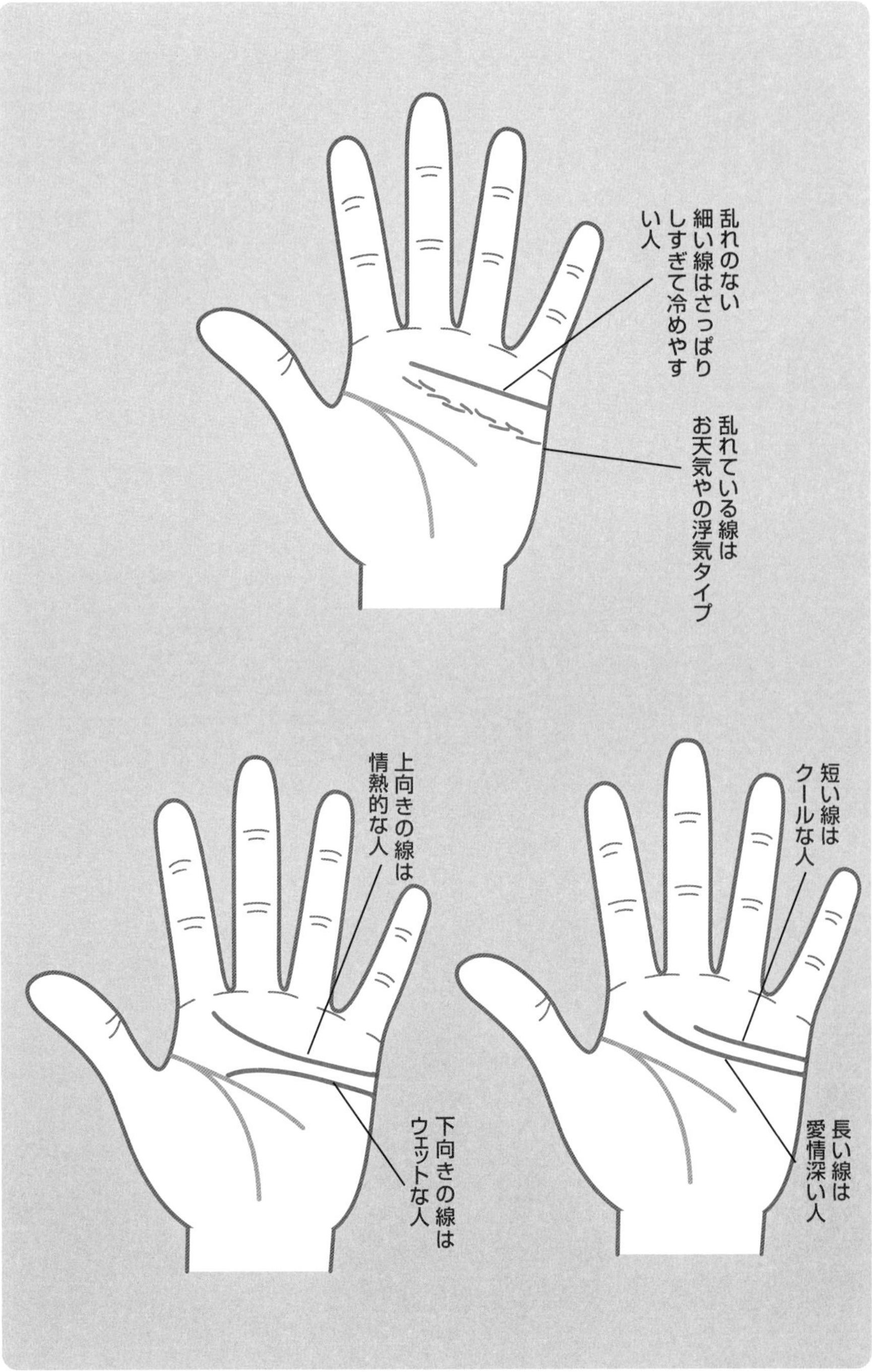
乱れのない細い線はさっぱりしすぎて冷めやすい人
乱れている線はお天気やの浮気タイプ
上向きの線は情熱的な人
下向きの線はウェットな人
短い線はクールな人
長い線は愛情深い人

感情線の末端の位置でみる愛のカタチ

●人さし指と中指の中間で終わっている人

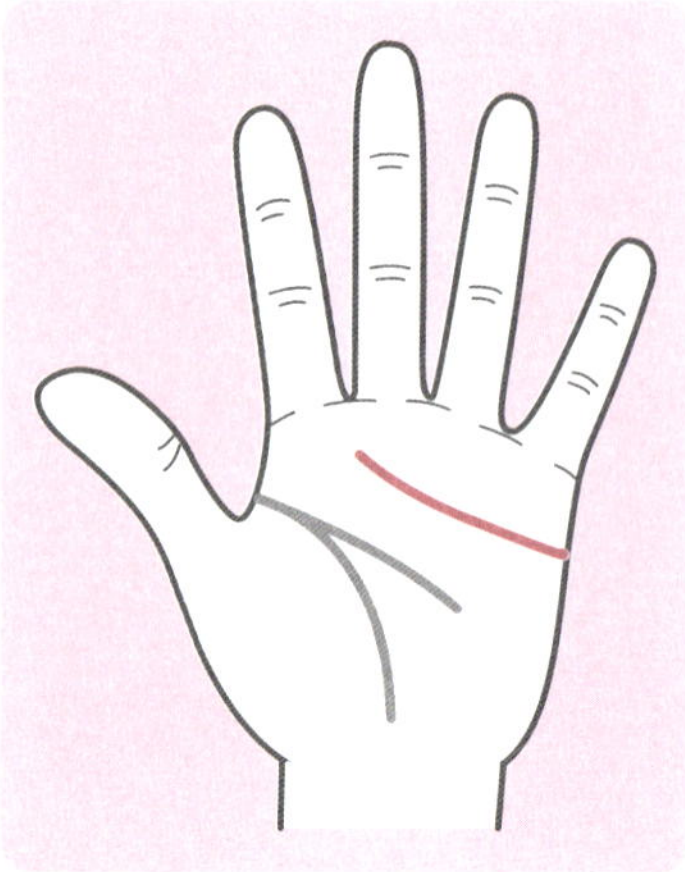

感情と理性とのバランスがとれた常識的な人。思いやりも愛情も厚く、相手によく尽くす献身型の人です。

●中指の下で終わっている人

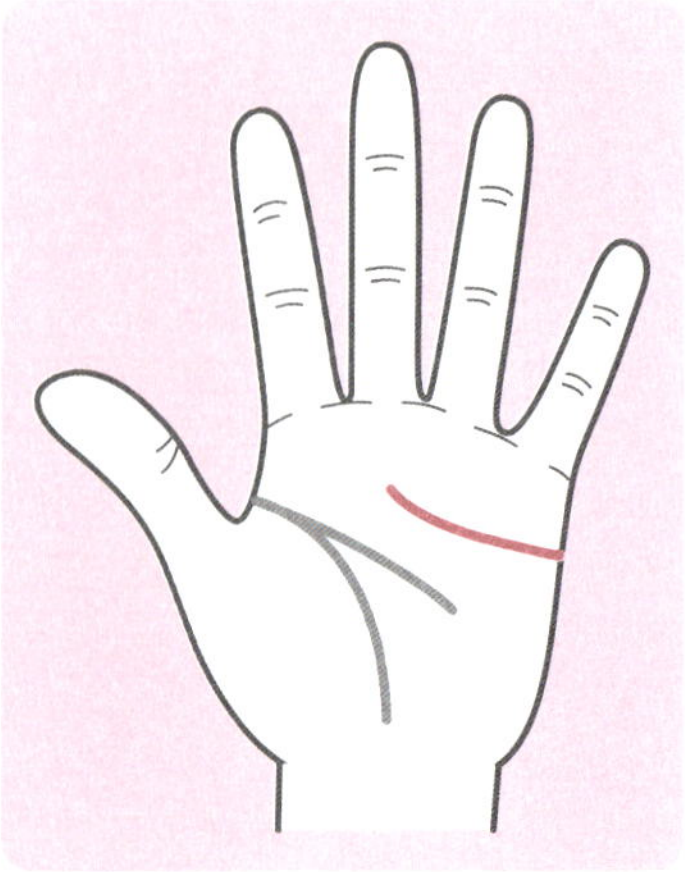

愛情と仕事のけじめをはっきりつける割り切り型の人。愛情は自己本位。恋愛を成就させるにはもう少し柔軟さが必要です。

●人さし指のつけ根に伸びている

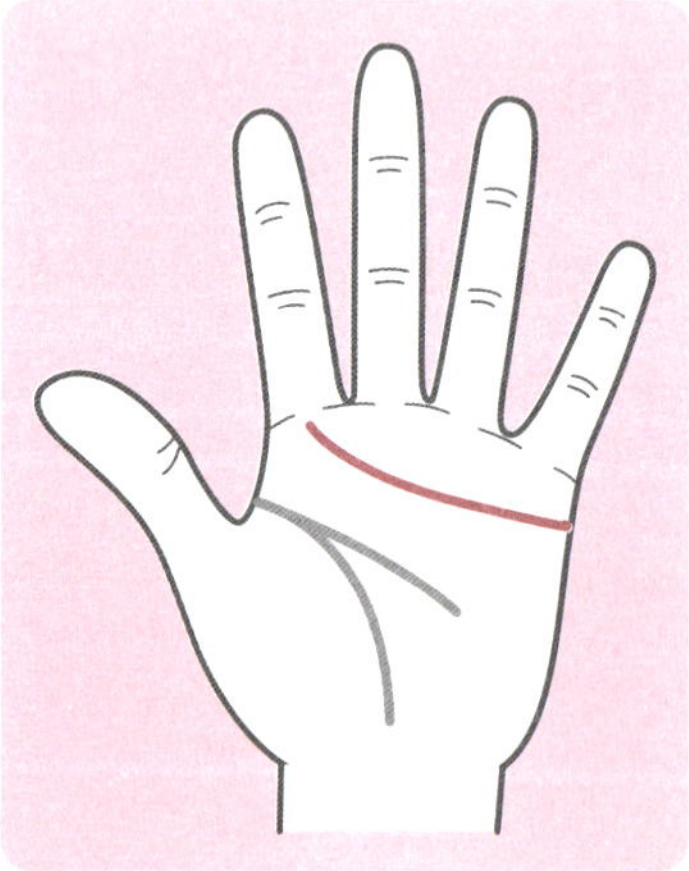

結婚相手には知性的な人を選ぶ傾向があります。たいへん理想が高く、妥協することを嫌いますので、晩婚になるおそれがあります。

●人さし指と中指の間に入り込んでいる

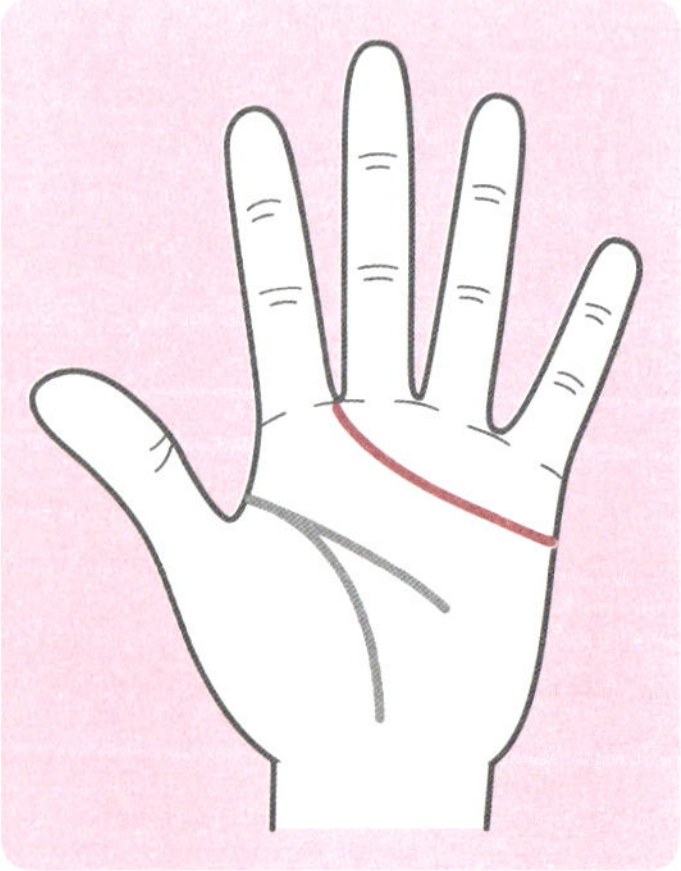

思いやりが深く、尽くし型。しかし、世話をやきすぎて、相手からうるさがれることも。潔癖性が強く、相手のダラシのなさは許せません。

●手のひらの側面まで伸びている

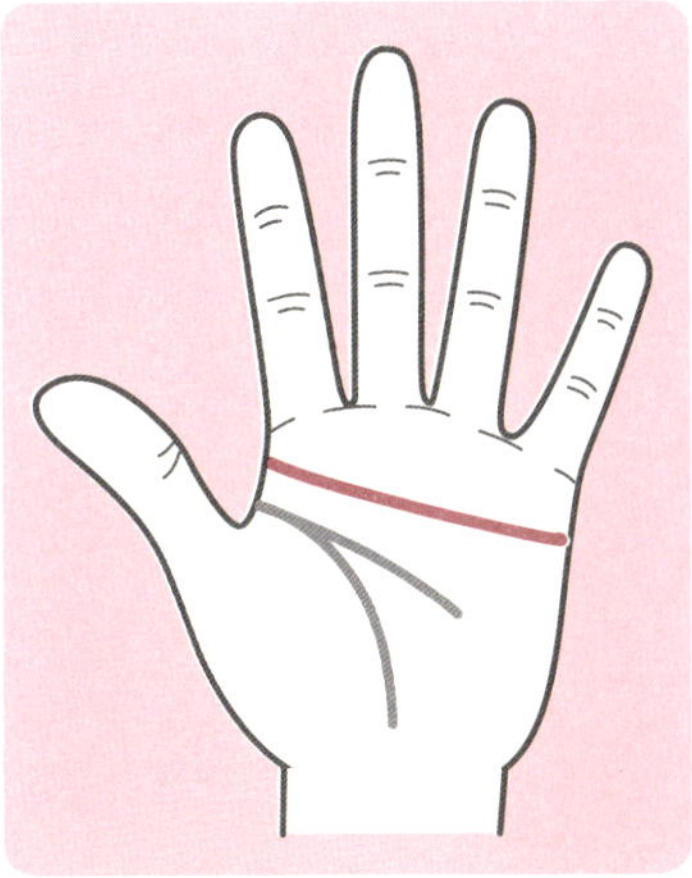

愛情過多の人。独占欲、嫉妬心が強く、自己中心的な愛情を注ぎます。ほどほどにしないと、相手を辟易させます。

●中指のつけ根に入り込んでいる

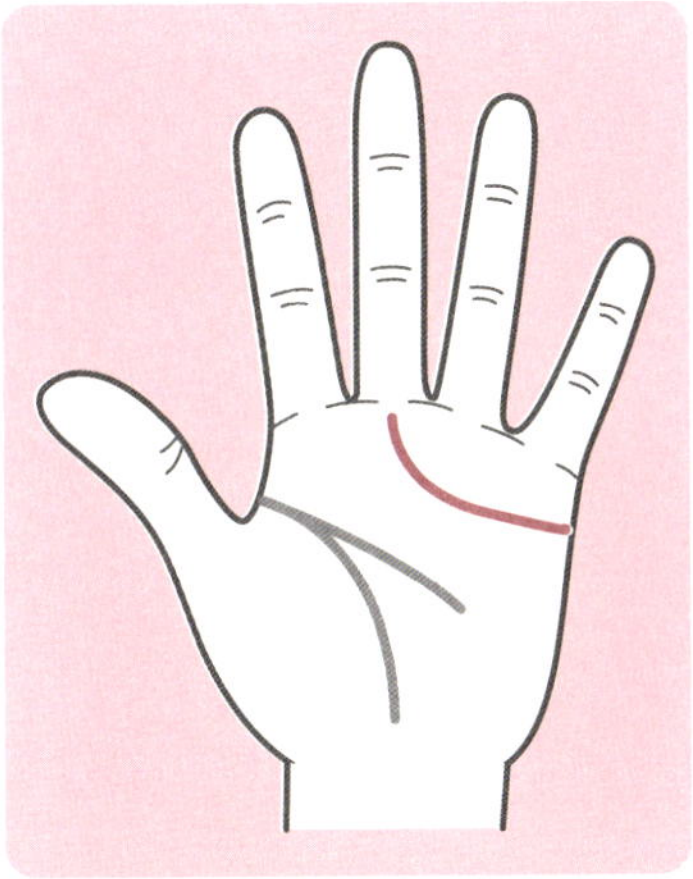

自分の世界を持ち、孤独が好きなタイプ。冷静さがあるので、つまらない相手は選びません。ただ、恋の成就には時間がかかります。

⑦感情線が極端に短い

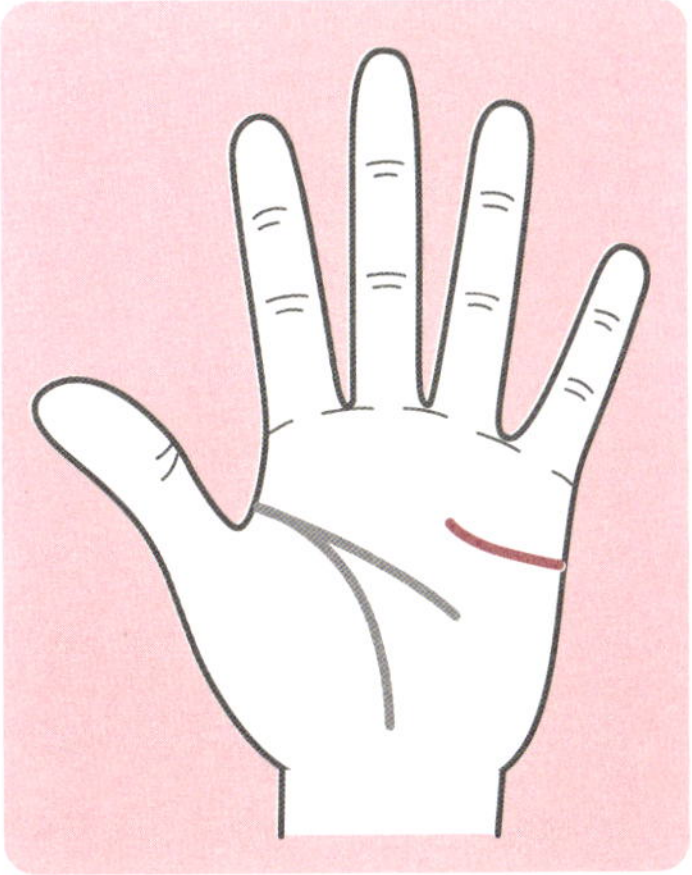

心の冷たい人です。相手の気持ちなど考えようともしません。本人がそのことを気づいていないだけに、恋愛の対象としては苦労します。

⑧感情線の先に短い線がもう1本出ている

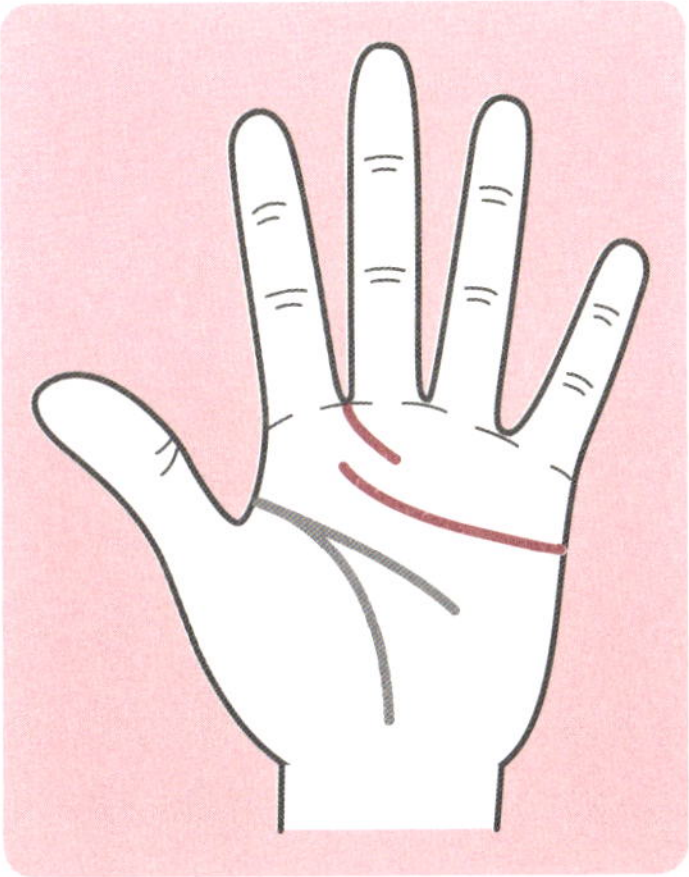

粘り強い性格の人で、感情のコントロールも上手。相手によく尽くす良妻賢母型。一面、目立ちたがりやのところもあり、座を盛りあげるのが上手です。

感情線の二又線でみる愛のカタチ

●木星丘で枝分かれしている

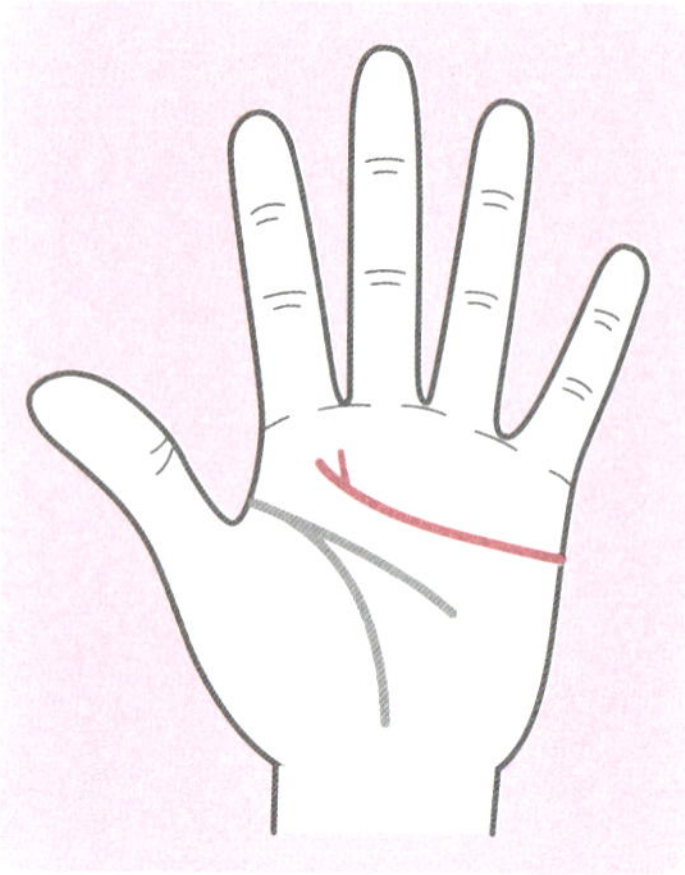

同情心に厚く、誠意のある人。理想を追い求めますが、情に流されることも。相談相手になっているうちに、恋愛に発展するというタイプです。

●木星丘と中指の中間に分かれている

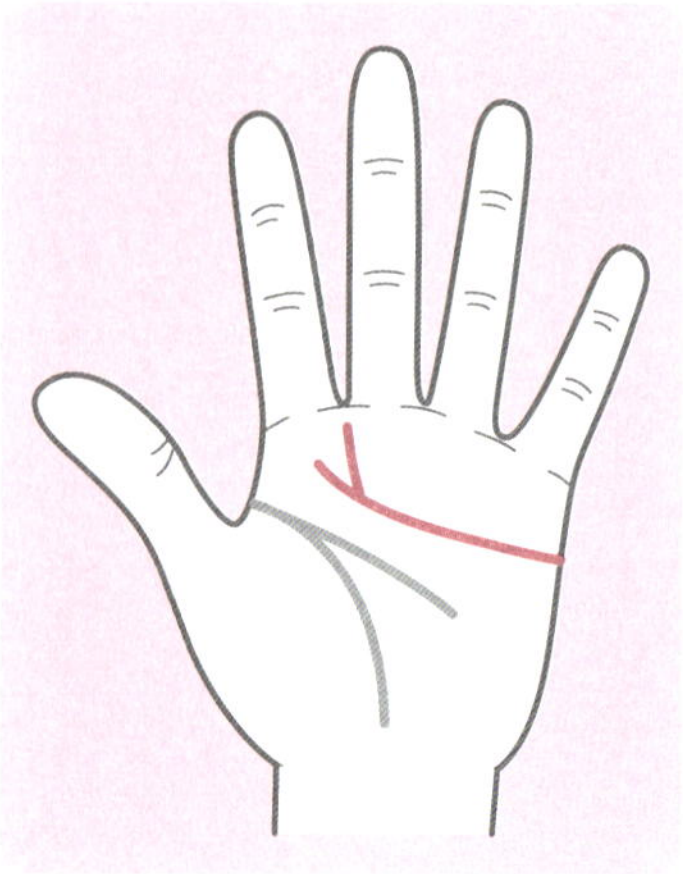

豊かな愛情の持ち主で、「お人よし」といわれるような人。節度をわきまえ、平穏な愛情を育てます。幸せな結婚生活が待っています。

●木星丘と土星丘に枝分かれしている

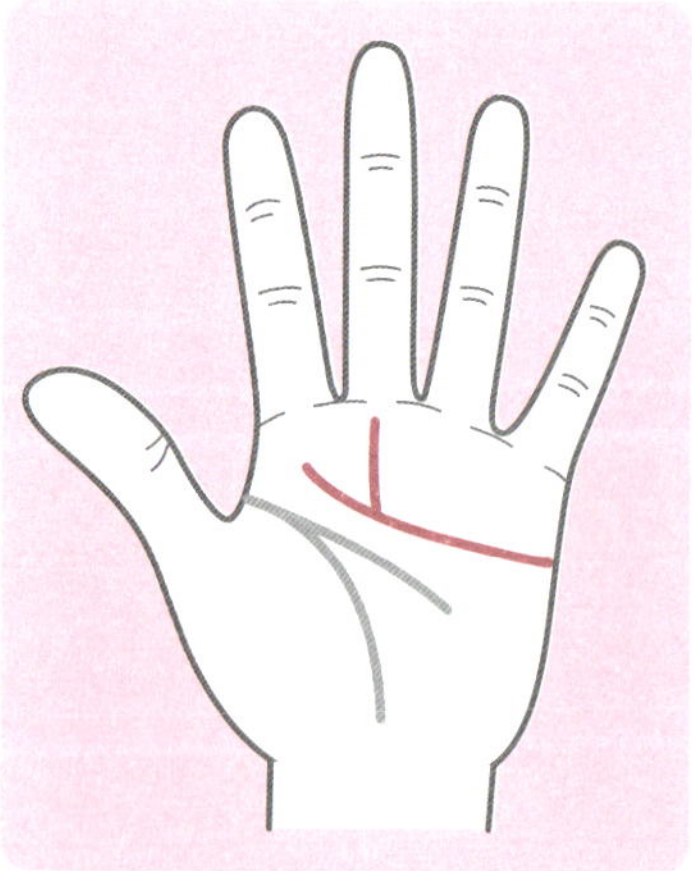

目的に向かって、突っ走る自分と、冷静な自分と、二面性を持っています。エンジンをかけたり、ブレーキをかけたり、恋愛も上手に育てていきます。

●木星丘と第1火星丘に分かれている

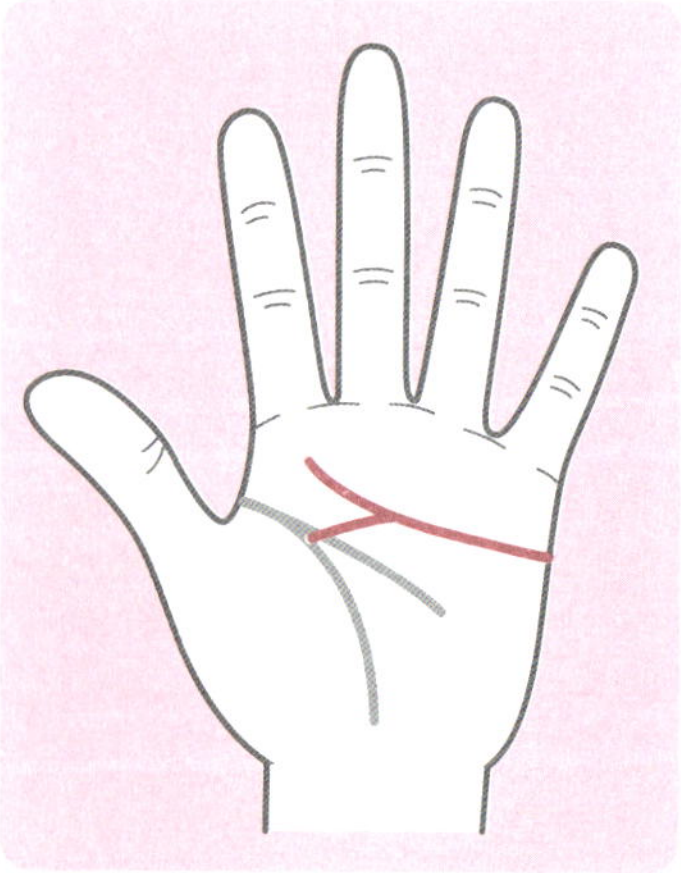

決断力に乏しく、依頼心の強い人。自分自身をアピールすることが下手なため、欲求不満もたまりがちです。恋愛よりも見合いのほうがよいでしょう。

感情線の下向きのカーブでみる愛のカタチ

●先端が木星丘の下で下向きになっている

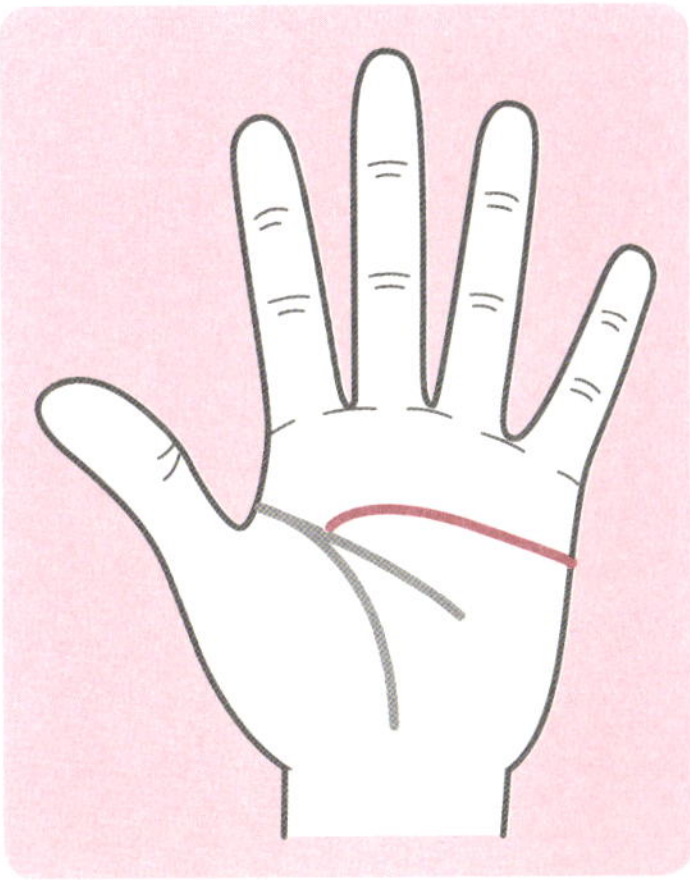

親切で愛情深い人。尽くし型ですが、センチメンタルな面があり、情にほだされやすい人です。冷静にならないと、つまらない人を選んでしまいます。

●先端が土星丘の下で急激に下がり、頭脳線に結びついている

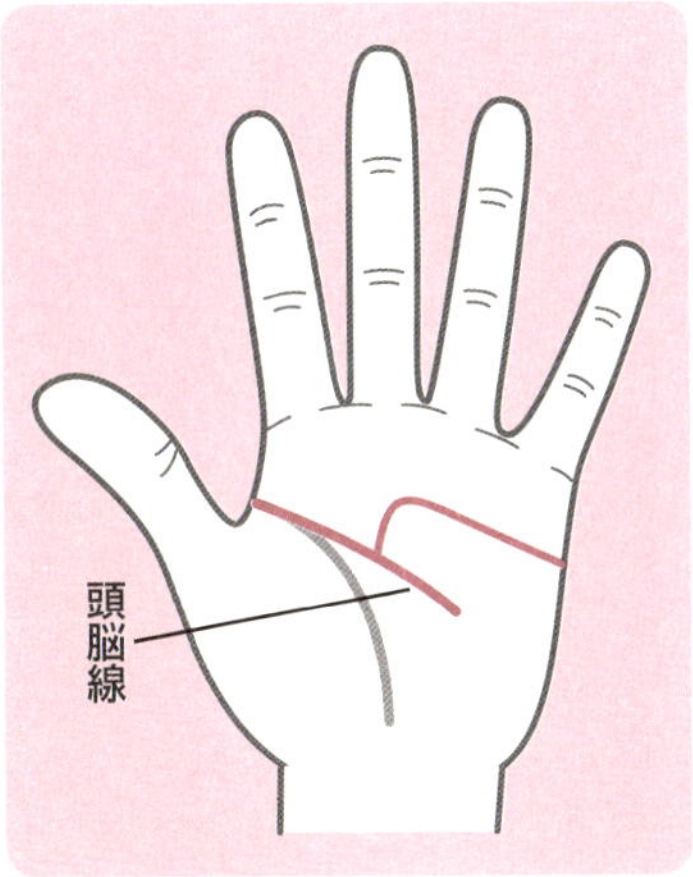

たいへんな激情家で、カッとすると何をするかわからないような人です。理性よりも感情に走りがちで、浮気でもしようものなら、修羅場になるかも。

●頭脳線まで極端に下がり、谷のような形になっている

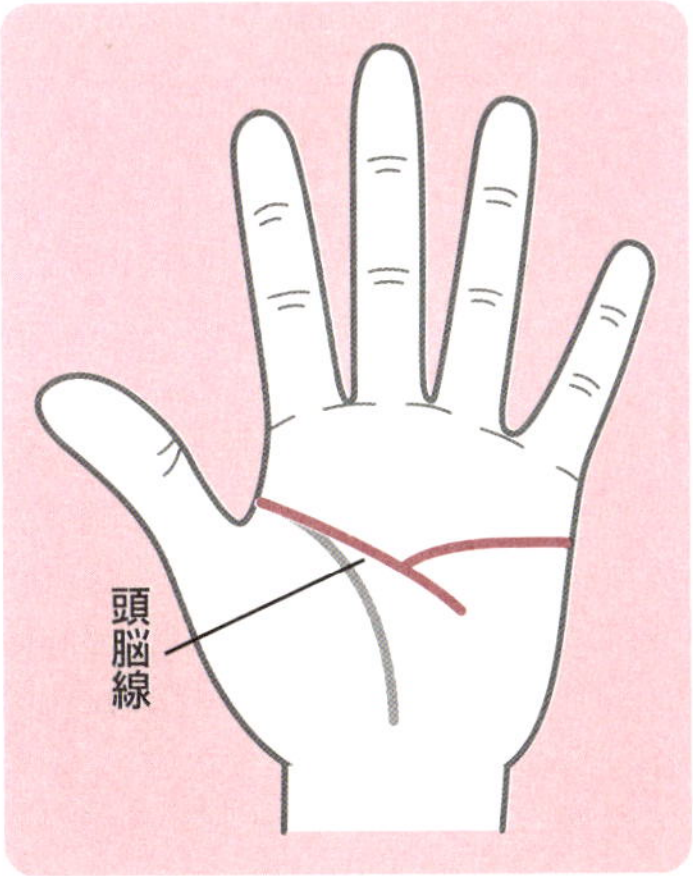

好きな人が現れても、自分の感情を打ちあけられない内向的な人。恋が実ることの少ない、いつも片思いで泣くような人です。

●下がった先端が頭脳線を越えて生命線まで達している

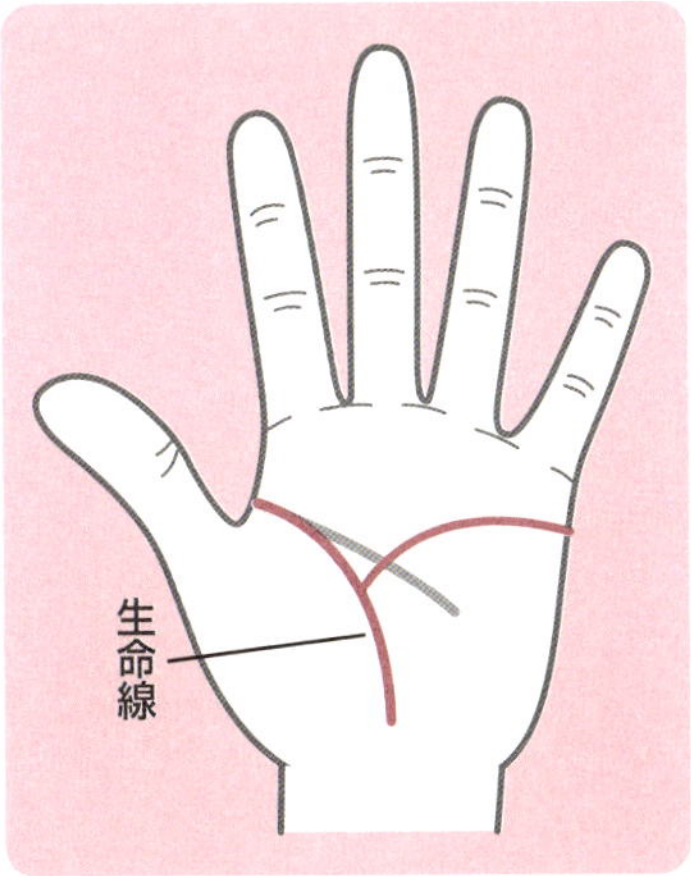

センチメンタルな性格がかなり強く、もし、失恋でもしようものなら、立ち上がれない人です。何もかもがうまくいかない凶相です。

感情線の形状でみる愛のカタチ

鎖状になっている

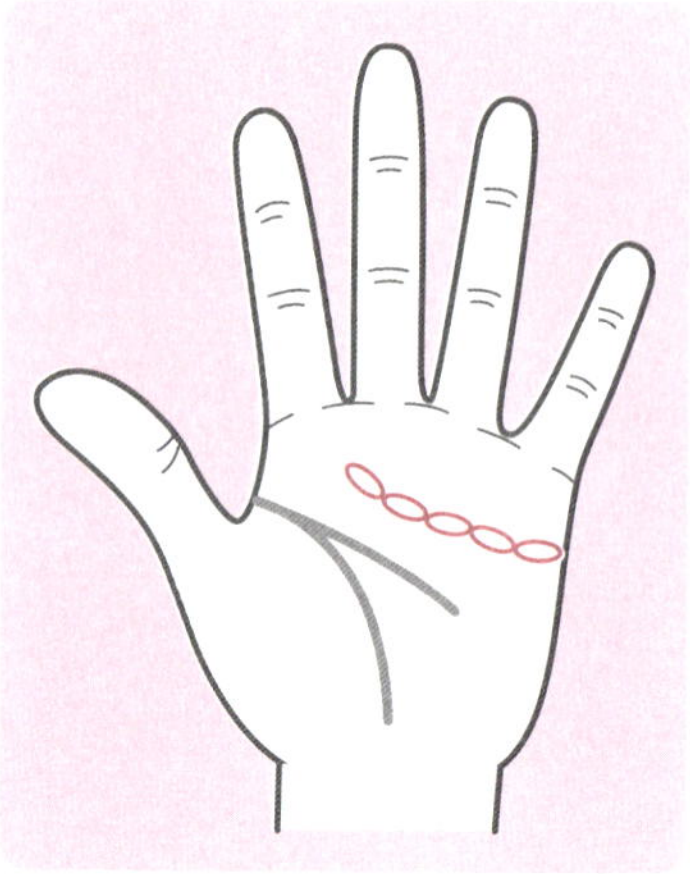

愛情が豊かで、魅力にあふれる人です。ただし、全線とも鎖状の人は、多情となります。あちらこちらと目移りし、一つだけの恋ではすまないでしょう。

切れ切れになっている

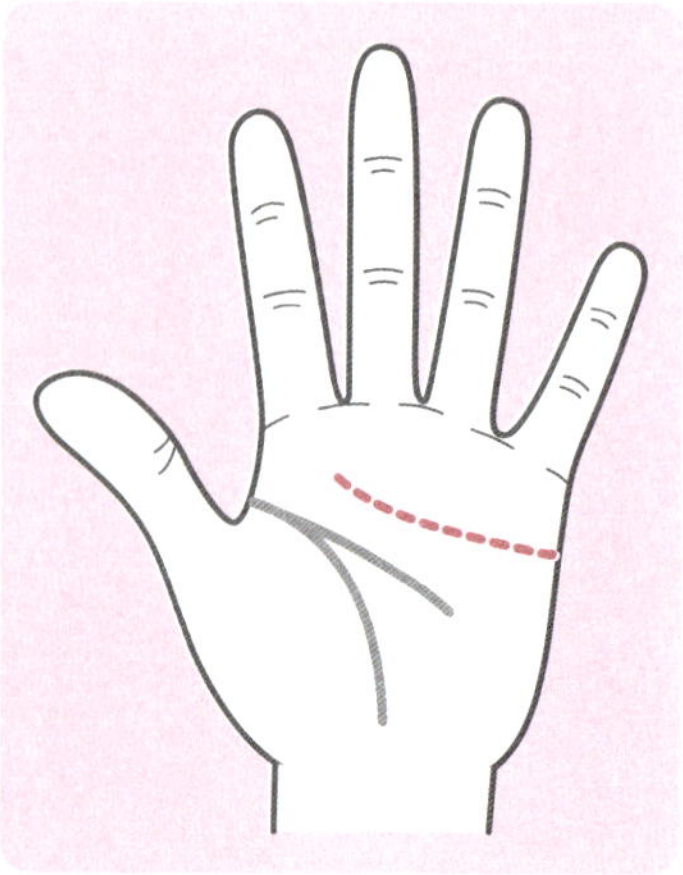

気まぐれなお天気やさん。性格は短気で、喜怒哀楽の激しい人です。交際中の人がいても、浮気をしたり、相手をふりまわします。

波状にうねっている

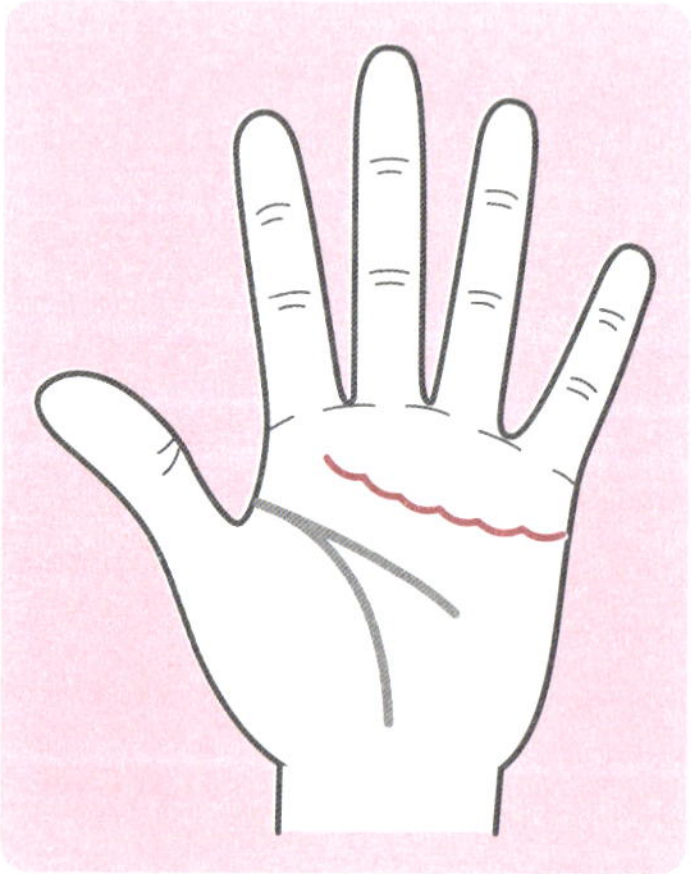

相手の気持ちや、心の変化を読み取れない鈍感な人。愛情を表現することも下手なため、恋の縁を求めるにはちょっと問題です。

4 乱れに乱れている

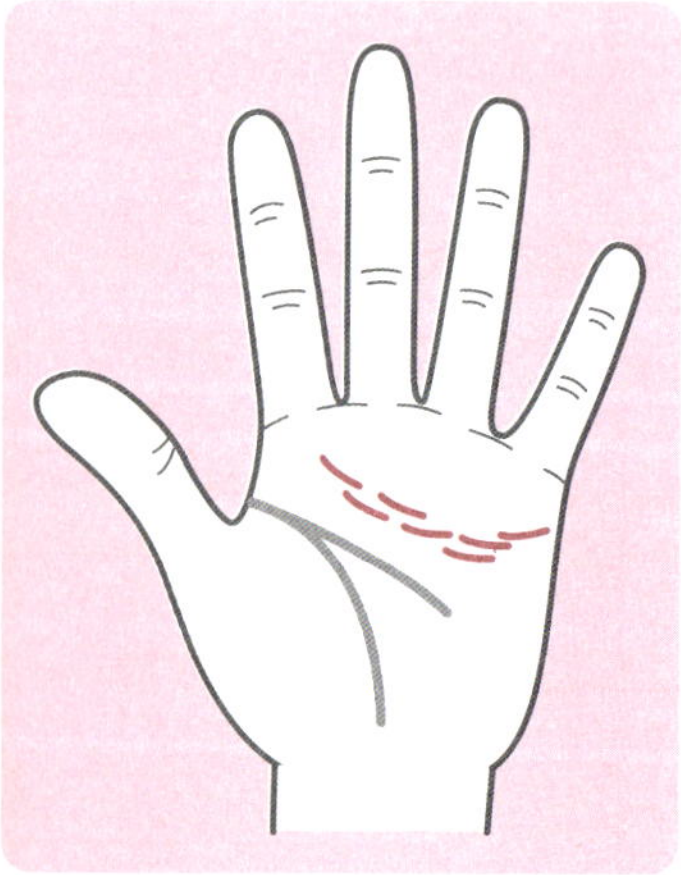

感性豊かな人ですが、気分にムラのあるお天気や。恋に落ちるのも早ければ、別れるのも早いというタイプ。スキャンダルには事欠かない人です。

●薬指の下で切れている

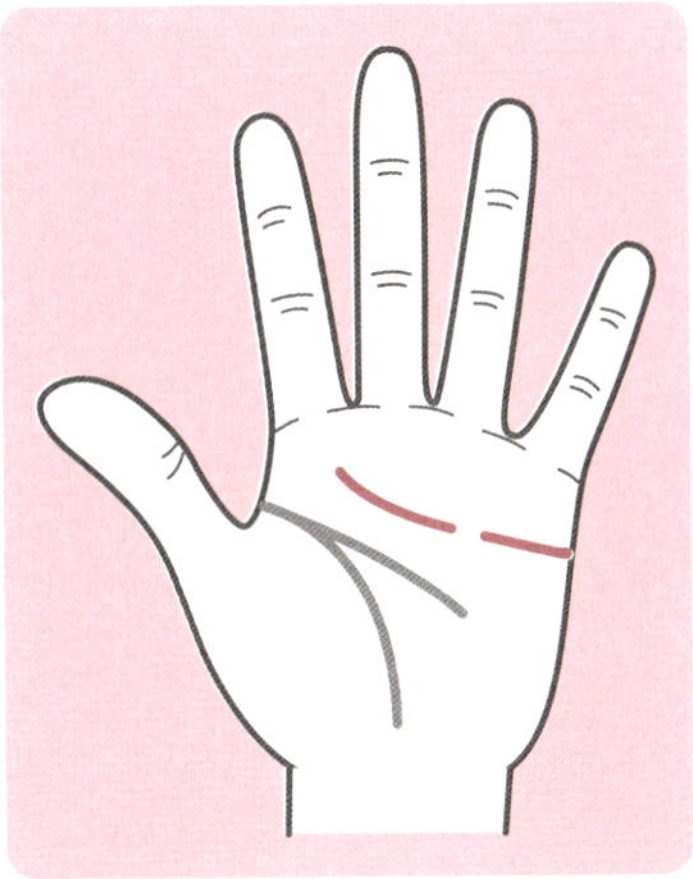

本人のわがままが原因で、恋の破綻が訪れます。自尊心が傷つけられると、がまんのできない人です。晩婚で幸せが得られます。

●中指の下で切れている

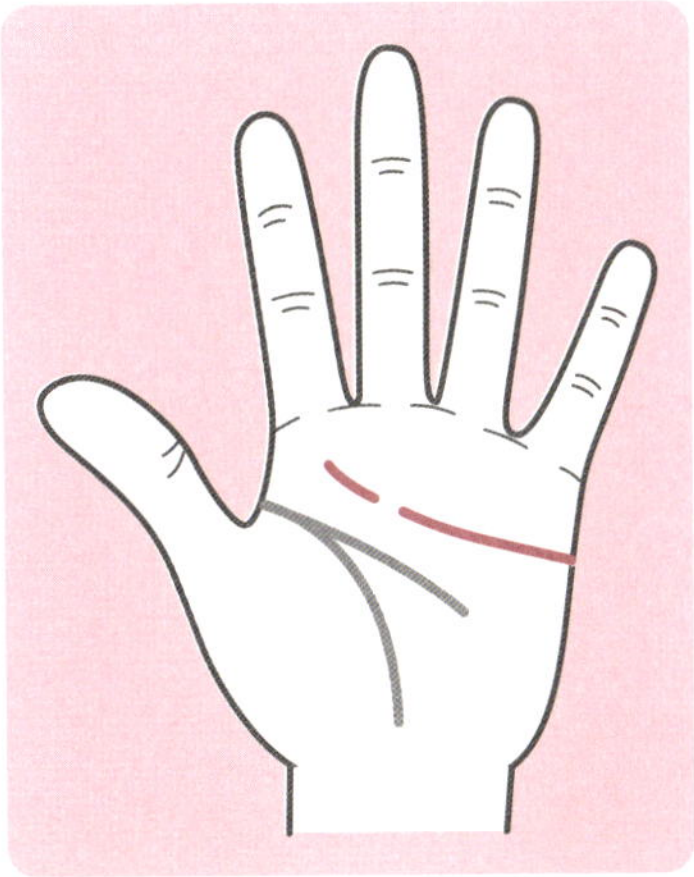

本人同士の気持ちというより、家族や上司の干渉・反対など、他のトラブルが原因して、破綻が生じる人です。恋の成就には、お互いの信頼が決め手。

●途中で切れているが重なってもう1本出ている

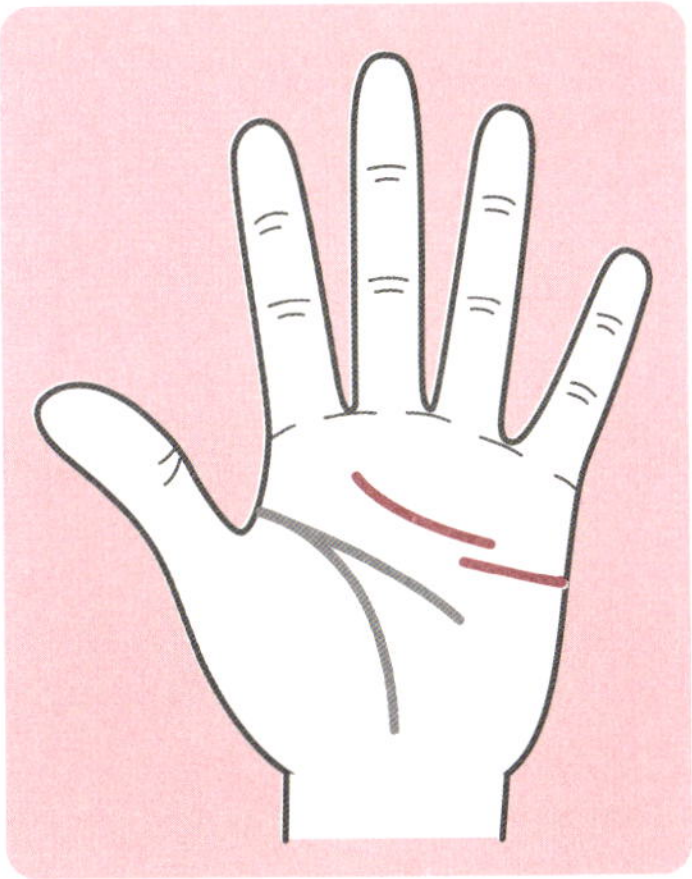

破綻の危険性はありますが、破局を迎えるまでには至っていません。修復可能な関係です。あきらめないことが大事です。

●小指の下で切れている

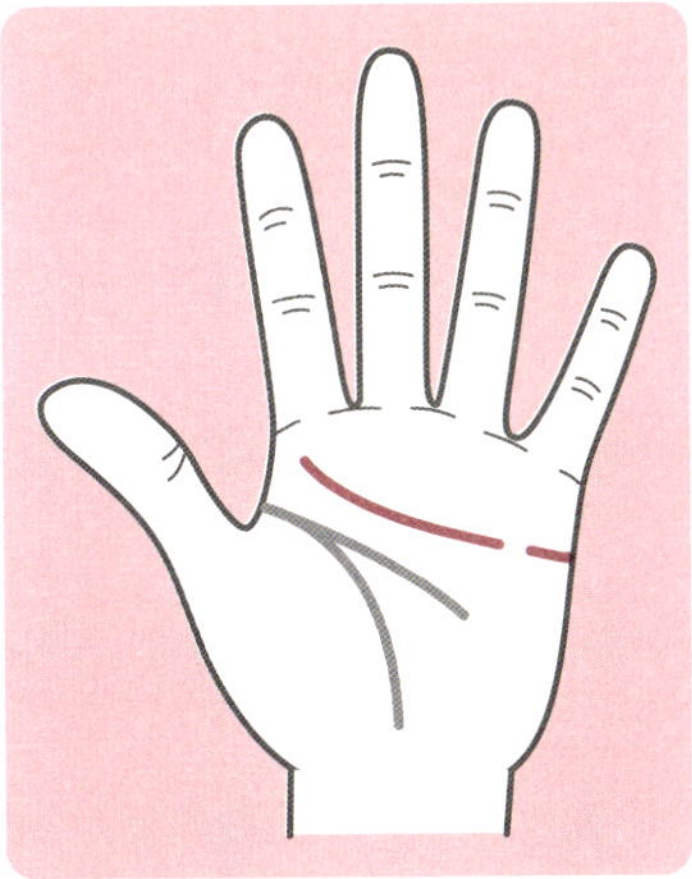

物質欲が強い面と、利己的な性格が原因して、恋の破綻を生じます。その性格を直さないと、いつまでたっても、恋は実りません。

感情線の細かい支線でみる愛のカタチ

●下向きの細い支線が2本出ている

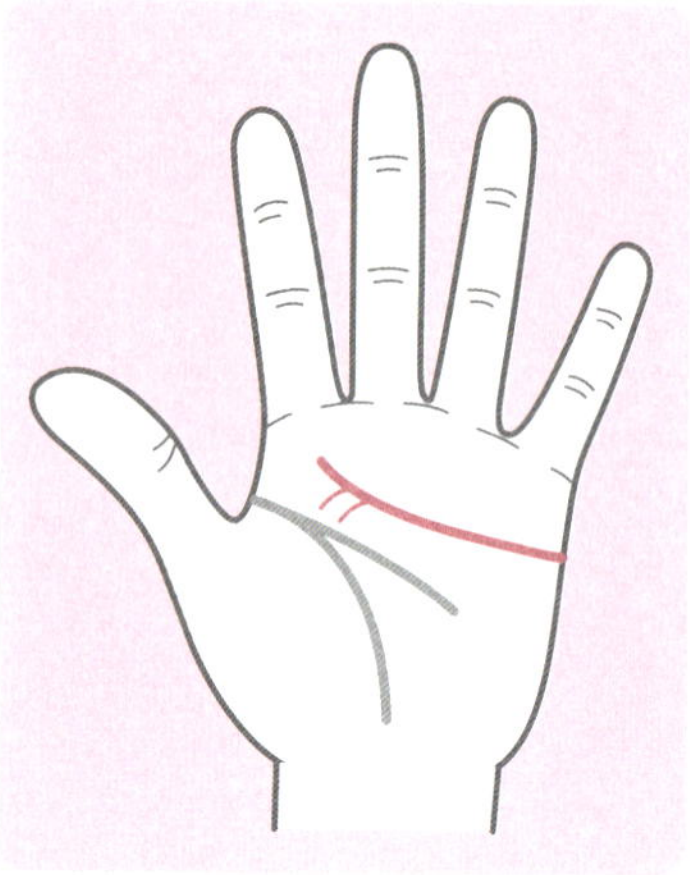

順応性があり、誰にでも誠意を尽くし、たいへん信頼される人です。おだやかな愛を育てます。

●上向きの細い支線が2本出ている

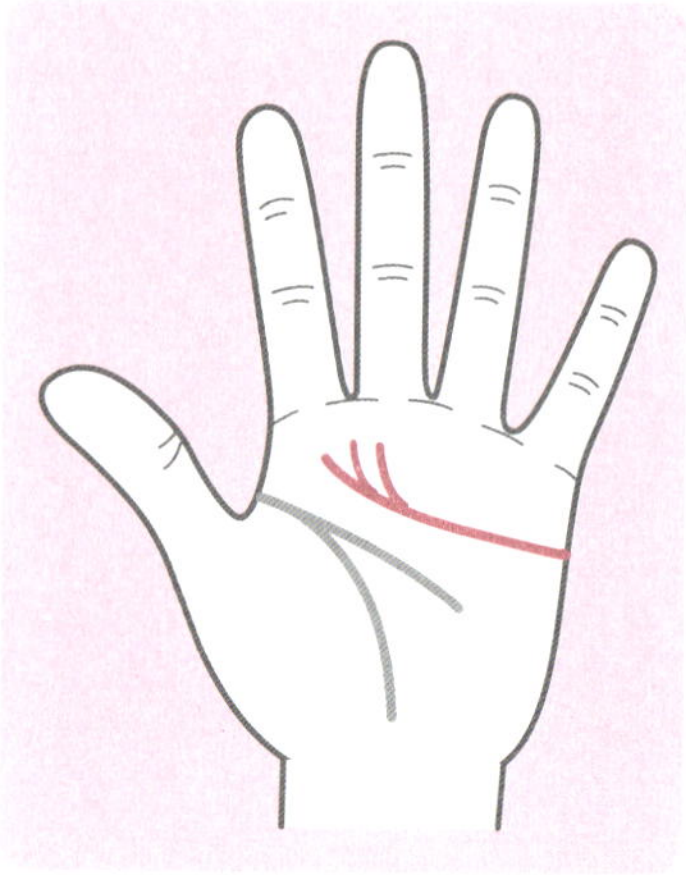

情熱を傾けて突きすすむ実行力のある人。カンもあり，冷静的でもあるので、無謀な恋には走りません。恋の相談相手には最適。

●大きな支線が3本以上出ている

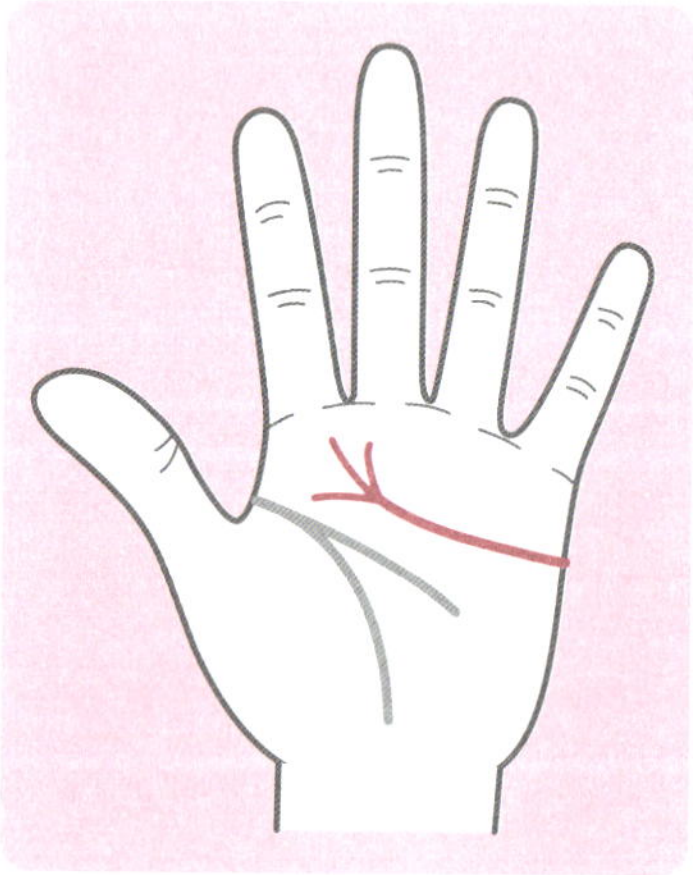

八方美人型の世渡り上手。相手の感情をつかむのが上手で、誰とでも仲良くできます。友人は多いが、結婚は遅くなるというタイプ。

●先端に支線が多数出ている

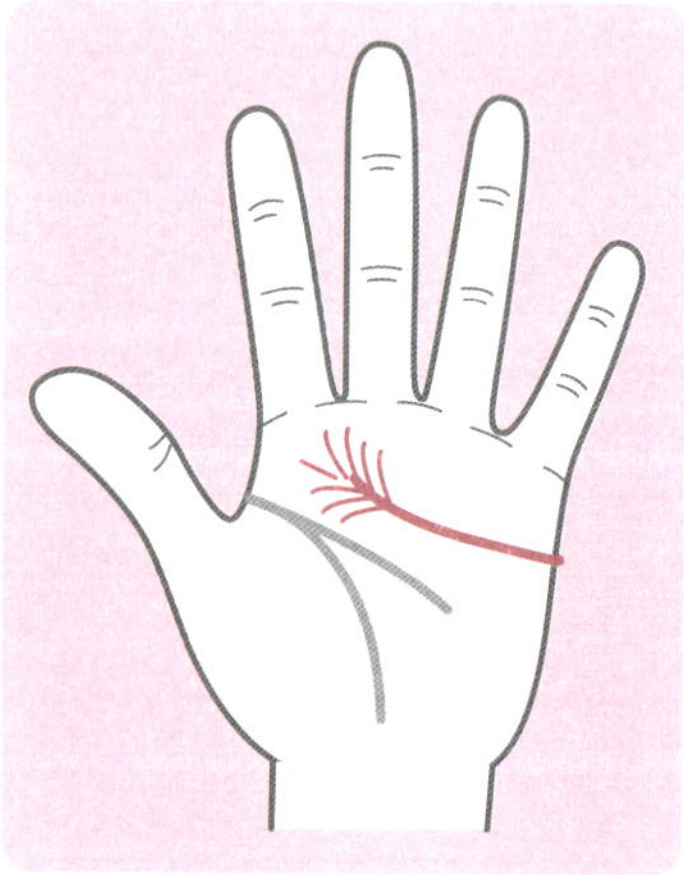

思いやりのある愛情豊かな人。中指のあたりから箒の先のように、細かい支線が多数出始めたら、恋人が出現し、結婚も近いとみます。

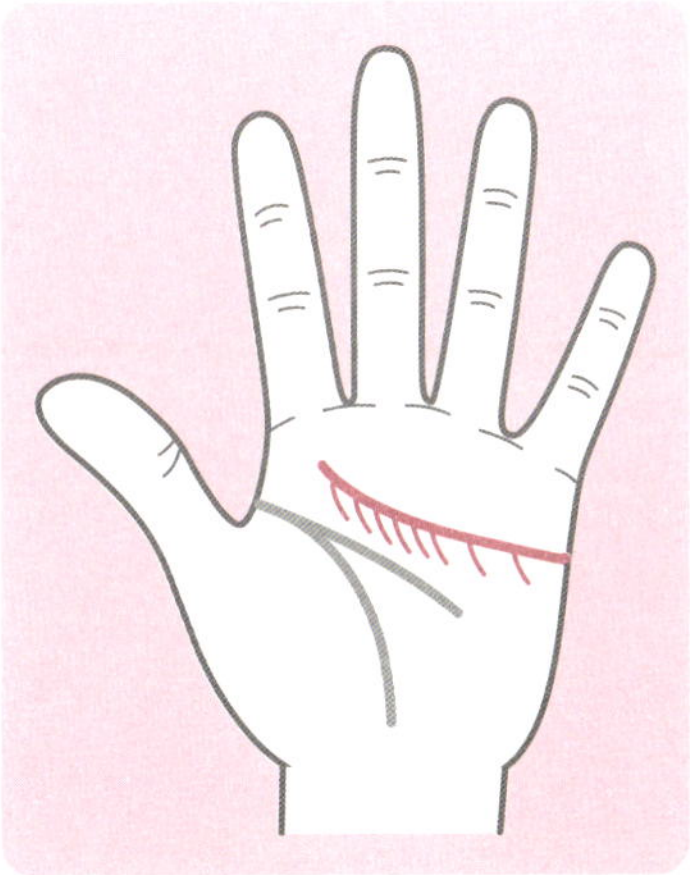

●線上に下向きの支線が多数出ている

デリケートでやさしい人。周囲に気をつかいすぎて、神経をすり減らし、疲れきってしまうタイプです。だまされやすく、失恋を暗示しています。

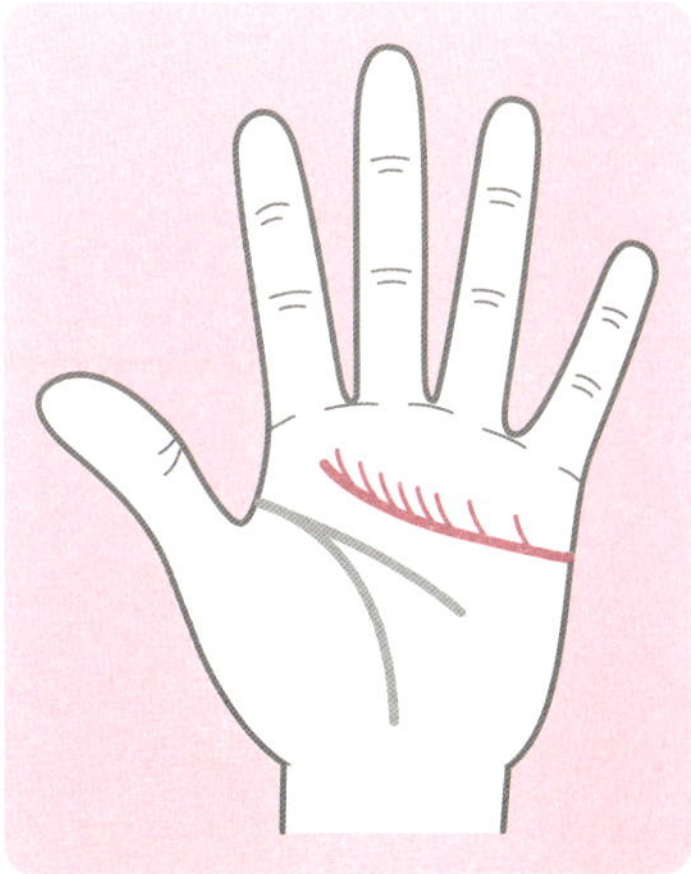

●線上に上向きの支線が多数出ている

異性をひきつける魅力のある人。相手の気持ちなど気にしないで、積極的にアピールしていくタイプ。押しの強さが、わがままにみられます。

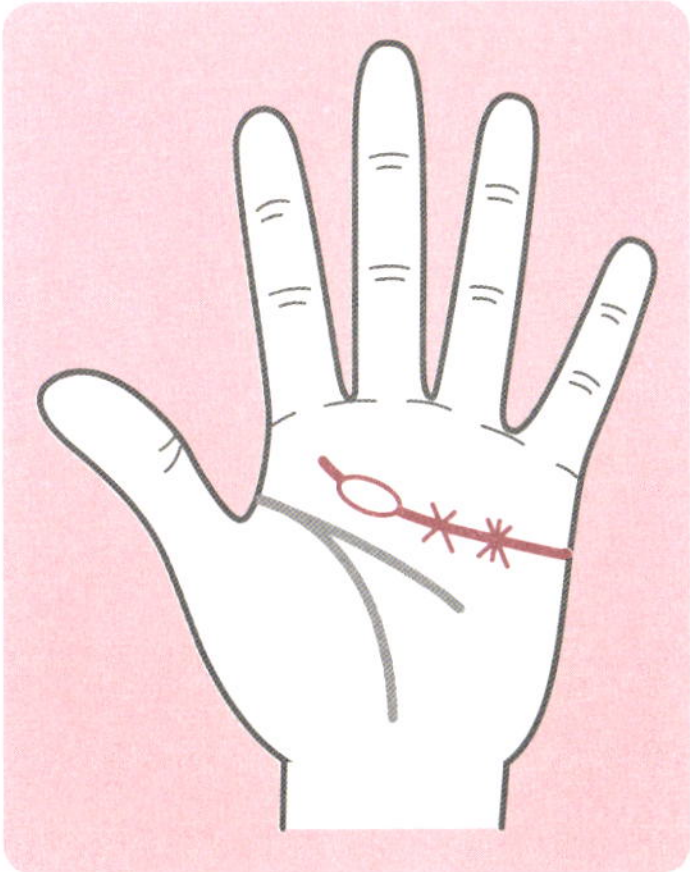

⑧線上に島紋や十字紋、星紋がある

ほとんどの場合、恋の破綻、離婚を暗示しています。とくに先端に島紋があるものは、裏切られたり、傷つけられたり、という凶相です。

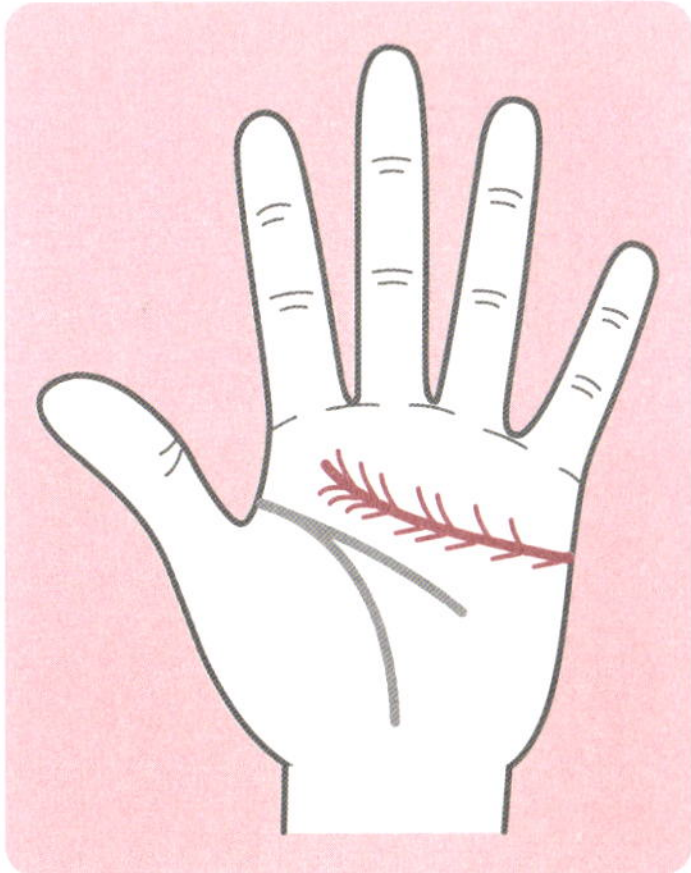

●線の上下に多数の支線が出ている

八方美人で気分や。人あたりがよく、モテる人ですが、サービス精神が旺盛なときと、冷淡なときと気分にムラがあります。

人生いろいろ、恋もいろいろの相

●精力みなぎる相・二重感情線

社交的で人づきあいが上手。意志も強く、逆境にも乗り越えられるパワーを持っています。恋愛でも自分が好きだと思ったら情熱的にぶつかっていきます。ただ、男性も女性もたいへんな精力家でときに浮気に走りやすく、三角関係などでもめることの多い人です。二度結婚するという暗示もあります。

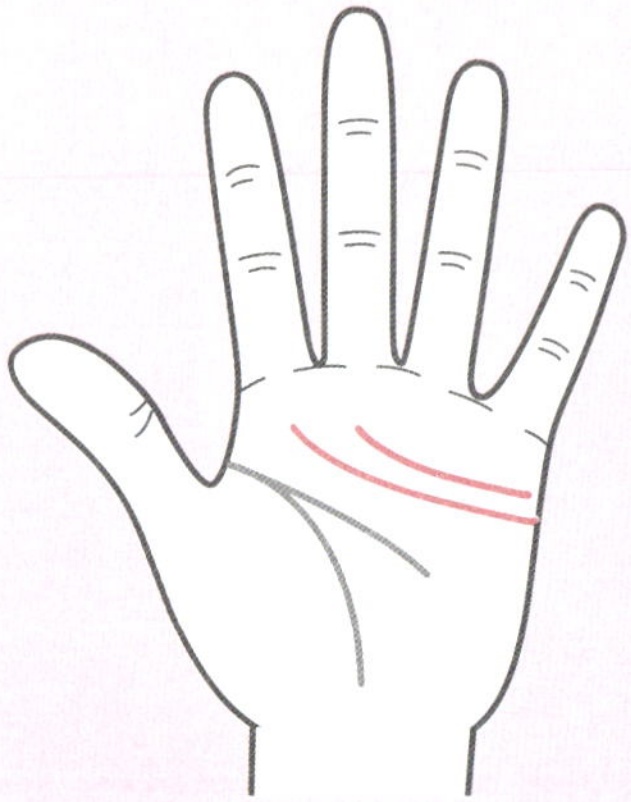

●別れの予感・分離感情線

感情線が大きく上下に分かれているものを、分離感情線といいます。ほとんどの場合、下の線が頭脳線に結びついていることが多いのですが、これは初婚に失敗する相といわれています。あるいは、離婚を考えながら生活をしている人です。婚約中の人でも別れを予感していますので、注意が必要でしょう。

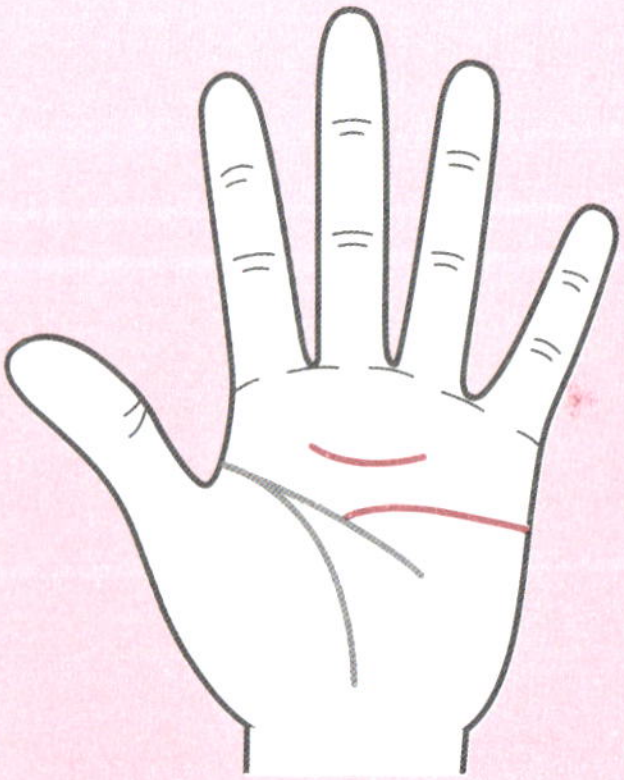

●不倫の恋の相・感情線の支線に島紋

感情線から分かれた長い支線が金星丘にまで届き、その線上に島紋があるものは不倫の相といわれています。不倫が露見し、ゴタゴタをおこし、結局は何もかも失いかねないという相です。

相手をよく知らずに不倫に陥っていたということもあります。くれぐれもご注意を。

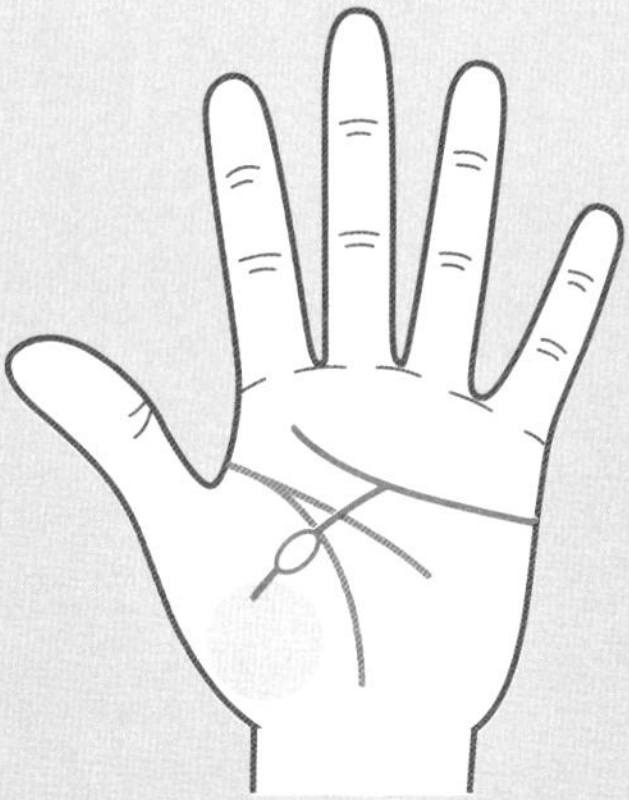

●モテモテ浮気の相・金星帯

人さし指と中指の間から、薬指と小指の間に、弧を描くように現れる線を金星帯といいます。これは感受性が豊かで、美的センスにあふれた魅力的な人をあらわしますが、一方、異性に対しての関心度が強く、浮気の相ともいわれます。

手のひらが厚くて金星帯が二重、三重に現れている人ほどモテモテタイプとみられています。

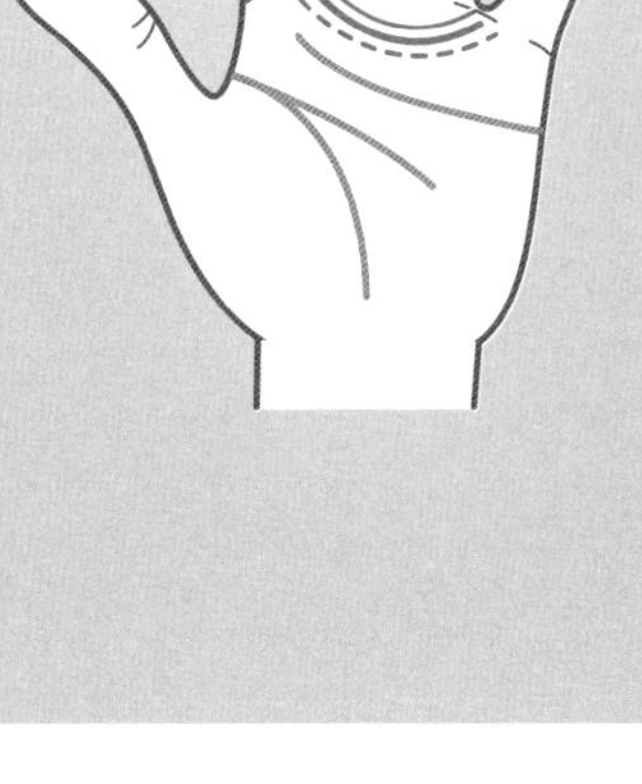

運命線でみる

愛情問題のトラブルに要注意の相

運命線は、手の中央を縦に伸びる線ですが、これは人生のドラマをみる線ともいわれます。結婚はまさに人生のドラマ。運命線からトラブルのサインを読み取り、大事に至らないようにしましょう。

①運命線が頭脳線で止まっている

お互いの考え違い、価値観の違いから摩擦がおこり、夫婦間に危機を及ぼすことを暗示しています。

②運命線が感情線で止まっている

お互いの感情のすれ違いから、夫婦感でのトラブルが生じていることを暗示しています。

③運命線が金星丘から出る線で切られている

夫婦間の間でトラブルが生じ、一身上の危機に見舞われることを暗示しています。

④運命線が月丘から出る線で切られている

異性問題でのトラブルから、一身上の危機に見舞われることを暗示しています。

⑤運命線が途中で切れている

運命線が切れて、空白になっている部分は、結婚生活において、物質面、精神面で苦労の多いことをあらわしています。しかし、もう一度、盛り返します。あるいは再婚も考えられます。その時期は運命線の流年法（41ページ参照）で判断します。

⑥運命線上に島紋が出ている

島紋はトラブルを示しています。結婚生活において、経済的な苦労があったり、または浮気問題がおこったりと、思うようにいかないことを暗示しています。一時的なものです。

❶

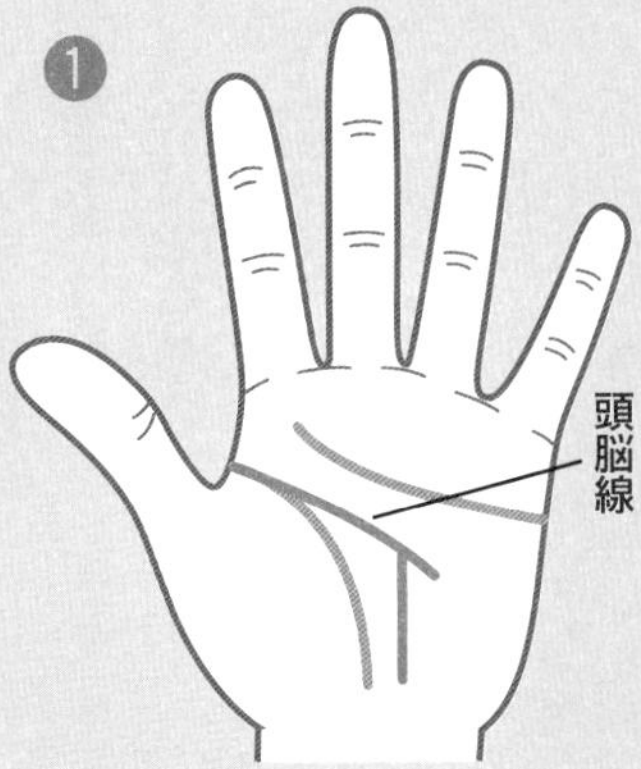

価値観の違いで

❷

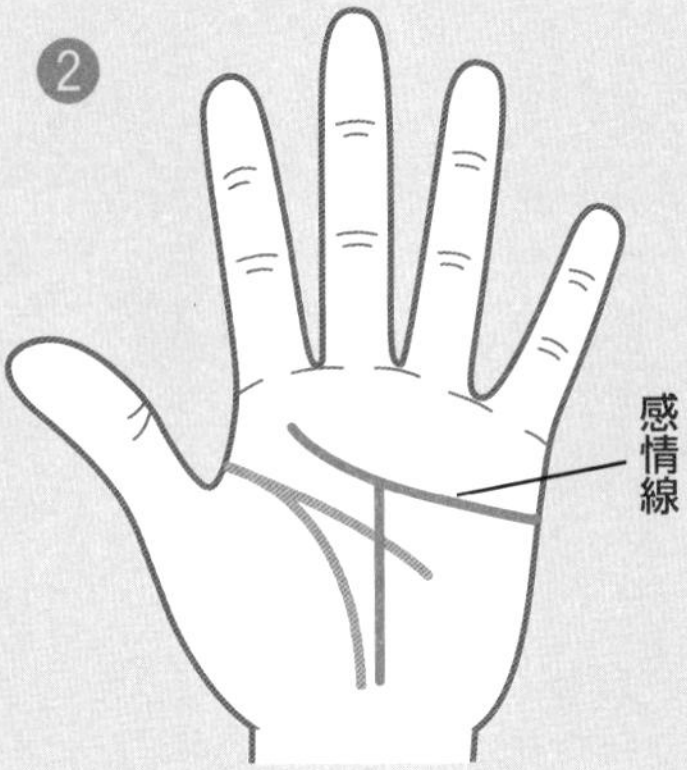

感情のすれ違いで

❸

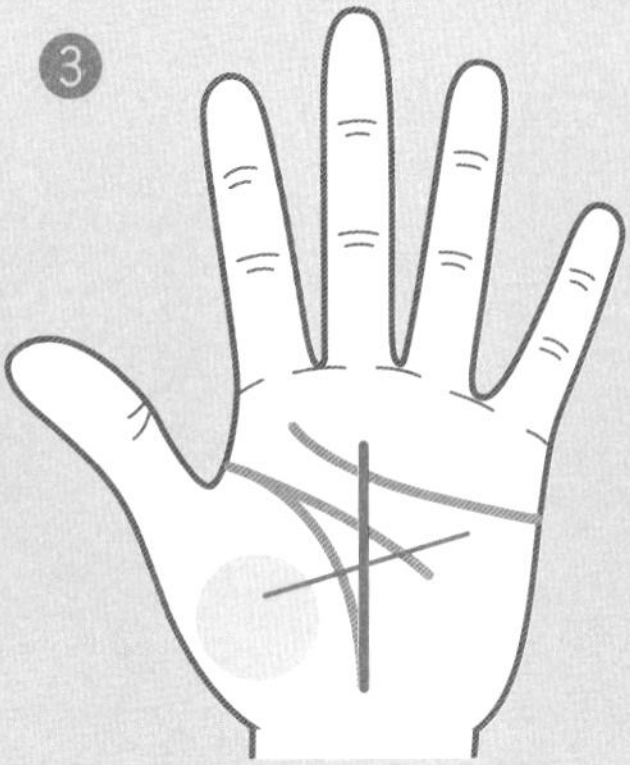

夫婦間のトラブル

❹

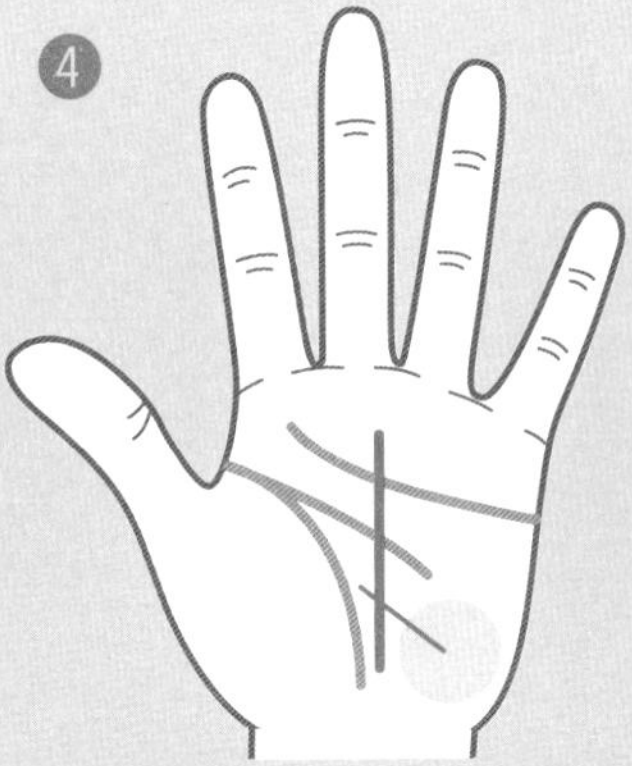

異性問題のトラブル

❺

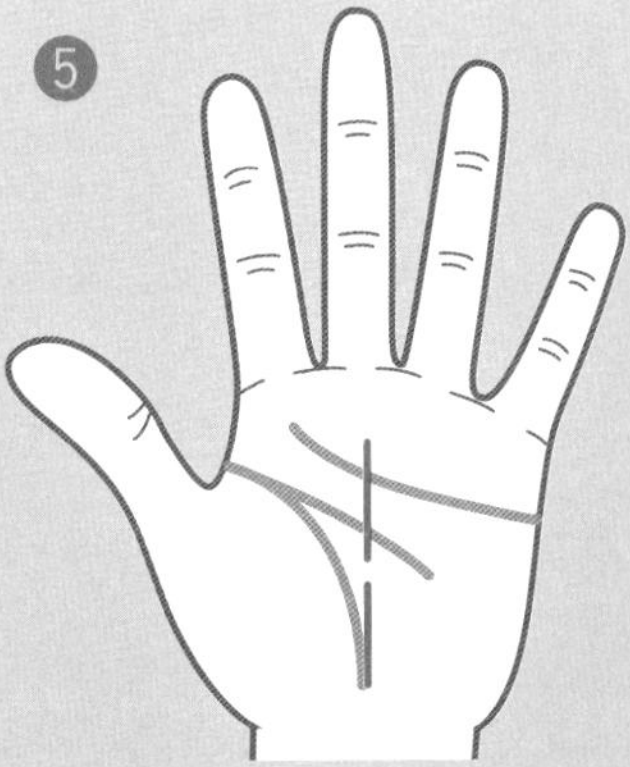

苦労が多いが乗り越えられる

❻

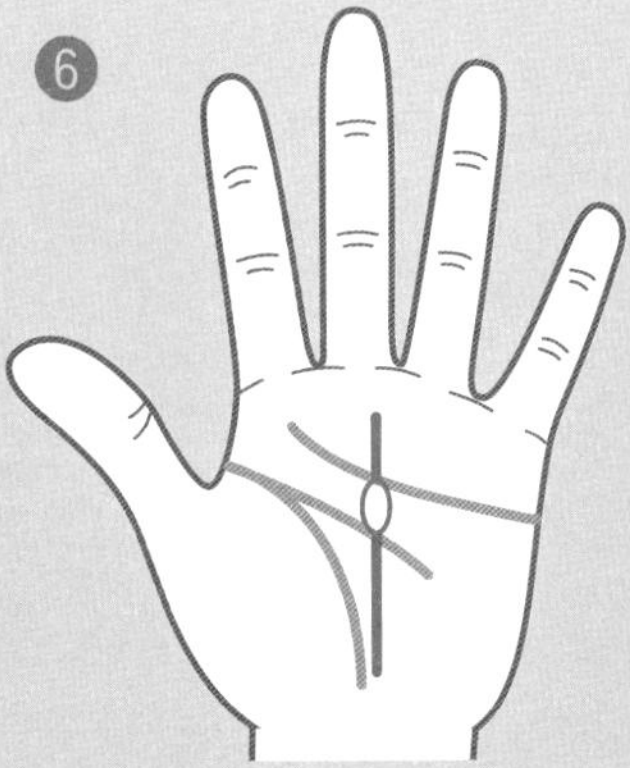

思うようにいかない

すばらしい結婚ができる大幸運の相

●運命線から太陽線が伸びている

これは実力で運を開いていく人で、分岐点の時期に大きな飛躍が期待できるという大吉相です。

女性ではすばらしい結婚ができるなど、幸運の波に乗ることができます。その時期については、運命線の流年法で調べてみてください（41ページ参照）。

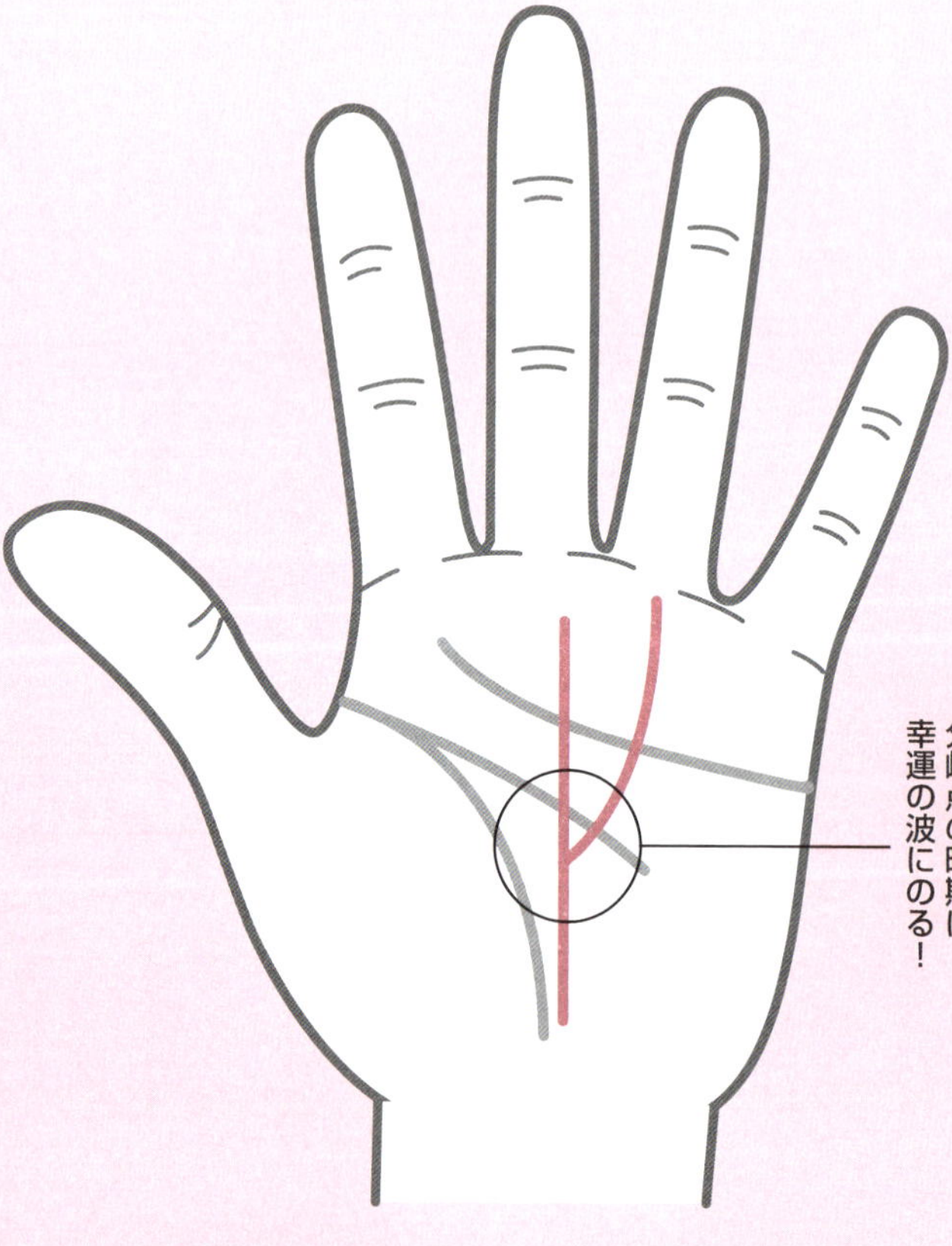

お見合いタイプ？自力でみつけるタイプ？

お見合いタイプか、自分でみつけるタイプかは、運命線の起点をみることで判断できます。

運命線が出ていない人は、男性では結婚の時期に達していないか、まだ結婚を考えていない人です。女性では運命線が出ていない人は、よい運命線を持った男性をみつけ、仕事よりも家庭に入ったほうが幸せになれます。

❶運命線が金星丘から出ている

親がすすめる相手と結婚したほうがうまくいきます。

★女性は、父親的なタイプを好みます。

❷運命線が中央から出ている

独立心が旺盛。自分で結婚相手を探せます。

★女性は、独立したパートナーとしての扱いを好みます。

❸運命線が月丘から出ている

先輩や友達などの紹介で結婚相手が探せます。

★女性は、「あなた好みの女性」に変えていくことができます。

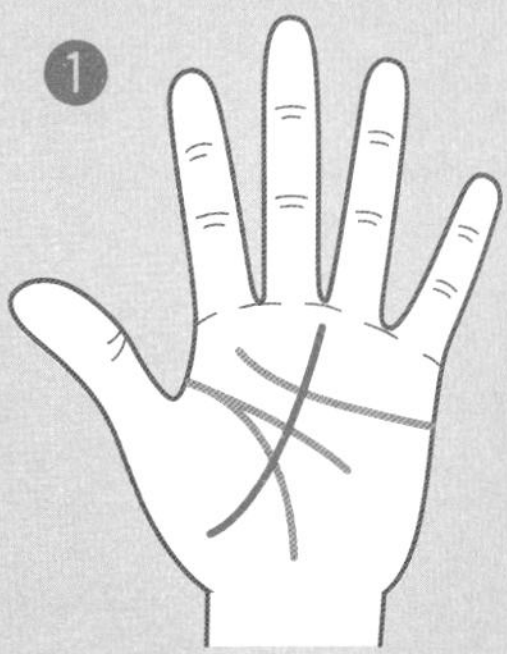

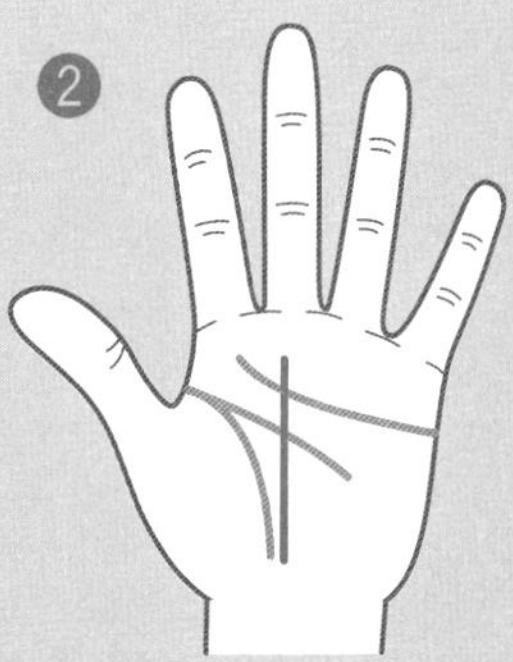

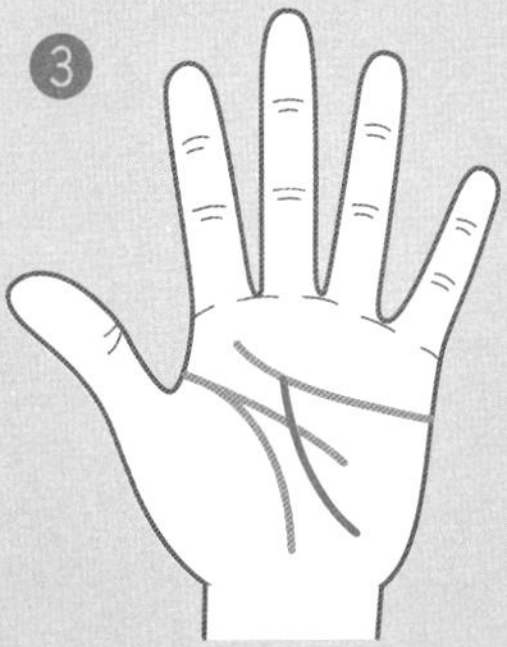

手の型で恋愛・結婚運を占う

①へら型（がっしりとした大きな手）

指のいちばん先端の第一指節の先のほうがへらのように広くなっていて、手のひらも台型をしています。

このタイプの人は、ひとことでいえば、たいへんな精力家。仕事にも女性にもエネルギッシュで、常に新しい恋人を求めがちです。どうしても浮気は許せないという女性は、こういう手型の人は避けたほうが無難でしょう。

②方型（四角ばった手）

全体的に四角ばった感じで、手の皮膚や肉が厚いのが特徴です。

このタイプの人は、四角四面な性格でいいかげんなことができないまじめ人間。女性は家事が大好きな働き者ですが、無愛想で愛嬌がありません。愛の表現も上手ではありません。男性も女性も現実的志向の人で、デートよりも仕事をとるというタイプ。恋愛も深入りするようなことはありません。決めた人以外には走らないタイプです。

③円錐型（丸みを帯びた縦長の手）

手のひらは縦に長いが、全体的に丸みを帯びふっくらした手型。どちらかというと女性に多くみられます。

このタイプの人は感受性に富み、明朗快活。社交的ですが八方美人的なところもあります。ときに相手に心からほれ込んでしまう情熱的な恋をします。良妻賢母型です。

欠点はあきっぽく、雰囲気に流されやすいこと。同情心が厚く涙もろいこと。いったん、恋に走ると深みにはまることもあります。

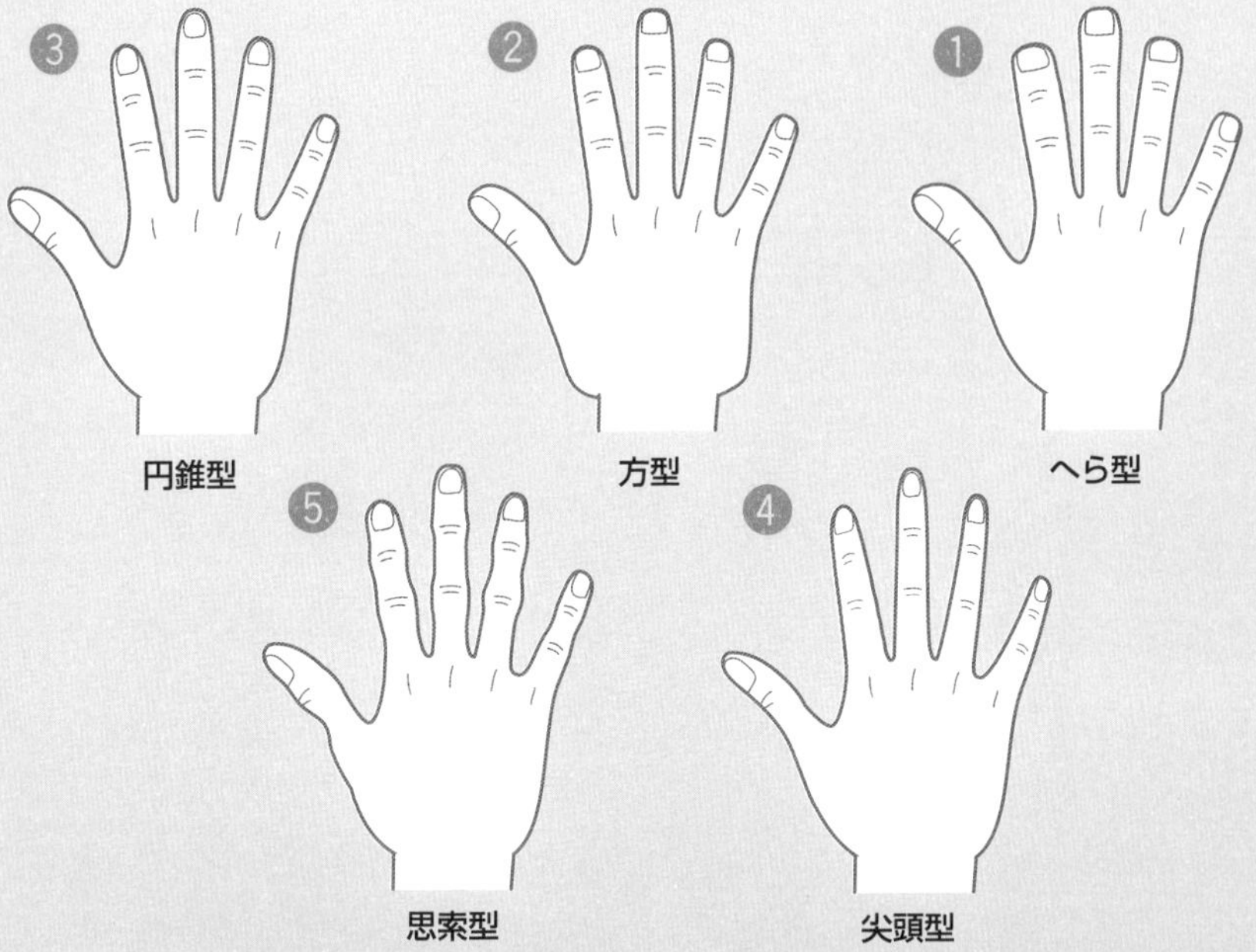

④尖頭型（指先がほっそりしたしなやかな手）

指先がほっそりしており、全体的には横幅よりも縦に長くてしなやかな手型。

このタイプの人は、ひとことでいえば想像力豊かなロマンチスト。女性では恋に恋するというタイプ。服装やお化粧にもうるさく、男性も女性もがさつな人は好みません。うまくいくにはまずムードづくりが大切でしょう。経済感覚にうとい面がありますので、結婚相手には実務的なことをこなしてくれる生活感のある人が理想的です。

⑤思索型（肉づきのないギスギスした手）

手のひらが大きいわりには肉づきがなく、また、指の節が太くて指を揃えると隙間があきます。

このタイプの人は、理想が高く自信家タイプ。元来が物質的なものより精神的な面を優先しますので、結婚においても豊かな生活は期待できないかもしれません。恋愛はクールでお世辞も愛嬌もないさびしい恋愛になりますが、精神的充足感は得られるでしょう。

●マザコンの男性を見ぬく法

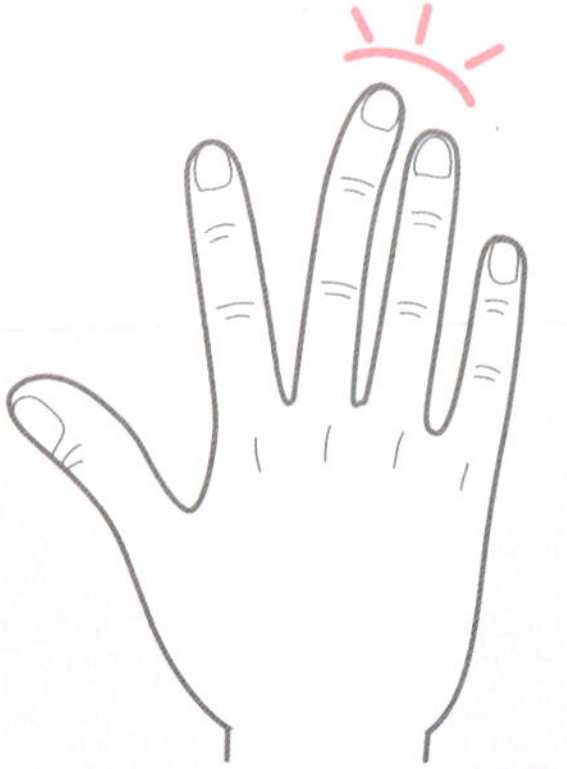

中指は自分、薬指は肉親をあらわします。中指が薬指のほうに傾いている人は、親に寄りかかっている、まさにマザコンタイプ！

●夫を尻に敷く女性を見ぬく法

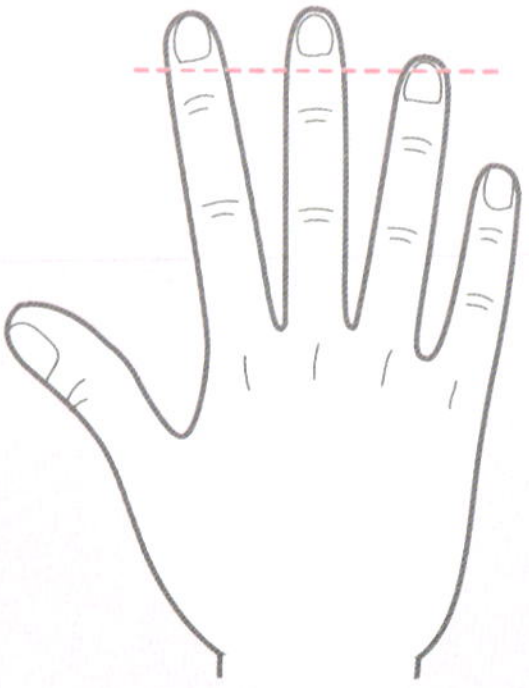

人さし指は、権力や支配力、向上心をあらわします。人さし指が極端に長い女性は、女性上位タイプとみて、まず間違いありません。

●自由奔放な人を見ぬく法

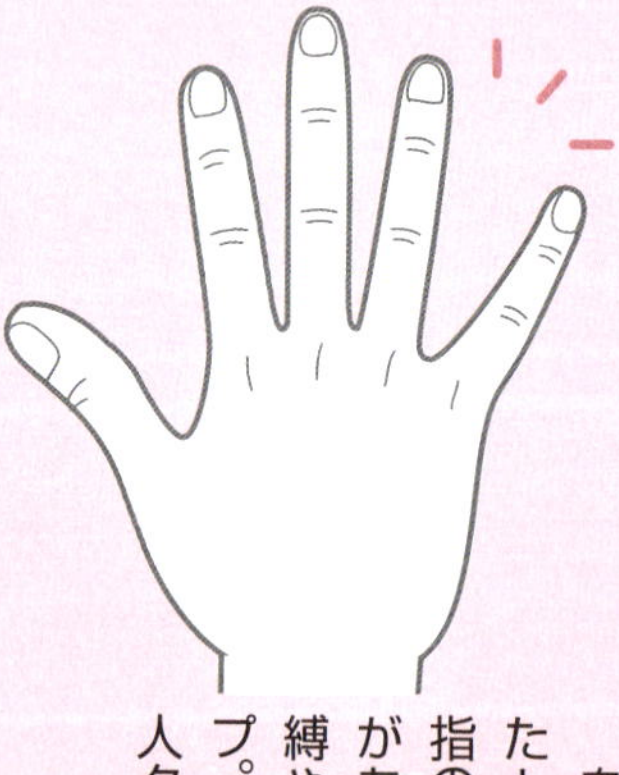

自然に指を合わせたときに、薬指と小指の間が大きく隙間があく人。これは束縛や干渉を嫌うタイプ。自由奔放な遊び人タイプといえます。

●見込みがあるかないか見ぬく法

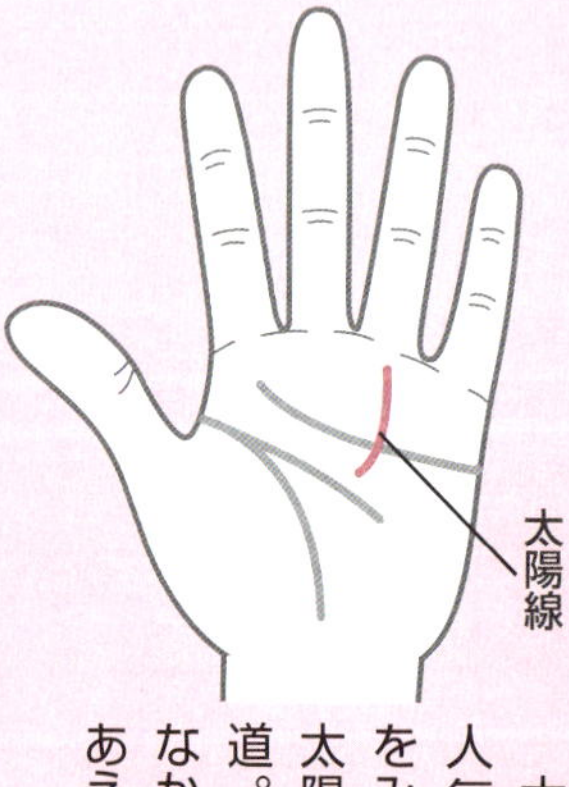

太陽線は衣食住や人気、金運、成功運をみるところ。まず太陽線をみるのが早道。太陽線が出ていなかったら、今はとりあえず「サヨナラ」を。

手の大きさでわかるあなたの性格

手の大きさは、からだのつりあいと比較して大きいか、小さいかという判断をします。
手の大小を調べる方法として、あごに手首を当てて、額の2センチ下ぐらいに届くのが標準という説もあります。

●大きい手の人ほど細心でコツコツ型

大きい手の人は、どちらかというと内向的。細かいことによく気がつき、他人への気配りも上手です。

手先は器用で、仕事はていねいに辛抱強くやり遂げます。外科医、歯科医、また、細工ものを仕事にしている人には、手の大きい人がよくみられます。

女性は家庭的で、内助の功を惜しみません。ただし、恋愛は取り越し苦労の多いクヨクヨ型。お金儲けは不得手ですが、節約家で、コツコツお金を貯める堅実なタイプです。

●小さい手の人ほど大胆で一発屋

小さい手の人は、外交的な人。どちらかというと気が大きく、細かいことはあまり考えない人です。大胆で度胸があり、支配力の強い人。政治家や実業家には手の小さい人はよくみられ、ナポレオンや、田中角栄元総理は、手が小さいことで知られています。

女性は姉御肌で、お金はあれば剛毅に使ってしまうというタイプ。恋愛は自分の意志をしっかり伝える割り切り型。

一般に、手の小さい人はお金儲けは上手ですが、お金勘定は苦手。いわゆる「一発屋」タイプの人です。

指の長さでわかるあなたの性格

★長い指の人

気が長くのんびりタイプ。大きな失敗はしませんが、思いきった仕事をするには一段の努力が必要です。指が極端に長い人は、おせっかいな性格です。

★短い指の人

積極的で決断力があります。物ごとを早く完成させたいというせっかちタイプ。指が極端に短い人は、自分勝手な人が多く、強情で短気な性格です。

爪の長さでわかるあなたの性格

★長い爪の人

気が長く温和な性格。感受性が鋭くロマンチスト。優柔不断の傾向があります。

★短い爪の人

批判力に富み、あまり人と妥協しない人。現実的で几帳面、よく働きます。

手の厚みや硬さでわかるあなたの性格

★手の厚い人

人のことをあまり気にかけない自信家タイプ。まず自分を優先させるタイプです。

★手の薄い人

相手の気持ちになって考えることのできる人で、感受性が鋭いタイプ。多少、神経質な面もありますが、知的関心の強い人です。

★手の硬い人

実行力はあるが頑固者。名声よりもお金という現実派。まじめ一方で社交性にやや欠けています。自己中心の面もあり、あまり感動することの少ない人。恋愛もロマンとはほど遠いタイプです。

★手の軟らかい人

自尊心が強いが争いは好みません。気が小さく、実行力に乏しいタイプ。男性で柔らかすぎる人は生活力がなく、女性に頼るタイプ。気をつけたほうがよいでしょう。

4章

あなたの健康運を占う

手相で健康運をみるときは、生命線が重要なポイントになります。
生命線は寿命の長さをみるのではなく、スタミナやパワーの有無をみていきます。また、万一病気になった場合の回復度をみるのに役立つ線です。そのほか、頭脳線、感情線、健康線、スタミナ線、手首線からも読み取っていきます。
健康運を占うときは手のひらの線だけではなく、
金星丘のふくらみや広さ、手のひらに現れた紋、色つや、
爪の形状にも十分に配慮しなければなりません。

生命線でみる

生命線の長短と長寿短命は関係ない

生命線は親指と人さし指のまん中あたりから、手首のほうにカーブを描きながら伸びている線です。

生命線で誤解されているのは、生命線が長い人は長寿で、生命線が短い人は短命だという説です。これはそう簡単に決めつけることはできません。

生命線はその人の健康状態や活力、パワーをみるのに重要な線です。生命線は長さよりも線の勢いを重点においてみます。短くてもはっきりした線が深く刻まれているのがよいのです。線が弱々しかったり、切れ切れだったりしている場合はパワー不足とみます。スタミナ不足で疲れやすい人です。

しかし、生命線で健康運をみる場合、生命線だけで判断するのは早計です。運命線も併せてみてみましょう。運命線がしっかりしていれば、生命線の弱い部分を支えてくれます。

●生命線が長い人はエネルギッシュな人

乱れのないはっきりした生命線が長く伸びている人は、体力も十分あり、エネルギッシュに活動する人です。

そのうえ金星丘が盛り上がっていれば、なお体力は十分。積極的に活動する人です。

●生命線が短い人は活力に乏しい人

生命線が短い人は、体力がなく消極的。闘争心もあまりありません。いわゆる活力、パワーに乏しい人ですが、しかし、こういう線の人は、運命線も併せてみてみます。運命線は切れ切れであっても、弱々しくても、短くても、とにかく出ていれば生命線の弱い面をカバーしてくれます。

また、生命線が短くても、金星丘がほどよく盛り上がっていれば、そう心配はいりません。

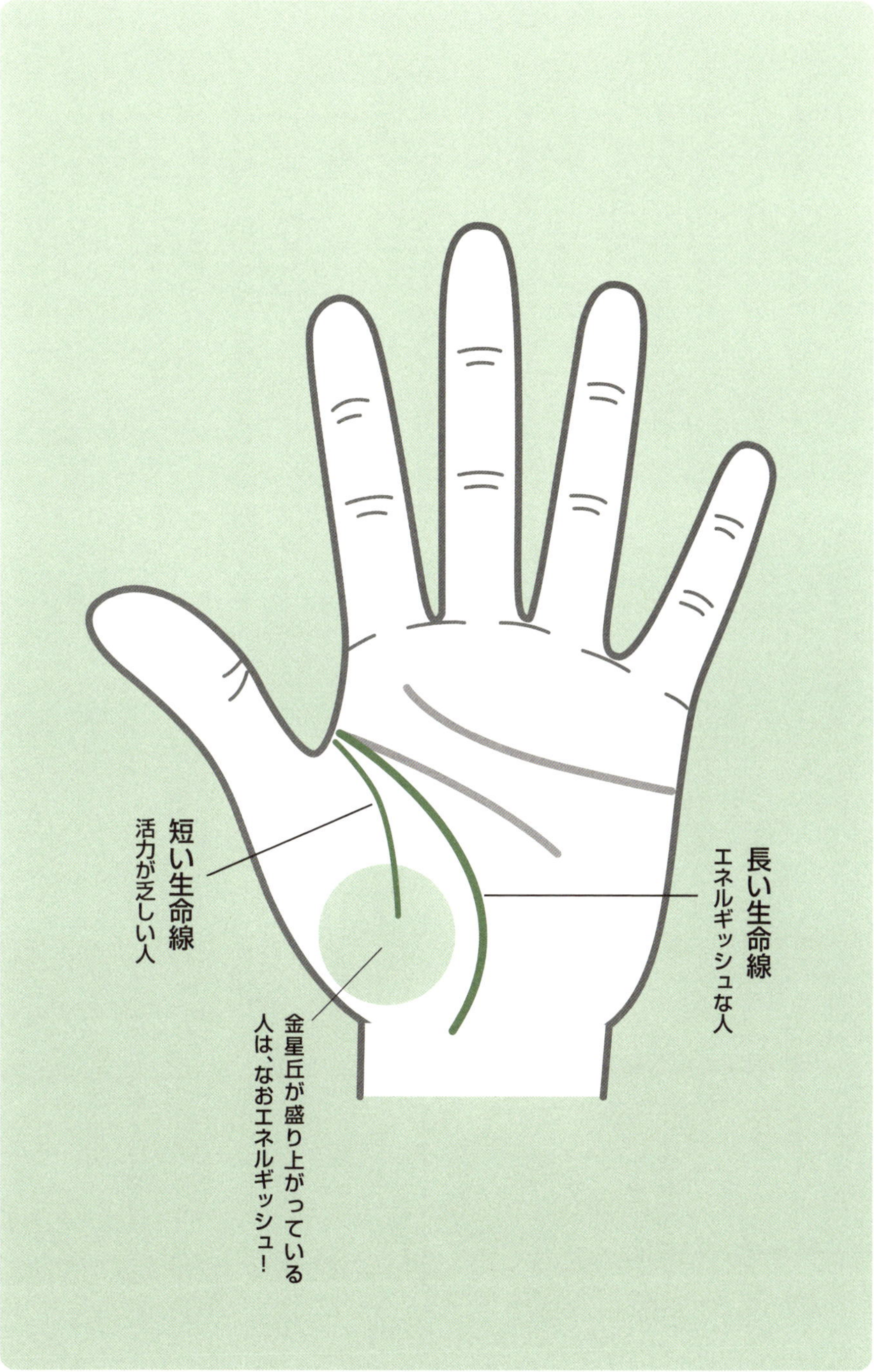
短い生命線
活力が乏しい人
長い生命線
エネルギッシュな人
金星丘が盛り上がっている
人は、なおエネルギッシュ！

あなたのスタミナ度をみる

スタミナがあるかどうかは、生命線の張り出しぐあいをみることでも判断できます。

手のひらの中指のあたりからまっすぐに線をひいてみてください。そこが手のひらの中心にあたりますが、その線から生命線が大きく張り出している人ほどスタミナがある人で、たいへん頑健とみます。バイタリティがあり、ちょっとやそっとのことではへこたれません。たとえ病気をしても回復力の早い人です。昼も夜も元気に活躍できることを示しています。

また、生命線が張り出し、金星丘が広いほど胃袋が大きく、胃腸が丈夫だともいわれています。

逆に、その線から内側に出ている人はスタミナに乏しい人。そのうえ線が弱々しい場合は、虚弱体質をあらわします。一度病気をすると何となく回復力が遅いという人です。性格も控えめです。ただし、金星丘が盛り上がっていれば、スタミナが欠けている面を多少カバーしてくれます。

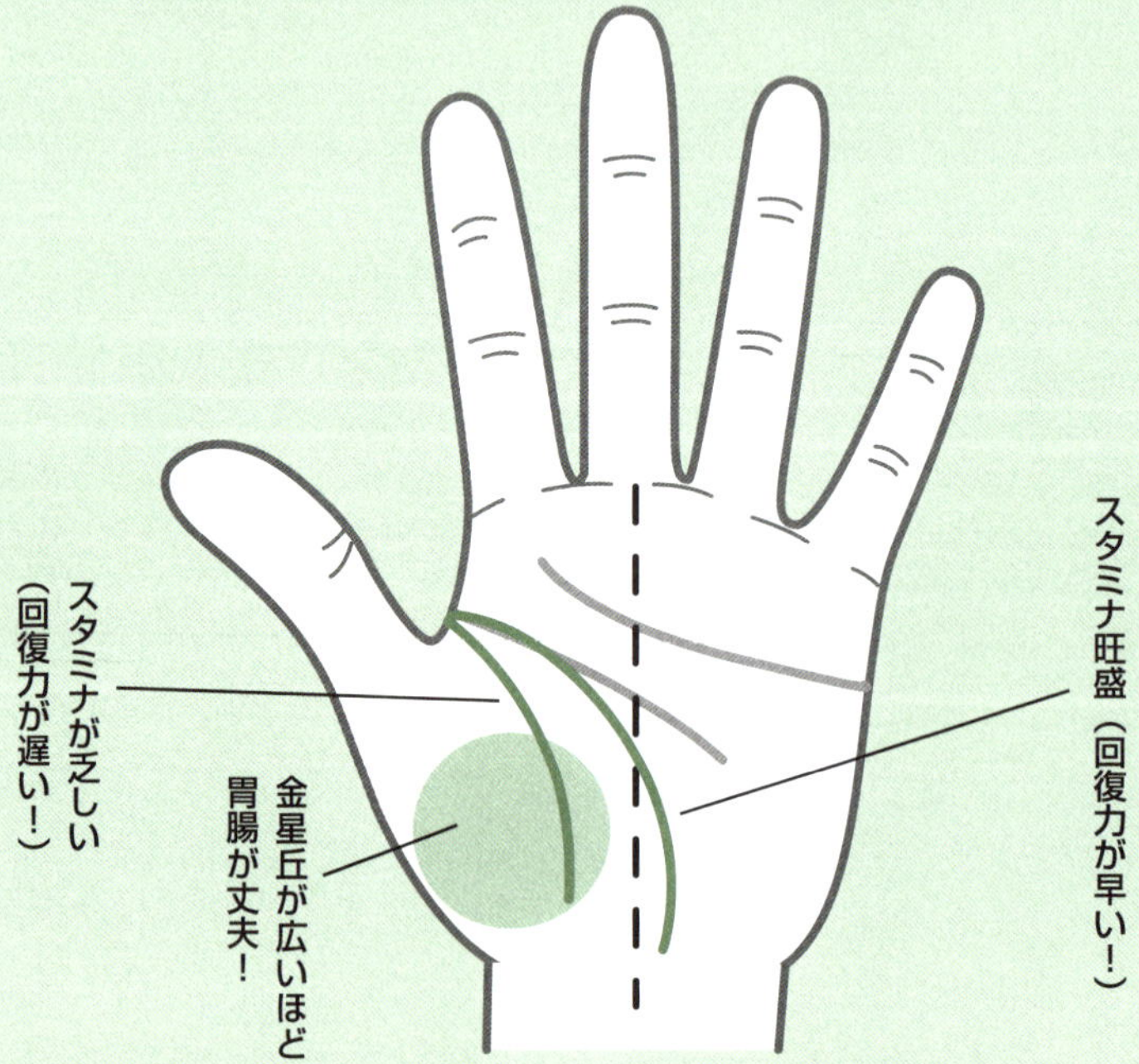
スタミナ旺盛（回復力が早い！）
金星丘が広いほど胃腸が丈夫！
スタミナが乏しい（回復力が遅い！）

生命線の流年法

生命線は曲線を描いているので、流年がとりにくいのですが、わかりやすい方法は、まず目安として、感情線の起点から水平に線を引いたあたりを 10 歳とします。次に感情線の起点と手首の間を 3 等分して、それぞれの位置を 40 歳、70 歳とします。さらにその間を 3 等分して、年齢を決めていきます。

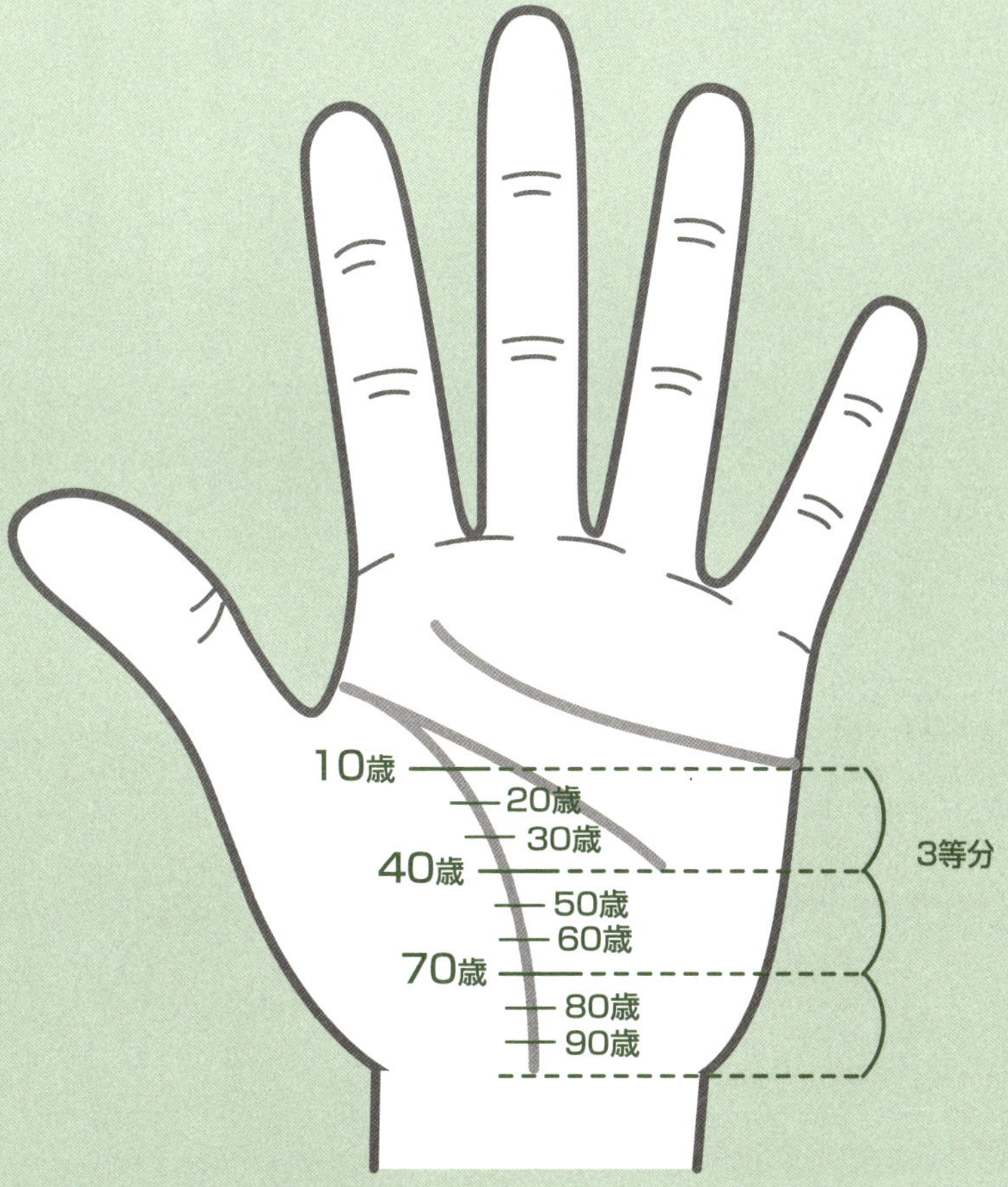

老いてますます盛んな相

●生命線から分かれた支線が手首のほうまで伸びている人

今や長寿の世の中ですが、長生きしても健康でなければ人生をエンジョイできません。こういう相の人は元気いっぱい、老いてますます盛んなことをあらわしています。

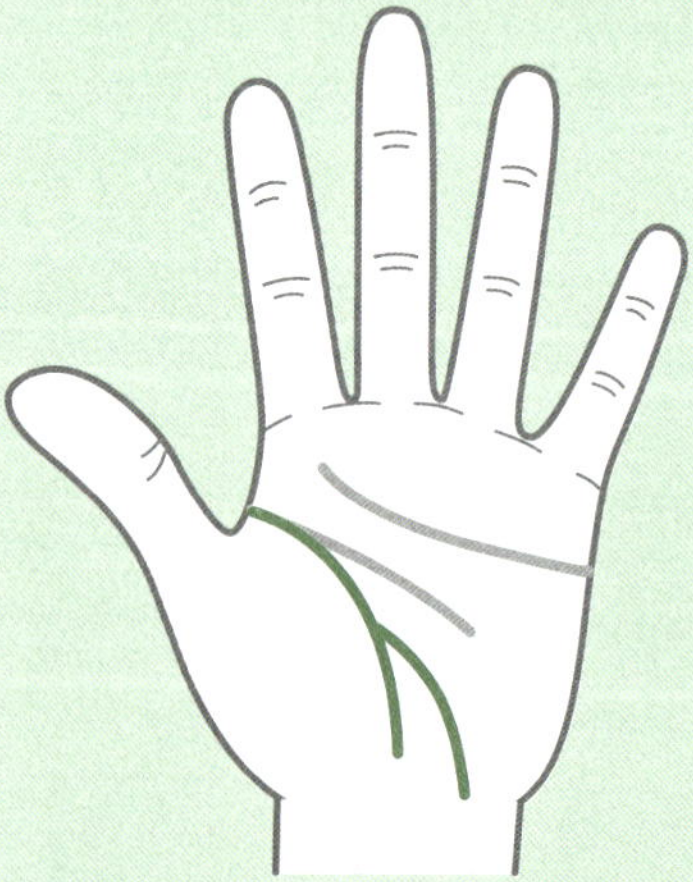

精力絶倫の相

●生命線が2本ある人

内側の線が生命線を補強する役目をしています。体質も丈夫で、病気をしても回復力の早い人です。

この二重生命線は、別名「浮気線」とも呼ばれ、精力絶倫で、それに加えて金星丘がふくらんでいる人は、ますますその傾向が強いといわれています。

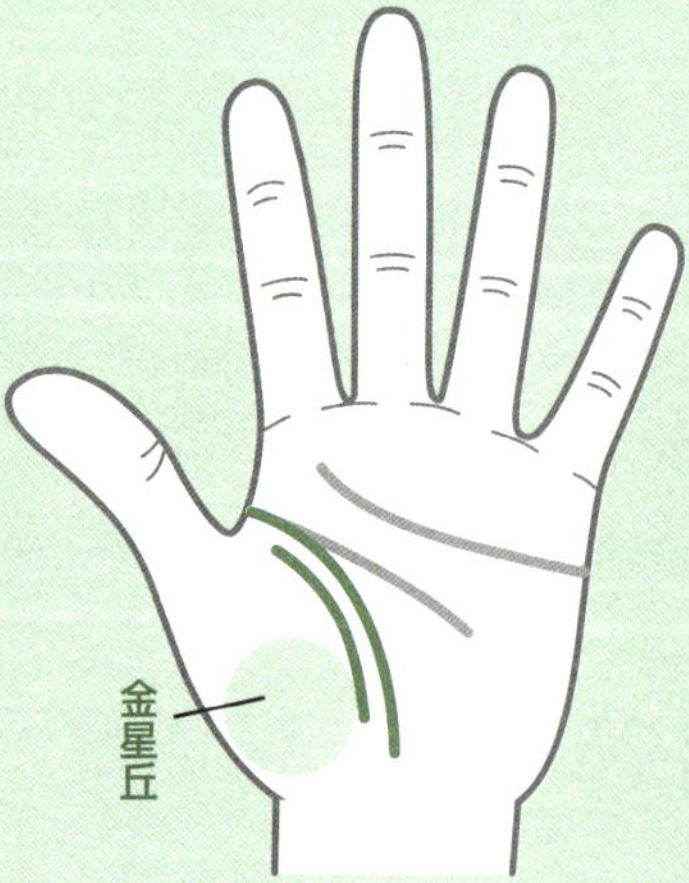

エネルギーに満ちあふれた相

●親指のつけ根に火星線が出ている

親指のつけ根から生命線に向かって伸びる線を「火星線」といいますが、深く刻まれた火星線が2本出ている人は、性的エネルギーにあふれた人です。子宝にも恵まれます。

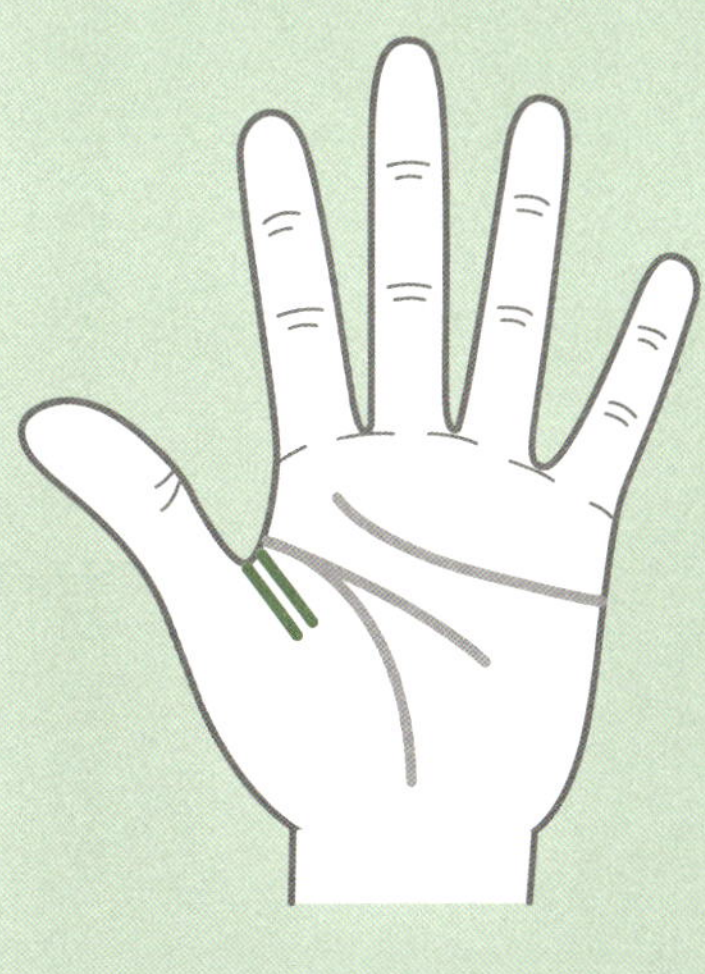

パワー全開で活躍する相

●深く刻まれた生命線に毛状の線が上下に出ている

生命線上に、細かい支線があるものは、より一層バイタリティに富み、パワー全開で活躍する人。線上に上昇線と下降線が多数出ているものは、その分かれ目のところがバイタリティのピーク。時期を調べてみましょう。

病気やケガに要注意の相

生命線は病気やケガ、事故なども警告してくれます。しかし、これは必ずそうなるというのではなく、あくまでも"警告"ですから、気がついた時点で注意していけば、このような相も自然になくなります。

❶生命線が途中で切れている

生命線の切れている間のところで、何か健康面で障害があることを暗示しています。切れ目が大きいほど、その障害も重いとみますが、その時期を知るには生命線の流年法で判断します。

また、このような要注意の相があるときは、片方の手だけでなく、両手ともそうであるか確認してみましょう。両手ともに同じような場所に切れ目があるときは、とくに注意が必要です。

❷生命線を他の線が横切っている

生命線を横切っている線は障害線と呼びます。この障害線がはっきり刻まれている場合は、突発的な病気やケガ、また、事故などにあうことを暗示しています。

生命線の流年法でその時期を調べて、ぜひ注意しましょう。

障害線が弱い線で出ている場合は虚弱体質をあらわし、病気が慢性化していることを示しています。

❸生命線上に島紋や十字紋、三角紋がある

このような場合は、いずれも気力が衰えたり、病気やケガなど、健康上のトラブルがおこることを暗示しています。

一度、健康診断を受けてみることをおすすめします。

①

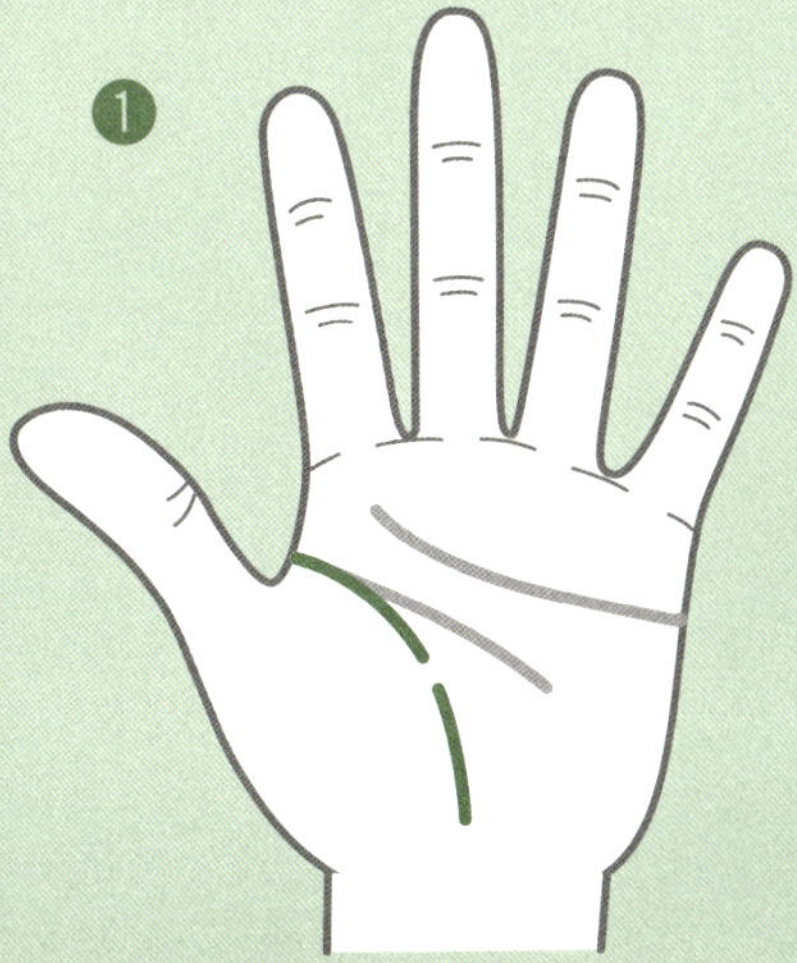

健康面で障害のおそれ

②

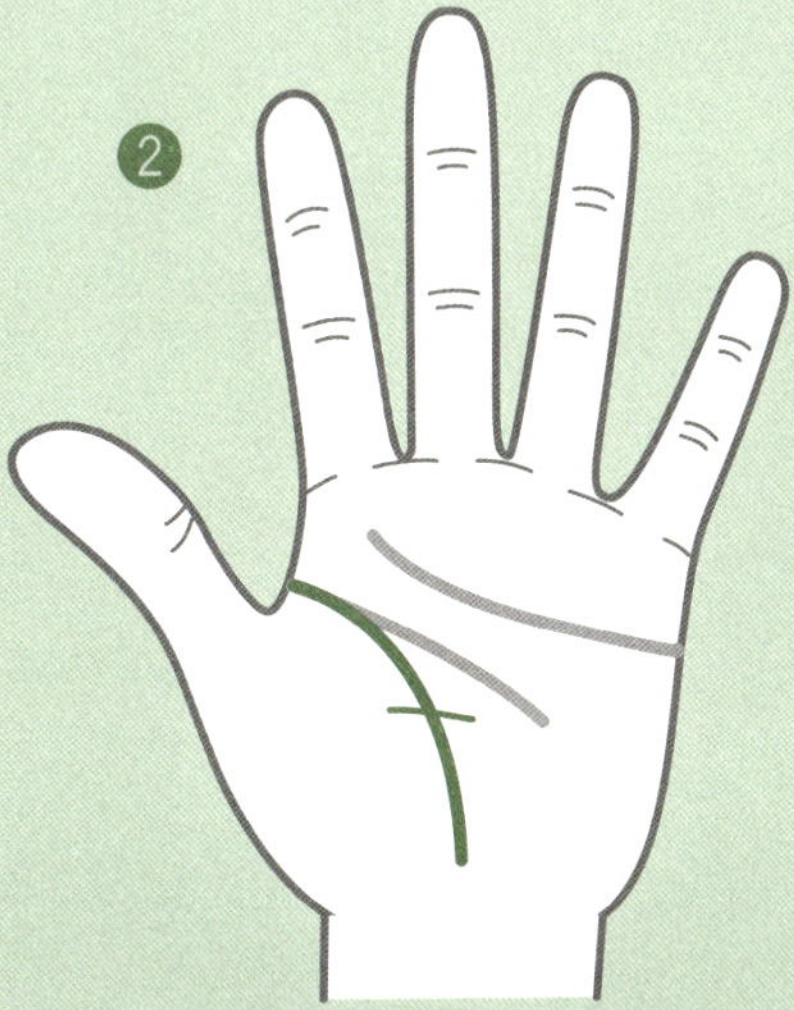

突発的な病気や事故に注意！

③

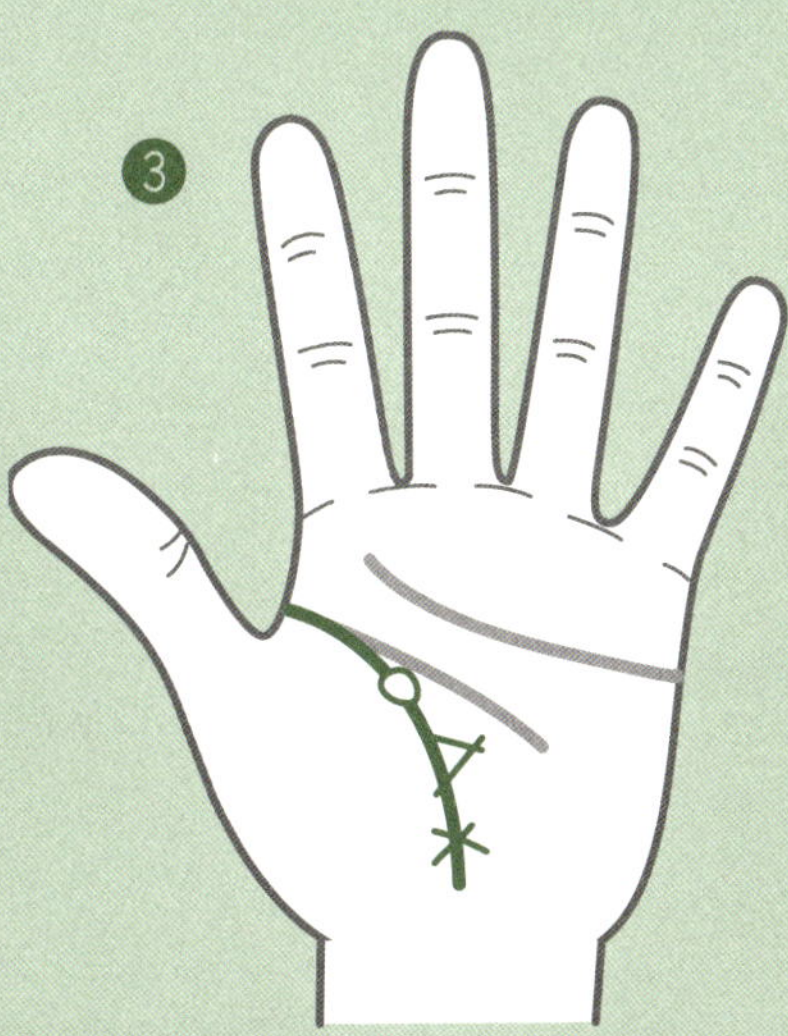

健康上でのトラブルに注意！

線の勢いであなたの健康状態がわかる

生命線の形状をみることで、健康状態を知ることができます。自分では健康だと思っていても、十分に注意する必要があります。

❶生命線が切れ切れで長く伸びている

こういう相の人は、何回となく病気やケガなどに見舞われやすい人です。しかし、死に至るほどの大きな障害になることはありません。

❷生命線の上の部分だけ切れ切れになっている

この場合は、若いころは病気がちでも、中年以降は健康体であることを示しています。

❸生命線の下の部分が切れ切れになっている

この場合は、若いころは健康ですが、中年以降、健康を害することを暗示しています。注意が必要です。

❹生命線が全体にわたって鎖状になっている

この場合は、体力に自信がなく疲れやすい人にみられる相です。胃腸や消化器系の病気も暗示しています。

気力にも乏しく、異性を惹きつける魅力もイマイチという人です。適度なスポーツを続けるなど、体力をつける努力をしましょう。

❺生命線の始まり付近が鎖状になっている

生命線の始まり付近が鎖状になっていたり、細かい雑線が刻み込まれているような場合は、幼いころに病弱だったことを示しています。

そうでない場合は、呼吸器系の病気を暗示しています。風邪をひきやすく、それがもとで大きな病気をひきおこすおそれがあるともいわれています。肺の病気にも気をつける必要があります。

1

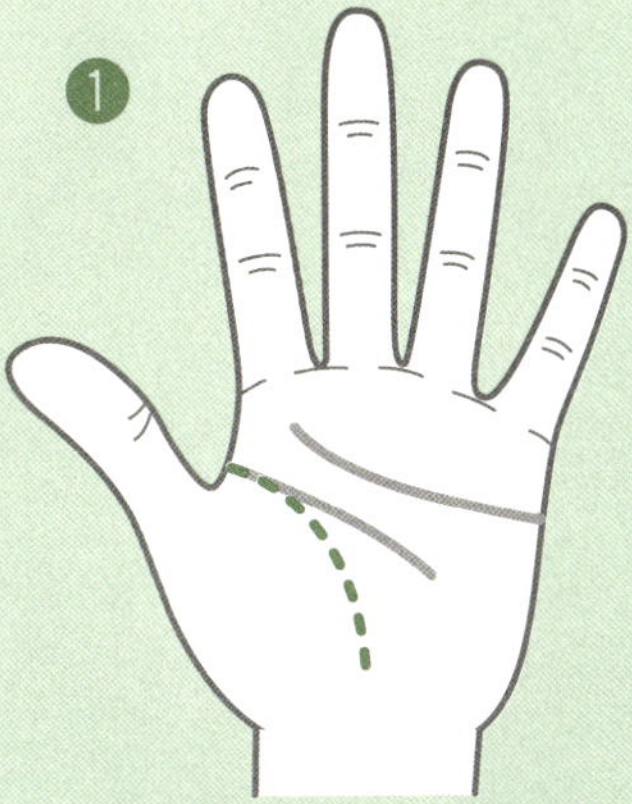

病気やケガに見舞われやすい

2

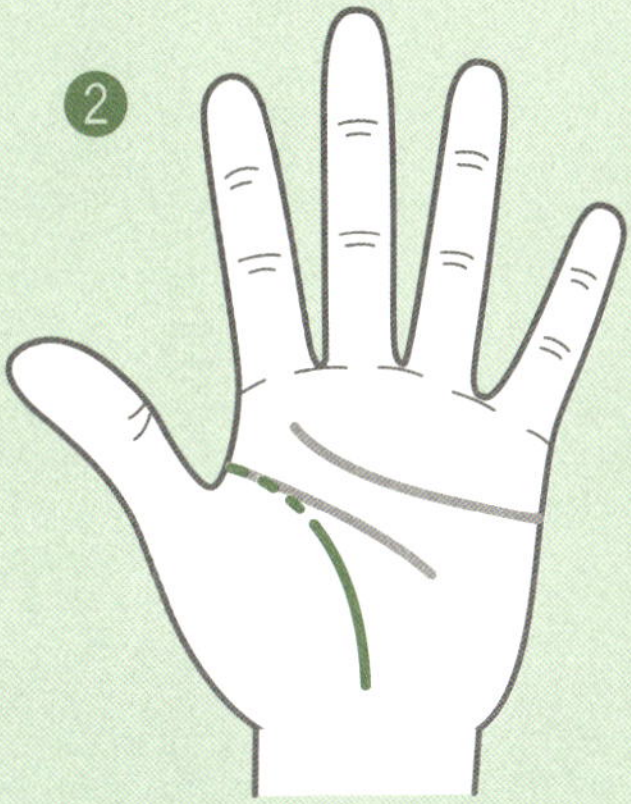

中年以降は健康！

3

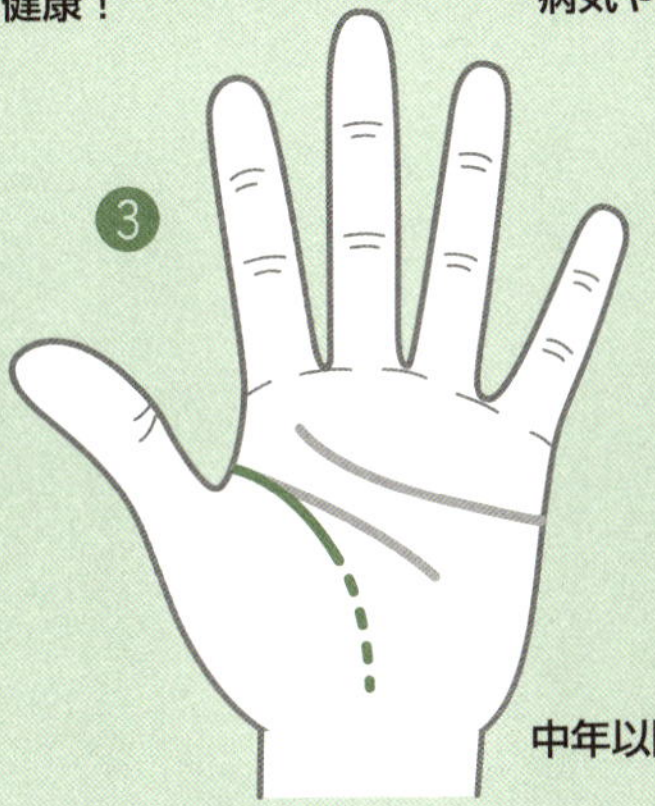

中年以降は健康に注意！

4

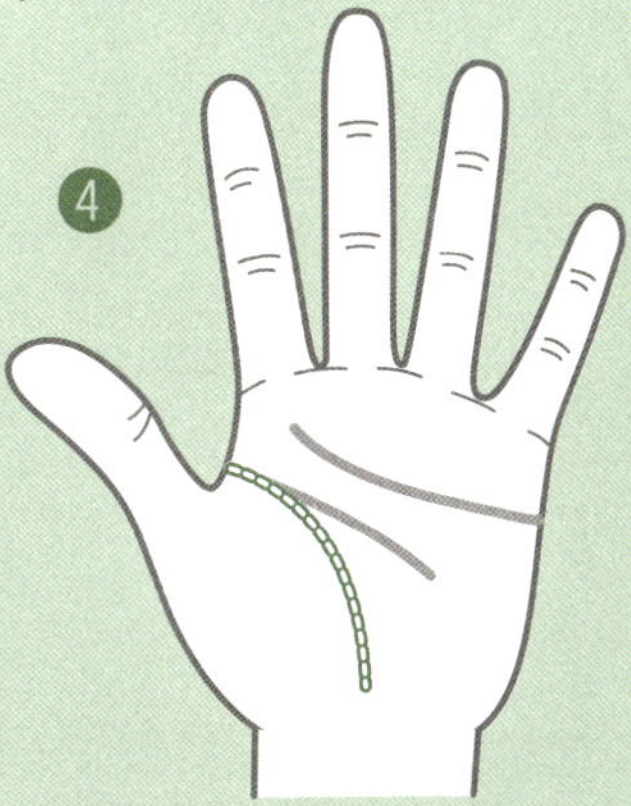

疲れやすい。胃腸や消化器系の
病気に注意！

5

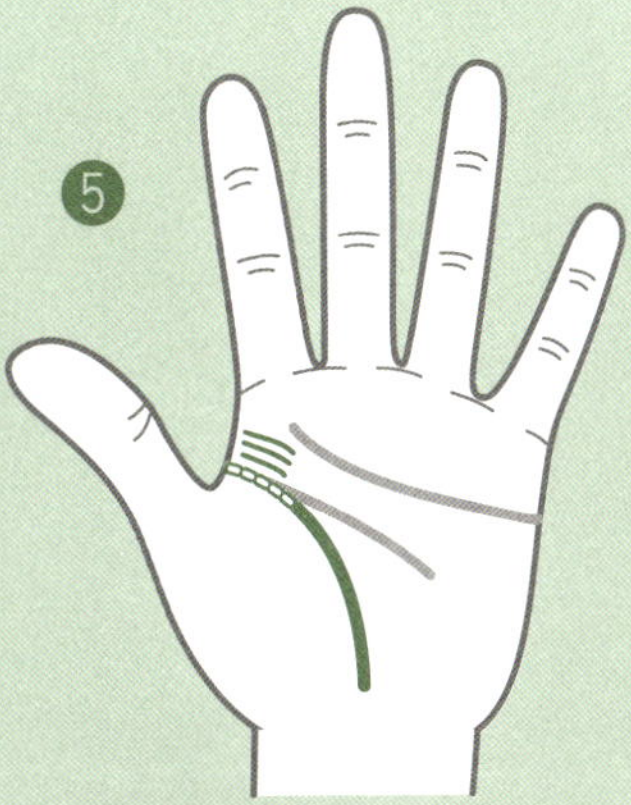

幼少時虚弱体質
呼吸器系の病気に注意！

健康を害しても大事に至らない相

健康面で何かトラブルがおこっても、大事に至らないというのはやはりうれしことです。回復力がある人ともいえるでしょう。また、一見、からだが弱そうに見えても体力がある人もいます。自信を持って人生をエンジョイしたいものです。

❶生命線が切れていても、もう1本平行して線が出ている

生命線が途切れている時期に、健康面で大きな変化がおこりますが、もう1本の線が補い線となり、大事に至らないことを示しています。つまり、障害がおこっても一時的なことで、回復は早いという相です。

❷生命線の切れ目が食い違ったようになっている

食い違った2本の線がもっとも接近している時期に、病気やケガなどの障害にあうことを暗示していますが、重なっている線が補い線になって大事に至らないことを暗示しています。

そのうえ、その2本を結びつける線があると、むしろ吉相であることを示しています。障害を転機に新たな可能性に運気を見い出す人です。

❸生命線が小刻みに切れているがその線が重なっている

これはからだは弱そうにみえますが、体力は備わっていることを示しています。性格的にはとてもデリケートですが、粘り強く対処ができる人です。

❹生命線に四角紋がある

この四角の紋はスクエアといわれる紋ですが、これは悪いことがおこっても、それを助けてくれるという幸運の印です。

たとえば生命線が切れていても、その場所にこの印があると、九死に一生を得て病難や危険から免れることを示しています。その時期については生命線の流年法で判断します。

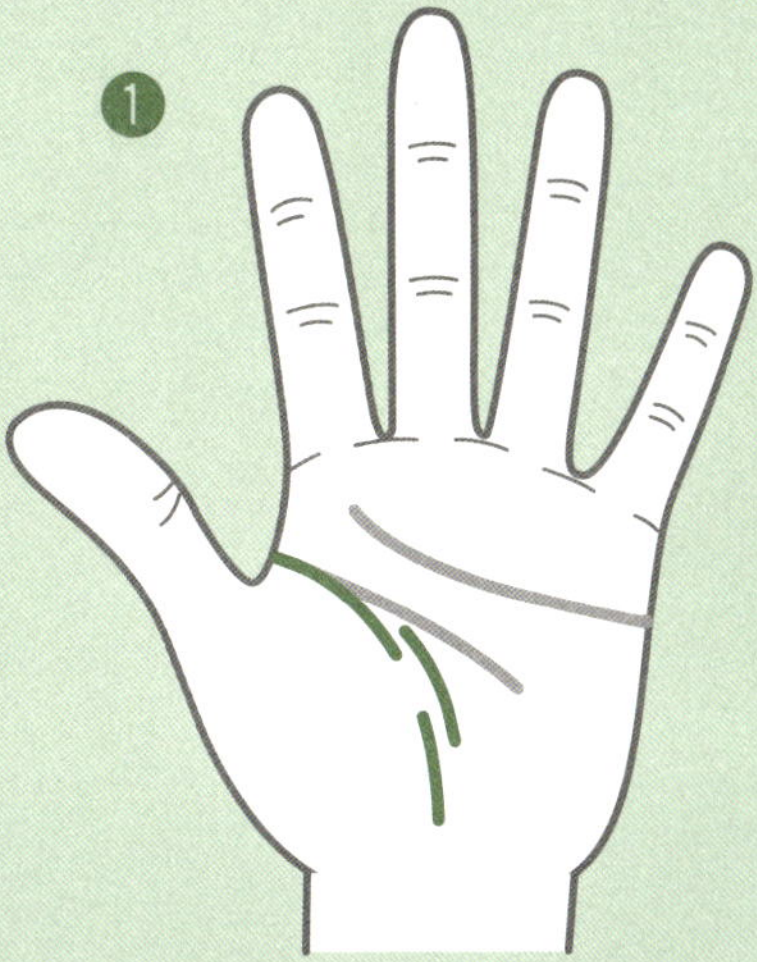

病気は一時的。回復は早い

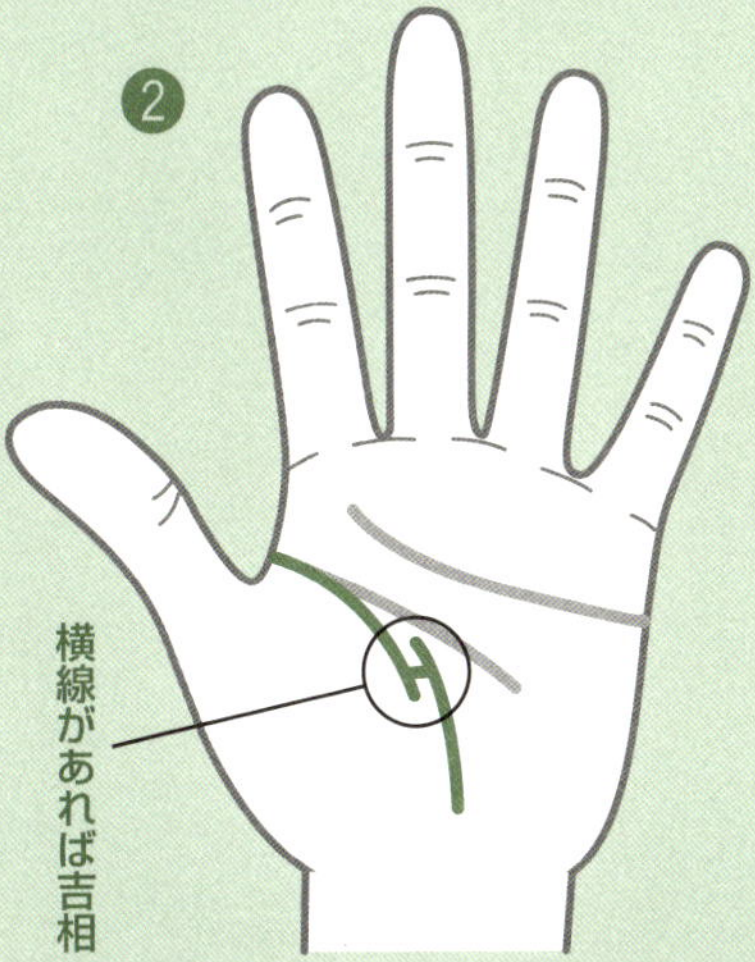

病気になっても大事に至らない

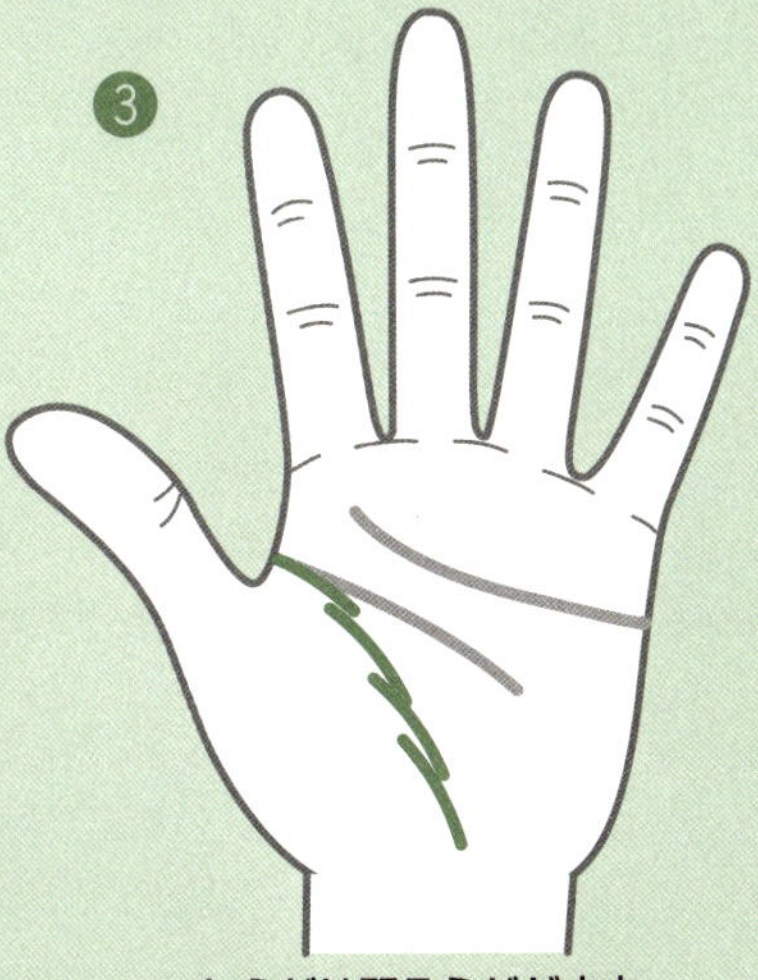

からだは弱そうだが丈夫

九死に一生を得る

過労や体力の減退に要注意の相

病気とまではいかないものの、何となく疲れがたまっているとか、ストレスがたまっている人などに現れる線です。こんな相が現れたら、何はともあれ、睡眠を十分にとり、からだを休めることが必要です。

食生活にも十分配慮しましょう。

①生命線の末端が小さく2本に分かれている

これは過労に陥っていたり、また、病気とまではいきませんが、何か健康を害していることを示しています。からだを労わることが大事です。

②生命線の末端が房状になっている

生命線の末端に細い線が多数現れていて、房状になっている人。これは体力の減退や衰弱をあらわしています。心労があったり、ストレスがたまっていたり、また、不規則な生活が続き、過労になっていたり、睡眠不足になっていることも考えられます。

睡眠を十分にとるなど、規則正しい生活に戻すことで、このような線は自然に消えていきます。

③生命線の終わりに細かいシワが現れている

これはクヨクヨする人に現れやすい線ですが、健康上では消化器系の病気を暗示しています。

食生活に気をつけ、胃や腸を労わることを考えなければなりません。スタミナ不足の人にも現れます。

①

病気ではないが健康に注意！

②

ストレスによる体力の減退

③

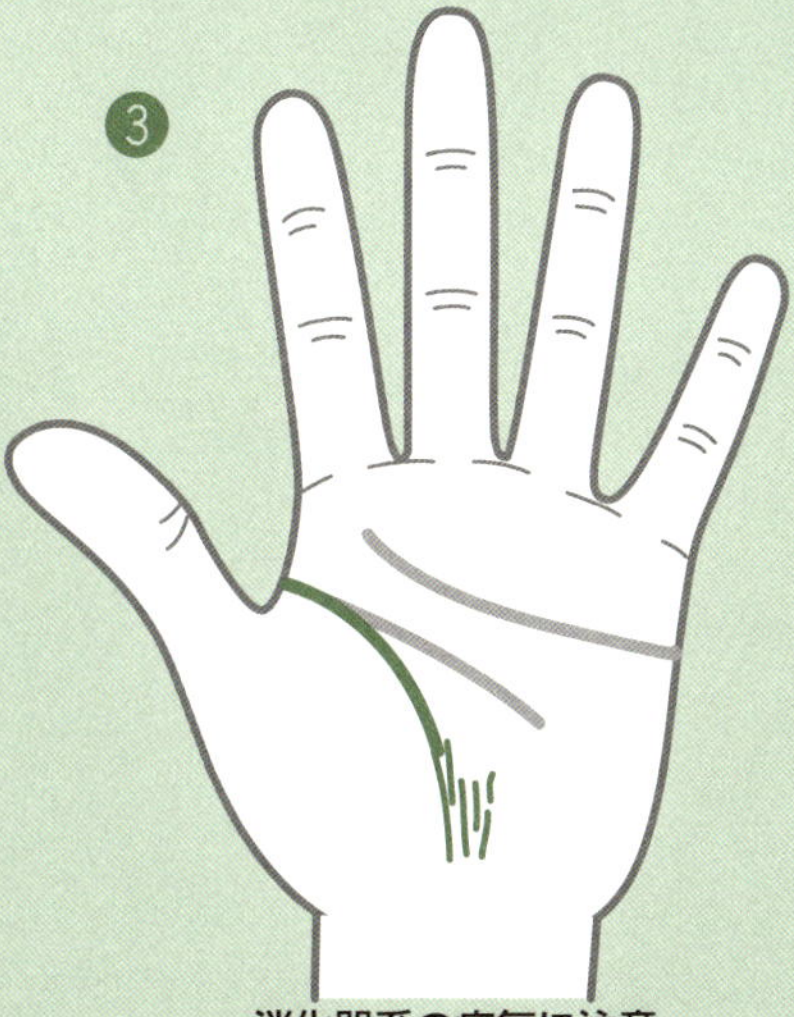

消化器系の病気に注意

慢性疲労に注意！

生命線の中ほどから下向きに細い支線が出ているもの。これは「疲労線」とも呼ばれ、からだが疲れていることを示しています。とくに病気ということではないのですが、とにかく疲れている、からだがすぐれない、いわゆる慢性疲労に陥っている人です。

デリケートな人ほど、このような線が出やすいので、気がついたら睡眠を十分にとり、からだを休めることが必要です。胃腸の病気にも注意する必要があります。

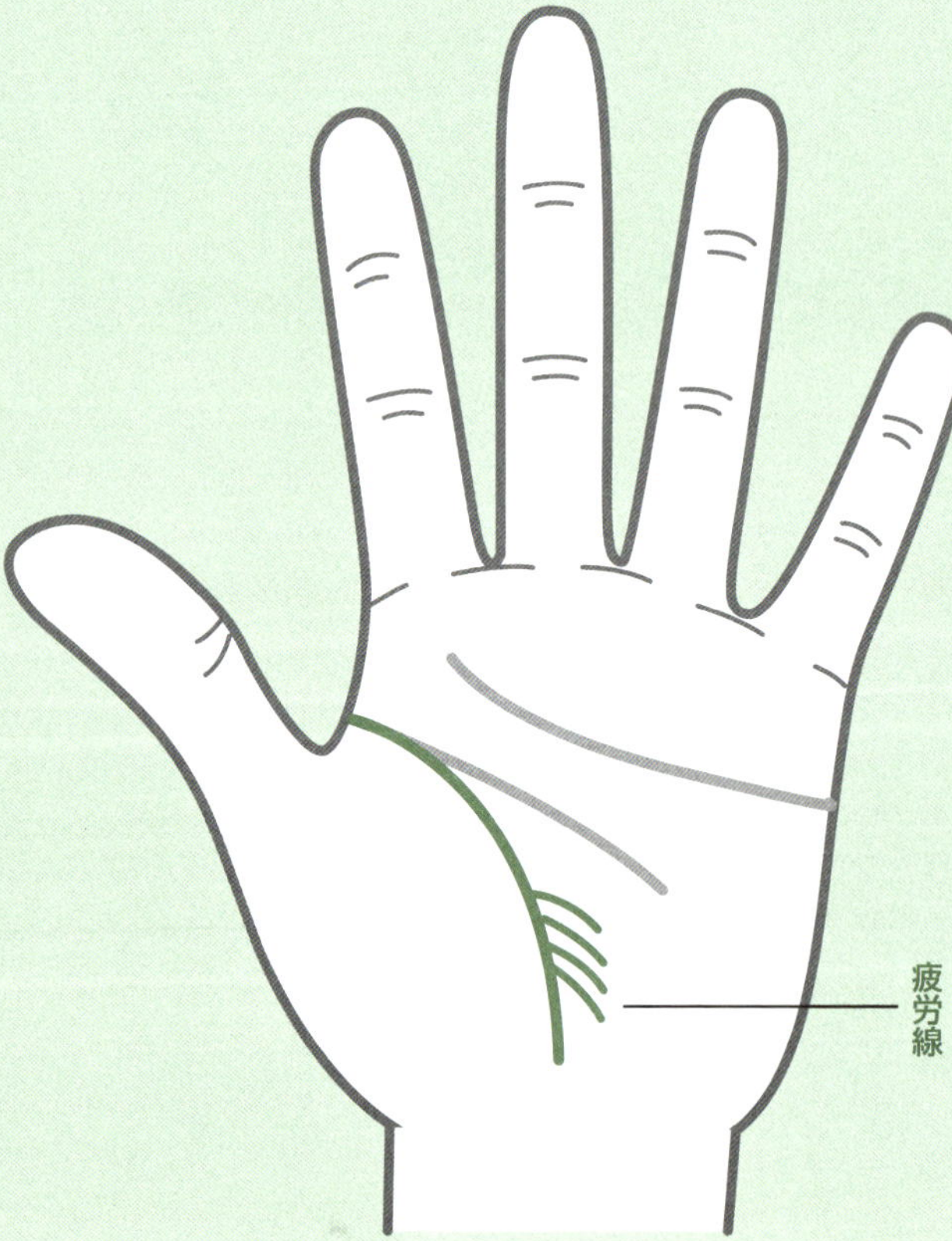

旅先でケガや病気に注意！

　生命線の下方で大きく分かれている線を旅行線といいます。この線に十字紋や島紋が出ている場合は、旅先でのケガや病気に注意することを警告しています。

　この旅行線は、「移動線」ともいい、引越しの多い人や、職場での異動が多い人にもみられますが、いずれにしても、十字紋や島紋が現れている場合は、何か予期しない障害があることを警告していますので、注意が必要です。

　なお、この線の近くに星紋（スター）が現れているものはラッキー運です。旅先できっとよいことがあるという幸運の印です。

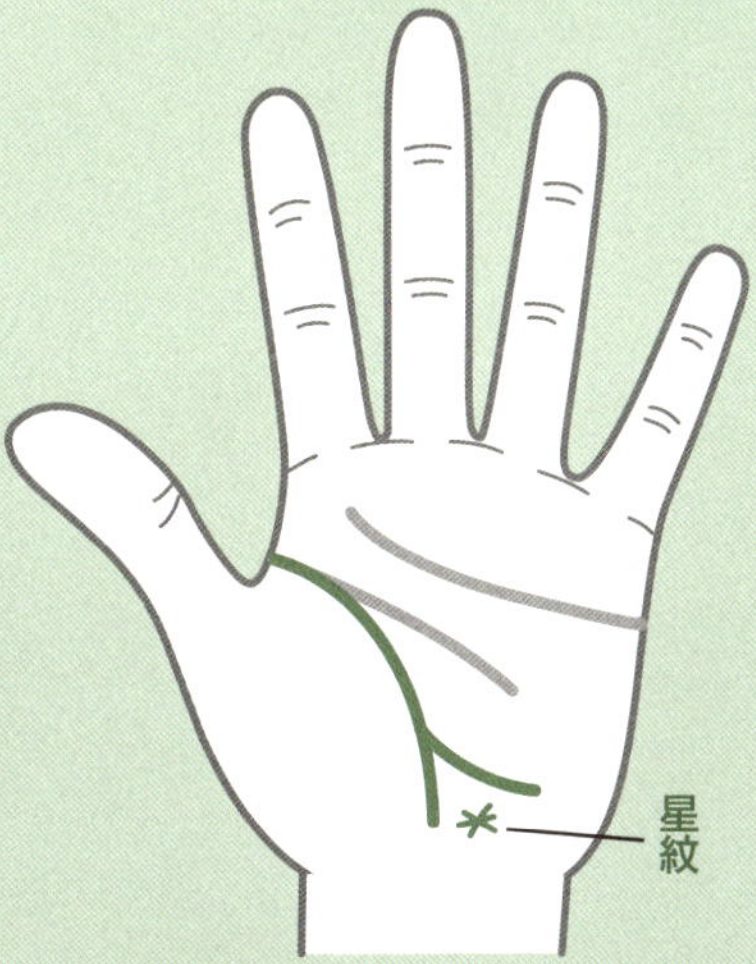

旅先できっとよいことが…

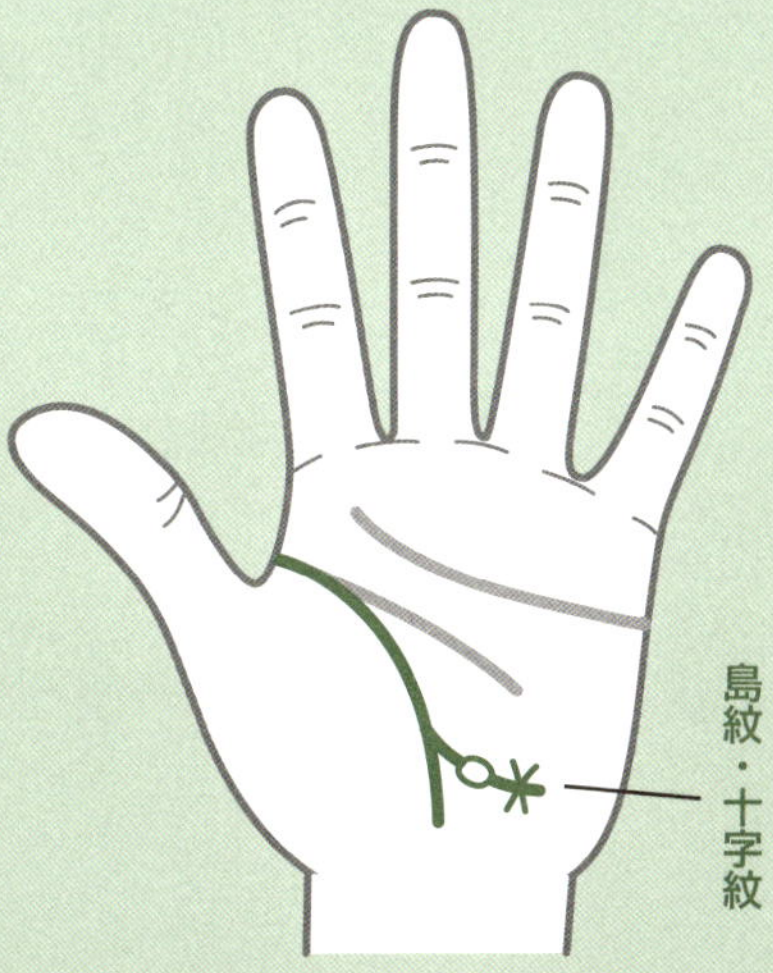

旅先での病気やケガに注意

感情線でみる

感情線でわかる気をつけたい病気

感情線は愛情をみる線といわれていますが、健康面に関しては心臓をあらわしています。したがって、感情線に何か問題がある場合は、とくに心臓の病気に注意しなければなりません。

❶感情線上に島紋がある

心臓の病気を暗示していますので、十分に気をつける必要があります。

また、薬指の下に島紋がある場合は、目の病気が疑われます。これは左手にあれば右目を、右手にあれば左目が悪いことを示しています。

❷感情線が弱々しく乱れて出ている

これはあまり心臓が丈夫ではないことを示しています。注意が必要でしょう。

❸感情線が数本の縦線で切られている

この縦線は障害線です。この場合も心臓の病気に注意する必要があります。

❹二重感情線

感情線が2本あるのですから、本来なら健康面での心配はないはずですが、不思議なことに二重感情線の人は、腎臓病や耳の病気に気をつけたほうがよいといわれています。

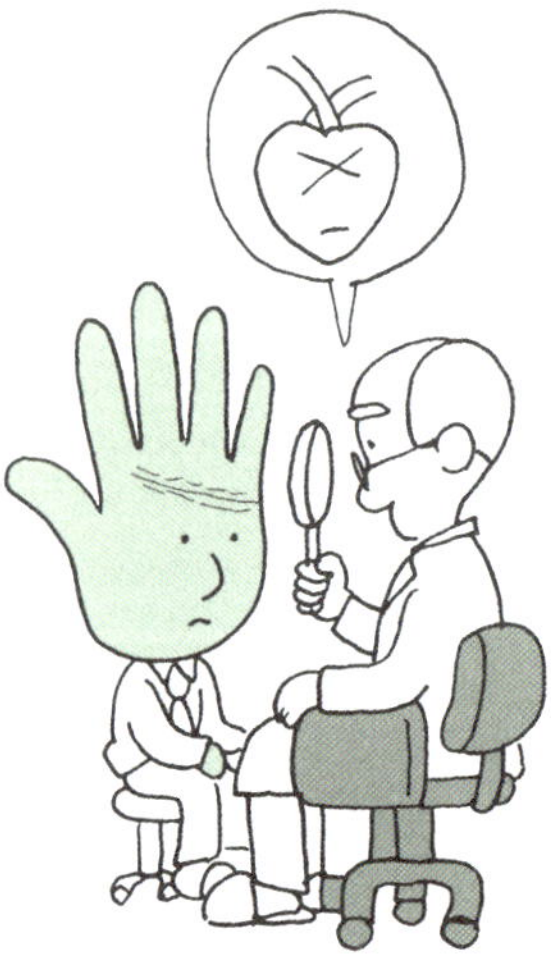

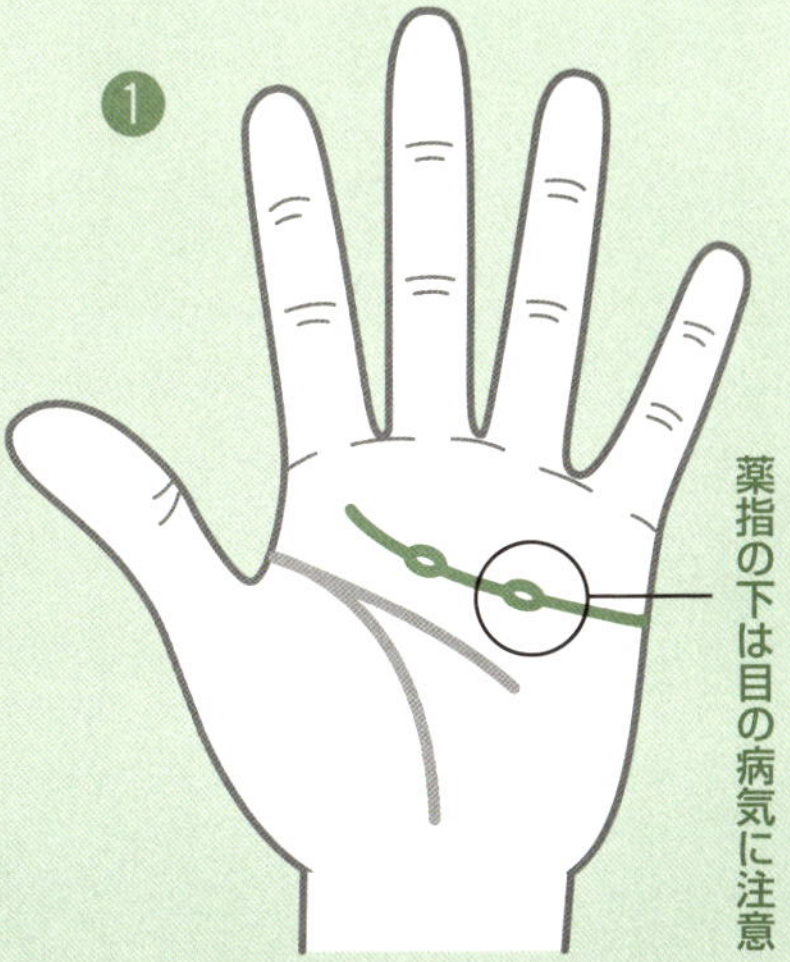

心臓の病気に注意

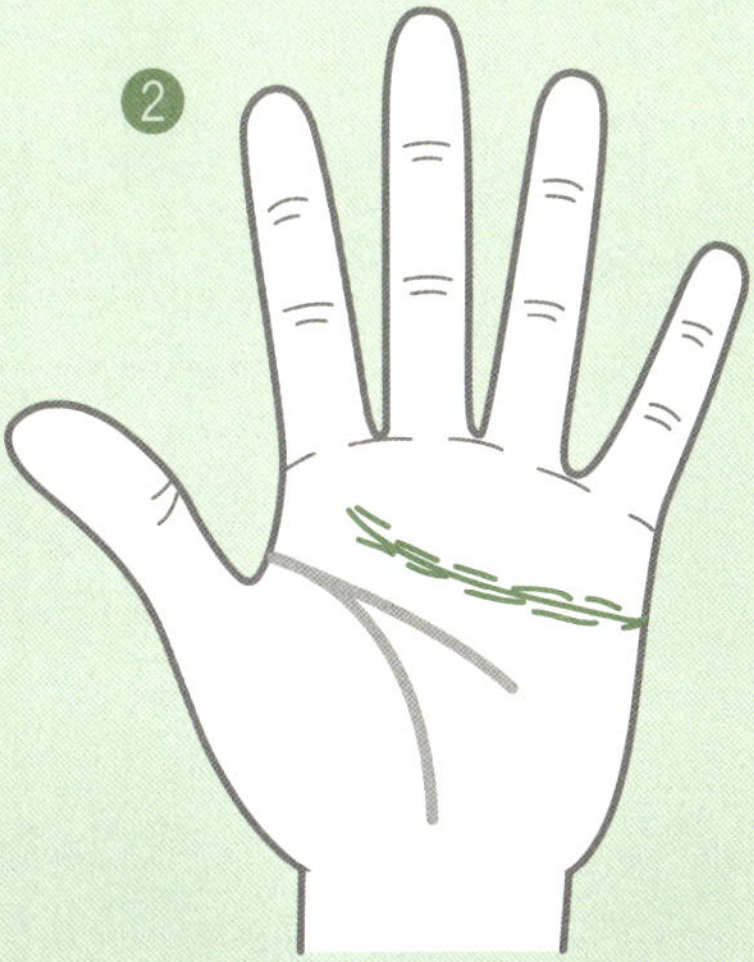

心臓が弱い

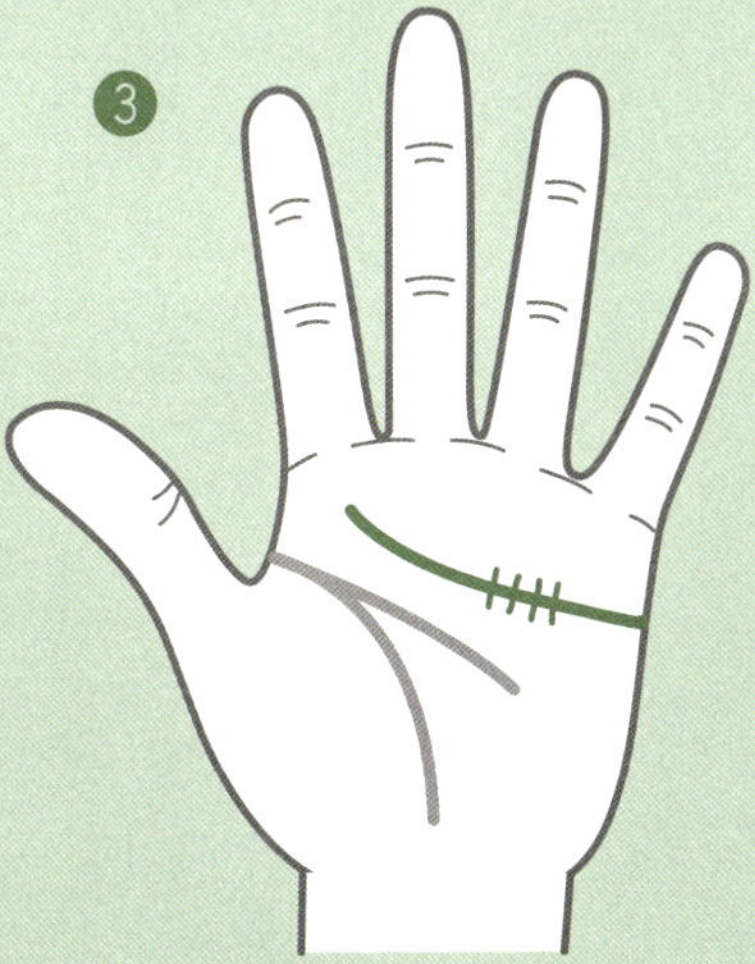

心臓の病気に注意

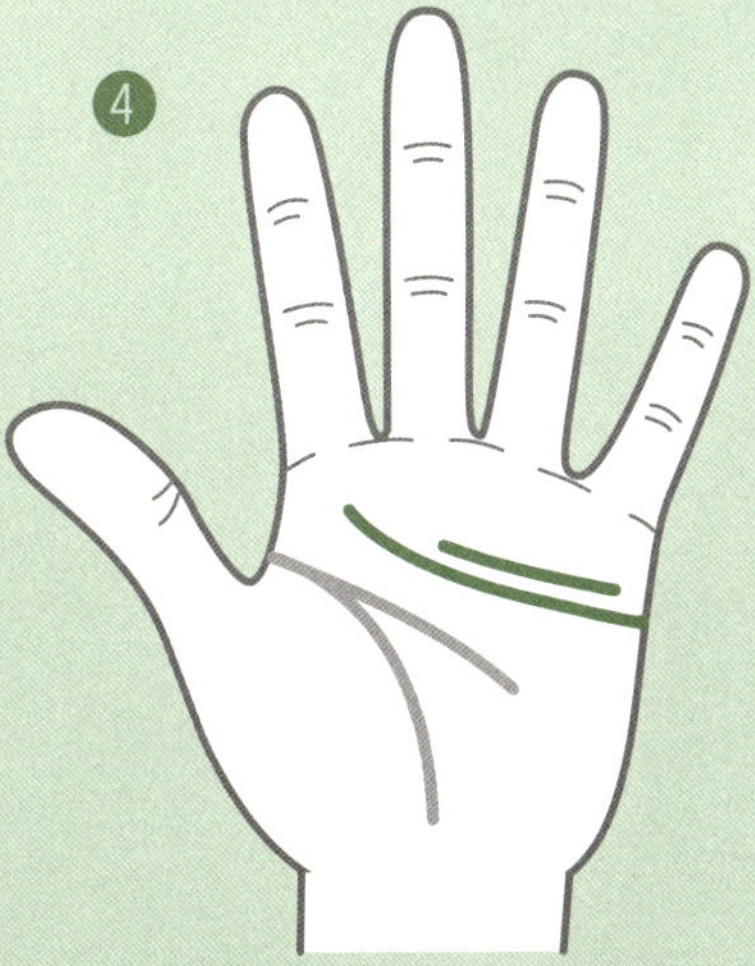

腎臓や耳の病気に注意

頭脳線でみる

頭脳線でわかる気をつけたい病気

頭脳線に問題がある場合は、ほとんどが頭のケガや頭痛、また、脳関係の病気が心配されます。

❶頭脳線上に島紋がある

過労や精神的ストレスから、神経が極度に緊張し、その結果からの頭痛が考えられます。とくに頭脳線が生命線よりに極端に下がっている人はクヨクヨ型ですので、その先端に島紋が出ている場合は、ノイローゼにかからないよう、気をつけなければなりません。

また、頭脳線の薬指の下あたりに島紋ができている人は、目の病気を疑ったほうがよいといわれています。

❷頭脳線上に十字紋がある

頭のケガを警告しています。交通事故などにも気をつけなければなりません。また、頭痛や脳に関係する病気が暗示されます。

❸頭脳線に星紋（スター）が出ている

❷と同じ心配がされますが、とくに要注意の相です。

❹頭脳線が途中で切れている

頭のケガや脳関係の病気を暗示しています。とくに両手とも中指のあたりで切れている人は、脳出血などを暗示していることがあります。

❺頭脳線が全線にわたって波状や鎖状になっている

精神的に弱い面を持っていることが考えられます。ノイローゼにかかりやすいので注意しましょう。

❻頭脳線に何本もの横線が入っている

神経質で精神的負担を感じやすい人です。ストレスがたまっていないか注意してみましょう。

❼頭脳線の末端が房状になっている

この場合は神経の病的な消耗を示しています。いろいろなことに神経を使わないようにしましょう。

1

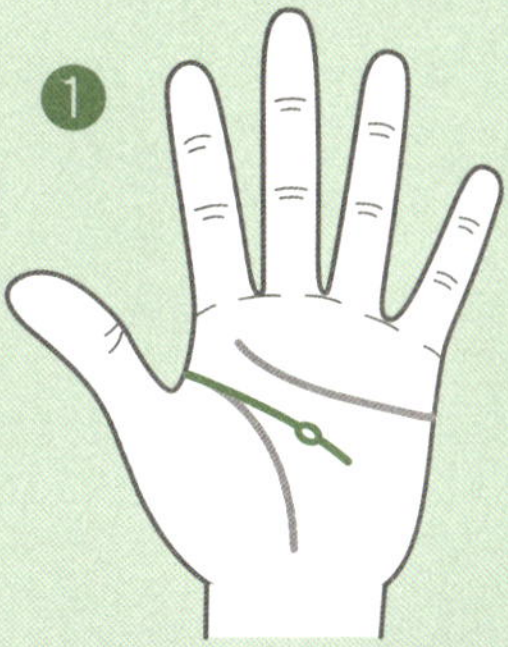

ストレスによる頭痛に注意

1′

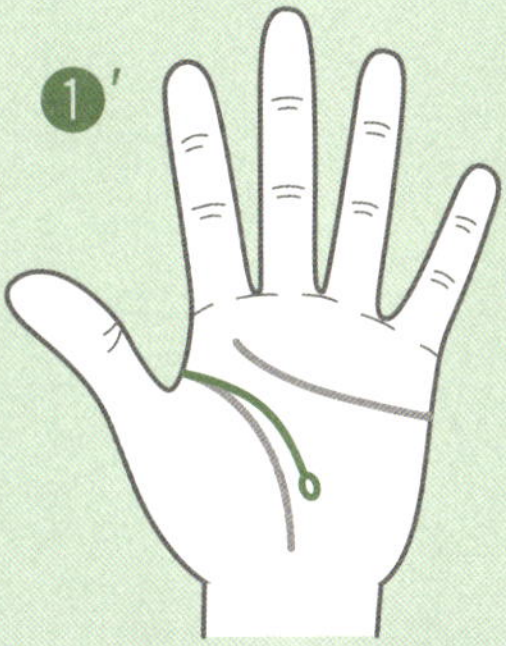

ノイローゼにかかりやすい

1″

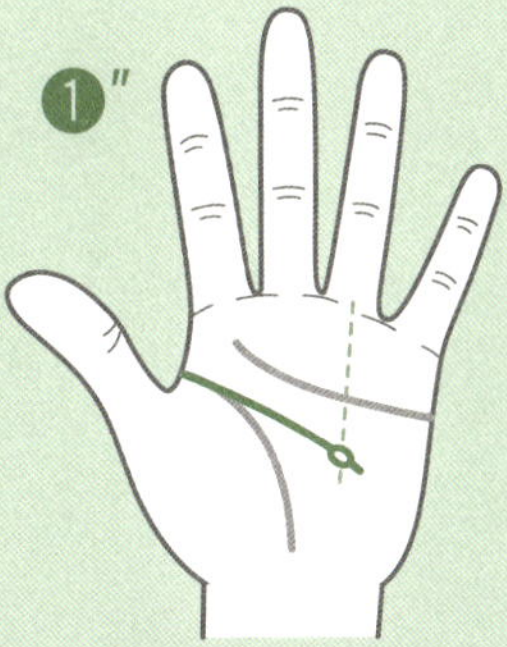

目の病気に注意

2

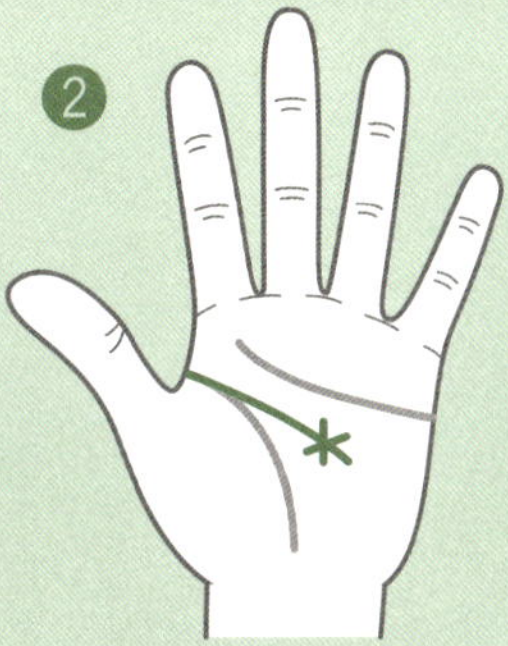

頭のケガに注意

3

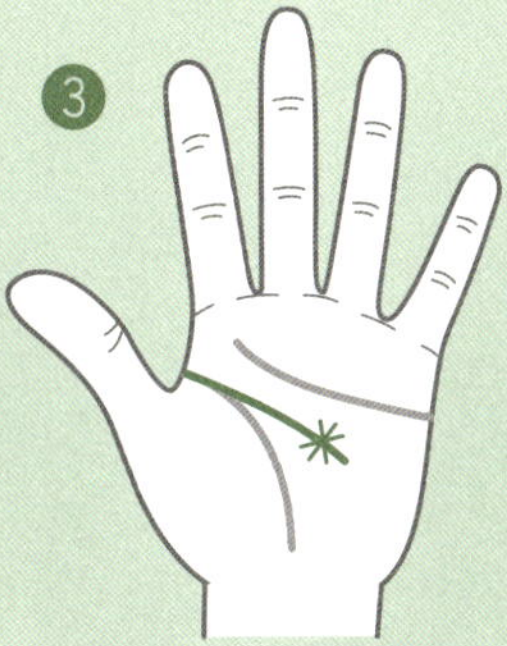

頭のケガ、とくに要注意！

4

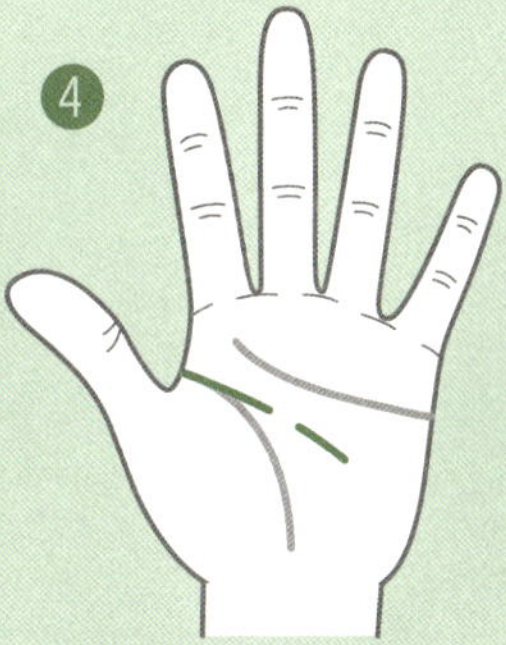

頭のケガや脳出血に注意

5

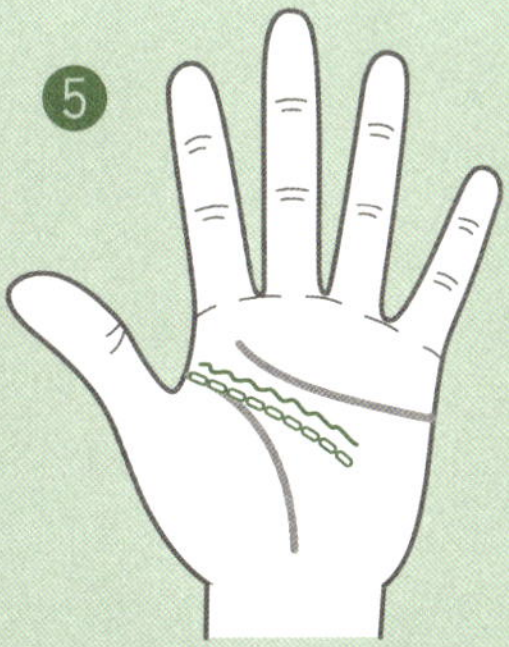

ノイローゼにかかりやすい

6

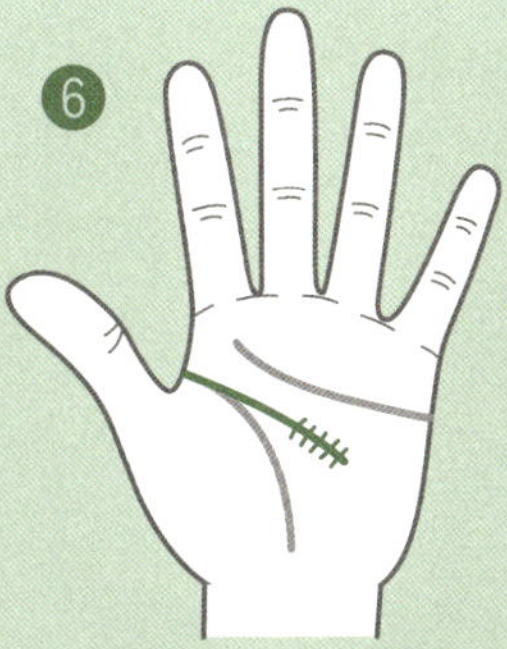

精神的な負担を感じやすい

7

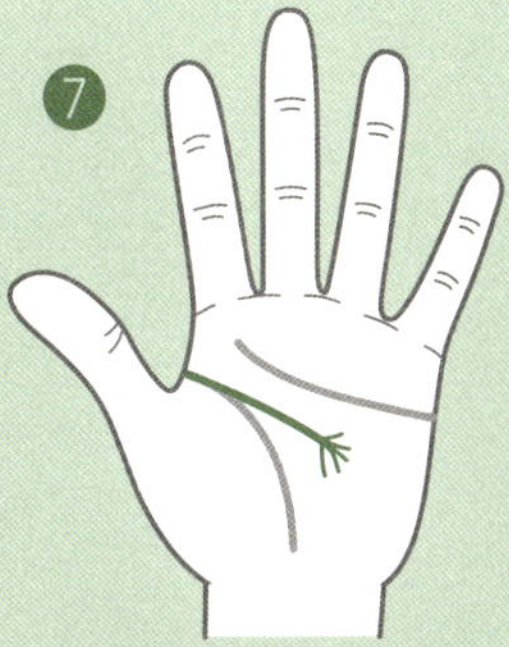

神経の病的な消耗

健康線でみる

健康線は出ていないほうがよいが…

健康線は、親指側の手首のちょっと上あたりから、小指（水星丘）の方向へ向かって斜めに伸びている線で、長いものでも感情線に届くくらいの線です。

健康線は出ていない人もありますが、これは出ていないほうが健康な証拠という性質のものです。出ている場合にはきれいな線、はっきりした線が望まれます。

したがって、正確には「健康線」ではなく、「不健康線」といったほうがよいと思うのですが、なぜか健康線と呼ばれています。

健康線は3人に1人は出ているようです。とくに中年すぎの人にはけっこうみられます。中年すぎれば、どこか調子の悪いところがあっても不思議ではありませんから、これはそう心配せずに健康に留意していくことが大切です。

次に、健康線で心配な場合をあげてみましょう。

❶健康線が生命線から出ている

心臓の病気に注意しましょう。

❷健康線が切れ切れに出ている

消化器系の病気に注意しましょう。

❸健康線が鎖状だったり線上に島紋がある

呼吸器系の病気に注意。とくに島紋がある場合は、健康状態が悪いことを示しています。

❹健康線が生命線を切って出ている

循環器系の病気に注意する必要があります。とくに生命線を切っている時期に健康状態が悪くなることを暗示しています。

ただ、この場合でも、運命線や太陽線がしっかりしていれば、そう心配することはありません。

1
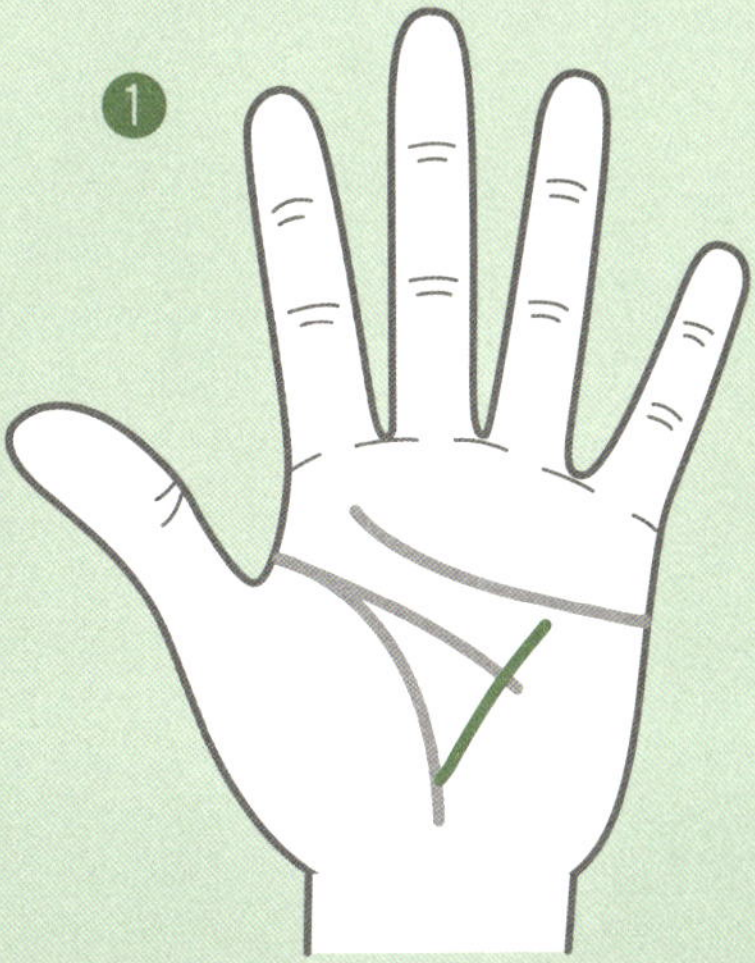

心臓の病気に注意

2
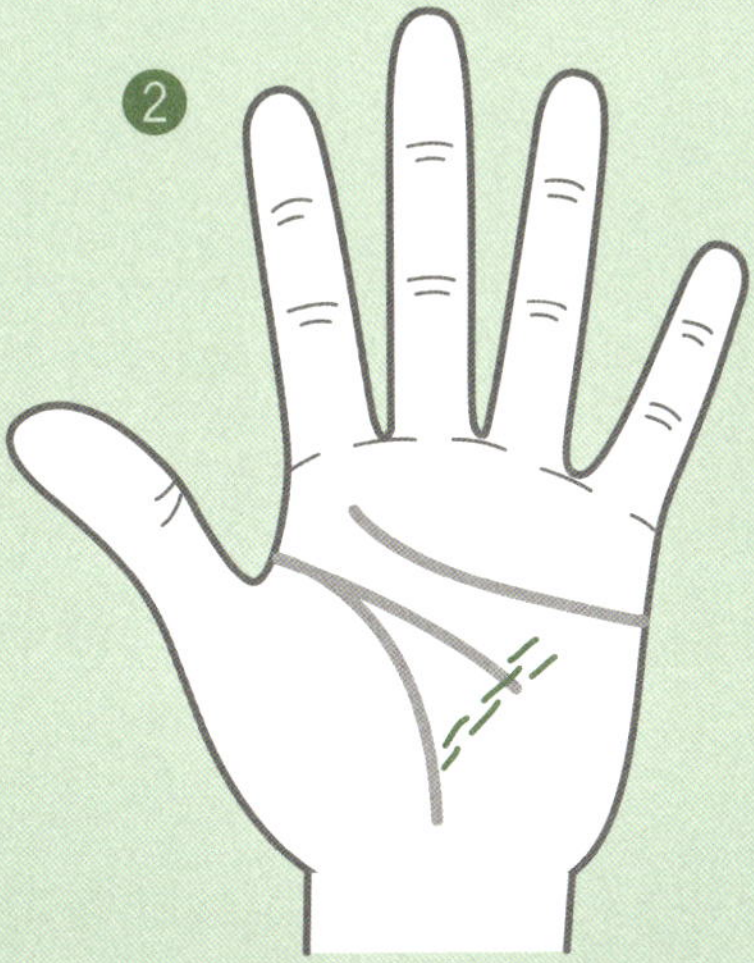

消化器系の病気に注意

3

呼吸器系の病気に注意

4

循環器系の病気に注意

自由線でみる

自由線が出ていたら遊びすぎ？

月丘の下部（小指側・手首の上あたり）を横切る弓形の線。これは自由線といいますが、この線が出ている人は、束縛を嫌い、自由気ままに行動したい人です。それはひとつの個性ですが、しかし、度が過ぎると不規則な生活となり健康を損ねかねません。

徹夜マージャンや連日のように飲み歩いている人、また異性との遊びが過剰な人にもみられることから、放縦線とも呼ばれていますが、なかには仕事が忙しく残業が続いている人、自分の体力以上の仕事を課せられている人、徹夜続きで勉強している人にも現れます。

いずれにしても、この線が出ていたら、日頃の生活環境を見直し、健康に留意することが大事です。また、この自由線が心配な場合は、生命線や運命線も併せてみてみましょう。これらの線がしっかりしていれば心配も半減されます。

自由線が次のような場合にはとくに要注意です。

❶自由線が生命線を切っている場合

不規則な生活のために体力が消耗しています。あるいはそういう状況に陥りやすいことを示しています。

❷自由線が多数出ている場合

不規則な生活のために、精力が消耗され、かなり無理をしている状態を示しています。気がついた時点ですぐに注意しないと、ますます健康を害することになります。

❸自由線上に島紋や星紋が出ている場合

かなり健康を害していることを示しています。すぐにでも生活態度を改めないと、本当にからだを壊してしまいます。

①

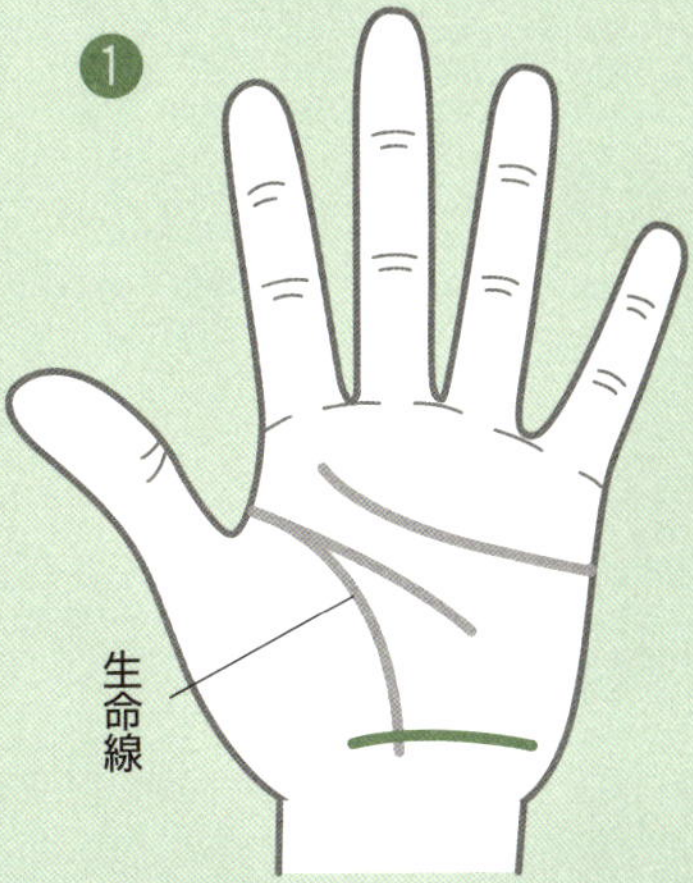

体力が消耗している

②

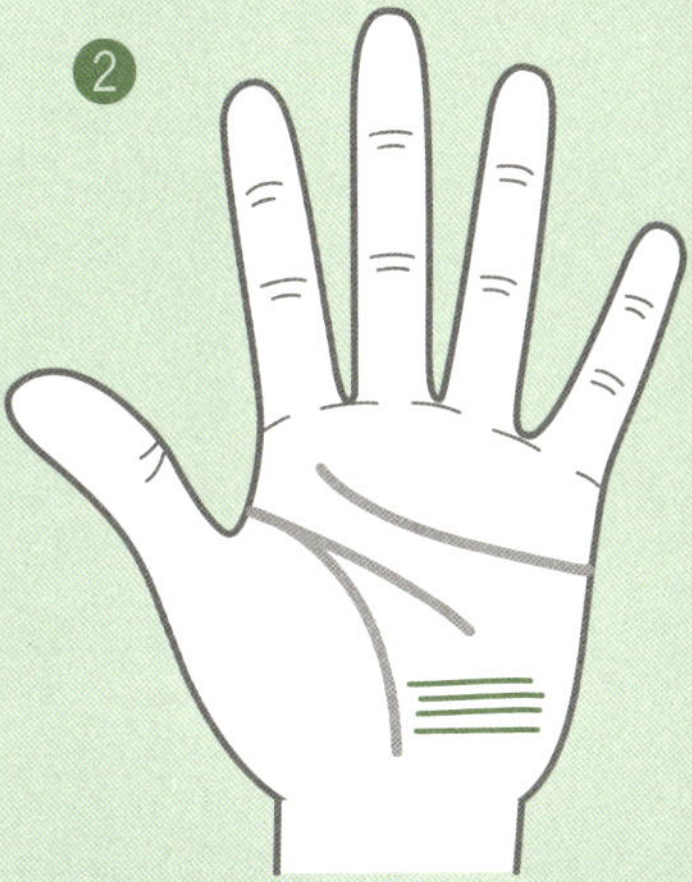

かなり無理が重なっている

③

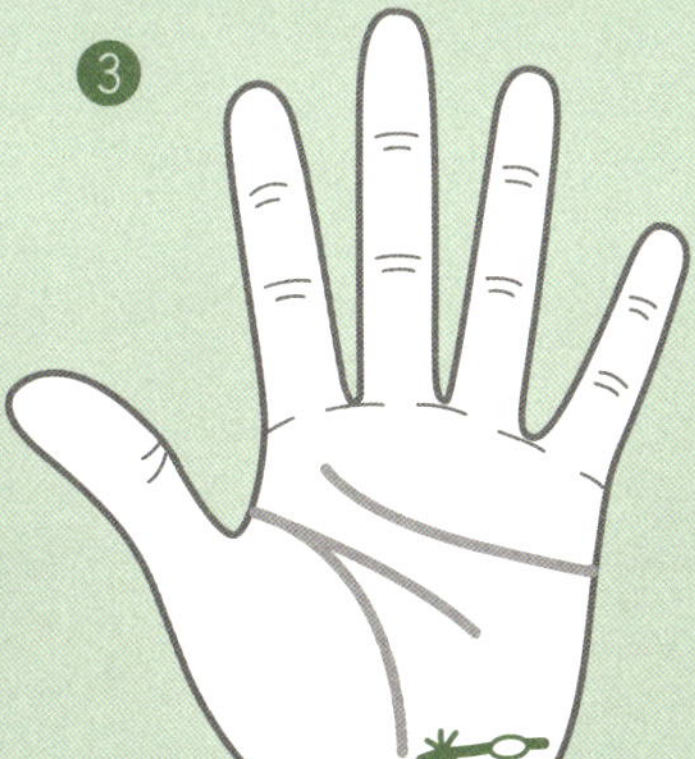

アルコールや薬物中毒で
健康を害している

手首線でみる

はっきりした手首線は健康な証拠

手首線はあまり重要視されていないのですが、しかし、健康状態をみるのに役にたつ線です。一般には、手首線は生殖器と関係があるといわれ、手首線が不鮮明な人は、性器、及び泌尿器科系、婦人科系の疾患に注意を要するとされています。

また、手首線は、はっきりした線が3本、あるいは4本が平均した間隔で現れている人は品性正しく、幸運を背負って生まれてきた人という説もあります。

❶はっきりした手首線が3本きれいに出ている

理想的な手首線。健康でがんばりや。子どもに恵まれます。

❷はっきりした手首線が1本は出ている

健康で意志も強く、思いやりもあります。

❸いちばん上の手首線が鎖型をしている

健康に恵まれず、何となく疲れやすい人です。

❹手首線が切れている

子宮疾患の病気に注意する必要があります。

❺いちばん上の手首線の中央が手のひらの上に湾曲して入り込んでいる

からだが弱く神経質な人。女性の場合は婦人科系の病気に注意が必要です。

❻手首線が見分けがつかないほど微弱

からだが弱く、どちらかというと腺病質。万事、消極的で元気が感じられない人です。セックスにもあまり関心がないという人です。

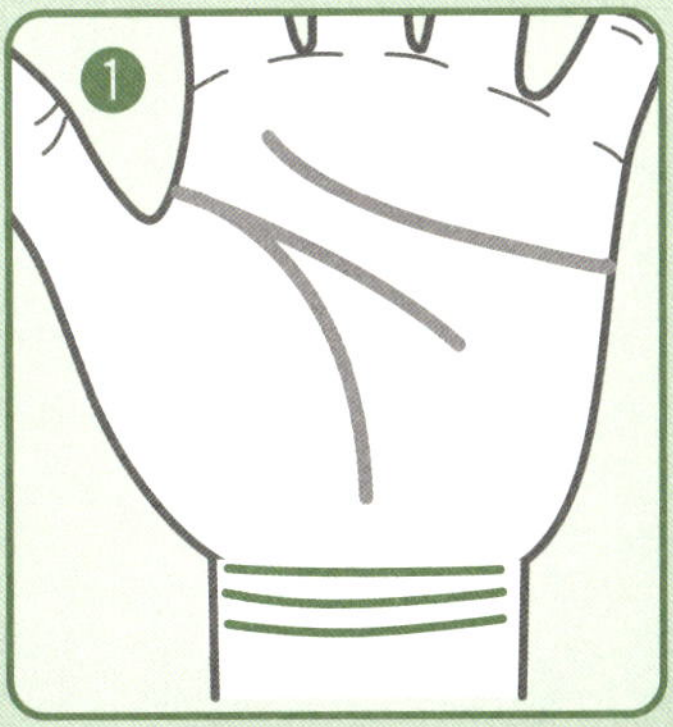

頑健でがんばりや

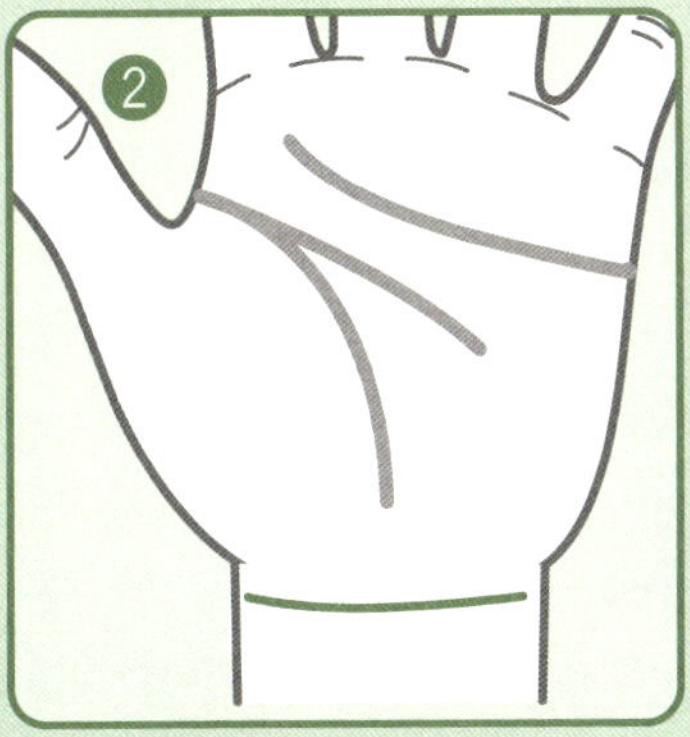

健康で意志が強い

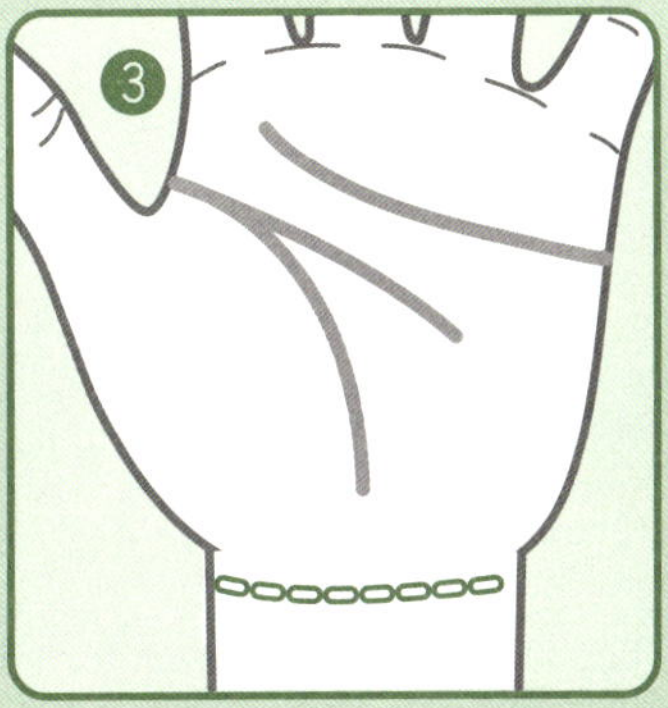

何となく疲れやすい

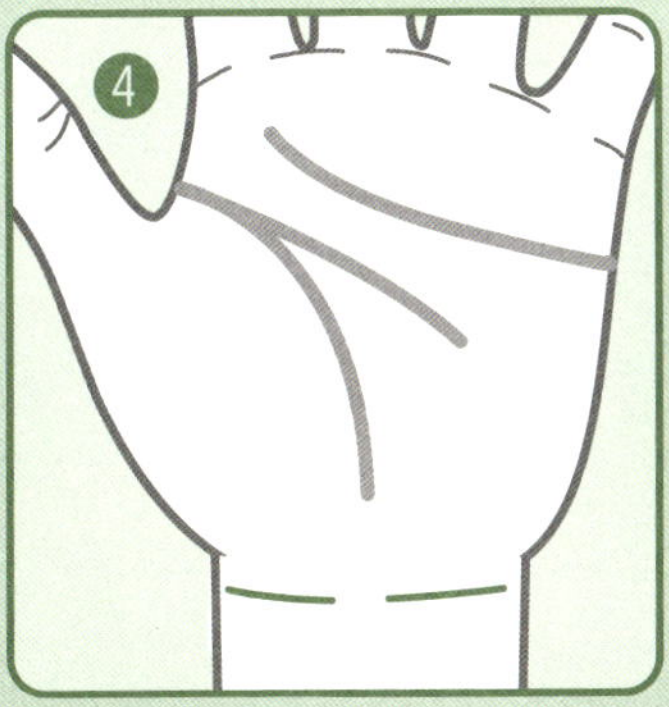

子宮疾患に注意

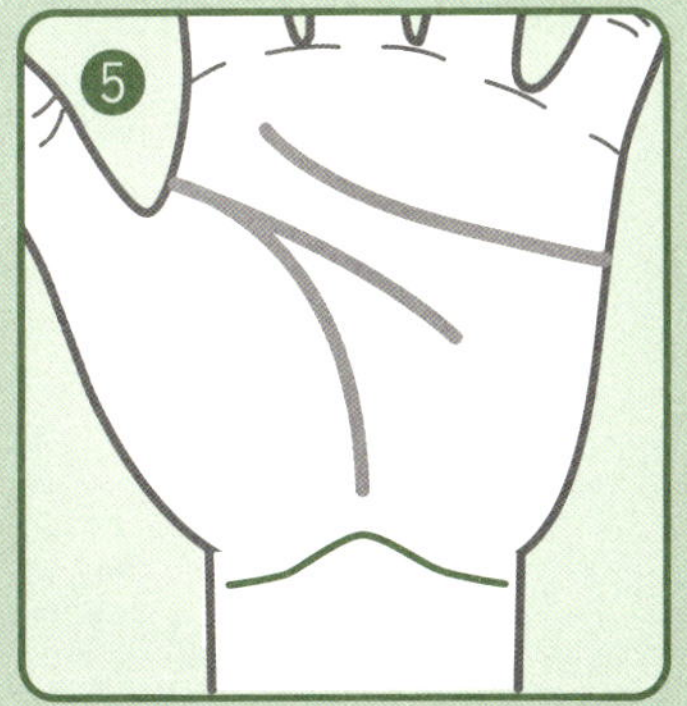

神経質・婦人科系の病気に注意

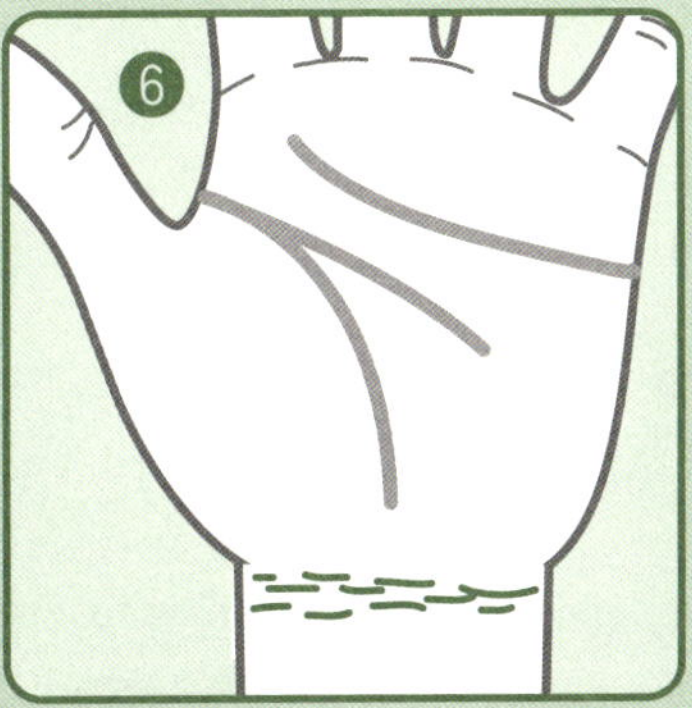

腺病質・性的にも関心が薄い

手のひらから病気のサインを読む

手のひらの各部分は、からだの器官と密接に関連しています。したがって、障害をあらわす島紋や三角紋、十字紋などが、どの部分に出ているかで、どんな病気に注意したらよいかがわかります。自分は健康だと思っていても、慢性の病気にかかっているおそれもあります。注意するにこしたことはありません。

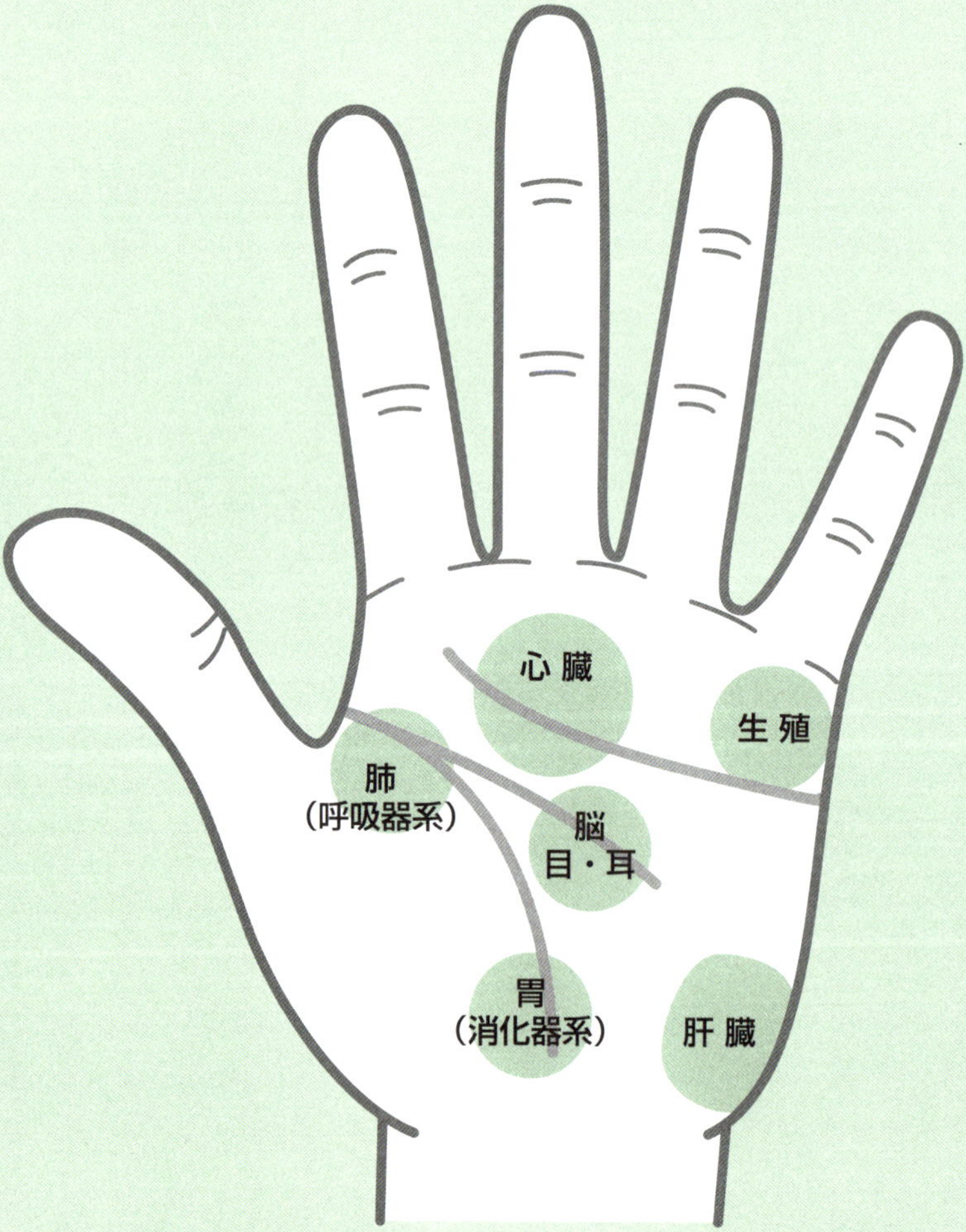

手のひらの色つやもみてみましょう

★ピンク色の手　健康な人の手は、きれいなピンク色をしています。

★赤みを帯びた手　手のひら全体が赤みを帯びている場合は、多血体質を示しています。誰がみても異常に赤みが強い場合は、高血圧、痛風、リウマチ、糖尿病などの疑いがあるといわれています。

これが月丘の部分（小指側下方）だけが赤くて、しかも斑点が出ているような場合は肝臓疾患のおそれがあります。

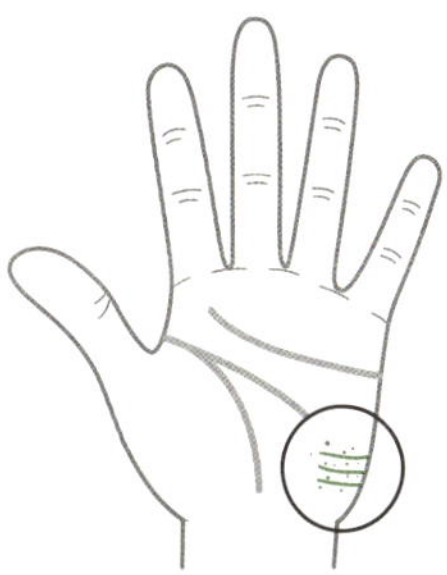

月丘に小さな横線が数本出ている人は肝臓に注意！　お酒はほどほどに。とくに赤い斑点が出ている人は要注意。

★黄色っぽい手　手のひら全体が黄色い場合は黄疸が考えられ、肝臓疾患が疑われます。これは重症な場合は目の中まで黄色くなります。ただ、ミカンを食べすぎると手が黄色くなることがありますが、これは心配ありません。

★白っぽい手　いかにも血色が悪いと思われるような白っぽい手は、低血圧の人が多いようです。栄養のバランスに気を配り、睡眠不足や運動不足にも気をつけたほうがよいでしょう。

★青白い手　手のひらが異常に青白い場合は、肺の病気が疑われます。注意したほうがよいでしょう。

★青黒い手　脾臓や腎臓など循環器系の病気が疑われます。これも注意しなければなりません。

手の型でみる健康占い

①へら型（台型）　手のひら全体がやや弾力性に富み、台型をしているものをいいます。

このような手型の人はたいへんエネルギッシュで、たえず動いていないと気がすまない疲れ知らずの健康人です。むしろ健康に自信を持つあまり、からだを酷使しないことです。調子にのっていると、老後にそのツケがまわってこないとも限りません。

②方型（四角型）　手のひら全体が四角ばっていて、ほとんどの場合、手の皮膚や肉が厚いのが特徴です。

このような手型の人は、精神的にも肉体的にも頑健で、疲労など吹き飛ばす活力があります。いわゆる「丈夫で長持ち」というタイプ。病気とはほとんど縁のない人が多いようです。

③円形型（丸型）　手のひら全体がふっくらしていて、丸みを帯びているのが特徴です。

こういう手型の人は、明るく楽天的な人が多く、ノイローゼなどとは縁のない、いたって健康な人です。ただ、このタイプは太っている人が多く、肥満が原因でかかりやすい病気に気をつける必要があります。

④尖頭型（長方形型）　手のひら全体がほっそりして肉づきも薄く、横幅よりも縦に長いのが特徴です。

こういう手型の人は、直観力はすぐれていますが、神経質で小さいことにクヨクヨするタイプ。精神的に弱い面があり、何かと睡眠不足になりがちです。できるだけ図太くふるまうようにすることが、健康面での注意事項となるでしょう。

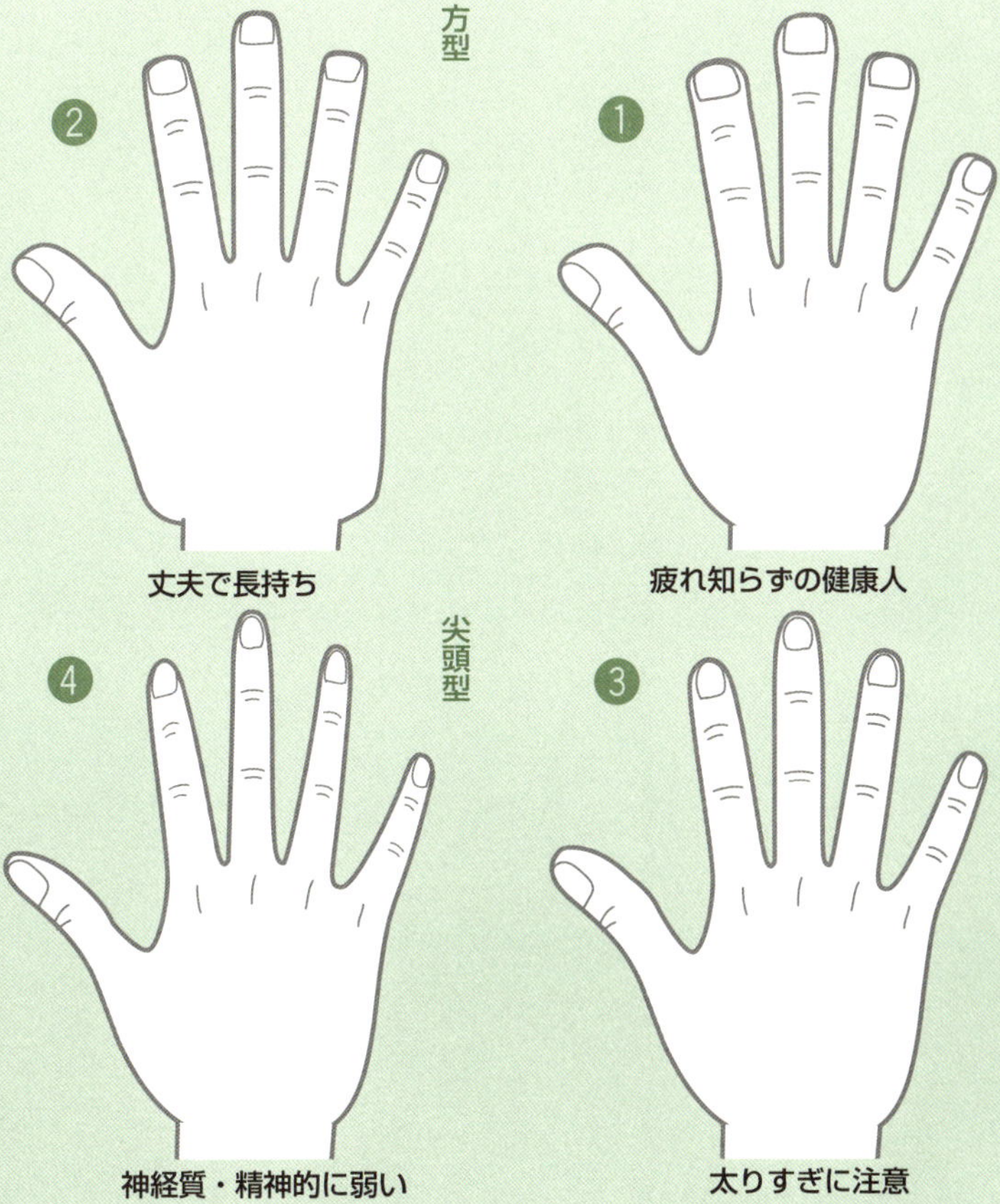

●手が冷たい人は、心が暖かいってホント？

手が冷たい人は心が暖かい、という人もいますが、どうもこれは間違いのようです。

一般的には手が冷たい人は慢性的な睡眠不足の人に多く、イライラすることが多いようです。逆に手が暖かい人は、精神状態が安定しているとみます。

また、左手は暖かくて、右手は冷たいなど、両手の温度差が極端に違う場合は、循環器関係の病気が疑われるといわれてます。一度、検査をしてみることをおすすめします。

爪でみる健康チェック

健康な人の爪は淡紅色をしています。赤みがかった爪は心臓病を、爪に黄色い斑点がある人は肝臓病を、白身がかった爪はスタミナ不足で、神経質な体質を示しています。また、身体に変化がおこると、次のようなシグナルが現れます。

半月紋が出ている

健康体の人。とくに親指や人さし指に出ていれば、健康で元気な証拠。

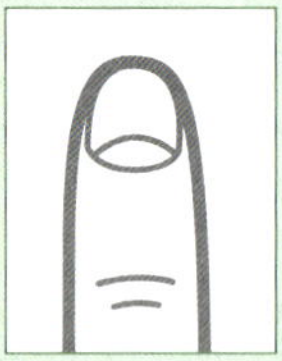

縦スジがある

神経による過労ぎみ。また血圧が低いことも考えられます。

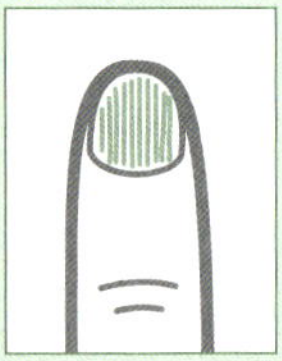

横スジがある

体調に大きな変化があったことを示しています。また大腸系や痔の病気に注意。

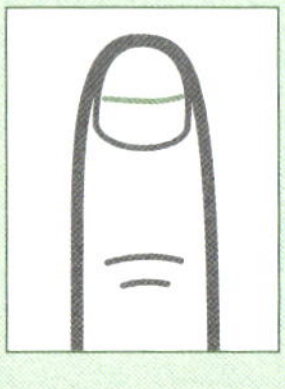

白い斑点がある

ストレスからくる過労でイライラしています。またカルシウム不足に注意。

先端が欠ける

カルシウム不足と寄生虫に注意。

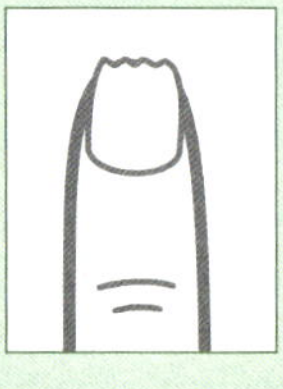

爪の中央がへこんで反っている

肺など呼吸器系の病気に注意。

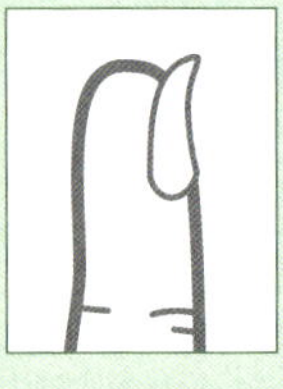

5章

あなたの金運を占う

金運をみるうえで、いちばんわかりやすいのは財運線をみることですが、
それだけではなく、その人がお金儲けの上手なタイプか
苦手なタイプかもみなければなりません。また、どういう才覚で金運が
もたらされるのかも知りたいことです。そういう意味では生命線、
頭脳線、運命線、感情線も大事な線となるのです。
なかでも重要なのは、
成功線ともいわれる太陽線が出ているかどうかです。

生命線でみる

お金に淡白な人・貪欲な人

生命線はその人の活力、つまりパワーをみる線です。したがって生命線は太くて、深く刻まれた線ほど活力があるとみます。また、カーブが大きく張っており、金星丘が広いほど生活力が旺盛で、金運にも恵まれていることを示しています。

まず、手を開いて、中指から手首の中心に向かって、1本の線を引いてみてください。この線を基本にして、生命線が内側に伸びているか、外側に大きく張り出しているかで、お金に淡白な人。貪欲な人かをみることができます。

❶生命線が内側に伸びている

生命線が内側に入っている人ほど、生活力が弱く、やさしい人とみます。消極的な性格でお金に対しても淡白です。他人を押しのけてまで、お金を得ようとするタイプではありません。バイタリティに乏しい人ともいえます。

生活は困らないまでも、お金儲けは苦手な人です。

❷生命線がほぼ中心に伸びている

生命線が中心の線に沿って伸びている人は、温和な性格で金銭感覚のバランスがとれている人です。

浪費家でもなく、ケチでもなく、たいへん常識的な人です。

❸生命線が外側に張り出している

生命線が中心よりも外側に張り出している人ほど、生活力が旺盛で、お金に対しても貪欲な人とみます。積極的にバリバリと働き、お金儲けも上手です。万事に意欲的な人です。

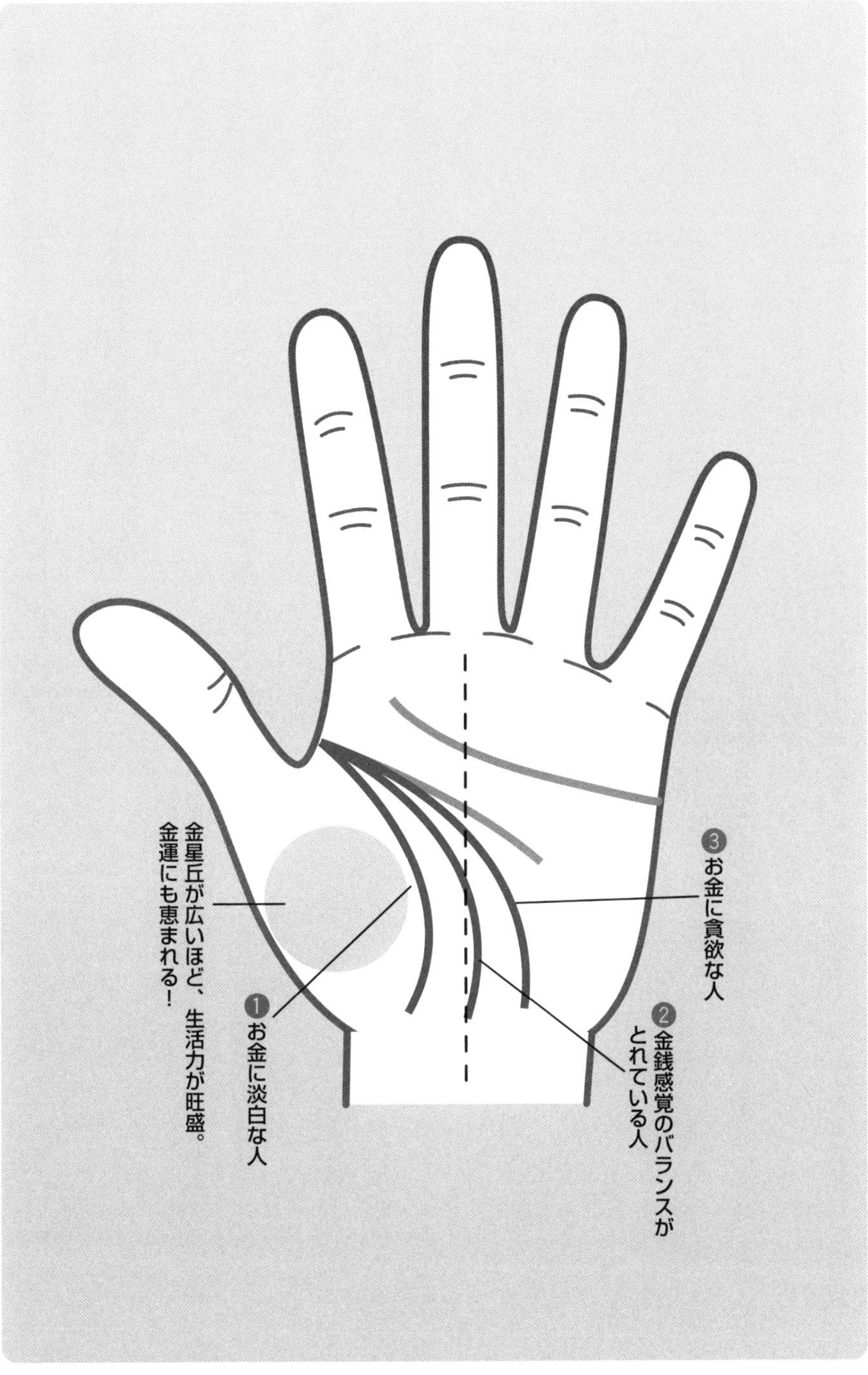
金星丘が広いほど、生活力が旺盛。
金運にも恵まれる！
❶お金に淡白な人
❷金銭感覚のバランスがとれている人
❸お金に貪欲な人

生命線と頭脳線でみる

あなたの金銭感覚は？

生命線と頭脳線のスタート地点が重なっているか、離れているかで、あなたの金銭感覚がわかります。

❶生命線と頭脳線のスタート地点が同じで、すぐに線が分かれている

金銭感覚のバランスがとれています。お金で失敗することはまずありません。堅実でまじめなタイプです。細かい心配りと、管理能力にもすぐれていますので、将来に向けての生活設計もしっかり立てられる人です。

❷生命線と頭脳線のスタート地点が離れており、そのまま交わらない

行動力と決断力にすぐれており、儲けるときは大きく儲けます。しかし、お金が出ていくときも大きく出ていきます。

このタイプはチャンスに強いともいえますが、反面、オイシイ話には簡単に乗ってしまうというマイナス面もあります。大きな契約などは、一晩考えるぐらいの余裕を持ったほうが失敗は少なくてすみます。

❸生命線と頭脳線がスタート地点から途中まで重なっている

用心深く大変慎重な人です。大きな失敗はしませんが、石橋を叩きすぎて、お金儲けのチャンスを逃がすことがあります。

しかし、案外、株や投資で着実にお金を得るのは、このタイプです。

❹生命線の下のほうから頭脳線が出ている

かなり警戒心が強く、消極的な人です。持っているお金は堅実に管理しますが、それを運用してお金儲けをするというようなタイプではありません。

ケチではありませんが、ムダなお金は使わない人です。

①

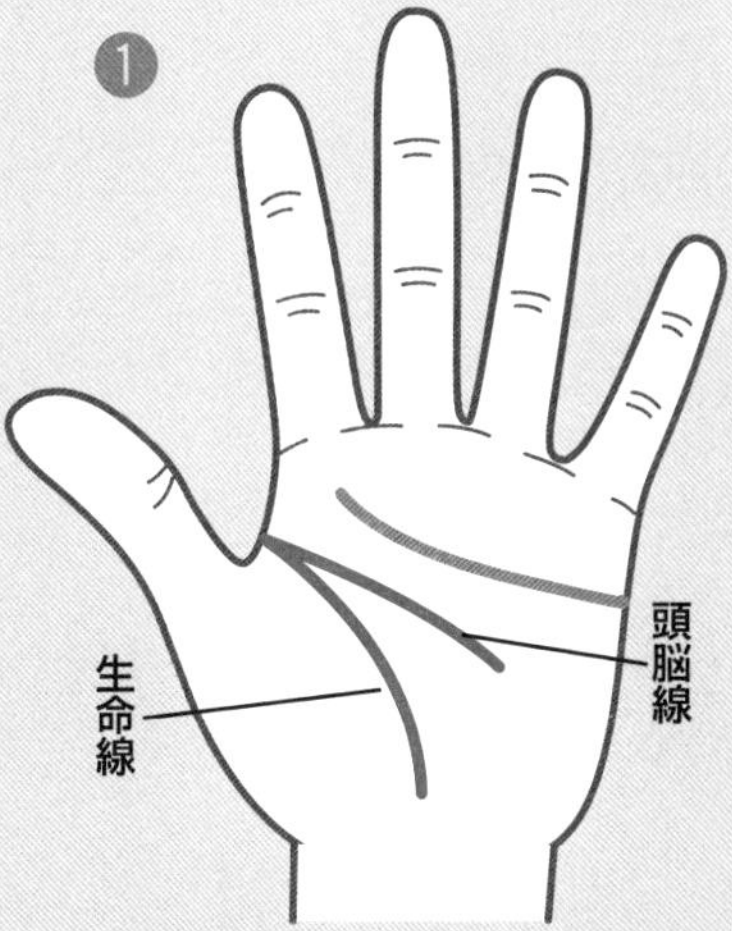

堅実でまじめタイプ

②

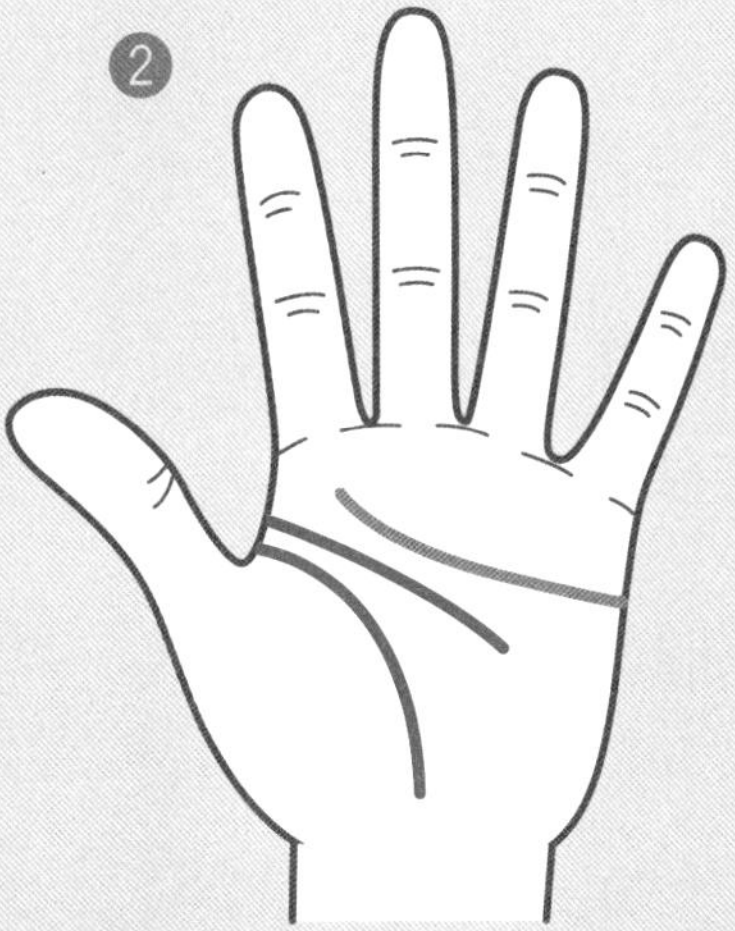

大きく儲けるが大きく出ていく

③

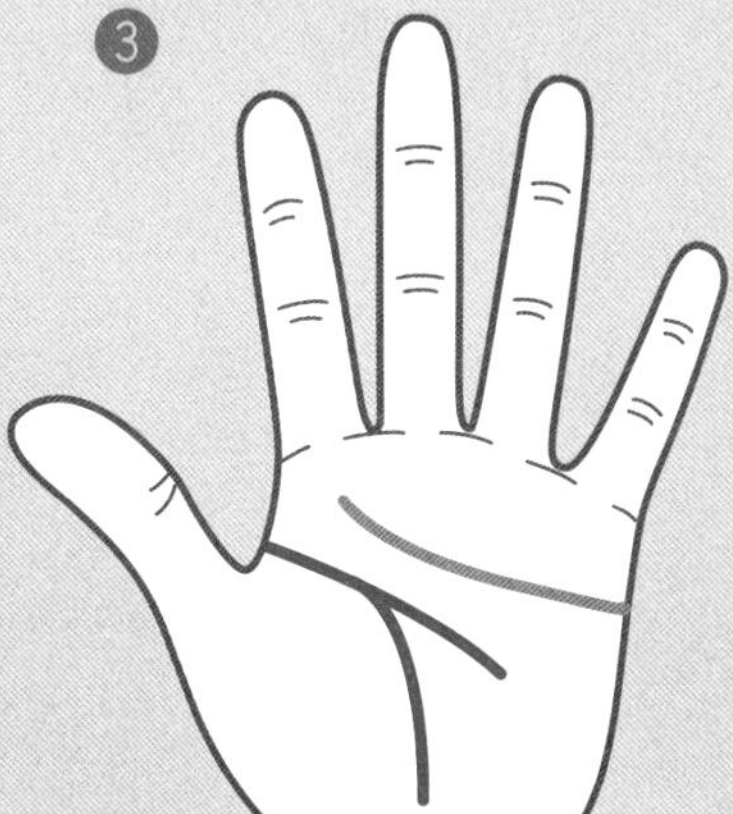

慎重すぎてお金儲けのチャンスを逃す

④

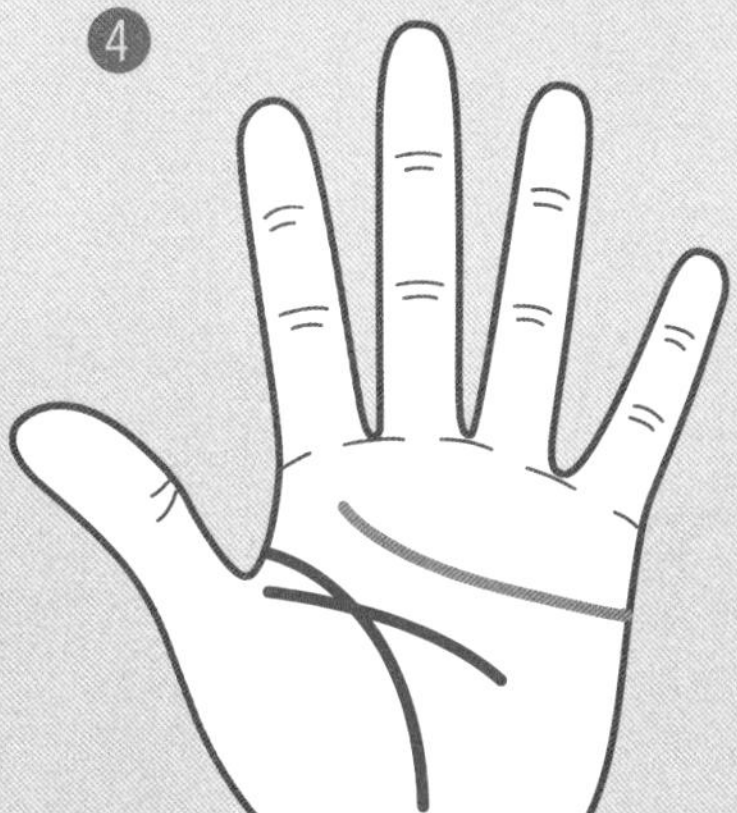

貯めたお金は使わないというタイプ

特殊な相で金運をみる！

マスカケ線

頭脳線と感情線が一緒になって、ひらがなの「て」のような形をしている相があります。これは「マスカケ線」といって、特殊な相にあたります。考えかたが合理的で、お金も時間もムダに使いません。指導者に多い相で、どんどん仕事をこなし、お金儲けも上手です。お金にも地位にも執着心が強く、そのどちらも得られるたいへん恵まれた相ですが、ただし、あまり独断先行ですすむと、まわりから敬遠され、失敗することもあります。

また、「マスカケ線」は、線がはっきりしているものがよく、線が薄かったり、弱々しいものはパワー不足。努力を重ねることで線もはっきりしてきます。また、運命線、太陽線も必要です。

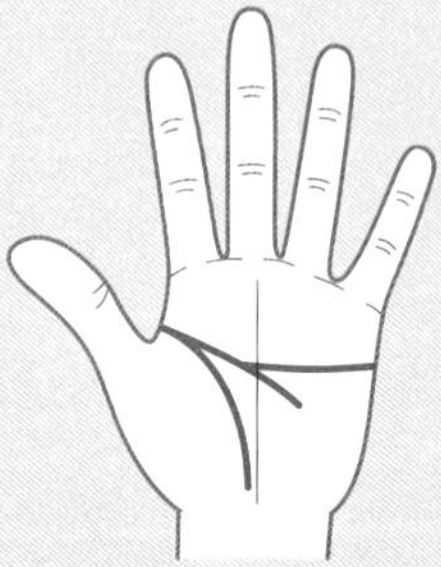

感情線が頭脳線に合流しているもの

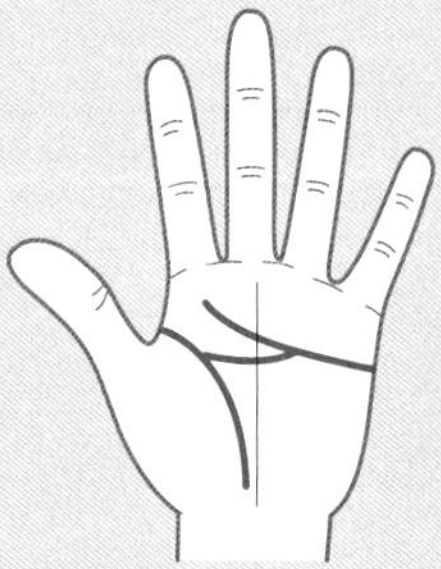

頭脳線が感情線に合流しているもの

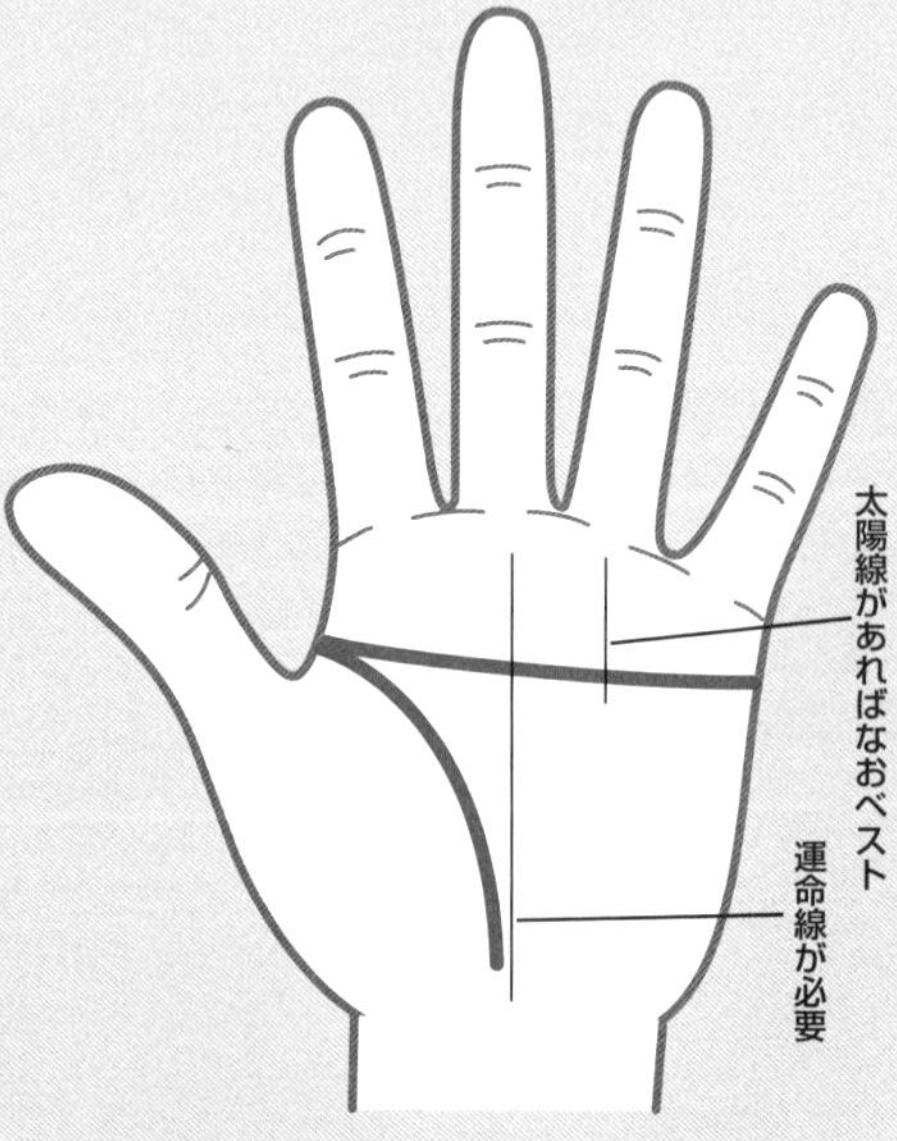

感情線と頭脳線が一緒になっているもの

二重生命線

生命線の内側にもう1本、線が出ているものを二重生命線といいます。これは生活力が強すぎることを示しています。お金儲けにも熱心で大きな成功もみますが、自信過剰から失敗もしかねないという相です。

金星丘がふくらんでいる人ほど、その傾向が強くなります。ちなみに、これは「浮気線」とか「スタミナ線」とも呼ばれ、一人の女性では満足できない人ともいわれています。

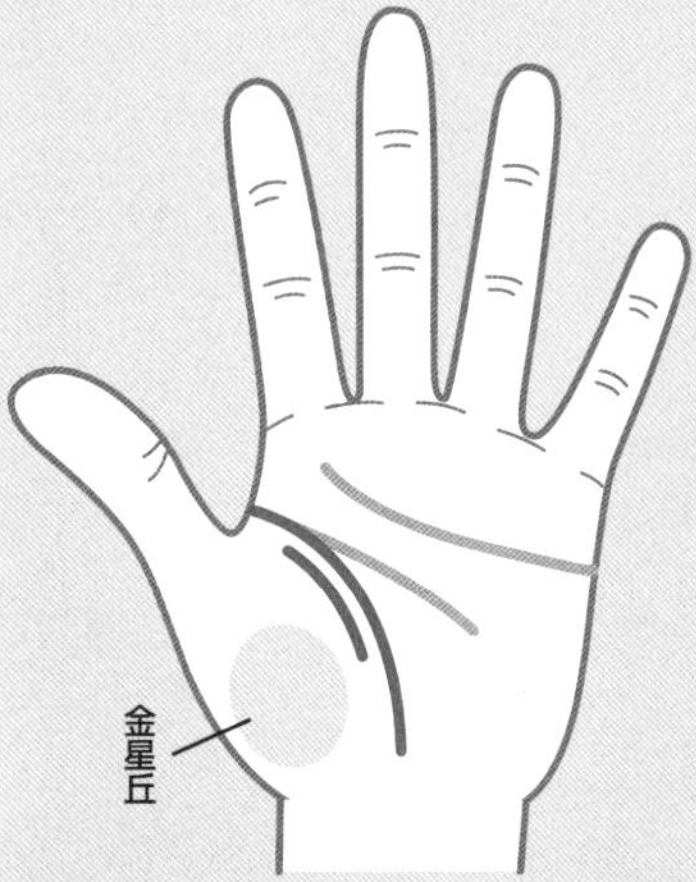

米俵の相

4本の指に下垂線が現れているものは、「川字紋」、あるいは「米俵の相」ともいわれる特殊な相です。健康で長寿の相。しかもお金にも恵まれ、一生安泰に暮らせるという大吉相です。みごとな米俵の相をみたことがありますが、その方は一代で大会社をおこし、80歳に近い現在も現役で活躍しています。

小指の指だけに現れているものも商才に恵まれ、一代で会社をおこすなど成功と財を手にする吉相です。

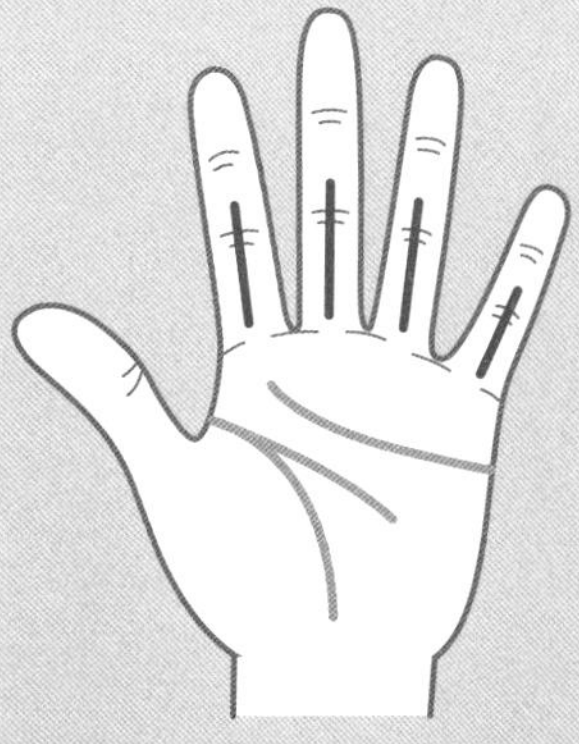

頭脳線でみる

お金儲けが上手な人・下手な人

お金儲けが上手な人か下手な人か、それは頭脳線の伸びている方向をみればわかります。

上向きに伸びているほど物質的な性格をあらわしており、現実的な思考をする人。つまりお金儲けが上手な経営者タイプです。逆に、下向きに伸びているほど精神的な性格をあらわし、お人よしタイプとなります。いわゆる思索派タイプで、お金儲けが苦手な人です。

といって、事業をおこした場合、上向きに伸びている人が成功して、下向きに伸びている人が成功しないかというと、そうではないのです。事業をおこすときのパートナーには、このような二人が組むのが理想的です。

強気の人にはブレーキをかける人が、弱気の人には行動力のある人がいて、バランスがとれ、成功をみます。

ちなみに、結婚相手も、このように全く違うタイプのほうが家計はうまくいきます。

❶頭脳線が感情線に近く、第2火星丘に向かっている

現実的な考えかたをする人です。物ごとを合理的にとらえ、行動にもムダがありません。金銭感覚にもすぐれ、政治家、実業家にこういう相の人は多くみられます。また、商売をしても、きちんと採算のとれる仕事をする人です。ただし、ロマンには欠ける人です。

❷頭脳線が月丘の上部に向かっている

現実的な面と感覚的な面と、両方兼ね備えており、金銭感覚においてもバランスがとれている人です。

❸頭脳線が月丘の下部のほうに向かっている

想像力、直感力にすぐれていますが、お金に対してはあまり執着心がありません。ロマンチストで、お人よしタイプ。文学、芸術方面での活躍には大いに期待できますが、お金儲けは苦手。商売をする場合には、信頼できる参謀をつけるとよいでしょう。

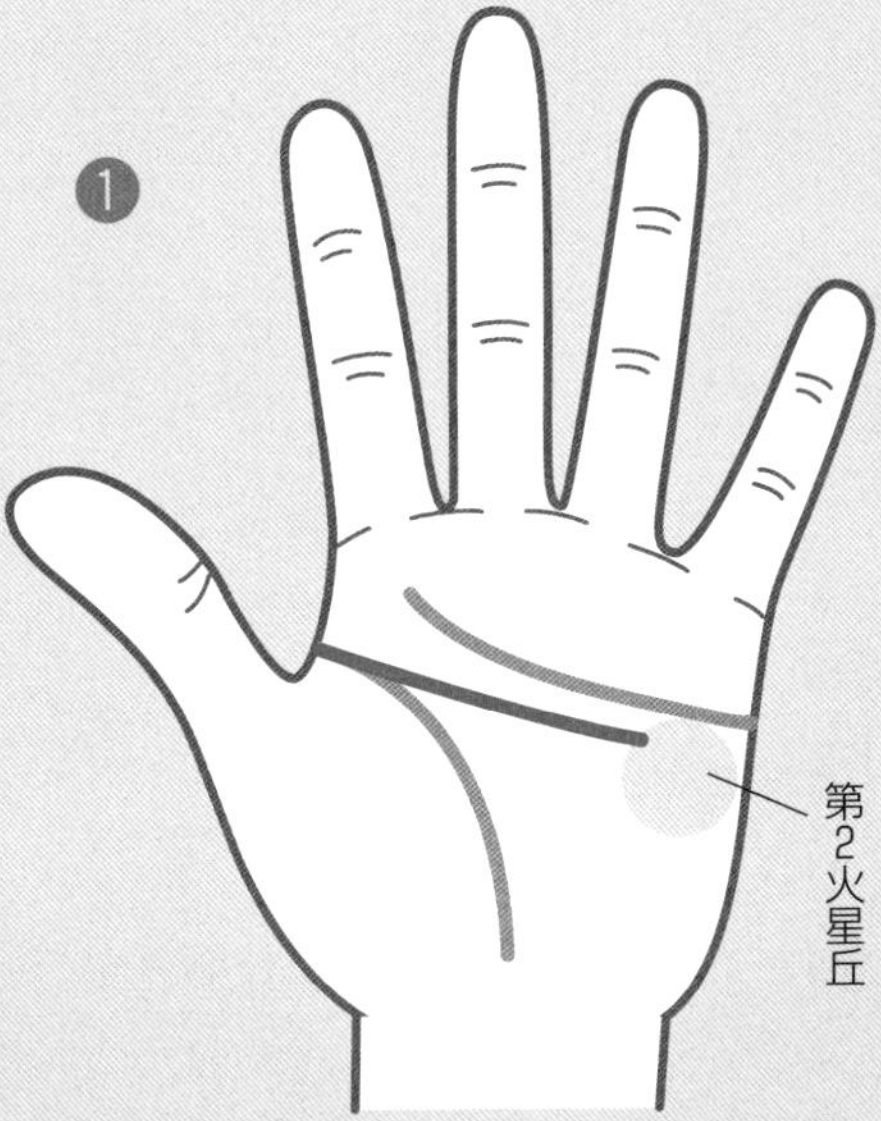

合理的でお金儲けが上手

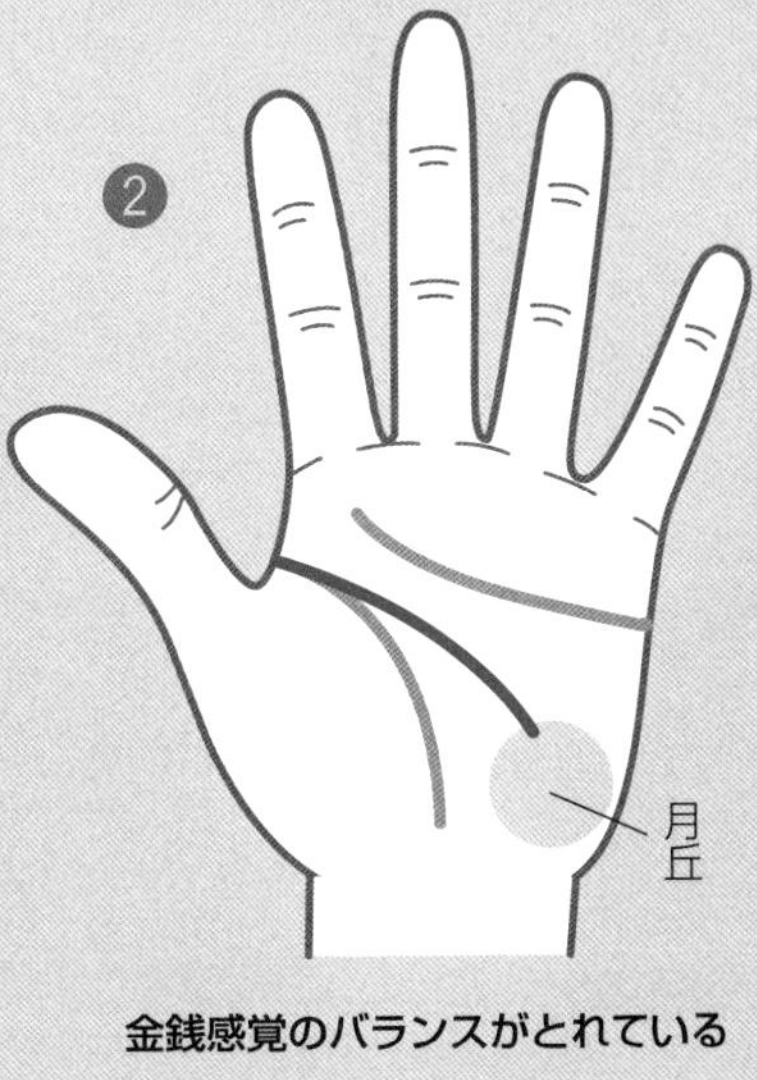

金銭感覚のバランスがとれている

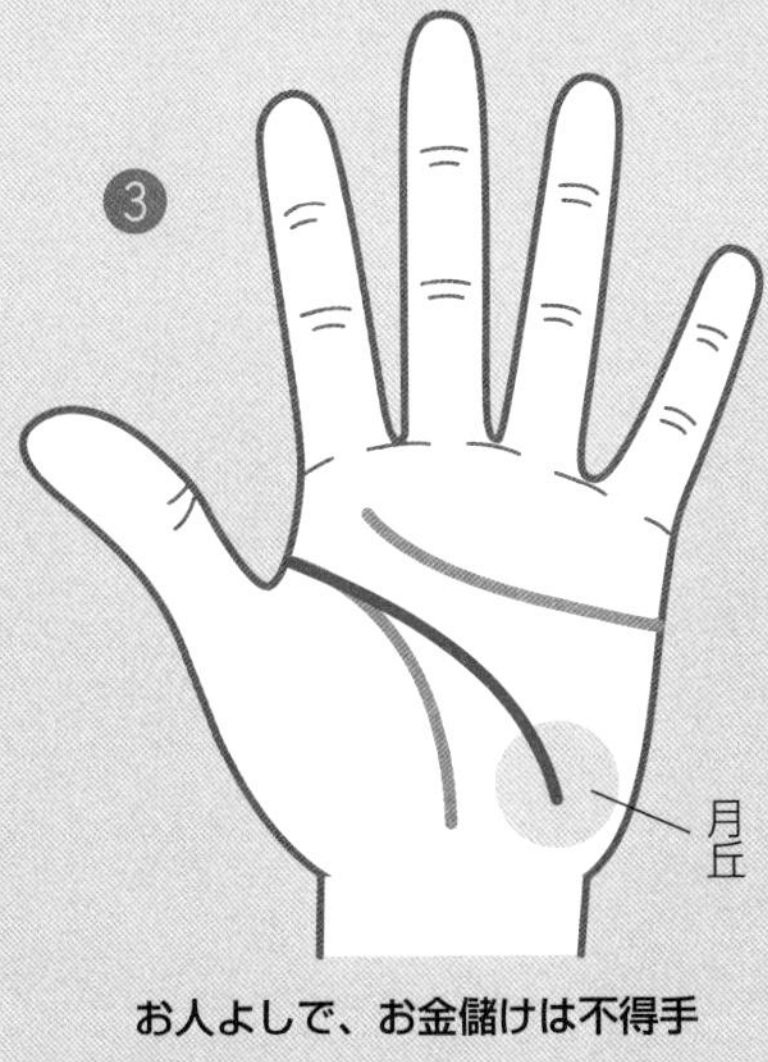

お人よしで、お金儲けは不得手

お金の苦労がついてまわる相

頭脳線が途中で切れていたり、切れ切れになっていたり、また、頭脳線上に島紋があるような場合は、病気、とくに脳関係の疾患や頭部のケガなどの予兆ありとみますが、そのほかにも職業の変化や経済上の損失などもみます。つまり、仕事の苦労と、お金の苦労がついてまわるという相です。

しかし、これは問題が解決されれば、きれいな線になりますので、気をつけてみておきましょう。

❶頭脳線が途中で切れている

金銭的な損失があることを示しています。たとえば、勤めている会社の経営が思わしくなくなり、入るはずの給料が入らなくなったり、取引先の会社が破綻して、金銭的な損害を受けたりなど、思わぬアクシデントに見舞われやすい暗示があります。くれぐれも用心が必要です。

❷頭脳線が切れ切れになっている

収入が不安定で、お金で苦労することを示しています。これは、根気がなく、飽きっぽい性格のため、同じ仕事を続けられない人におこります。忍耐強く、努力することで解決されます。

❸頭脳線上に島紋が出ている

一生懸命働いているわりにはお金に結びつかないことを示しています。結婚している女性の場合には、夫の収入が悪く、自分が働くことになるという運勢です。

❹頭脳線が乱れている

お金が入っても身につかないことを示しています。お金にダラシのない人で、自分自身がしっかりすることで、解消される問題です。働く意欲にも欠けていますので、一層の努力が必要です。

①

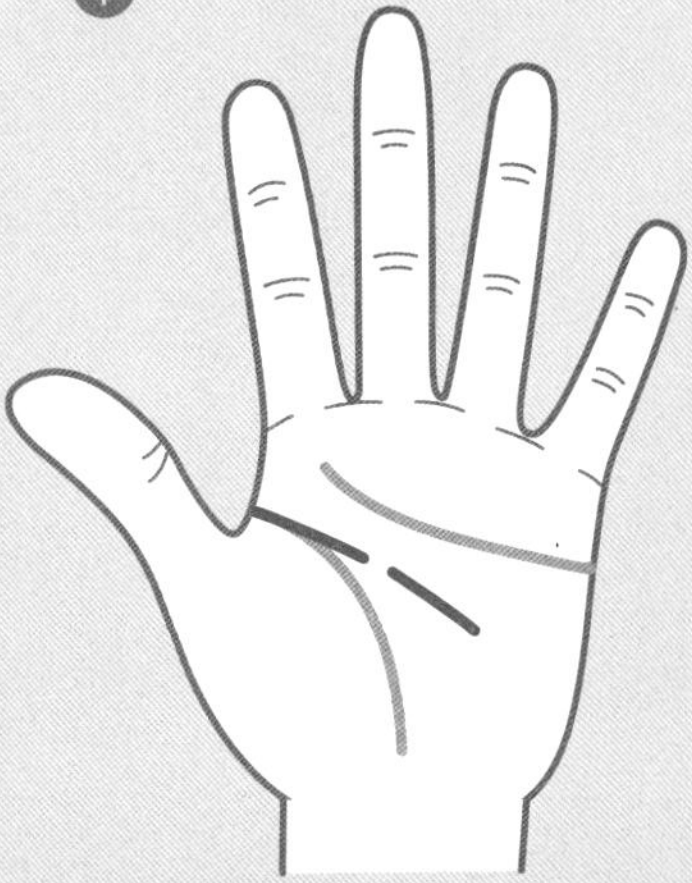

金銭的な損失

②

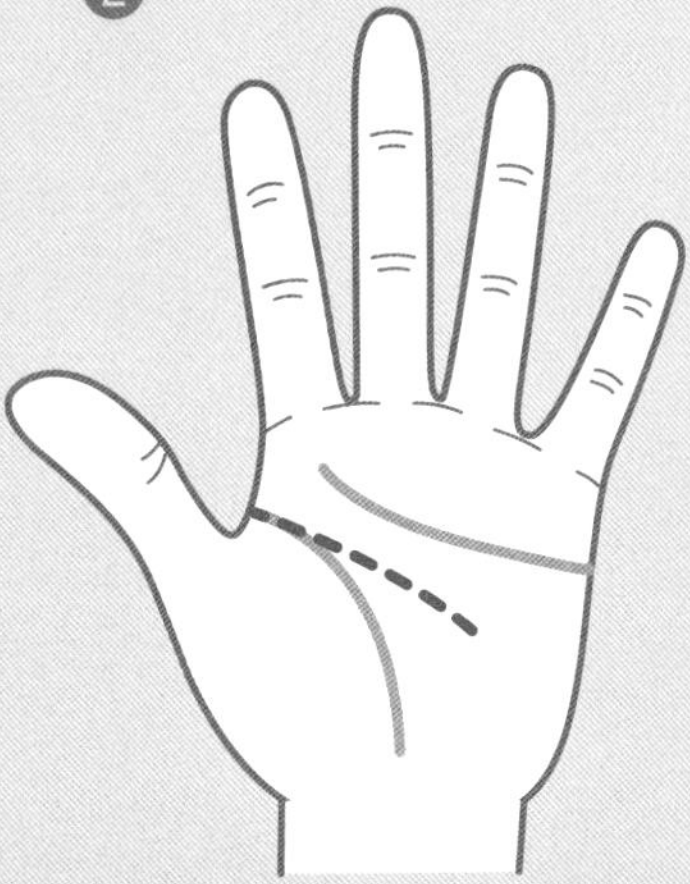

収入が不安定

③

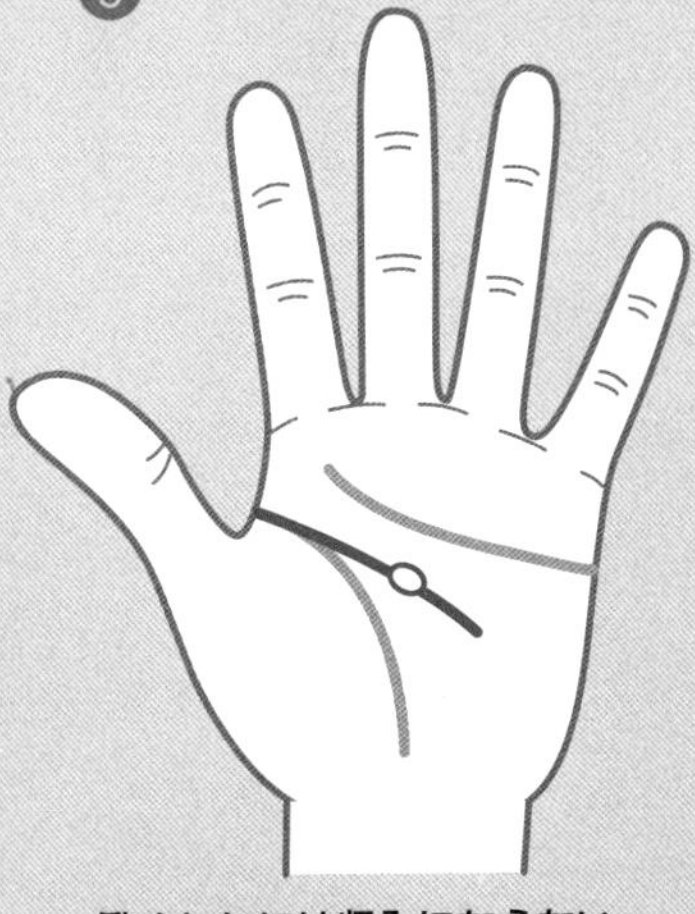

働くわりには収入にならない

④

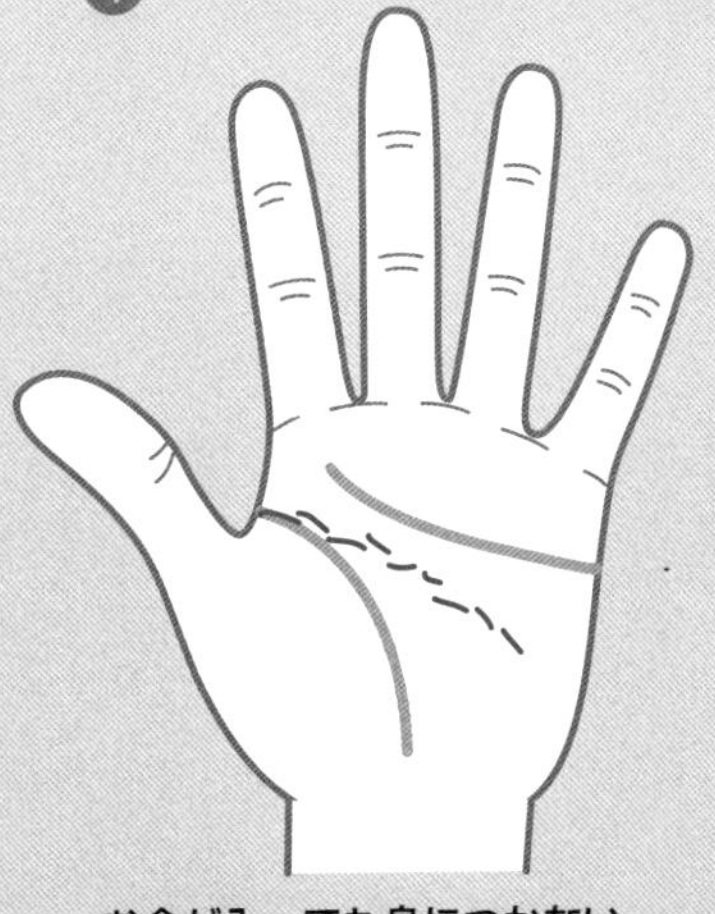

お金が入っても身につかない

運命線でみる

成功と金運をもたらすラッキー相

運命線は基本的には手のひらの真中あたりを縦に走っている線ですが、この運命線から上向きに出る支線は、どの部分から出ていても運勢が好転することを示しています。また、その支線は長ければ長いほど、運勢が強いといえます。

運命線の支線がどの方向へ伸びているかで、成功への道筋も違ってきます。

❶支線が木星丘に向かっている

たえず向上心に燃えて、運命を開拓していこうとする意欲を示しています。その意欲が叶い、リーダーシップを発揮し、名声、地位、ともに金運が得られます。

❷支線が太陽丘に向かっている

明るい性格や人柄のよさが、まわりからの支持を得られ、また援助する人も現れ、成功することを意味しています。とくに芸術方面に才能があり、それが花開き、金運をもたらします。

❸支線が水星丘に向かっている

社交性に富み、商才があることを示しています。営業マンをやっても、商売をやっても成功し、それが金運に結びつきます。

❶

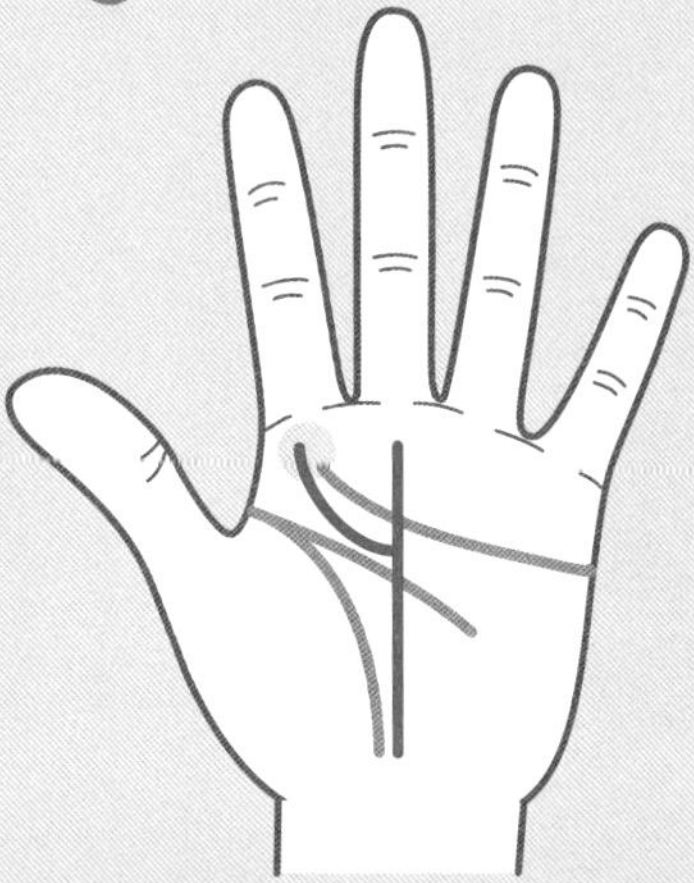

リーダーシップを発揮して

❷

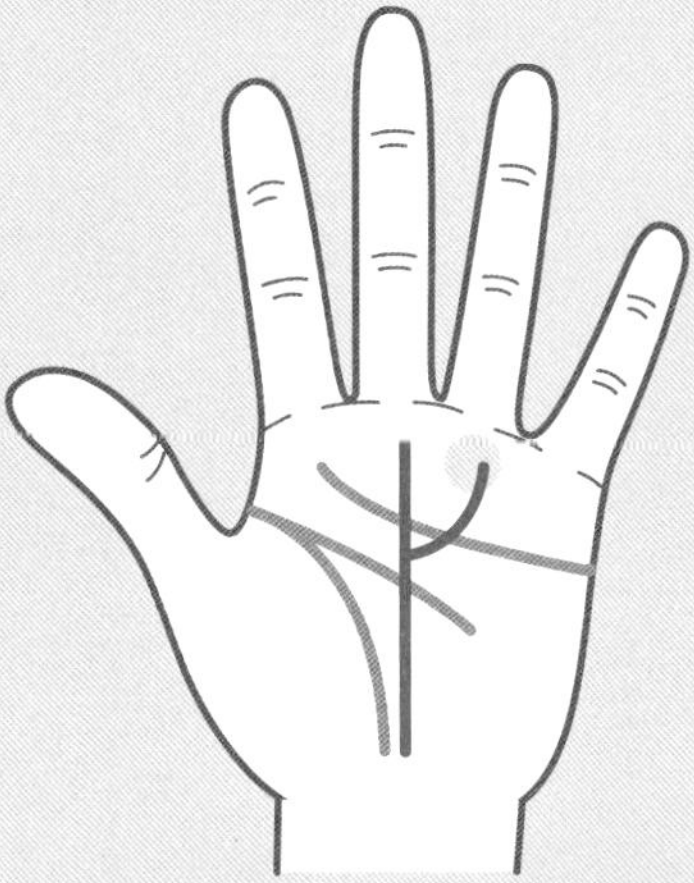

芸能方面で花開く

❸

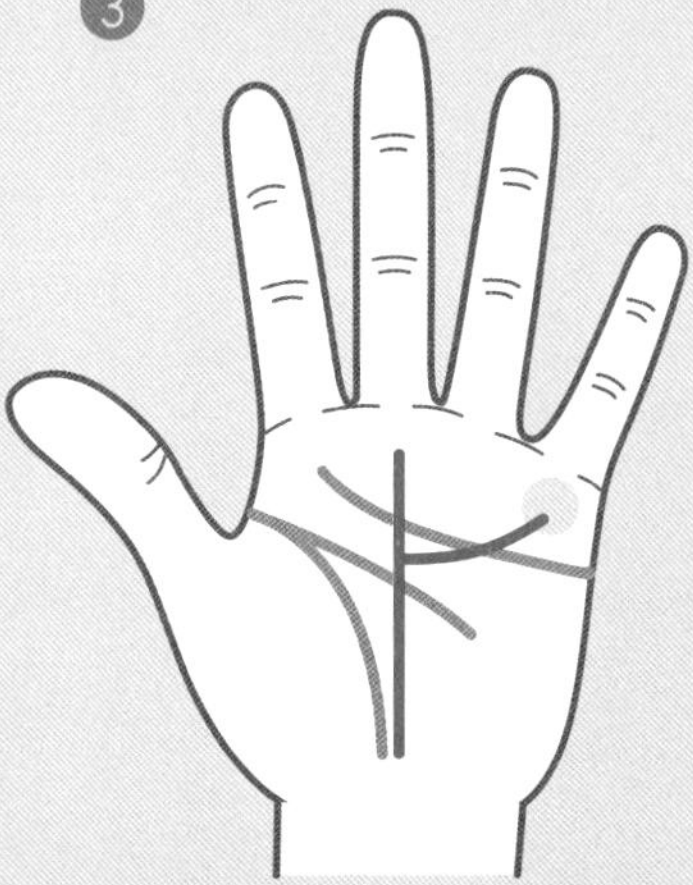

社交性と商才を武器に

凶相

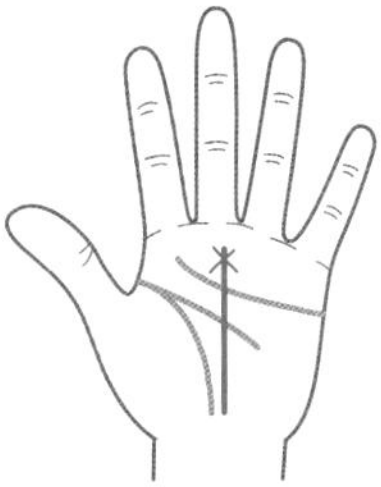

金銭的な損失に注意する相

運命線上、あるいは運命線に接触して、十字紋（クロス）が出ている相は、失敗、災難を意味し、とくに金銭的な損失を暗示しています。なかでも運命線の先端に現れるものは、たいへんな凶相となりますので注意が必要です。

財運線でみる

あなたは堅実型?・浪費家タイプ?

財運線は、小指のつけ根の下に伸びている線ですが、これは名前が示すとおり、金運をみるのにはいちばんわかりやすい線です。

財運線がある人は経済的手腕にすぐれ、財を築くことをあらわしていますが、そればかりではなく、財を減らさないという意味もあります。

ただし、この線はたくさんあればいいというものではありません。また、長い、短いもあまり関係ありません。明瞭な線が2本くらい出ているものが最良です。

逆にたくさんあると、浪費家となり、お金が貯まらないということになりますので注意が必要です。

❶財運線がまっすぐ針のように伸びている

財運線としては理想的な線です。お金に困るようなことはまずないでしょう。

太陽線とともにあれば、金運はもっと確実なものになります。

❷財運線が2本出ている

収入が安定し、金運が強いことをあらわしています。事業をおこしても、商売をやってもうまくいきます。堅実に財を築きます。

❸財運線が細くて何本も出ている

お金は入るけれども出ていくのも多いという人です。浪費家タイプといえますが、しかし、お金は自分のためばかりではなく、人のことでも出ていってしまうという人でもあります。

①
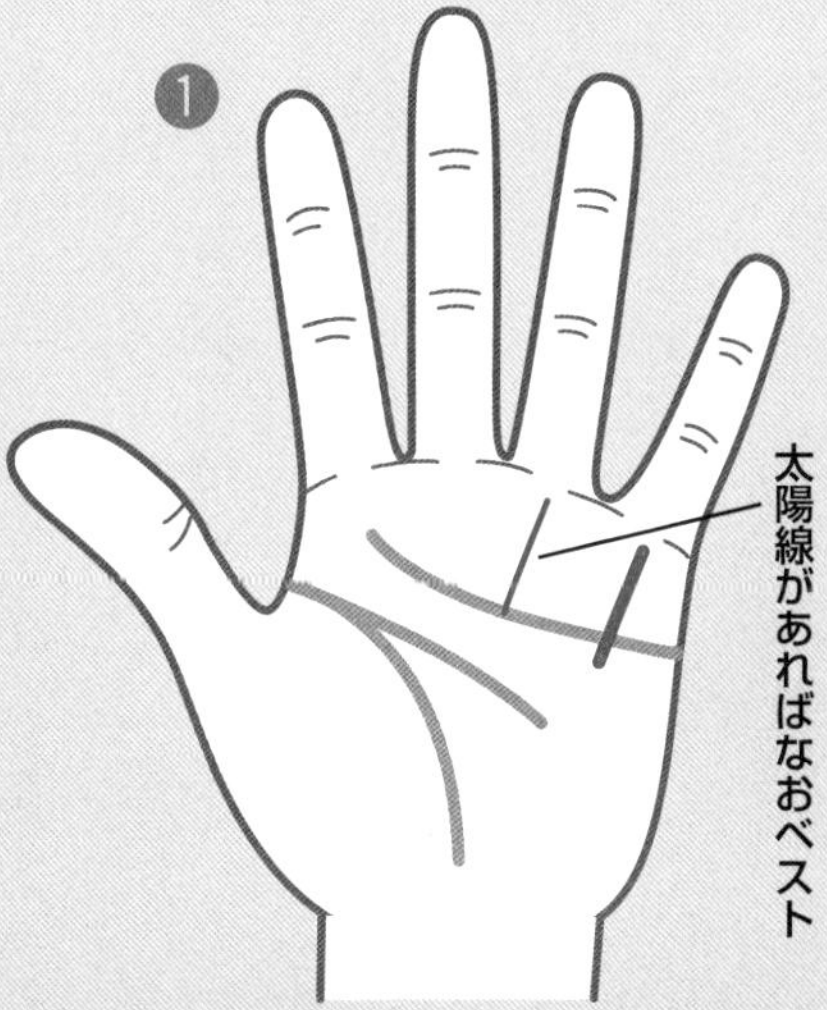

理想的な財運線

②
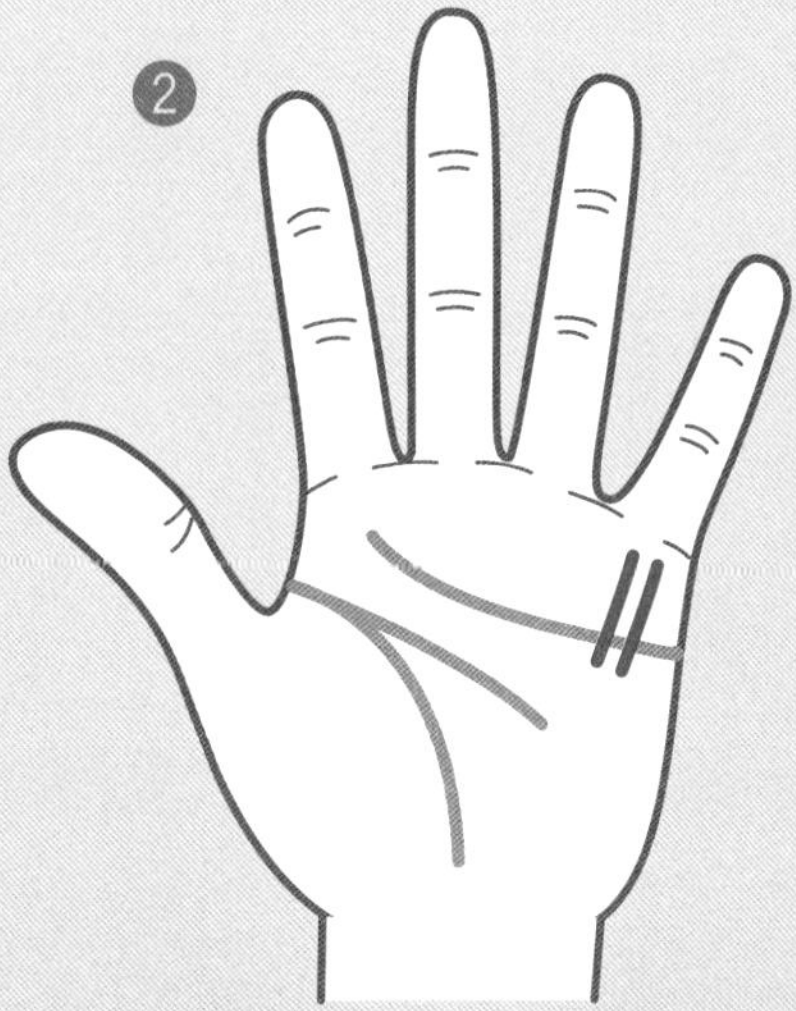
収入が安定。より一層の金運

③
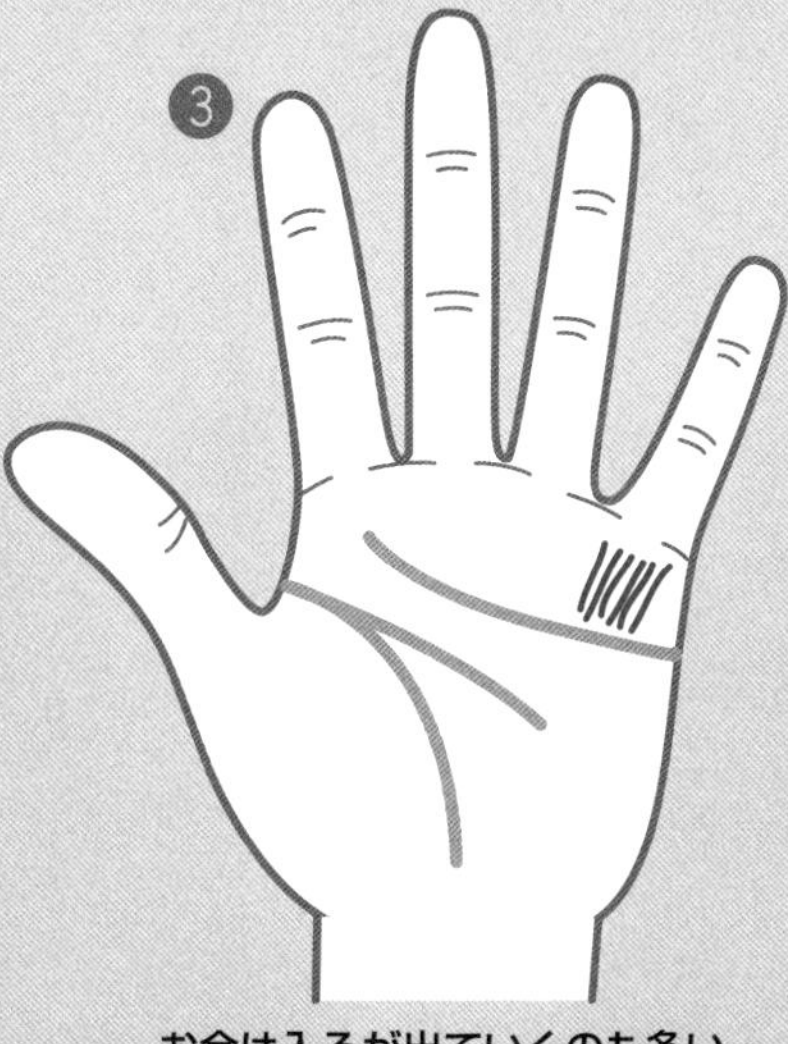
お金は入るが出ていくのも多い

あなたは、こんな分野でお金持ちになれる！

財運線がどこから伸びているかで、どんな分野で成功し、財が得られるかがわかります。

❶財運線が頭脳線から伸びていたら！

この場合は、研究、開発など、頭脳を生かした分野で認められ、大きな財を得ることを示しています。

❷財運線が生命線から伸びていたら！

体力を使った仕事で成功し、財を得ることを示しています。スポーツ選手などもこのタイプです。

❸財運線が太陽線から伸びていたら！

どんな職業についても、名声、地位を得て、財を延ばしていける人です。商売をやってもうまくいきます。

❹財運線が運命線から伸びていたら！

自分の天職、つまり好きな仕事をして、お金を儲けることのできる幸運な人です。

お金持ちなのに財運線がない人もいる！

お互いに手相をみせあっているときに、どうみてもお金持ちの人のほうに財運線が出ていなくて、逆にお金持ちではない人のほうに、はっきりした財運線が出ていることがあります。ちょっとどころか大いに不思議なことですが、これはその人のお金に対する考えかたが左右しています。

お金があっても、まだ足りない、もっと欲しいと思っている人には財運線は現れません。

それほどお金持ちではなくても、十分に豊かだと感じている人には財運線は出ています。つまり、財運線は本人の満足度がからんでいるのです。

1

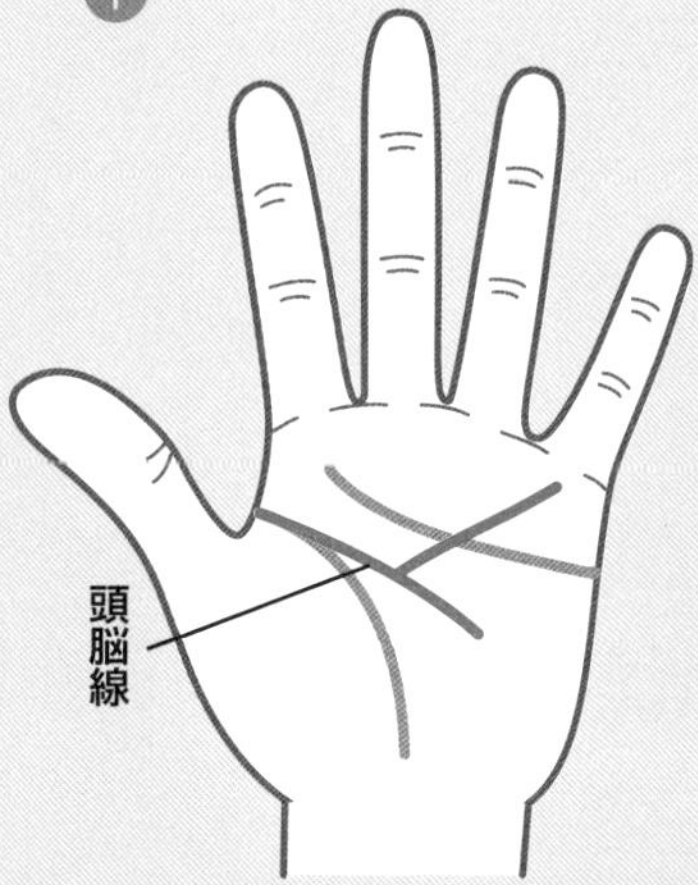

研究・開発の分野で

2

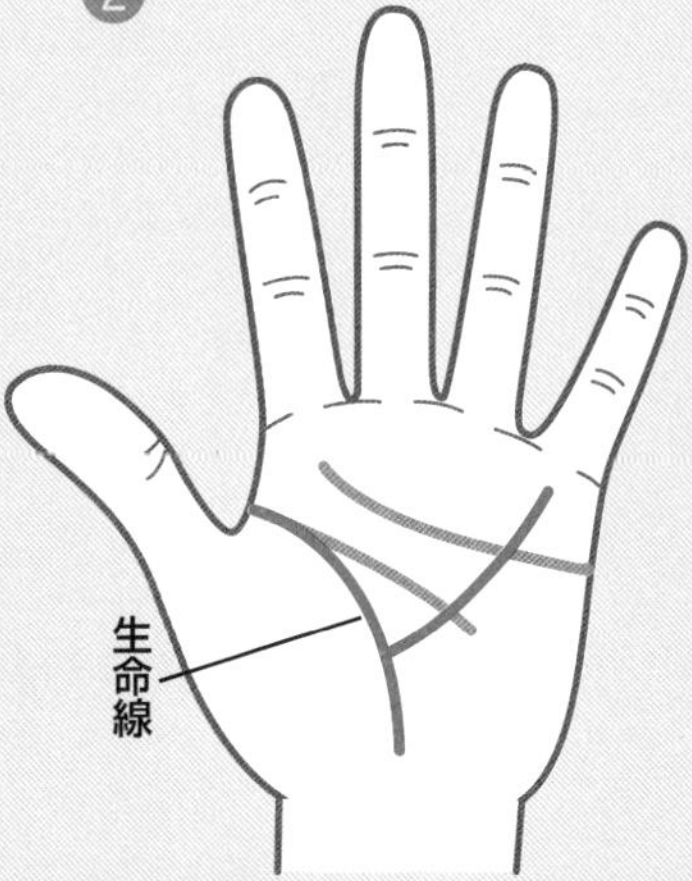

体力を使った仕事で

3

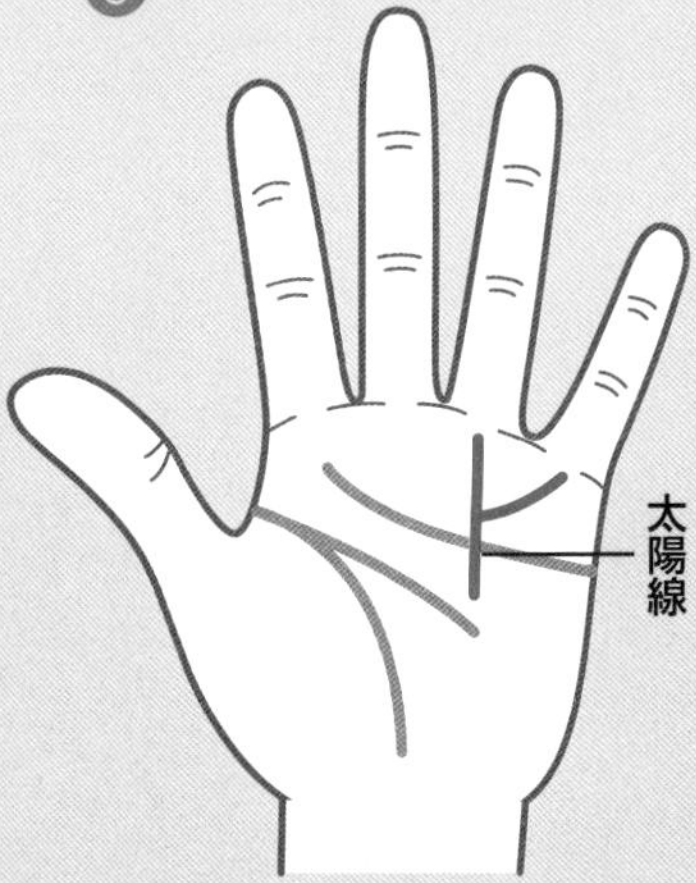

どんな分野でも

4

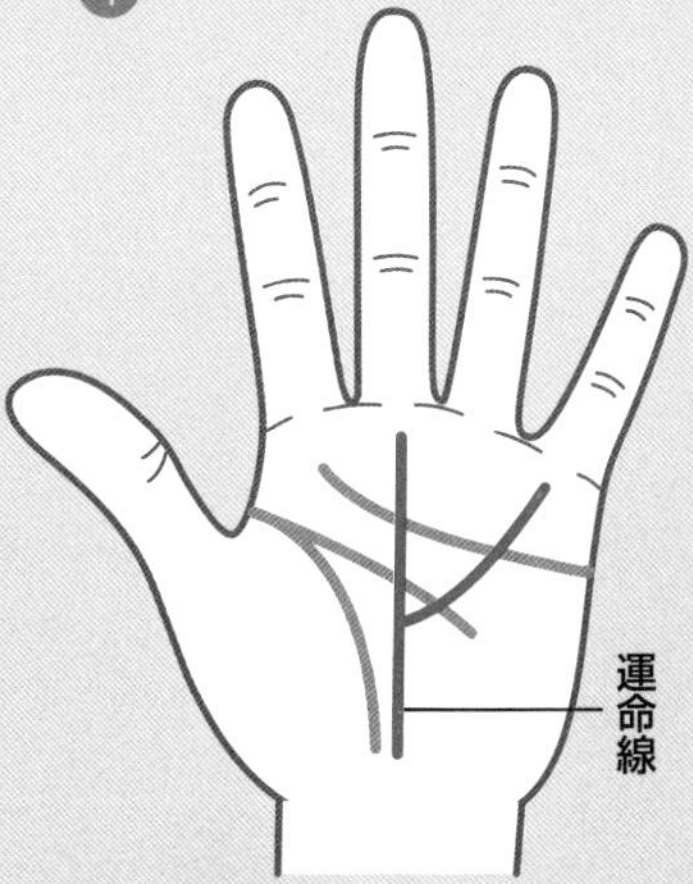

自分の好きな仕事で

こんな財運線は金銭的に苦労する

せっかくの財運線も、次のような場合は、逆にお金で苦労することになります。専業主婦の場合では、夫の収入が悪く、それが家庭に影響を及ぼすことを示しています。しかし、手相は現状を示すと同時に、警告をしているわけですから、こういう相をしていたら早めに対処することが大事です。努力することで手相は変わっていきますので、ご安心ください。

❶財運線上に島紋が出ている

金銭の損失があります。また、お金が入っても身につかない人です。ムダな出費をおさえ、もっと堅実な生活をするようにしなければいけません。

❷財運線が障害線で切られている

うまくいっていた金運も、思わぬアクシデントで収入が減るなどの損失をみます。しかし、障害線が消えれば元に戻りますので、この相が出ている間は、じっと耐えることが必要です。

❸財運線が切れ切れになっている

生活が安定していないことをあらわしています。たとえば会社の業績が不振に陥ったり、売り上げが思うようにいかなかったり、収入が途絶えているわけではありませんが、先行きが暗いことを暗示しています。心を引き締めて、一層の努力が必要です。

❹財運線が格子状(グリル)になっている

金運が最悪状態になっていることを示しています。家庭では生活を切り詰め、事業をしている人は、この印が消えるまでは事業を広げないほうがよいでしょう。とにかく堅実に、着実にすすめることが必要です。

❺財運線が十字紋で止まっている

うまくいっていた金運が、何らかのトラブルで滞ってしまうことを暗示しています。

極端な場合、事業をしている人は、破産などを暗示していることもありますので、十分に注意しなければなりません。

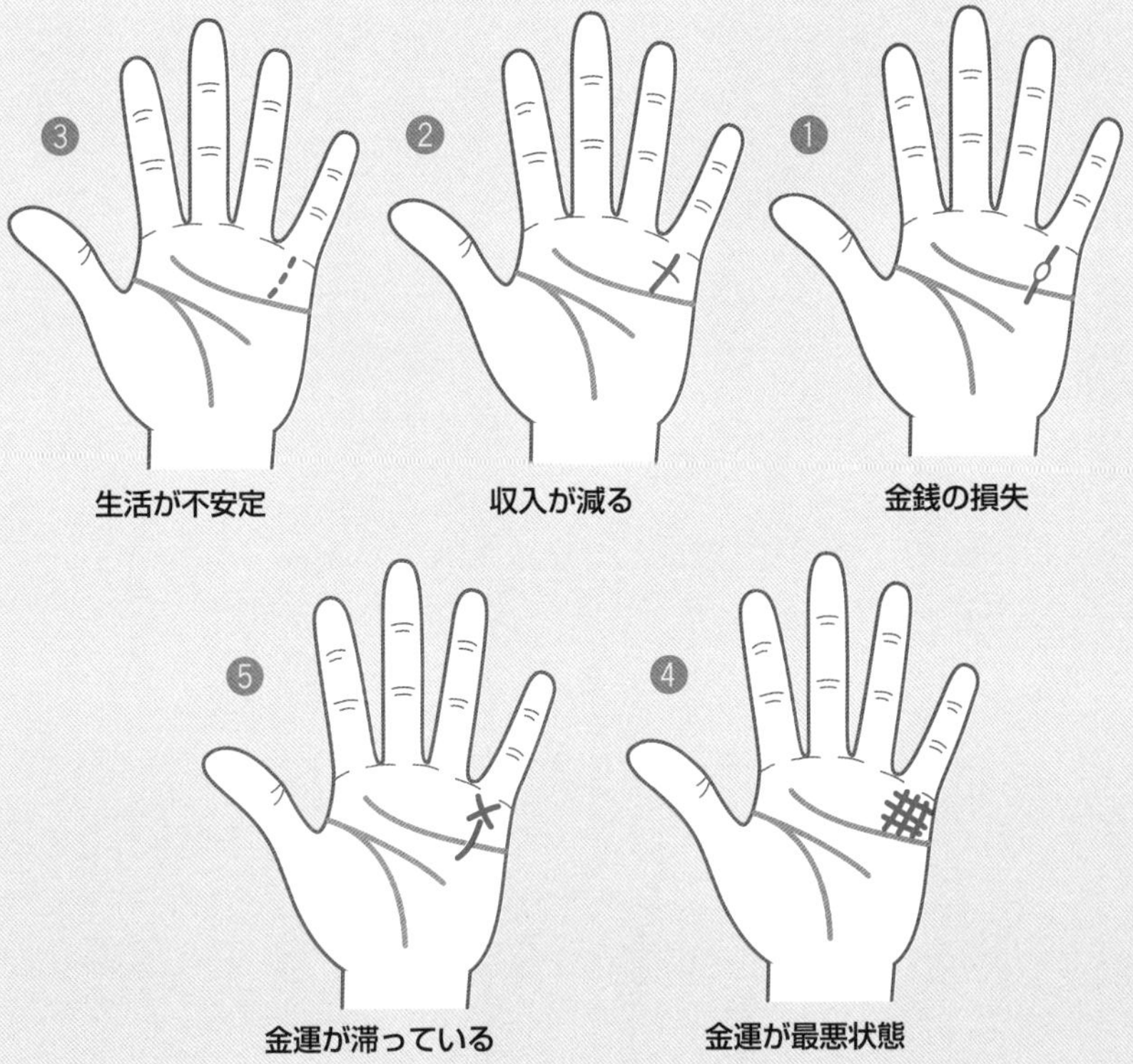

金銭的損害があっても大事に至らない相

財運線に四角紋（スクエア）がある人は、金銭的損害を受けても大事に至らないで、何とか盛り返すという相です。四角紋はお助け紋です。

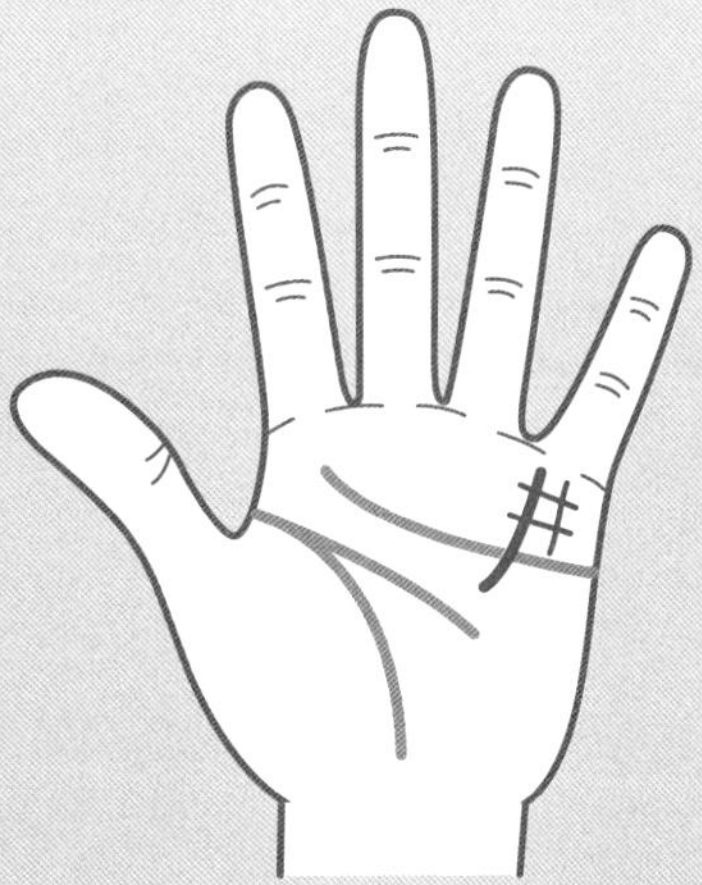

親から財産が受けられる相（1）

　財運線が金星丘から出ている人。こんな線がはっきり出ている場合は、親からの財産（遺産）が受けられることを示しています。

　ただし、この線が弱々しい場合は、その期待も薄くなります。

　障害線（横線）で遮られていたり、十字紋が出ている場合は、入りそうだった親からの財産が入らなくなることを示しています。

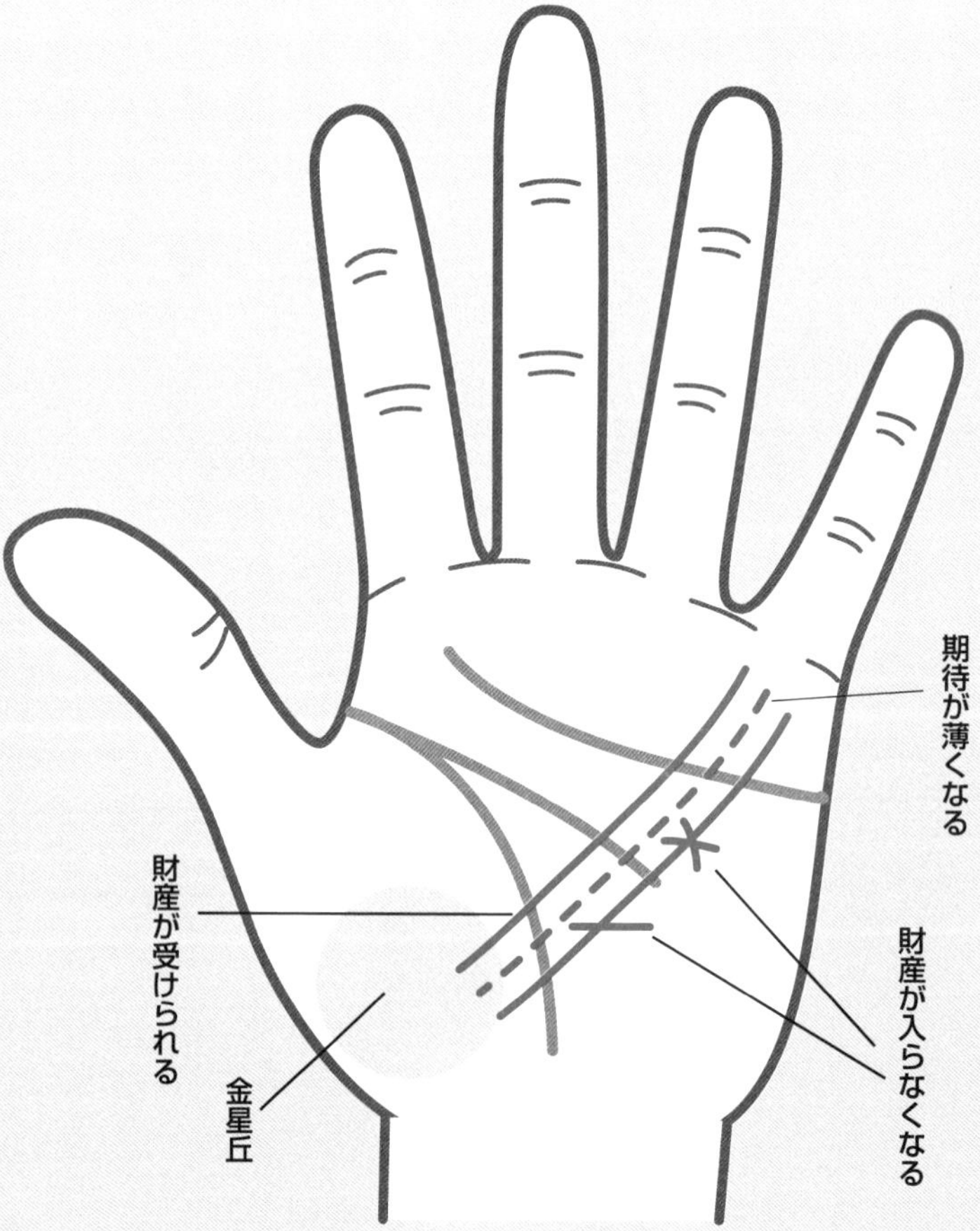

親から財産が受けられる相(2)

運命線がまっすぐに伸びているのは、自分自身の運が非常に強いことを示しています。その運命線に、金星丘から出た支線（影響線）が結びついているのは、親とか身内からよい影響を得られるということです。

そのうえに財運線、太陽線がはっきり出ている場合は、身内の遺産を相続して、思わぬ大金が入るという実にうらやましい相です。

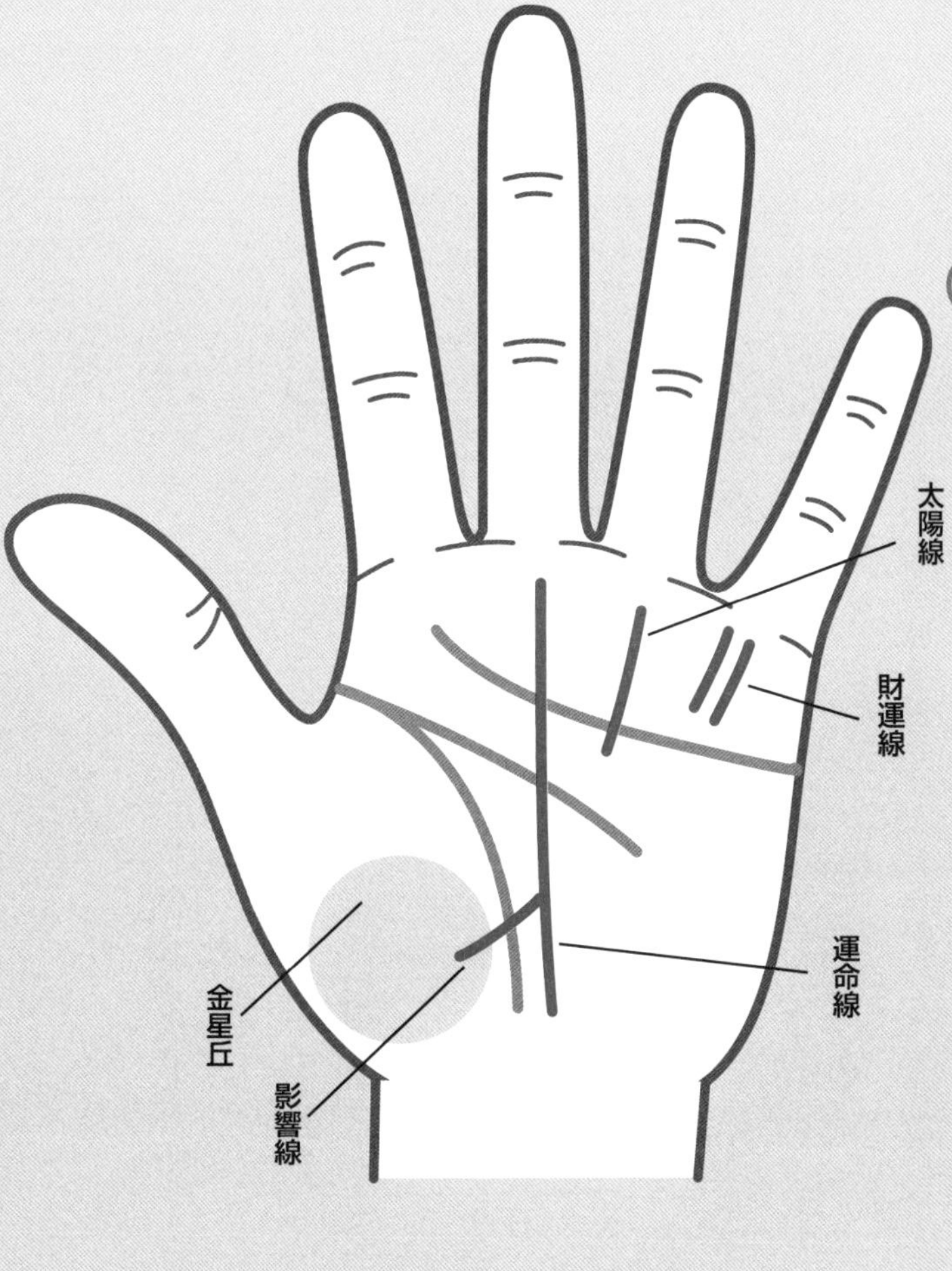

太陽線でみる

金運を生かすも逃すも心がけしだい

財運線だけでなく、太陽線も金運をみるうえで重要な役割を果たしています。太陽線は短くても長くてもラッキーなことには変わりありませんが、ただ、何本も出ているものはよい意味にはなりません。

いろいろなことに目移りし、目的がしぼりきれないために金運と結びつかなくなります。「器用貧乏」の相ともいわれていますので、注意が必要です。

❶太陽線が一直線に伸びている

理想的な太陽線です。どんな仕事についても、人気と金運がついてきます。社会的にも、経済的にも、豊かに暮らせることを示しています。

❷短い太陽線が1本出ている

地味ながらも、自分の努力で成功を得る人。まじめな人に現れます。とくに晩年は幸せに安泰に暮らせることを示しています。

❸はっきりした太陽線が2本出ている

収入も安定し、もっとも金運が強い相です。よく努力する人に現れます。

この線がある限り、衣食住に恵まれるという幸運な人です。

❹太陽線が1本の線とならず、細い線が何本も出ている

これは「器用貧乏の相」ともいわれます。浪費家タイプで、お金も入れば、出ていくことも多いという人。気前がよく、「お金は天下のまわりもの」とばかりに、あれば使ってしまうという人です。

しかし、まわりからは大変好かれる「人気者」です。欲ばらずに、自分の目標をしぼっていけば、金運はついていきます。

❶

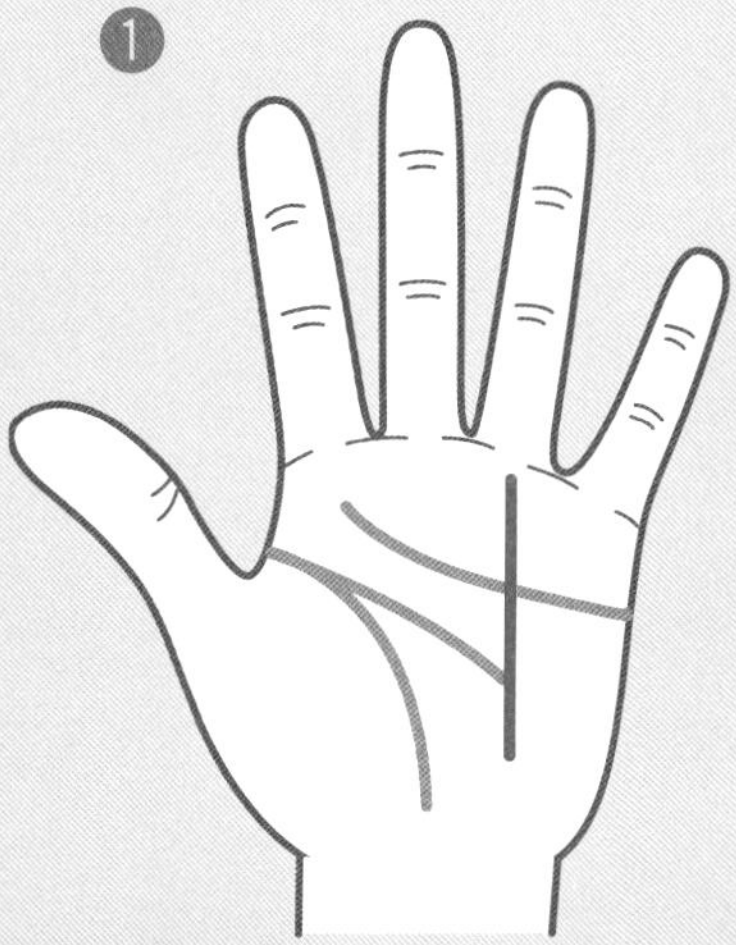

人気と金運がついてくる

❷

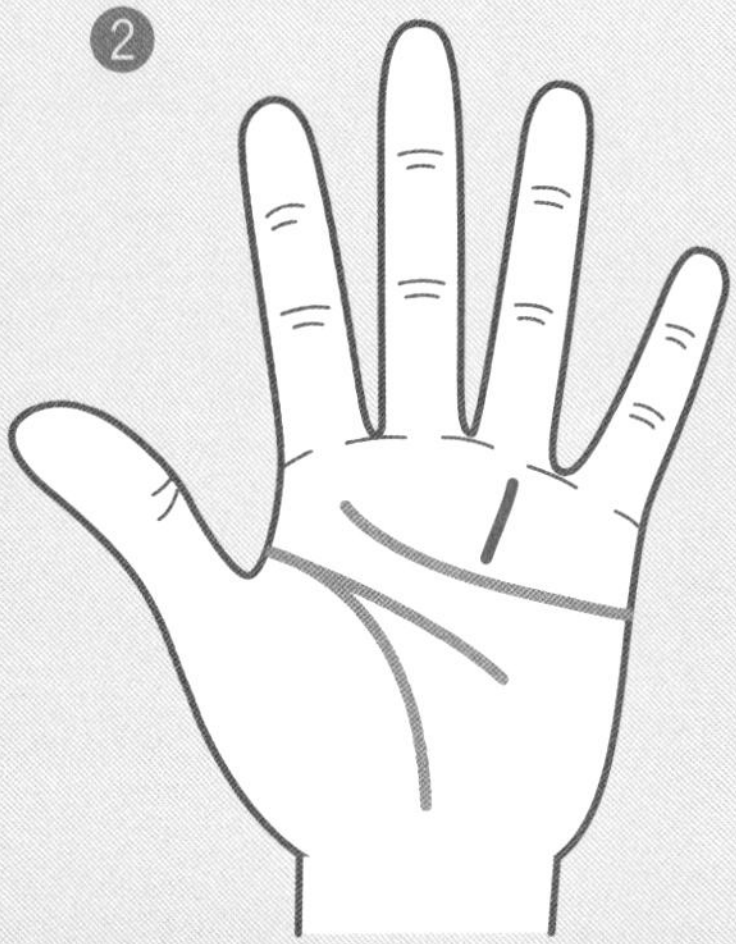

晩年安定型

❸

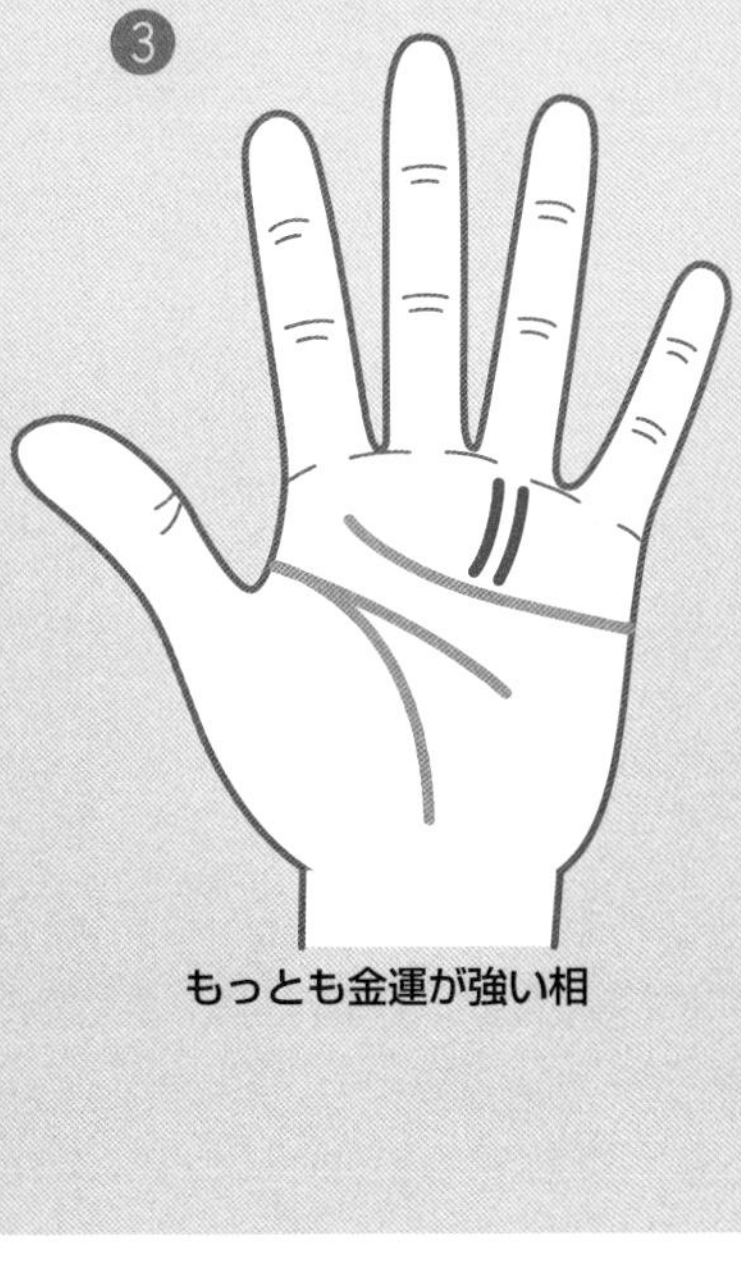

もっとも金運が強い相

❹

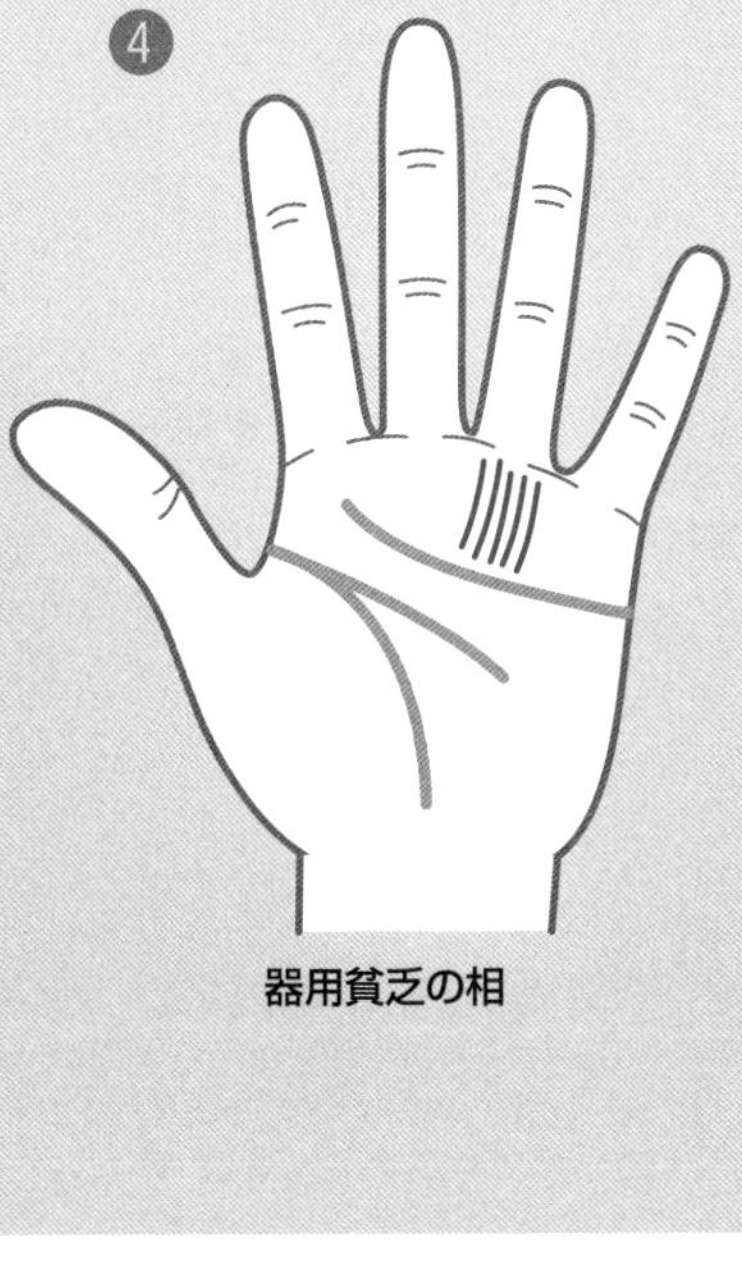

器用貧乏の相

さらに幸運と財を得る願ってもない相

太陽線はそれ自体が幸運を呼ぶ線ですが、その太陽線の先端や末端が二又に分かれていたり、3本に分かれている場合、さらに幸運を招きます。

❶太陽線が二又に分かれ、一方の支線が水星丘（小指のほう）に向かって伸びている

こういう相の人は、才能と財運の二つのラッキー運に恵まれるという、たいへんうらやましい人です。

たとえば、何かをやりたいが資金がないという場合でも、援助してくれる人が現れ、それを上手に生かしながら、才能を開花させることができるなどたいへん恵まれた相です。

いわゆるゼロから始めて成功するという幸運な相です。

❷太陽線の先端がフォーク状になっている

たいへん信用の厚い人です。人柄のよさが好印象を与え、活躍を続けるほど社会的名声や地位、名誉、金運などがついてまわり、さらに運気がアップするという幸運の相です。

明るい存在が、まわりの人たちにもよい影響を与えてくれます。

❸太陽線に下から昇った短い線が合流している

親指側から昇っている短い線は、家族、身内からの支援があること、小指側から昇っている短い線は、友人、知人、一般大衆も含めて、家族以外の人たちからも支援が得られることを示しています。

たくさんの協力者の支援で、運がさらに向上していきます。

1

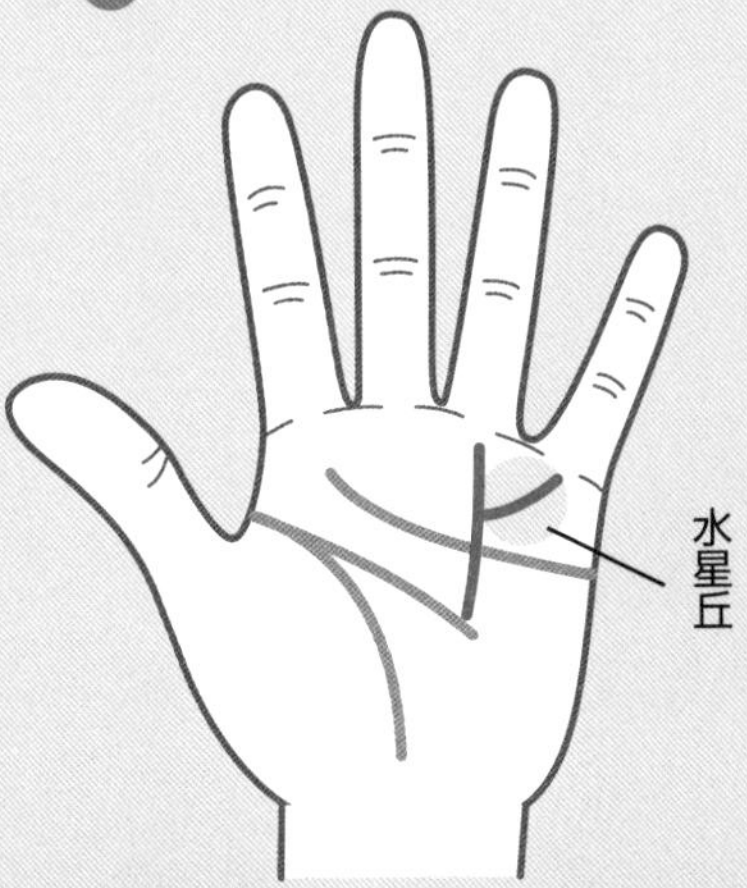

才能と富と二つのラッキー運

2

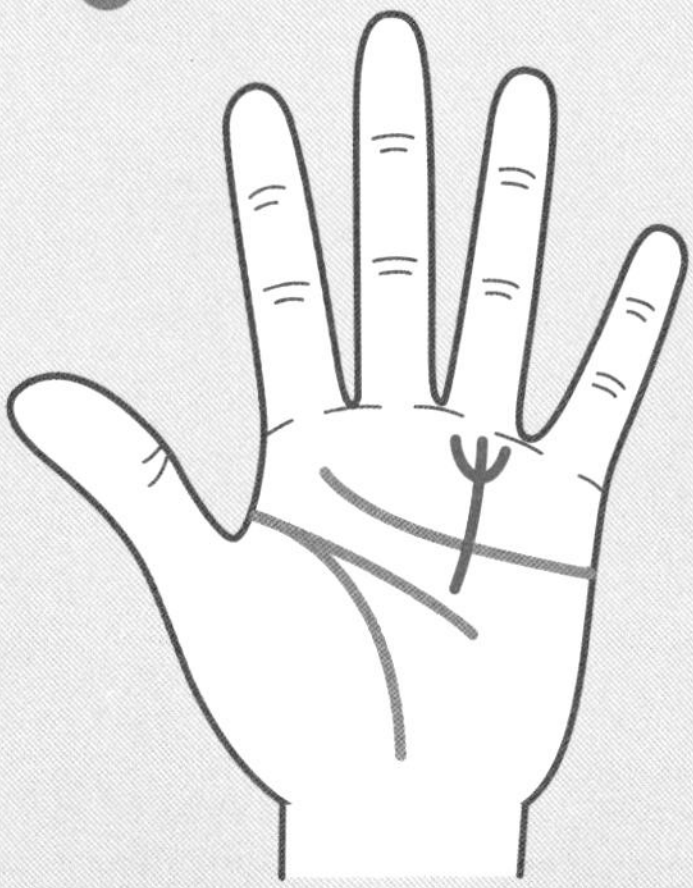

大吉相。名声と金運が得られる

3

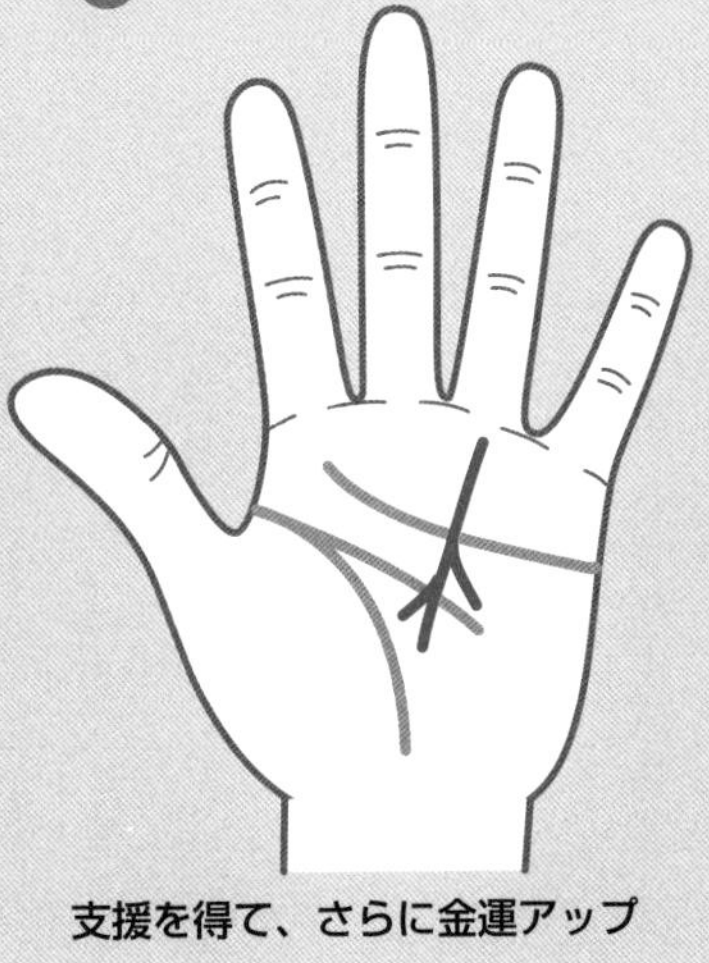

支援を得て、さらに金運アップ

太陽線にこんな印が出ていたら！

太陽線上に、あるいは太陽丘に、次のような紋があるかどうかみてみましょう。幸運の印、不運の印、明暗を分けます。

❶太陽線、あるいは太陽丘に星紋が出ている

金運が非常に強いことを示しています。思いがけない大金が手に入ったり、お金の運用もうまくいくことを示しています。もちろん、この印があるときはギャンブル運やクジ運も強いときです。

また、これは金運のみならず、地位、名声、目的達成など、すべてが幸運につながります。

❷太陽線が縦にも横にも何本か出ていて、格子状（グリル）になっている

これは人徳もあり、お金儲けも上手な人にみられます。いろいろなことに関心を持ち、また、人の心をとらえるのも上手。不思議なひらめきもある人です。それが地位、名誉、金運に結びつくという、たいへんうらやましい相です。

❸太陽線上に島紋や十字紋などが出ている

この場合は、太陽線のよい意味がなくなります。つまり、手に入るはずの幸運が逃げていってしまうのです。たとえば、予期しない出費があったり、また、人間関係のトラブルから、うまくいっていた仕事がだめになったりで、お金まわりが悪くなることを示しています。

できるだけ出費をおさえる努力をするとか、衝動買いをしないようにするとか、堅実な生活態度でいることが大事です。金運がまわりはじめると、こういう印も消えてしまいます。

❹薬指の下あたり、太陽丘に環紋（円形の紋）が出ている

これはたいへん金運がよいことを示す吉相です。よく気をつけてみてみましょう。

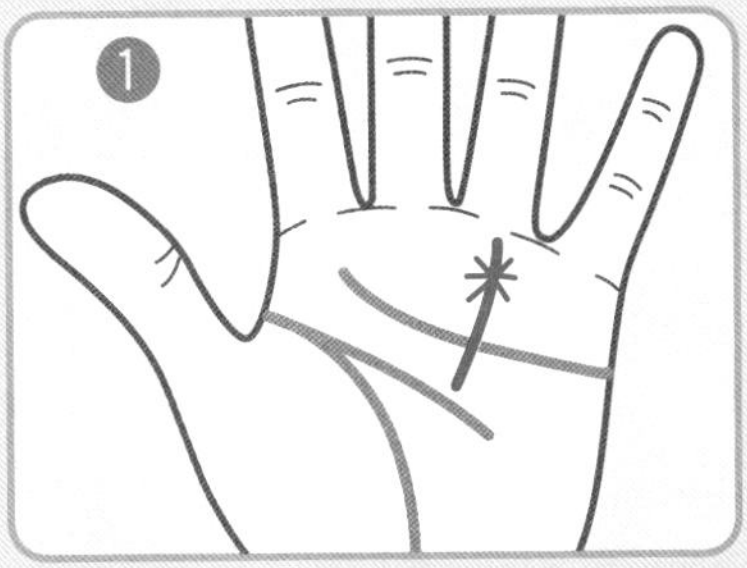

思いがけない大金が入る！

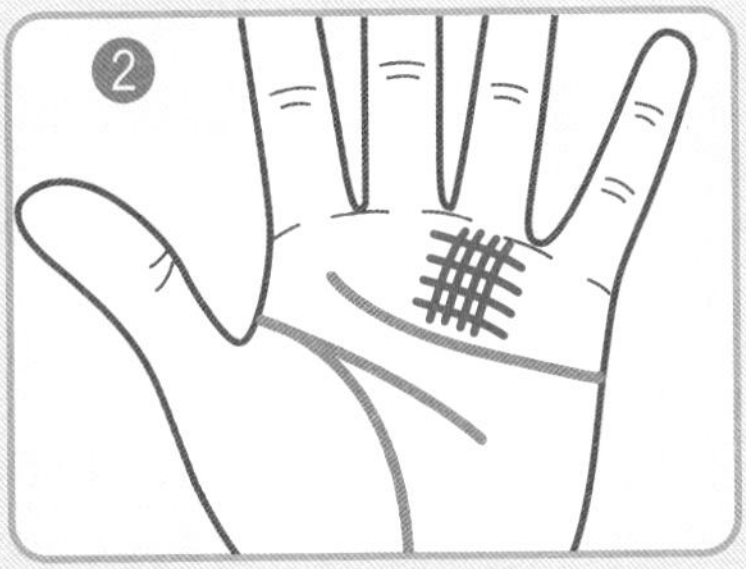

お金儲けが上手

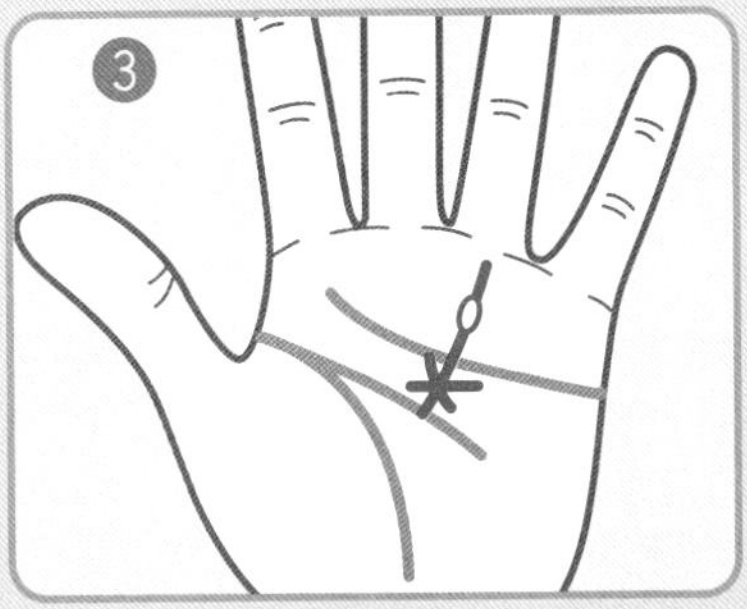

幸運が逃げていく

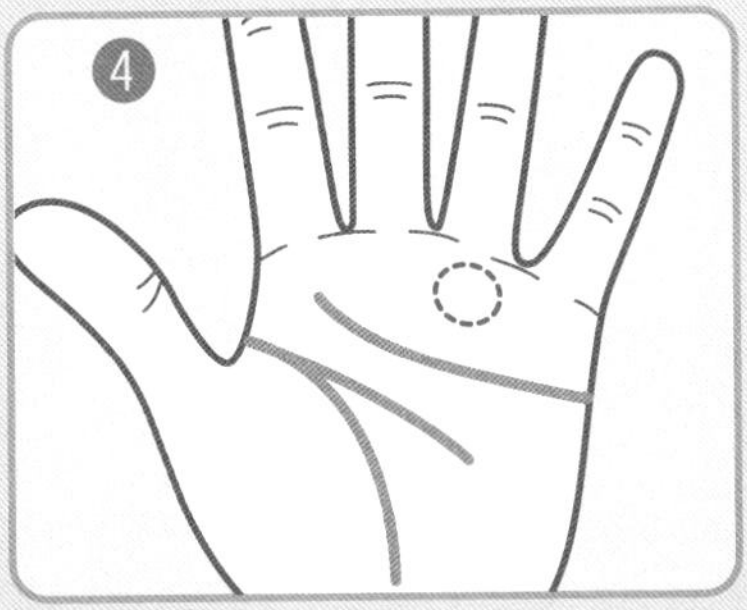

金運アップの大吉相！

★環紋もこんな場合には凶相になります。

　環紋は、太陽丘以外のところに出ている場合は、すべて凶相となり、注意が必要です。たとえば、

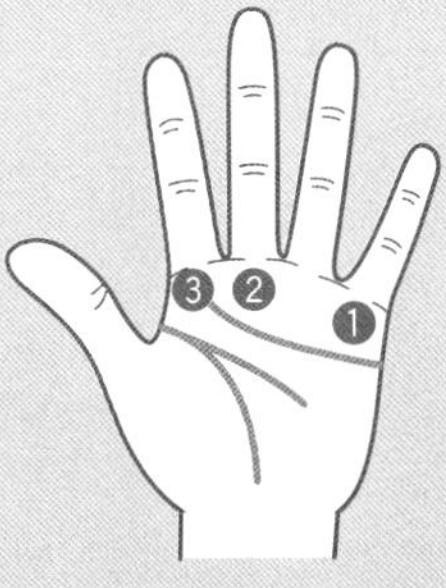

❶小指の下あたり、水星丘に出るものは、商売上でのトラブルから、金銭的な損害をこうむるおそれがあることを暗示しています。

❷中指の下あたり、土星丘に出るものは、孤立無援、協力者に恵まれず、失敗するおそれがあることを暗示しています。

❸人さし指の下あたり、木星丘に出るものは、自我が強すぎ、目上の人や先輩などとトラブルをおこし、失敗することを暗示しています。

あなたの能力と金運との関係

太陽線自体は成功運で、名誉、地位、金運に恵まれるうれしい線ですが、その太陽線がどこから伸びているかで、あなたの幸せの形がわかります。

❶太陽線が生命線から伸びている

誠実な人柄で努力家。労を惜しまず努力を重ねることで実を結びます。自分の基盤がしっかりしている人で、パワーと活力が決め手です。

❷太陽線が頭脳線から伸びている

頭もよくて社交性もあります。自分の才能を生かして名声を得る人です。作家、デザイナーなどで成功している人によくみられます。

❸太陽線が感情線から伸びている

50歳ごろから経済的にも恵まれ、安定した生活が送れるという晩年成功型です。仕事は技術方面など、華やかなものより地味な仕事のほうが適しています。

❹太陽線が運命線から伸びている

実力で運が開けていく人です。分岐点の時期に大きな飛躍ができるという大幸運の相です。

❺太陽線が金星丘から伸びている

家族の応援を受けて、名実ともに花を咲かせます。

❻太陽線が月丘から伸びている

まわりの人からの引きたてで、名実ともに成功を得る人です。とくに芸術方面や文学方面での活躍が期待できます。また、人気商売でも花開きます。

❼太陽線が第2火星丘から弓形に伸びている

堅実にコツコツ努力を重ねて、金運をつかみます。派手さよりは忍耐で勝ち取る運です。

❽感情線の下あたり、手のひらの外側から伸びている

人と違った才能や技術の持ち主で、たいへん個性的な人です。ユニークなアイデアやインスピレーションが、金運と結びつくという幸運を持っています。

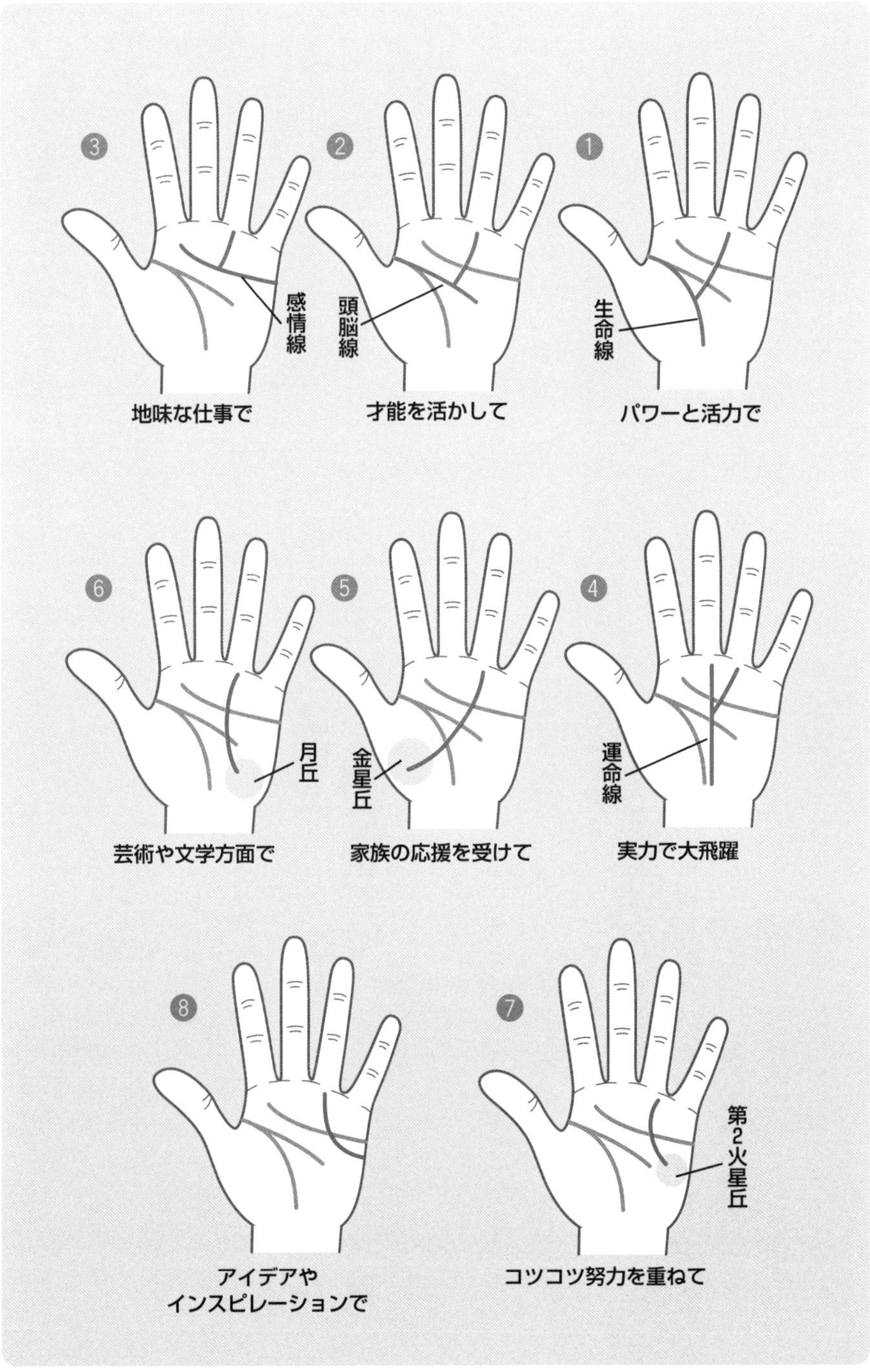
①
生命線
パワーと活力で
②
頭脳線
才能を活かして
③
感情線
地味な仕事で
④
運命線
実力で大飛躍
⑤
金星丘
家族の応援を受けて
⑥
月丘
芸術や文学方面で
⑦
第2火星丘
コツコツ努力を重ねて
⑧
アイデアや
インスピレーションで

金運、あなたはどんなタイプ?

これまでは単純に1本の線を中心に金運をみてきましたが、ここではもう一歩すすめて、他の線も組み合わせてみてみましょう。いろいろなシチュエーションが浮かびあがってきます。ただし、金運のある人というのは、いずれも太陽線、あるいは財運線が必要ですので、このことはまず基本条件として、おさえておきましょう。

億万長者になれる相

●まっすぐに伸びている運命線の1点で太陽線と財運線が集中し、扇型になっているもの

これは「三奇線」、あるいは「三喜線」とも呼ばれ、最高の吉相です。つまり、財運線は文字どおり金運がよいことをあらわし、太陽線は衣食住に恵まれていることを示し、また、運命線がしっかりしていることは仕事運、家庭運に恵まれていることを意味しています。

その3本が結びついていれば、まさに"鬼に金棒"というところ。俗に「億万長者の相」と呼ばれ、金運、財運、ともに強大であることをあらわしています。

一代で事業をおこし、大成功をおさめている人には、このような相の人がみられます。

なお、同じようなパターンで、太陽線が枝分かれしたⒶ、また、Ⓑのように感情線から太陽線、財運線が出て、運命線とともに3本が平行しているものも「三喜線」と呼ばれます。

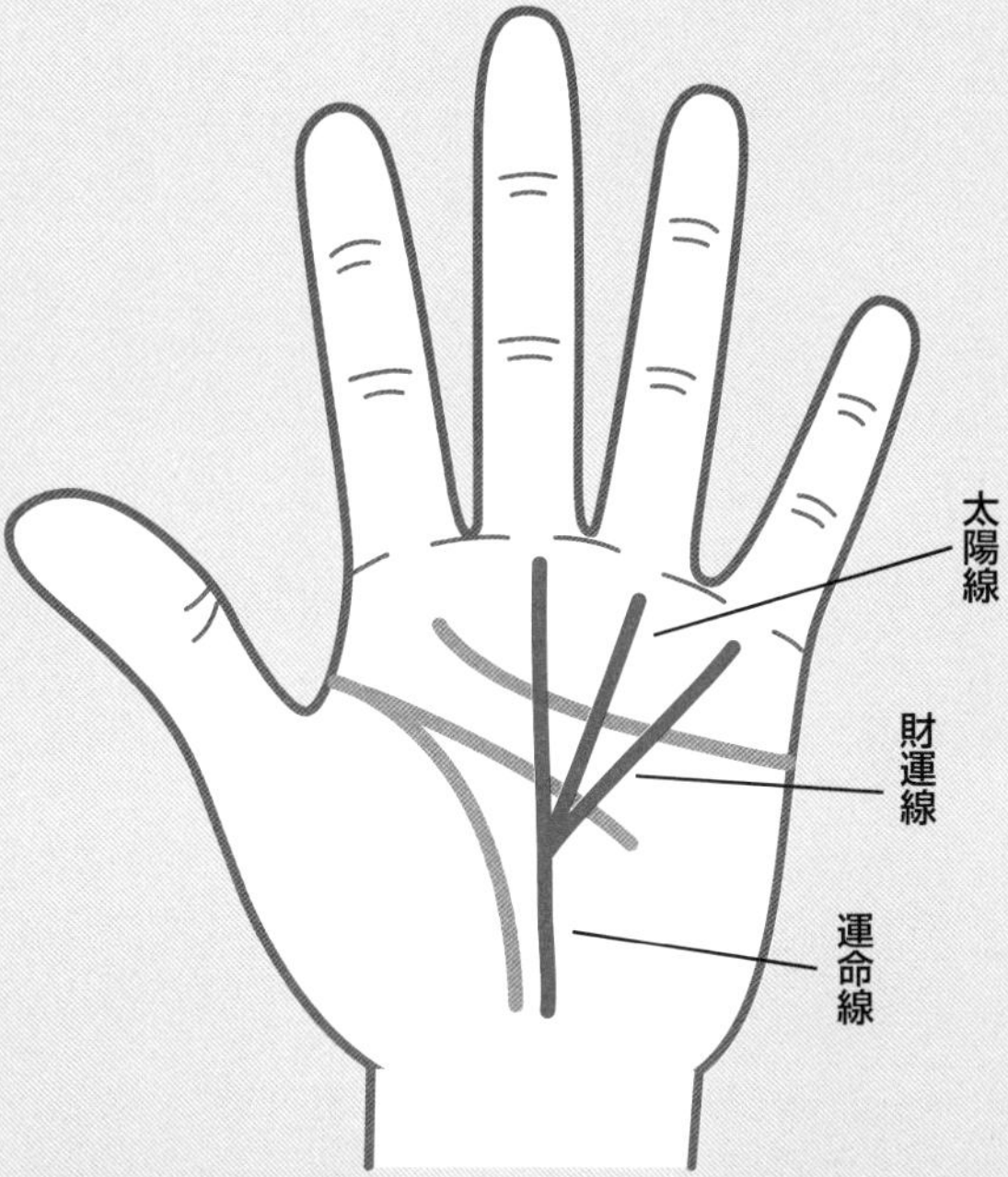
太陽線
財運線
運命線

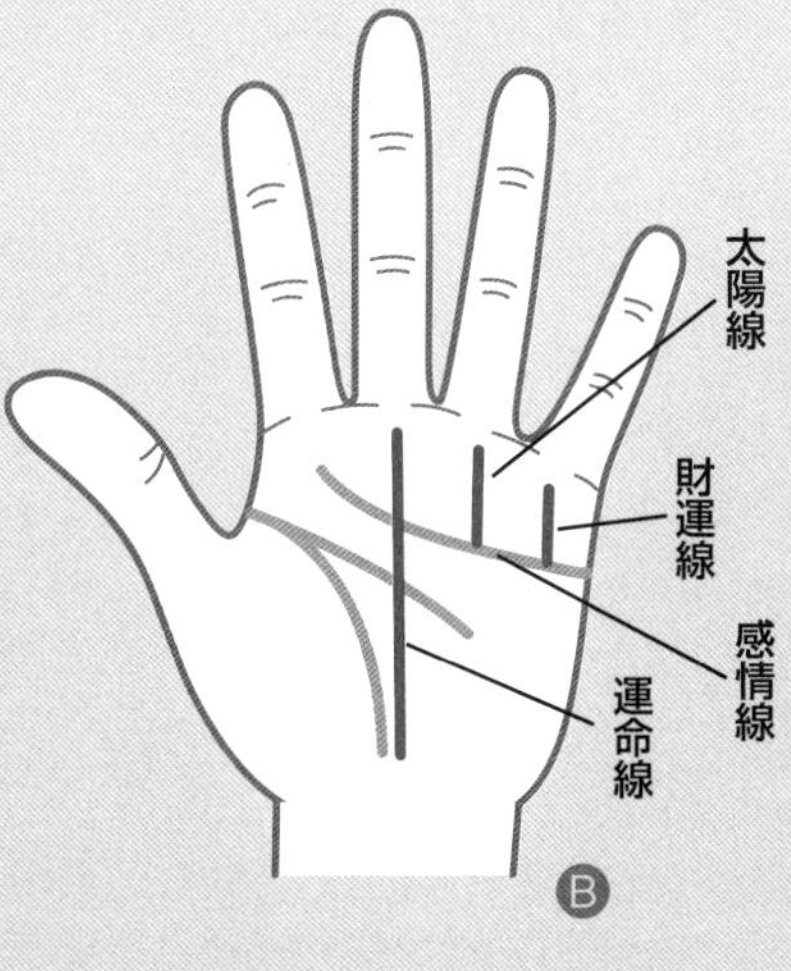
太陽線
財運線
感情線
運命線
B

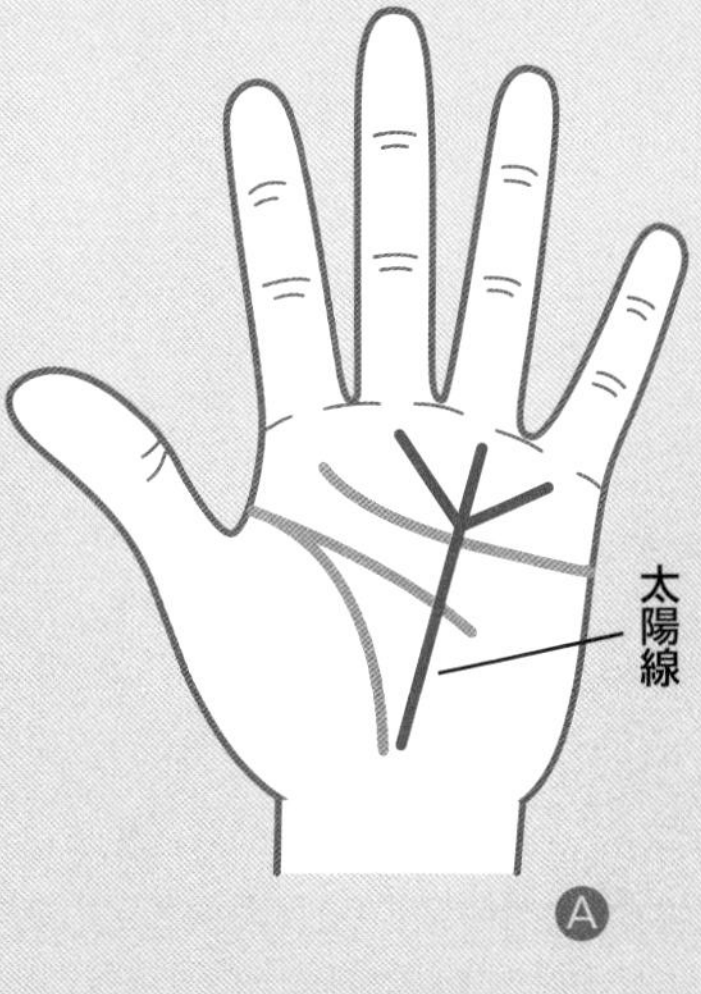
太陽線
A

”玉の輿結婚“で大金持ちになれる相

❶結婚線が太陽線にまで届いている
❷運命線に向かって影響線が出ている

結婚線が太陽線に届いている人は、いわゆる「玉の輿結婚」ができる相で、有名人や社長夫人など、お金持ちの人と結婚ができるというラッキーな相。それに加えて運命線に向かって影響線が出ている人は結婚相手や、また結婚相手の家からの援助が得られ、金運に恵まれることを示しています。

男性の場合では、いわゆる「逆玉の輿結婚」でお金持ちになれる相です。

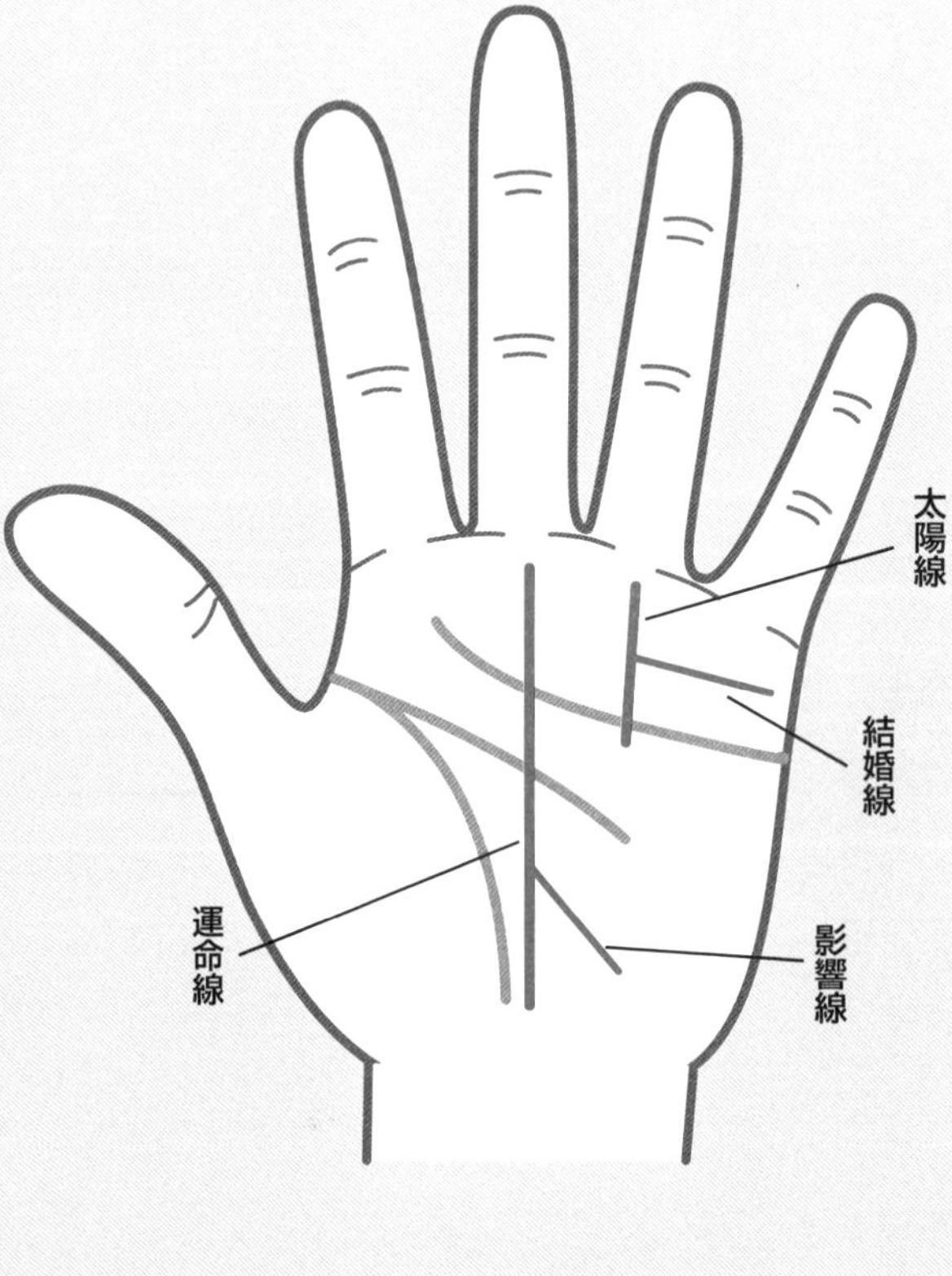

結婚後に事業が成功して財を得る相

❶運命線に並行して短い運命線が2本出ている
❷はっきりした結婚線と太陽線が出ている

この場合は、結婚後にはじめた事業が、結婚した相手の家や自分の身内からの支援で成功し、大きな財を得ることを示しています。

一般的には、自分の親も結婚した相手の家も資産家の場合が多く、恵まれた環境であるといえます。

向上線が出ていればなおその目標が叶います。この線で、上昇志向が強い野心家かどうかがわかります。

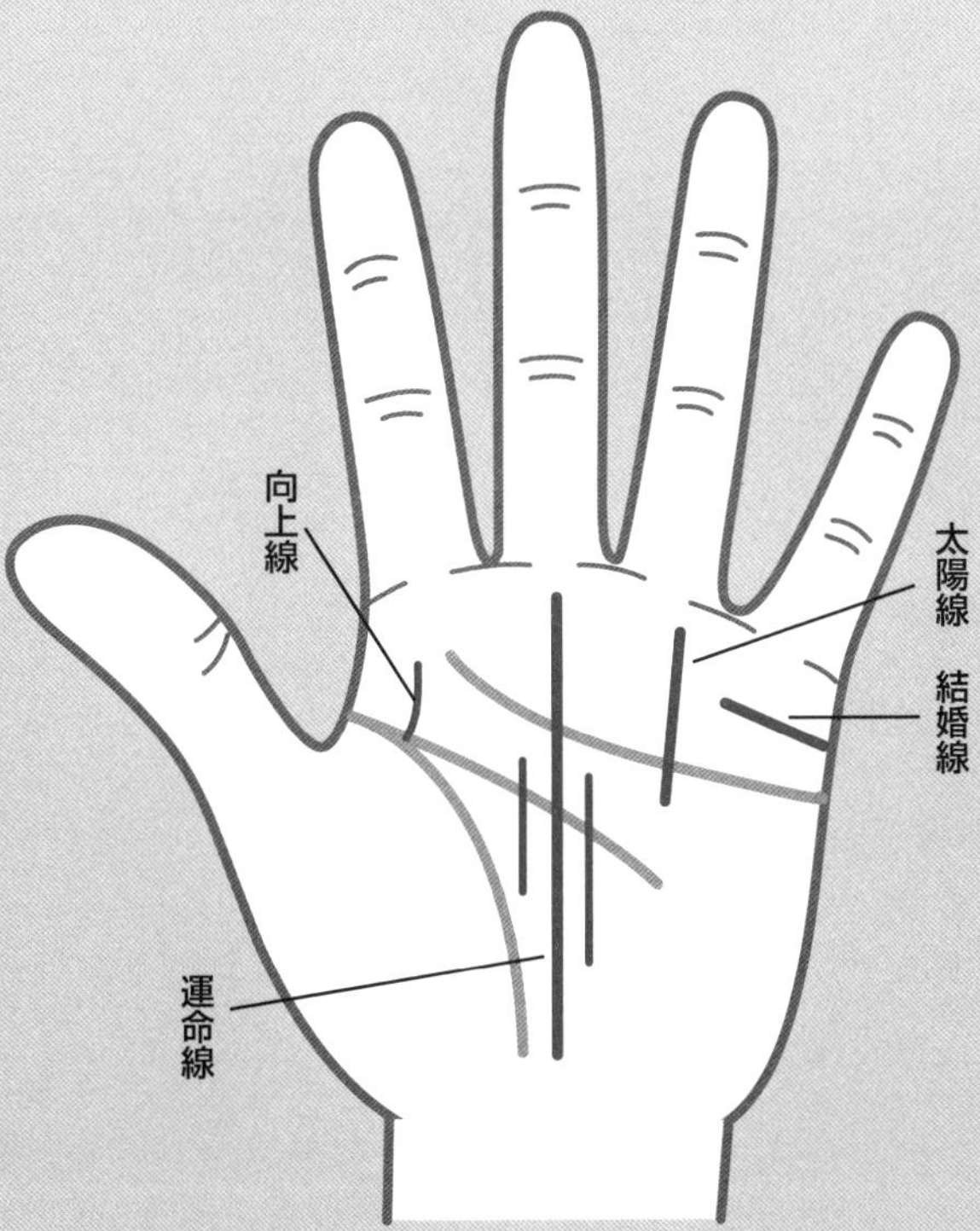

株や投資で思わぬ大金が入る相

❶生命線と頭脳線の起点が重なっている
❷頭脳線が第2火星丘のほうに伸びている
❸太陽丘に星紋(スター)がある

生命線と頭脳線の起点が重なっているものは、たいへん慎重なことを意味しています。そのうえ頭脳線が下部に流れず、第2火星丘のほうに直線的に伸びているものは合理的な考えの持ち主であり、その場のムードに流されないことを示しています。

太陽丘に現れる星紋（スター）は、思いがけない大金が入るという相。こういう人は株や投資で大儲けできる人です。

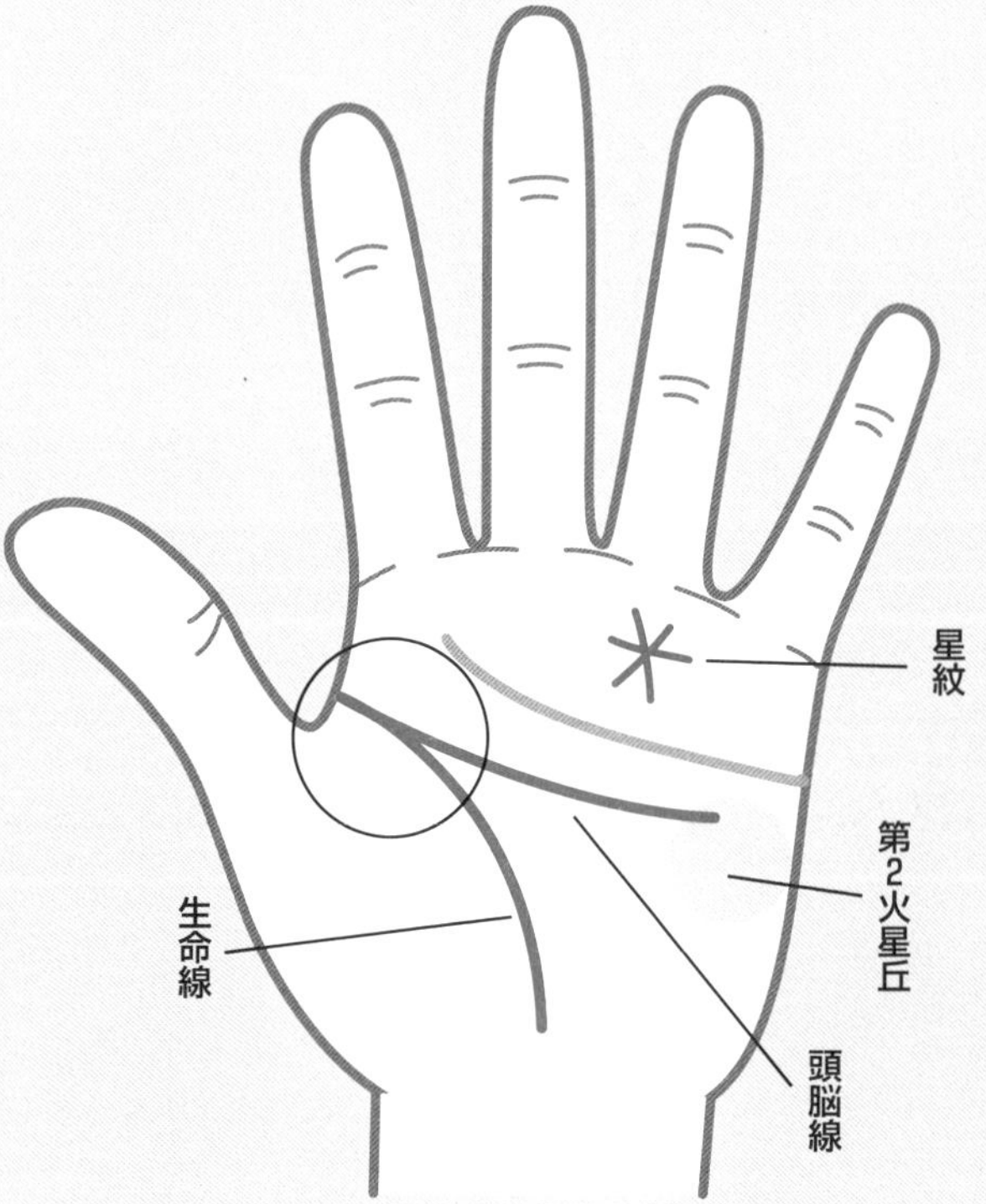

マルチ型の才能でお金儲けができる相

❶はっきりした運命線がある
❷頭脳線が二又に分かれている
❸太陽線、財運線がある

はっきりした運命線があるということは「やる気」のある人で、運気も強い人です。頭脳線が二又に分かれている人は、マルチ型で、正業の傍ら副業もできるという才能の持ち主。

そのうえ、頭脳線の分かれている一方が下方に向かい、もう一方が上部に向かっている場合は、現実な面と思索的な面を合わせ持つことにもなり、事業をするうえではたいへん強い武器になります。

太陽線は成功運、財運線は金運。お金を貯める天才ともいえる相です。

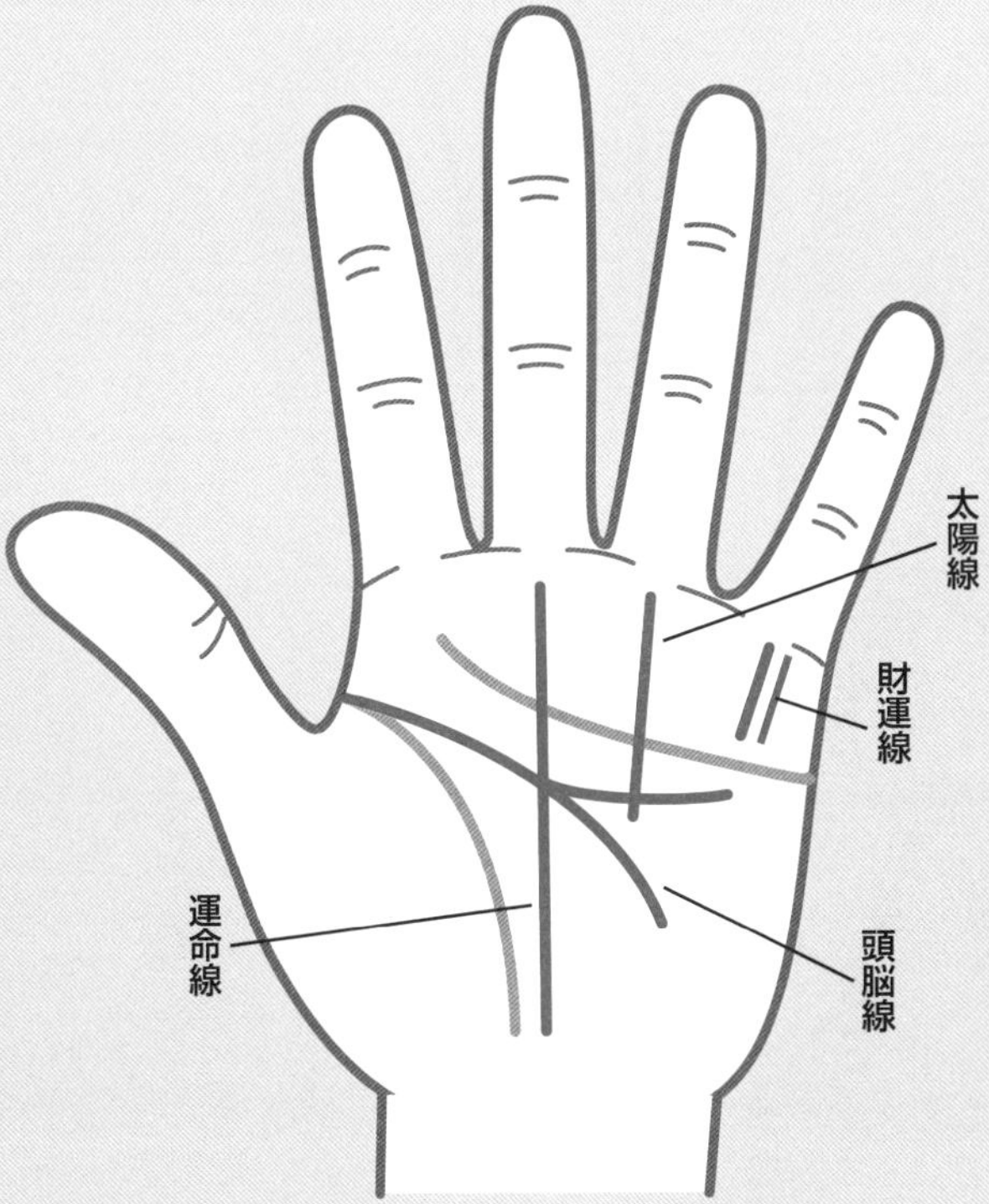

人気運と商才を生かし財を成す相

❶頭脳線が二叉に分かれている
❷運命線が月丘から昇っている
❸太陽線、財運線がある

頭脳線が二叉に分かれているのはマルチ型人間。しかも頭脳線から分かれた支線が水星丘に向かっているのは、商才があることを示しています。

運命線は月丘から昇っており、これは人気運をあらわし、まわりからの支援を得て、運勢を切り開いていく人です。

太陽線は手のひらの外側から昇っており、これは人が思いもつかないようなアイデアで成功を得る人。財運線はもちろん金運があることを示しています。

事業をする人には願ってもない相です。

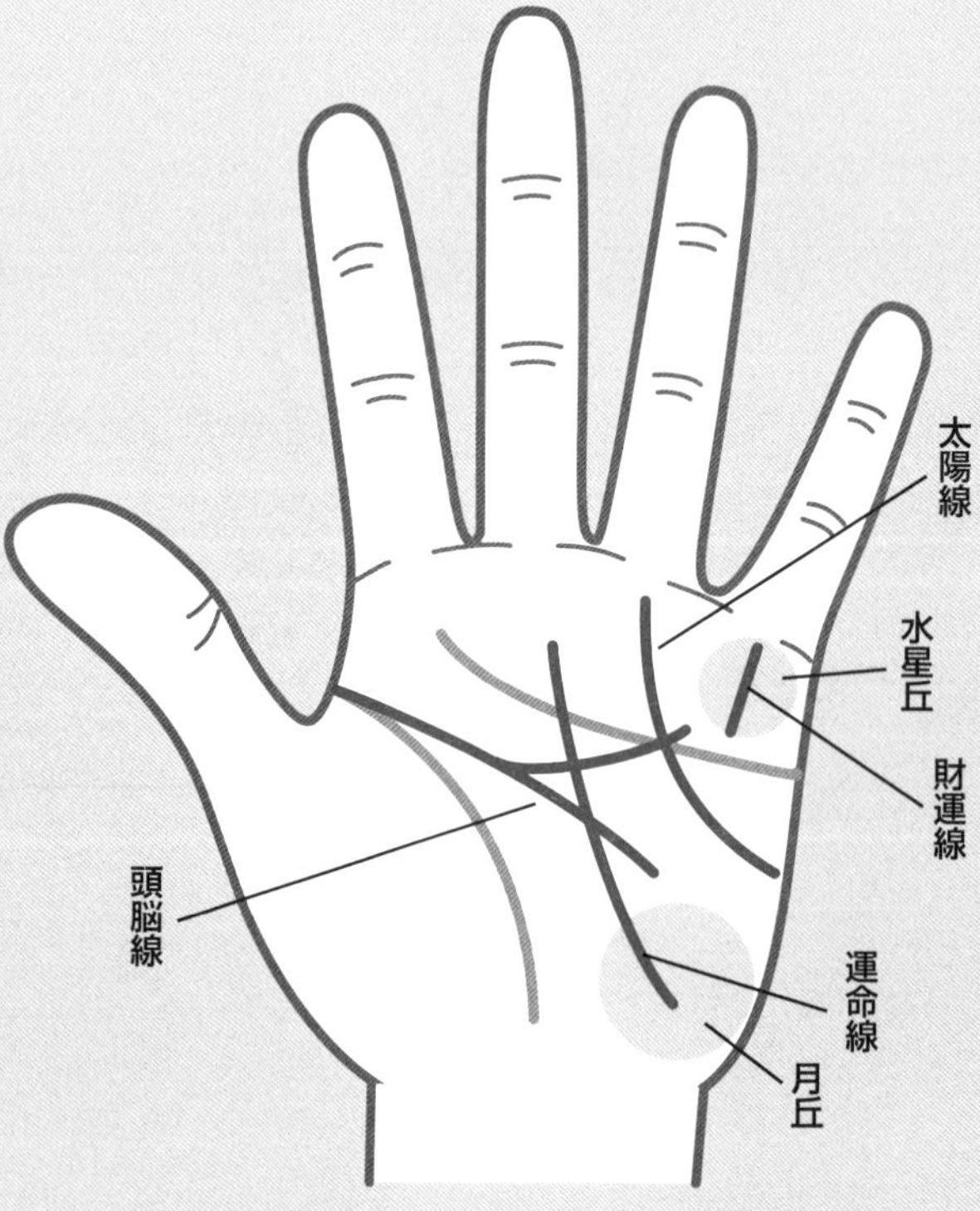

あれば使いたい！お金が貯まらない相

運命線が月丘から昇っているものは、本来、人気線といわれます。ただし、その運命線が短くて頭脳線にも届いていなかったり、太陽線も財運線も出てはいるものの切れ切れだったり、何本も出ている人は、喜んでばかりはいられません。

このような人は、とにかく派手志向で、欲しいものは買わないと気がすまない。自分の欲望をおさえることがむずかしいタイプの人です。周りの人にいいところをみせたり、ご馳走するのも好きなので、稼いでも稼いでも、お金は出ていきます。貯金通帳によく目を通し、見栄も張るのもほどほどにしましょう。

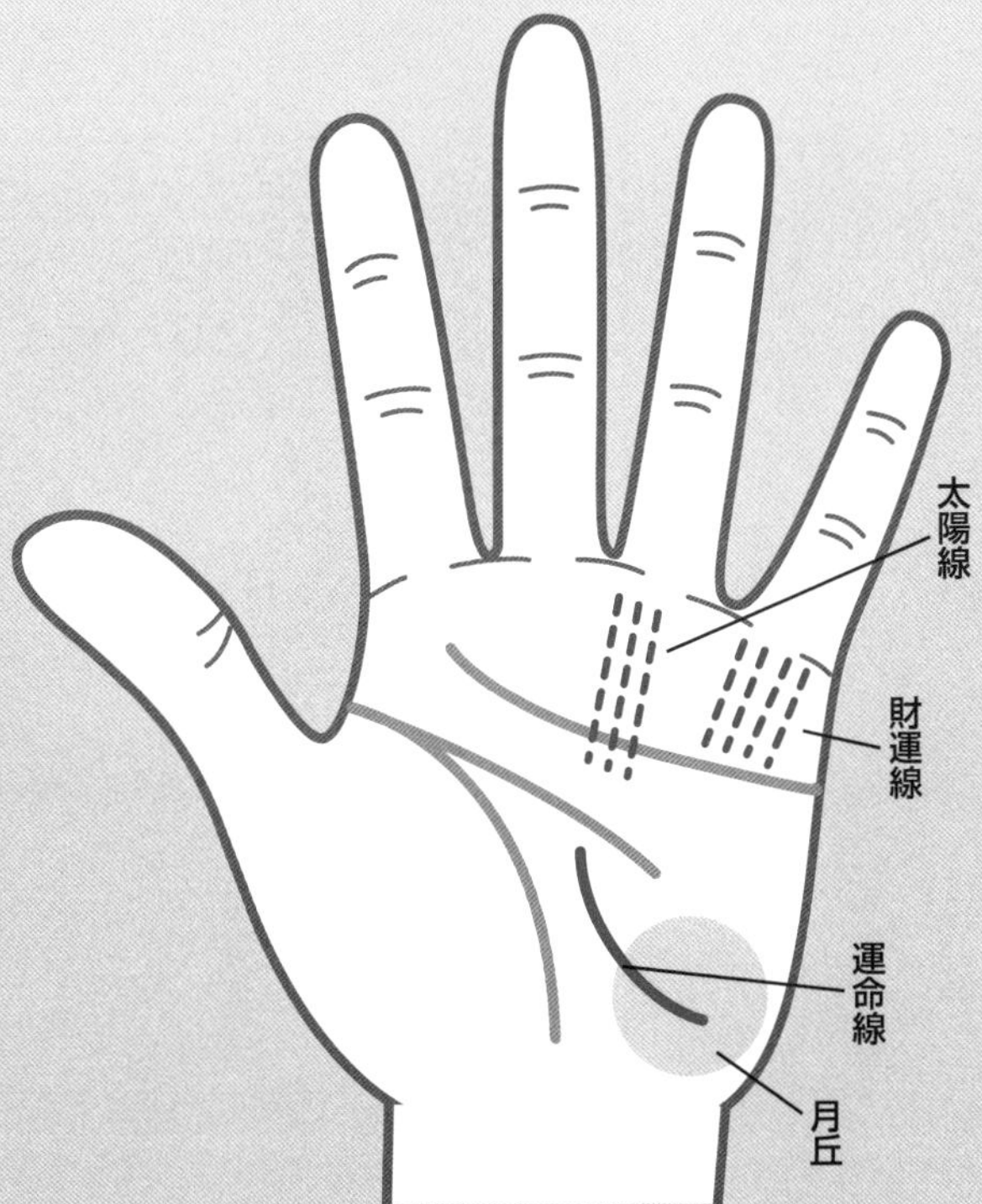

お金に縁がない！お金のトラブルに要注意の相

頭脳線が月丘のほうまで延びている人は、お人良しでロマンチストです。お金儲けもあまり上手ではありません。お金がなくてもあまり気にしないタイプ。

一方、生命線の張りが少なく、中心（中指から手首に向かっての線）よりも内側に伸びている場合は、生活力も消極的で、お金に対しても淡白な人です。

このような人は、お金がなくても十分幸せに生きられますが、財運線に島紋がある場合は様相が違ってきます。

お金に執着しない性格が、むしろ災いして、お金のトラブルをおこしかねません。人の保証人になって借金を重ねたりしないよう、くれぐれも注意が必要です。

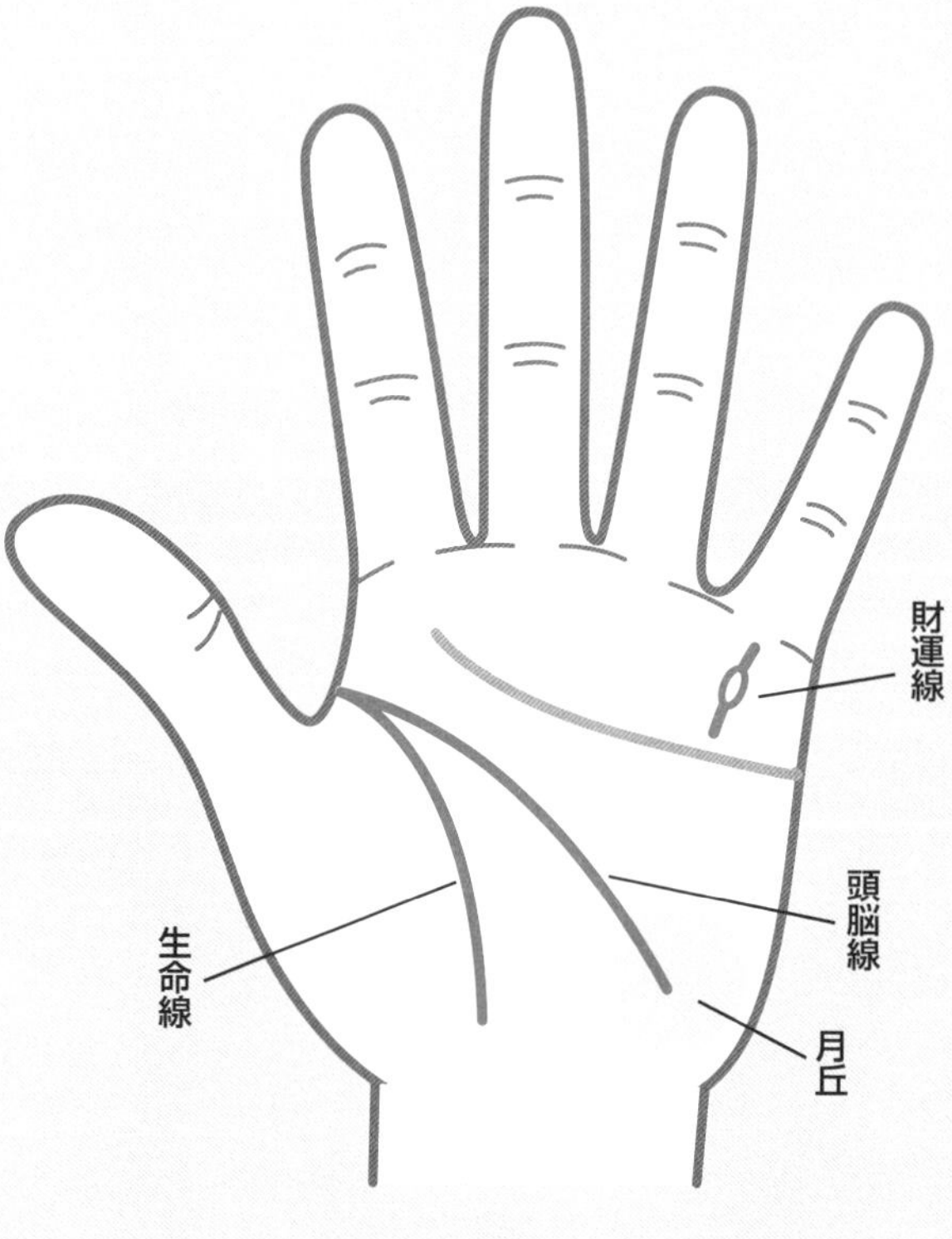

お金は入ってもだまされて、"泣き"をみる相

財運線がはっきり出ていると、ついうれしくなりますが、でも喜んでばかりはいられません。頭脳線や感情線も見てみましょう。

頭脳線が切れ切れだったり、薄く弱々しい場合は、お金が入っても人にだまされて、泣きをみるタイプの人。

そのうえ感情線が下がっているのは、同情心が厚く親切な人です。お金に関しては甘いことばに惑わされず、同情するのも禁物。お金を貸しても返してもらえなかったりします。

自分のお金はしっかり管理しなければいけません。貯金通帳などを人に見せるなどは、もってのほかです。

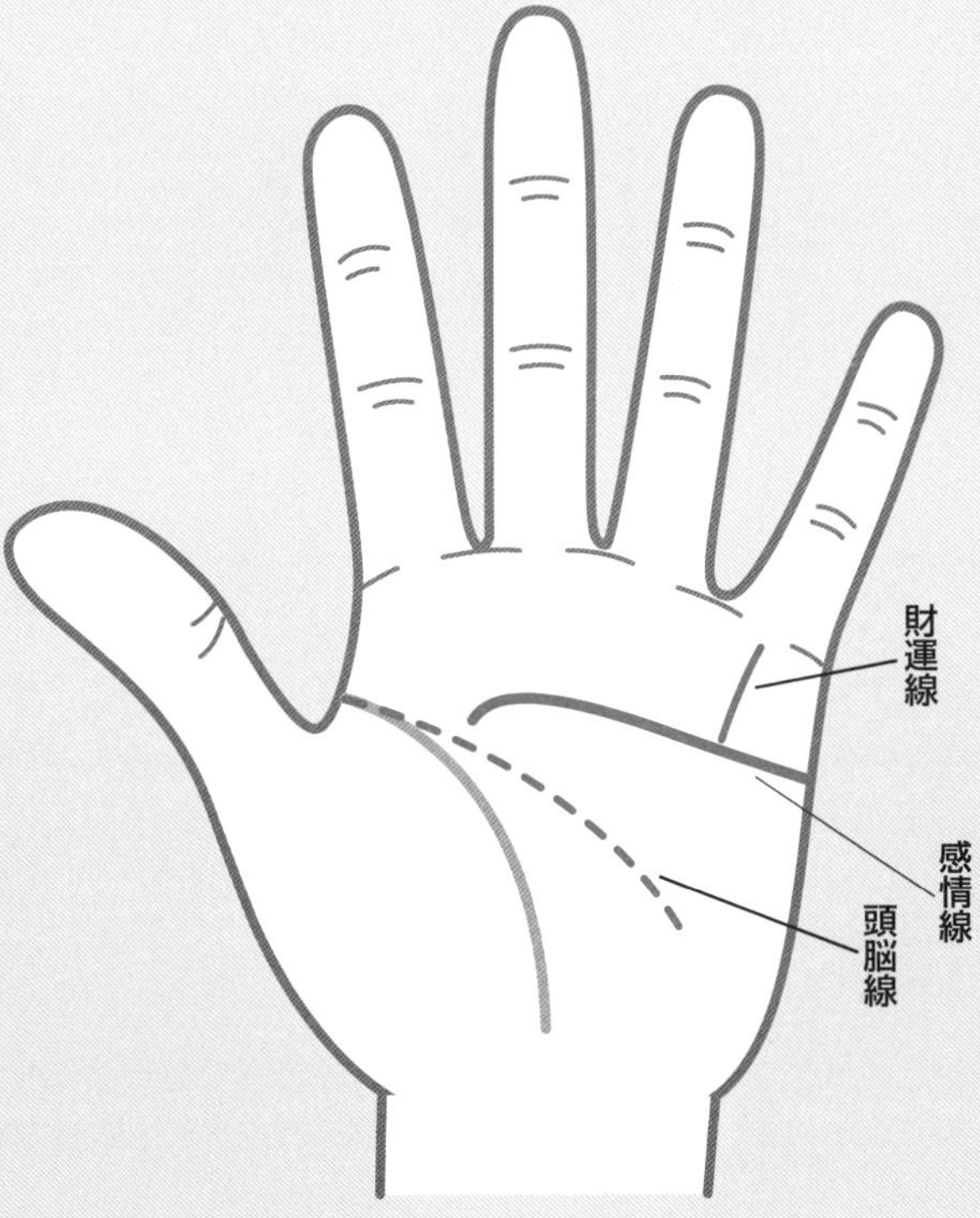

不動産に恵まれる相

❶太陽線が運命線から昇っている
❷その2本をつなぐように短い線が水星丘に向かって伸びている

このような相は、あまり見かけない特殊な相で、「不動産線」ともいわれています。土地や家屋など不動産に恵まれることを意味しており、不動産でひと儲けできる相でもあります。

では、何歳ぐらいのときに、不動産運に恵まれるのか、それは太陽線が運命線のどのあたりから出ているかで推察することができます。その分岐点の時期が重要なポイントになります。

詳しくは運命線の流年法（41ページ）で調べればわかります。

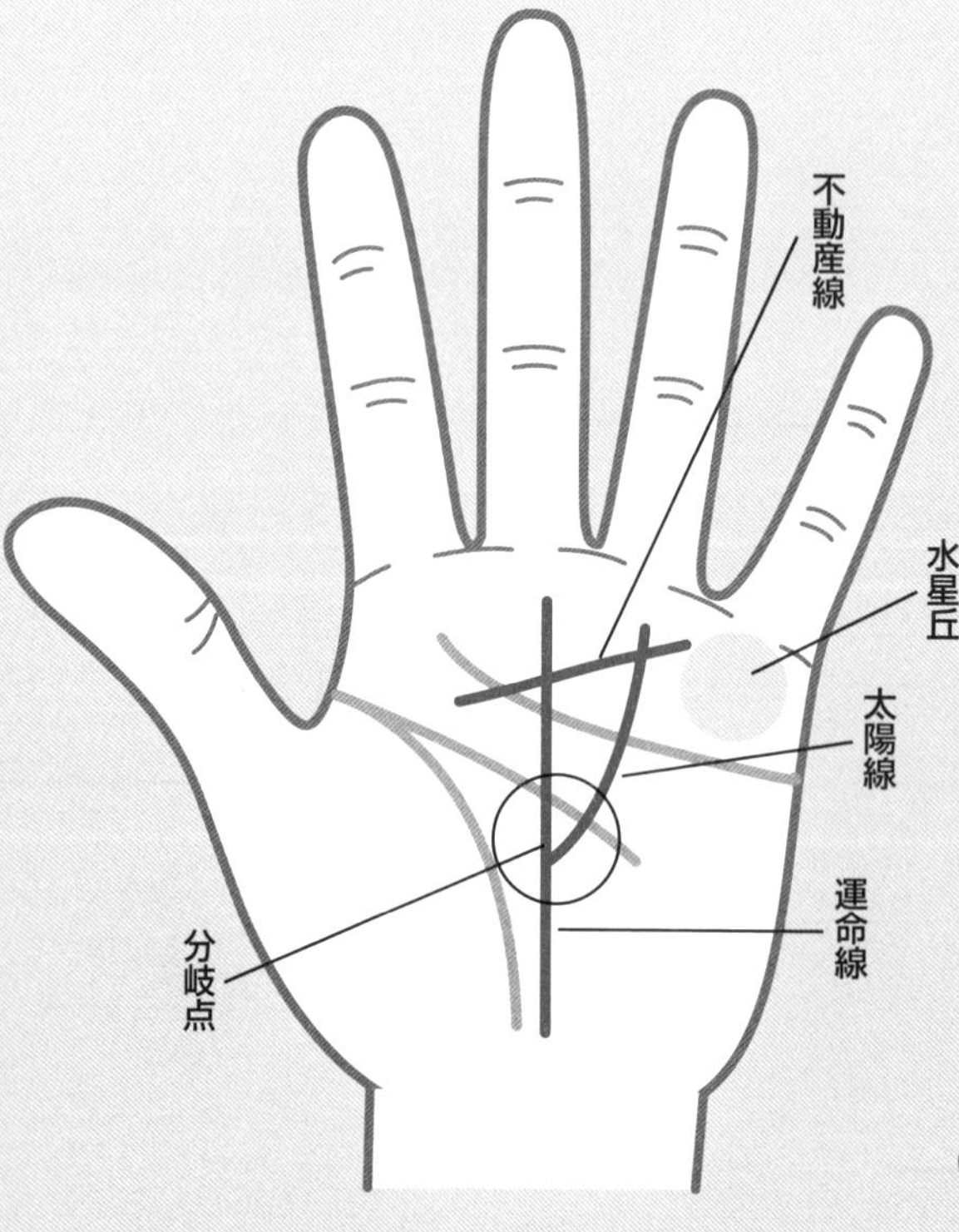

（特殊な相）

家を再興させる相

❶月丘から短い運命線が2本出ている
❷生命線から分かれて出た線（旅行線という）が❶の運命線の上に屋根の形のように出ている
❸太陽線が出ている

2本の短い運命線の上に屋根のように線が出ている形は、寺院、仏閣のような形をしていることから、「テンプル」といわれ、もっとも特殊な相です。

あまり見かけない相ですが、これには、家を盛り上げたり再興させるという意味合いがあり、子どもにこの相があると親が喜ぶとか、また、この相の持ち主は養子に望まれるなど、大変徳のある相といわれています。

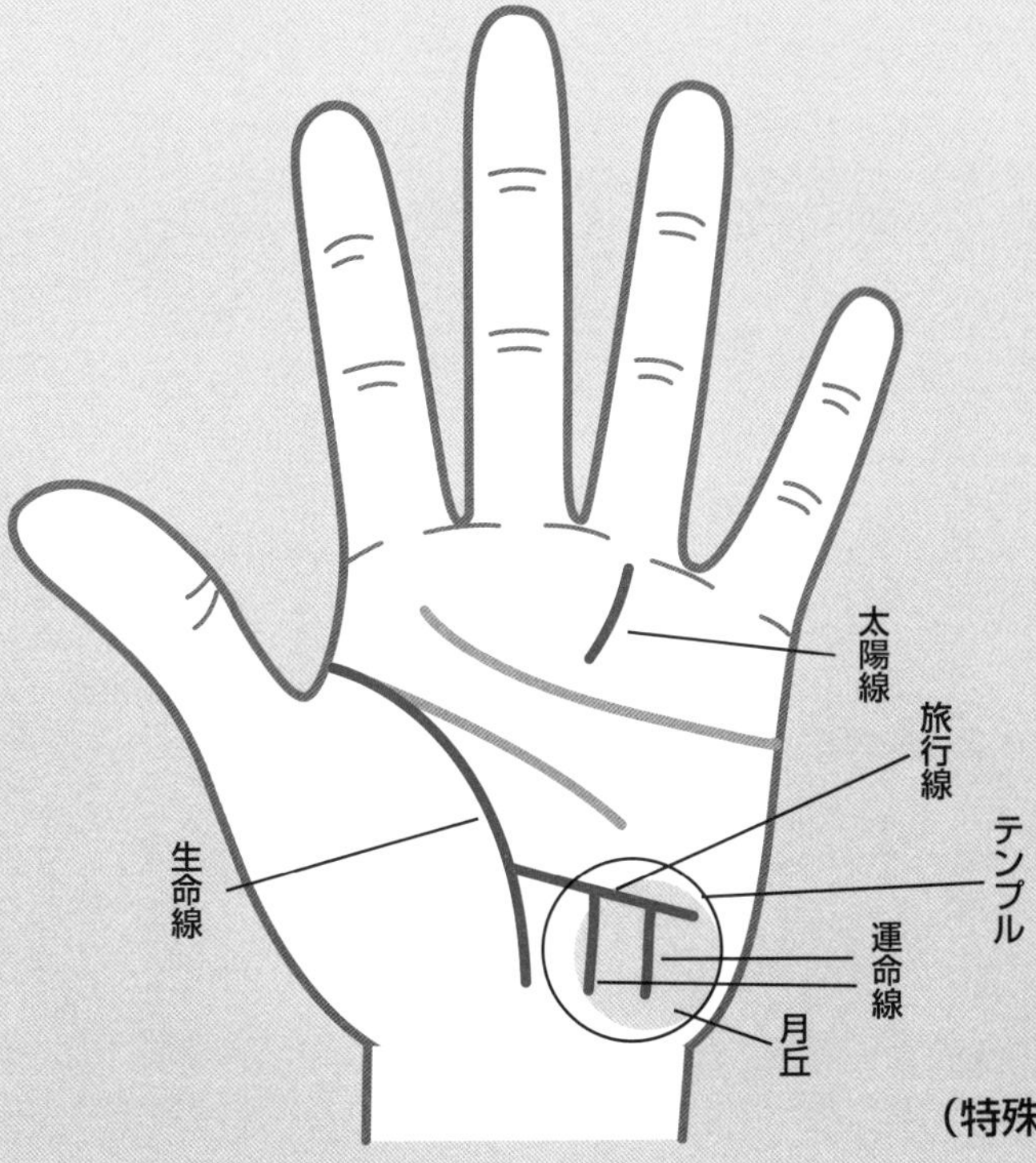

（特殊な相）

手の型で金運を占う

❶へら型（がっしりした大きな手）

へら型というのは指のいちばん先端の、第一指節の先のほうがへらのように広くなっているのが特徴です。

この型の人は、とにかく精力的によく働き、よく活動しますので、自然に地位とお金はついてきます。創造的な才能も豊かで新しい事業を発展させ、成功している人も多くみられます。

へら型の手に、太陽線や財運線があれば、成功と金運との両方が得られることは、まず間違いないでしょう。

❷方型（四角ばった手）

手のひら全体が四角ばっていて、手の皮膚や肉が厚いのが特徴です。

この型の人は、まじめ人間で、いいかげんなことはできないタイプ。お金にもたいへん几帳面で貯蓄型。コツコツ働き、決して一攫千金を夢みるような人ではありません。

しかし、お金儲けには関心があります。

❸円錐型（丸みを帯びた縦長の手）

指先が丸みを帯びており、全体的にふっくらしているのが特徴です。

この型の手は、芸術型ともいわれ、美的感覚にすぐれていますが、あきっぽいのが欠点。ひとつの仕事に打ち込むじっくり型ではないので、金運をつかむのはちょっとムリ。

しかし、社交性があり、引きたて運がありますので、接客業やセールスなどの仕事で、金運がついてくるかもしれません。落ちつきが出る中年すぎに運がまわってきます。

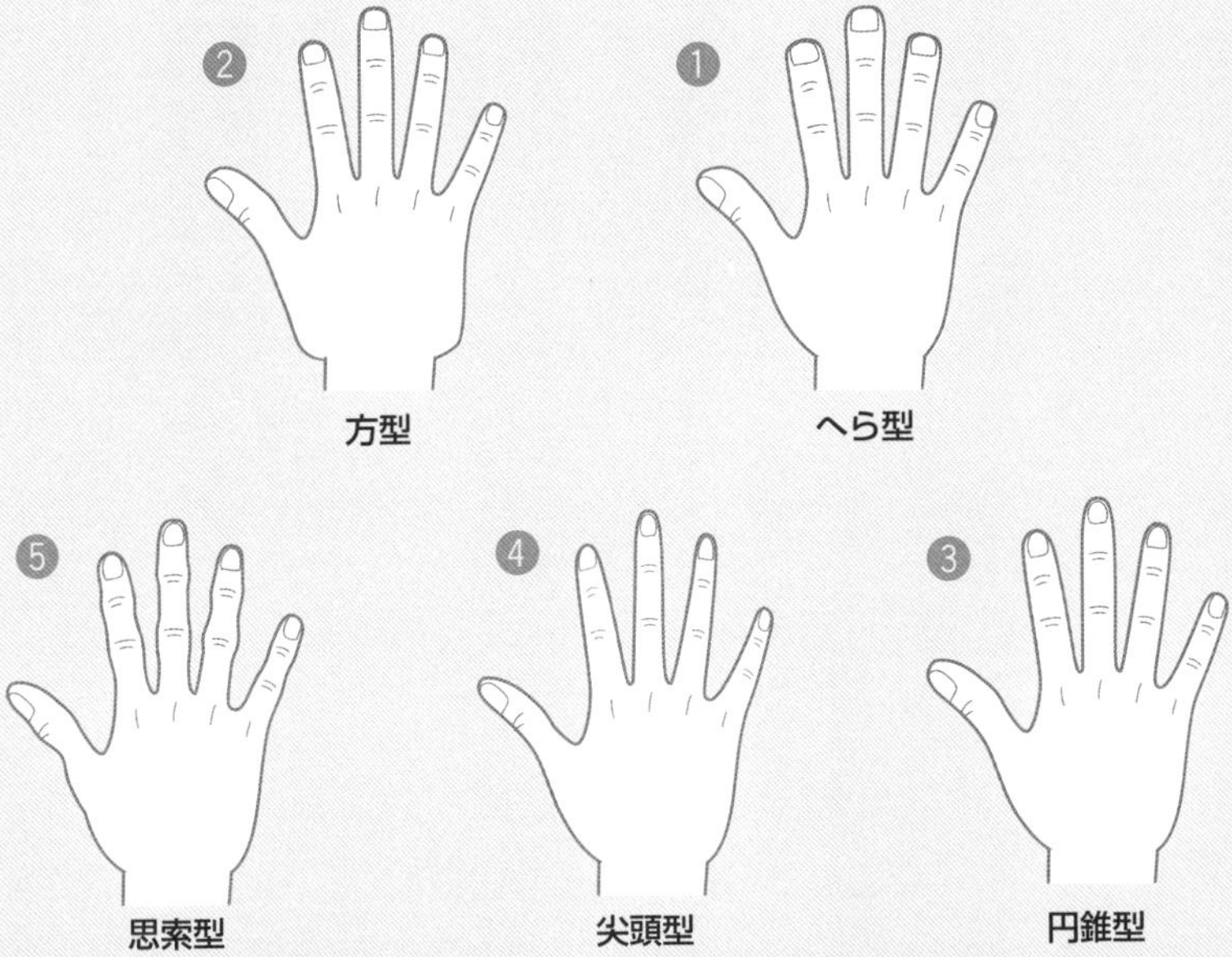

④尖頭型（指先がほっそりしたしなやかな手）

手のひら全体がほっそりして、肉づきも薄く、横幅よりも縦に長いのが特徴です。

この型の人は、繊細で直観力にすぐれていますが、空想型でロマンチックな人。お金儲けは不得手で、お金に対する執着心もあまりありません。おしゃれで見栄っ張りなところがあり、お金は入れば使ってしまいたいタイプ。実務的な管理をしてくれる人がいればお金は貯まります。

⑤思索型（肉づきのないギスギスした手）

手のひらが大きいわりには肉づきがなく、また、指と指の間が隙間があいてみえます。

この型の人は、どちらかというと精神的な面を求める傾向があり、物質的な欲求は少ないようです。学問や研究家に向いており、誰かが積極的に押し上げないかぎり、お金の縁はなさそうです。お金儲けに走るタイプではありません。

指の長さでわかるあなたの金運

●親指の長い人はお金持ちに多い

親指は、人さし指の第3指節の中間ぐらいまであるのが平均的長さ。

親指が人さし指の第2指節あたりまである人は、支配力が強く、がんこで押しの強い人。実行力がありますので実社会では成功するタイプ。お金持ちになる要素がある人です。

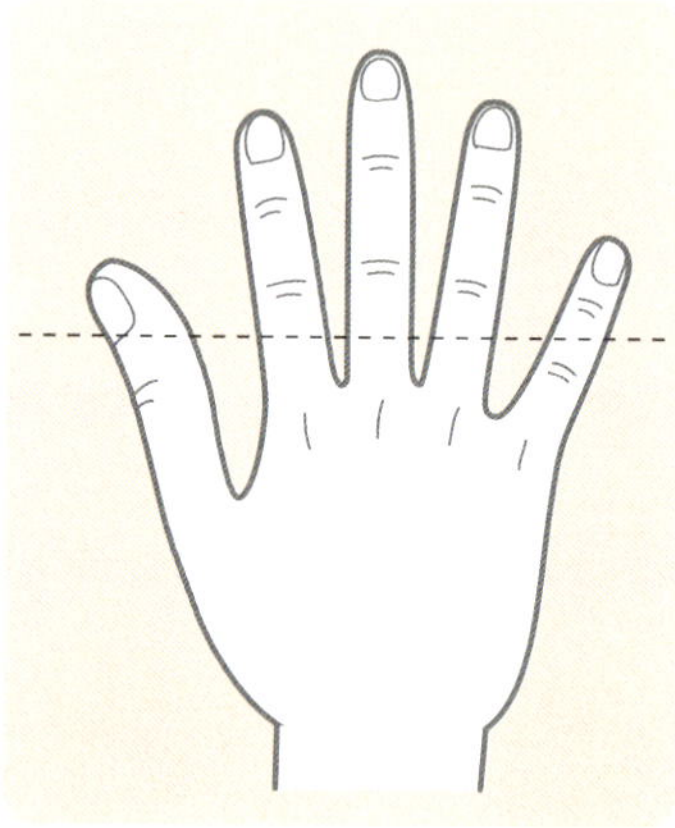

有名人や事業などで成功している人の親指をみてみると、親指の長い人が多くみられます。

逆に親指が細くて短い人は、意志が弱く自分の意見をしっかり主張することができないタイプ。誘惑に負けやすいので甘い言葉にはご用心。お金の貸し借りでトラブルをおこさないように。

●人さし指の長い人はリーダーシップ型

人さし指は、中指の第1指節の中間ぐらいまであるのが平均的長さ。

それよりも長い人は、権威や地位志向の強いタイプの人です。向上心が強く、目的に向かって努力しますので、金運はついてきます。実業家、政治家に多くみられます。

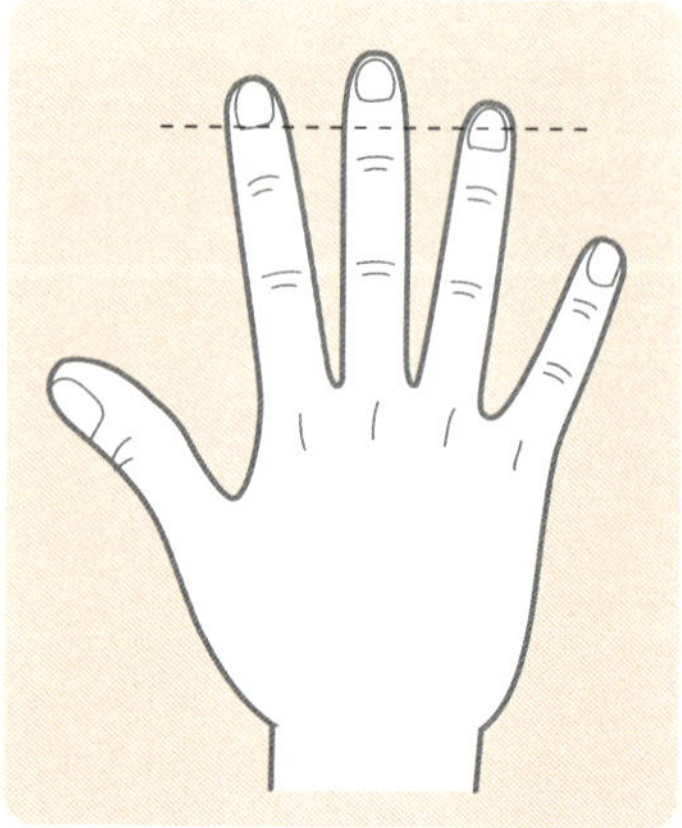

女性で、極端に人さし指が長い人は女性上位タイプ。専業主婦でいるより事業をおこして成功しますが、ただし、それが悪いほうに向くと「女帝」などと陰口をいわれ、敬遠されるおそれがあります。

逆に、人さし指の短い人は万事に控えめ。節約を心がけ、平凡な生活に満足できる人です。

●薬指の長い人はギャンブル好き

薬指は、中指の第1指節の中間ぐらいまであるのが平均的長さ。

それよりも長い人は、ギャンブル好きな人。マージャン、競馬、競輪、パチンコなど、賭けごとが大好きな人に多くみられます。確かに勝負運も強いのですが、ほどほどにしないと人生が狂ってしまいかねません。

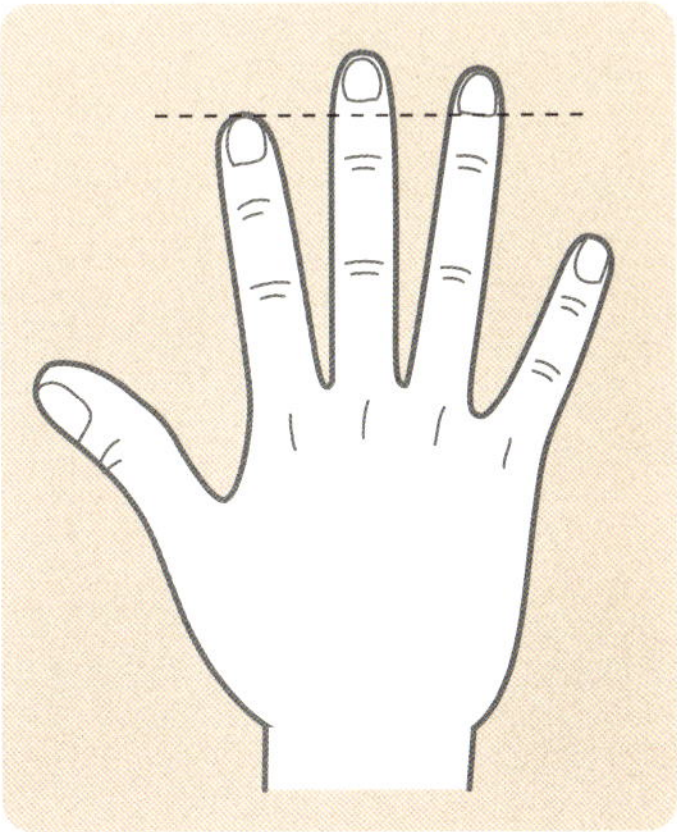

逆に、薬指が細くて短い人は、世の中のことに無関心なタイプ。出世も名誉もあまり関心がなく、また、おしゃれなど身を飾ることにも関心がありません。

面白みのある人ではありませんが、お金に関してはきっちり管理するガッチリタイプです。

●小指の長い人は商才がある

小指が薬指の第1指節よりも長い人は、話術や社交にすぐれ、商才にも恵まれています。

セールスマンなどには打ってつけの人ですが、ただし、極端に長い人は、口がうますぎる人ですので、用心したほうがよいでしょう。

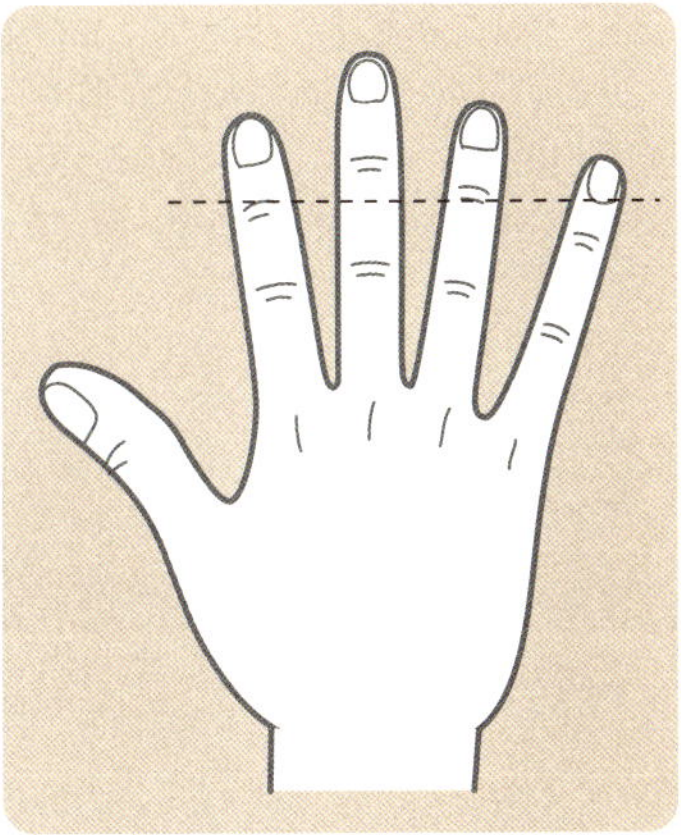

逆に、小指が細くて短い人は機転がきかず、損をしやすい人です。財運もあまりありませんので、日頃から貯蓄を心がけ、生活設計をきちんと立てておくことが大事です。

何より、人に利用されやすいので気をつけなければなりません。

手を広げてわかる金銭感覚

●親指と人さし指の開角度は？

親指と人さし指の間は45度ぐらい開いているのがふつうですが、それが90度以上も開く人は浪費家タイプ。世渡り上手ですが、お金にあまり執着心のない人です。逆にあまり開かない人はガッチリ型。融通のきかない頑固者ですが、お金はしっかり貯める堅実派です。

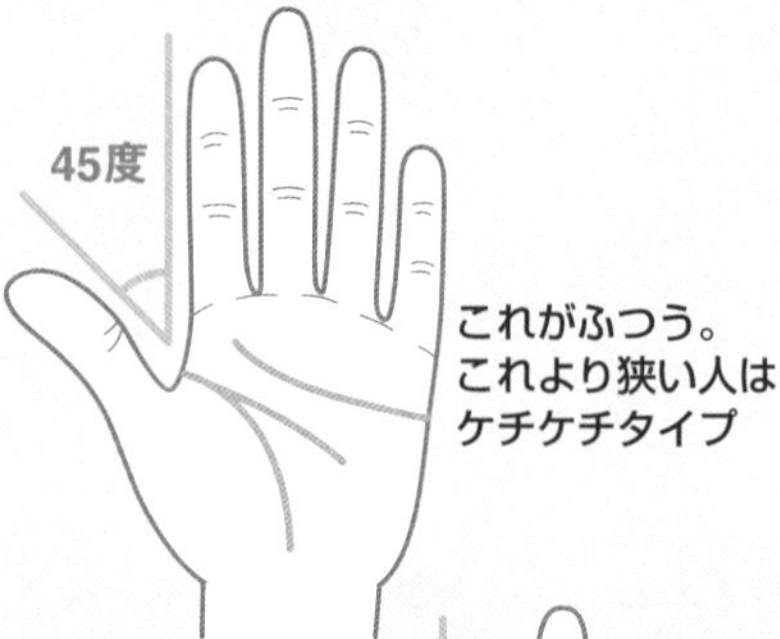
45度
これがふつう。
これより狭い人は
ケチケチタイプ

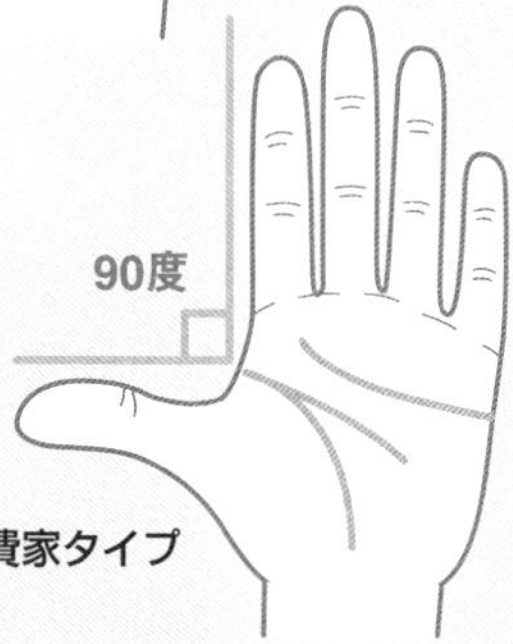
90度
浪費家タイプ

●手相拝見、手を広げて出す人は？

「ちょっと手をみせて？」といったとき、自然に出す手の指と指の間隔に注意。５本の指の隙間がありすぎる人ほど大らかな人。隠しごとのできないさっぱりした人ですが、ただし、お金使いは荒い人です。自分のためだけでなく、人のためにもよく使いますので、まわりの人には喜ばれますが、配偶者としてはちょっと厳しく対処したほうがよいでしょう。

逆に手をきちんと揃えて出す人は几帳面な人。手をつぼめて出す人は秘密主義の人。必要なお金もあまり出したがらないという、ケチケチタイプの人です。

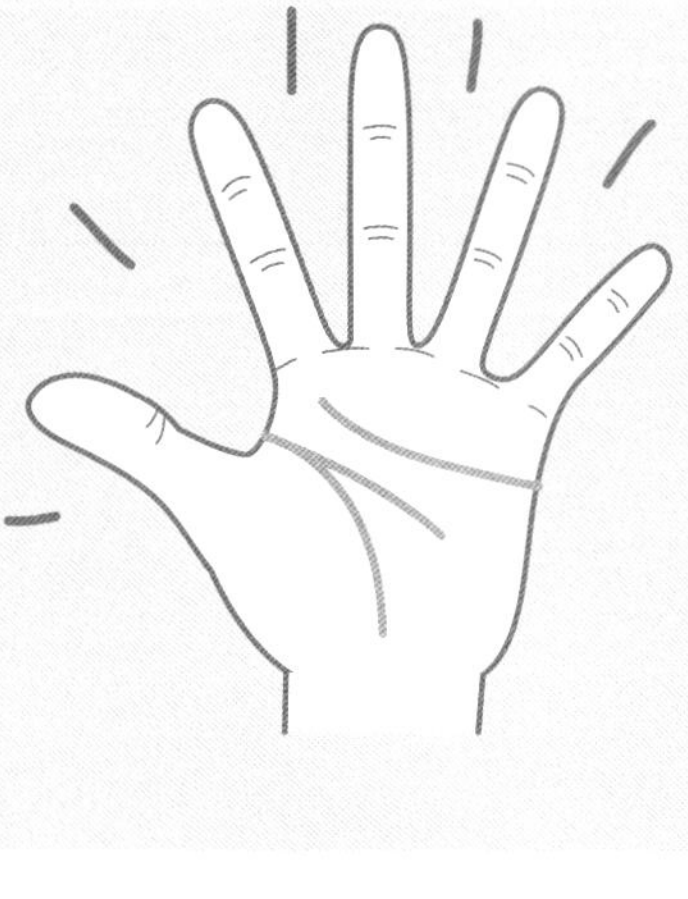

●著者
チエ・エレナ
東京・目黒に生まれる。日本大学芸術学部卒業。
育児出版社勤務を経て、現在フリーライターとして健康関係、料理、育児、占い関係等、多岐にわたり執筆活動を続けている。傍ら手相をはじめ、四柱推命、九星気学、姓名判断、易、風水、タロット等、運命学を学び、鑑定士としても活躍中。カウンセリングの研鑽も積み、優しく、やわらかい語り口は説得力があり、若い人から熟年の方までファンが多い。
手相教室講師、インターネットでの今日の占い、講演会、イベントでの活動も多い。日本易推命学会会員。著者に「神秘のタロットカード」「愛のタロットカード」（日本文芸社）他多数。（「オフィス・チエ」主宰。本名、谷口千恵）

最新・手相入門

平成18年5月27日　第1刷発行
平成19年2月5日　第4刷発行

著　　者　チエ・エレナ
発 行 者　東島　俊一
発 行 所　株式会社 法研
東京都中央区銀座1-10-1（〒104-8104）
販売03（3562）7671／編集03（3562）7674
http://www.sociohealth.co.jp
印刷・製本　研友社印刷株式会社

SOCIO HEALTH
小社は（株）法研を核に「SOCIO HEALTH GROUP」を構成し、相互のネットワークにより、“社会保障及び健康に関する情報の社会的価値創造”を事業領域としています。その一環としての小社の出版事業にご注目ください。

ISBN978-4-87954-628-9 C0077 定価はカバーに表示してあります。

乱丁本・落丁本は小社出版事業部販売課あてにお送りください。

送料小社負担にてお取り替えいたします。